Graben für Germanien

Die Ausstellung steht unter der Schirmherrschaft
des Beauftragten der Bundesregierung für Kultur und Medien

BERND NEUMANN
Staatsminister bei der Bundeskanzlerin

Graben für

Archäologie unterm Hakenkreuz

Germanien

Herausgegeben vom Focke-Museum

unter Mitarbeit von
Sandra Geringer, Frauke von der Haar, Uta Halle,
Dirk Mahsarski und Karin Walter

Diese Publikation erscheint anlässlich der Ausstellung
„Graben für Germanien – Archäologie unterm Hakenkreuz"

Focke-Museum, Bremer Landesmuseum für Kunst und Kulturgeschichte,
10. März bis 8. September 2013

Focke-Museum
Bremer Landesmuseum für Kunst und Kulturgeschichte
Schwachhauser Heerstraße 240 • 28213 Bremen
Tel. 0421-699600-0 • www.focke-museum.de

Hinweis
Aus Gründen der besseren Lesbarkeit verzichten wir darauf, die Begriffe „Germanien" und „germanisch" in den Texten in Anführungszeichen zu setzen, distanzieren uns aber von deren ideologisch begründeter Verwendung. Eindeutige NS-Institutionen oder Begriffe sind mit Anführungszeichen gekennzeichnet, Zeitschriften *kursiv*. Die in den Beiträgen behandelten Personen sind zu einem überwiegenden Teil männlich. Wir verwenden deshalb allgemein die männlichen Bezeichnungen, wie Archäologe oder Wissenschaftler. Die wenigen weiblichen Protagonistinnen sind dabei aber stets mitzudenken.

Die Deutsche Nationalbibliothek verzeichnet diese Publikation in der Deutschen Nationalbibliografie; detaillierte bibliografische Daten sind im Internet über http://dnb.d-nb.de abrufbar.

Das Werk ist in allen seinen Teilen urheberrechtlich geschützt. Jede Verwertung ist ohne Zustimmung des Verlages unzulässig. Das gilt insbesondere für Vervielfältigungen, Übersetzungen, Mikroverfilmungen und die Einspeicherung in und Verarbeitung durch elektronische Systeme.

© 2013 Konrad Theiss Verlag, Stuttgart
© 2013 Focke-Museum,
   Bremer Landesmuseum für Kunst und Kulturgeschichte

Die Herausgabe des Werkes wurde durch die Vereinsmitglieder der WBG ermöglicht.
Gedruckt auf säurefreiem und alterungsbeständigem Papier

Gestaltung und Produktion:
Verlagsbüro Wais & Partner, Stuttgart
Druck und Bindung:
Firmengruppe Appl, aprinta Druck, Wemding

Besuchen Sie uns im Internet: www.theiss.de

ISBN 978-3-8062-2673-7

Die Lizenzausgabe erscheint
bei der Wissenschaftlichen Buchgesellschaft
ISBN 978-3-534-25919-9

Besuchen Sie uns im Internet: www.wbg-wissenverbindet.de

Gefördert durch

Verein von Freunden des Focke-Museums e.V.

Nicolaus H. Schilling-Stiftung

WfB – Wirtschaftsförderung Bremen GmbH

Inhalt

9 Grußwort

11 Vorwort

Germanien – Funde und Erfindung

16 "Germanen" und römische Politik
Tassilo Schmitt

25 Germanien zwischen Renaissance und Moderne
Uta Halle

31 Von Gustaf Kossinna zur NS-Archäologie
Dirk Mahsarski und Gunter Schöbel

37 Die Professionalisierung der Spatenwissenschaft
Susanne Grunwald

Germanien – Auf der Suche nach Belegen

44 Nationalsozialisten und Archäologie
Uta Halle

50 "Schwarmgeister und Phantasten" – die völkische Laienforschung
Dirk Mahsarski

57 Forschungsstrukturen
Uta Halle und Dirk Mahsarski

65 Wichtige Ausgrabungen der NS-Zeit
Uta Halle

74 Ernst Grohne und seine Ausgrabungen – ein Bremer Beispiel
Sandra Geringer und Dirk Mahsarski

Germanien – Propagierung einer Idee

84 Von der musealen Leichenkammer zur NS-Großveranstaltung
Uta Halle

94 Museum "Väterkunde" und Focke-Museum – zwei Bremer Beispiele
Dirk Mahsarski und Sabrina Schütze

101 Archäologie in der politischen Schulung
Uta Halle, Bianca Mahsarski und Dirk Mahsarski

109 Germanien im NS-Alltag
Uta Halle

Germanien – Eroberung von Europa und der Welt

120 Zwangsarbeit – NS-Terror in der Prähistorischen Archäologie?
Judith Schachtmann und Thomas Widera

126 Die Urgeschichte in Österreich vor und während der NS-Zeit
Otto H. Urban

134 Archäologie in der besetzten Tschechoslowakei
Uta Halle und Dirk Mahsarski

140 Archäologen im besetzten Osteuropa
Dirk Mahsarski und Gunter Schöbel

147 Skandinavien und die „Germanische Leitstelle"
Dirk Mahsarski

154 Archäologie und Propaganda in Frankreich (1940–1944)
Jean-Pierre Legendre und Uta Halle

Germanien – Der Mythos lebt weiter

164 Die Fortsetzung der archäologischen Karrieren
Martijn Eickhoff, Uta Halle, Jean-Pierre Legendre und Otto H. Urban

172 Die rezente extreme Rechte und das Germanentum
Jan Raabe und Dana Schlegelmilch

179 Alltägliche Germanenbilder
Sandra Geringer

182 Leitgedanken der Ausstellung – ein imaginärer Rundgang
Karin Walter

Anhang

191 Anmerkungen

199 Quellen- und Literaturverzeichnis

212 Dank, Leihgeber, Ausstellungsimpressum

216 Abbildungsnachweis

Grußwort

Das traditionsreiche Focke-Museum findet als Bremer Landesmuseum für Kunst und Kulturgeschichte immer wieder mit vielfältigen und thematisch weit gespannten Sonderausstellungen auch bundesweite Aufmerksamkeit und Anerkennung. Beispielhaft hierfür ist die Sonderausstellung „Graben für Germanien", die die Rolle und die politische Instrumentalisierung der Archäologie in der Zeit des Nationalsozialismus beleuchtet. Zur Untermauerung der verbrecherischen NS-Ideologie wurde damals „Germanien" zum Ausgangspunkt der gesamten abendländischen Kultur stilisiert. Die menschenverachtenden Theorien einer behaupteten Überlegenheit der so genannten „arischen Rasse" begründeten schließlich sogar angebliche Ansprüche des Deutschen Reichs auf benachbarte Territorien einschließlich des systematischen Kunstraubs.

Der Bund ist über die Kulturstiftung des Bundes maßgeblich an der finanziellen Förderung der Ausstellung beteiligt. Diese leistet einen Beitrag zur Aufarbeitung des dunkelsten Kapitels unserer Geschichte und verdeutlicht darüber hinaus den hohen Stellenwert der im Grundgesetz festgeschriebenen Freiheit der Wissenschaft und Forschung; darum habe ich mich gerne bereit erklärt, auch die Schirmherrschaft zu übernehmen.

Das propagandistische und im Lichte der Forschung unhaltbare Konstrukt einer „germanischen Hochkultur" dient bis heute im rechtsextremen Milieu der pseudowissenschaftlichen Rechtfertigung der eigenen Ideologie; vor dem Hintergrund rechtsextremistischer Übergriffe ist das von aktueller Brisanz. Die Ausstellung trägt dazu bei, den geistigen Nährboden rechtsextremen Gedankengutes sichtbar zu machen. Gegen solche Ideologien vorzugehen bleibt unsere historische Verpflichtung und gesamtgesellschaftliche Aufgabe. Der Ausstellung „Graben für Germanien. Archäologie unterm Hakenkreuz" wünsche ich eine bundesweite Resonanz und großen Besucherzuspruch.

Bernd Neumann MdB
Staatsminister bei der Bundeskanzlerin

Vorwort

„Graben für Germanien. Archäologie unterm Hakenkreuz" ist der Titel einer Sonderausstellung, in der sich das Focke-Museum als Bremer Landesmuseum für Kunst und Kulturgeschichte mit der Bedeutung und Wirkungsweise der Archäologie in der Zeit des Nationalsozialismus im Allgemeinen und mit seiner eigenen Geschichte zu dieser Zeit im Besonderen auseinandersetzt. Sie befasst sich mit einer bislang wenig beachteten Facette des Nationalsozialismus, der engen Verzahnung von Archäologie und Politik im Dritten Reich, und durchleuchtet ihr großes gemeinsames Thema Germanien.

Anfang des 20. Jahrhunderts war die Archäologie in Deutschland als universitäres Fach kaum etabliert. Für systematisch angelegte archäologische Grabungen fehlten den mehrheitlich als Ausgräbern tätigen Laien- und Heimatforschern finanzielle Mittel und erfahrenes Personal. Die dennoch freigelegten umfangreichen Grabungsfunde fanden Eingang in museale Sammlungen und wurden in chronologisch aufgebaute Ausstellungen integriert. Vor dem Hintergrund fehlender Institutionalisierung wurde die Archäologie in der Öffentlichkeit überwiegend mit Schatzsuche oder Abenteuerlust und weniger mit historischem Tiefgang sowie universitärem Forscherdrang in Verbindung gebracht.

Dies änderte sich zwischen 1933 und 1945 erheblich. Einige Archäologen nutzten ihre historischen Deutungsmöglichkeiten und verhielten sich politisch opportun gegenüber der nationalsozialistischen Ideologie. Ihr Anliegen war die Förderung des Faches an Universitäten, in Museen und in der Bodendenkmalpflege. Ziel der nationalsozialistischen Ideologen hingegen war die Konstruktion völkischer Herrschaftsansprüche auf der Basis historischer Verwurzelung in einem vermeintlich kulturell hoch entwickelten Volk, den Germanen. Die Zusammenarbeit von Archäologie und Politik führte zu einer Förderung der Archäologie in Ausbildung, Praxis und Vermittlung. Es wurden universitäre Institute aufgebaut, die Bodendenkmalpflege bediente sich neuester Untersuchungsmethoden, in Museen wurden archäologische Abteilungen eröffnet und modern anmutende Wanderausstellungen weckten bei der Bevölkerung flächendeckend die Begeisterung für archäologische Themen.

Auf der breiten Basis der zunehmend institutionalisierten Archäologie verankerte sich ein ideologisch geprägtes Germanenbild im allgemeinen Bewusstsein. Teil dieser ausgrenzenden und gleichzeitig vereinnahmenden Vorstellung war nicht nur das Bild vom blonden, blauäugigen und tapferen Germanen, sondern auch von einem großgermanischen Reich als Ursprung der gesamten abendländischen Kultur. Daraus leiteten Nationalsozialisten ihre eigene kulturelle Überlegenheit historisch ab und legitimierten ihre alsbald formulierten territorialen Besitzansprüche über die Nachbarländer.

Auch an Bremen ging diese Entwicklung nicht vorbei. Hier beschäftigten sich Laienforscher und Wissenschaftler im Rahmen beachteter nationaler Tagungen, so genannter Thinge, und in zahlreichen Veröffentlichungen mit den Germanen. Ludwig Roselius (1874–1943), bedeutender Bremer Kaufmann, Ideengeber und Finanzier der Böttcherstraße als Gesamtkunstwerk sowie Gründer des dort angesiedelten Museums „Väterkunde", war ein wichtiger Mäzen dieser Aktivitäten und Forschungen. Sein musealer Kollege Ernst Grohne (1888–1957), 1924 zum Direktor des Bremer Focke-Museums ernannt, wurde 1933 zum Ersten Landeskonservator berufen und übernahm in dieser Funktion verschiedene Ausgrabungen, unter anderem auch die eines bedeutenden Gräberfeldes in Bremen-Mahndorf. Die dort freigelegten Funde wie etwa mehrere Hakenkreuzurnen fanden überregionale Aufmerksamkeit und 1937 erstmals Eingang in die neu eingerichtete Abteilung zur Ur- und Frühgeschichte im Focke-Museum. Hier stellt sich nun die Frage, wie die beiden Museen und ihre Leiter zueinander standen. Gab es Kooperationen oder eher den Versuch, sich voneinander abzusetzen? Welches Geschichtsbild wurde in beiden Häusern und ihren Abteilungen vermittelt?

Mit dem Amtsantritt von Uta Halle als Bremer Landesarchäologin, Professorin und Abteilungsleiterin für Ur- und Frühgeschichte im Focke-Museum kam 2008 eine Kollegin nach Bremen, die sich in ihrer Habilitationsschrift „Die Externsteine sind bis auf weiteres germanisch" mit der Prähistorischen Archäologie im Dritten Reich befasst hatte. In Bremen angekommen, stellte sie schnell fest, dass hier bislang weder seitens der Landesarchäologie noch des Focke-Museums zu diesem Thema geforscht worden war und kaum Aussagen zu den verschiedenen Akteuren der Archäologie und ihren Aktivitäten in Bremen vorlagen. Welchen Einfluss hatten die politischen und gesellschaftlichen Entwicklungen auf die Archäologie als Wissenschaft und als Sammlungsgegenstand? Und welchen politischen Zwecken konnte wiederum die Archäologie im Rahmen der nationalsozialistischen Diktatur in Bremen dienen? Diesen interessanten Forschungsfragen nachzugehen hätte es einiger personeller Ressourcen bedurft, die die Möglichkeiten des Bremer Landesmuseums für Kunst und Kulturgeschichte überstiegen.

Noch im selben Jahr legte die VolkswagenStiftung die Förderlinie „Forschung in Museen" auf, ein Programm, das den kleinen und mittleren Museen ermöglicht, ihre Sammlungen zu erforschen. Dies war der Startpunkt für ein gemeinsames Forschungs- und Ausstellungsprojekt. Dank der großzügigen Unterstützung der VolkswagenStiftung konnte das Focke-Museum in Kooperation mit dem Institut für Geschichtswissenschaften der Universität Bremen und der Bremer Landesarchäologie ab Anfang 2010 die „Vorgeschichtsforschung in Bremen unter dem Hakenkreuz" in einem auf drei Jahre angelegten vernetzten Forschungsprojekt in Angriff nehmen. Ziel war es, die Sammlungen von Museum und Landesarchäologie zu untersuchen und in einen zeitlichen und politischen Zusammenhang zu stellen. Als wissenschaftlicher Mitarbeiter für dieses Projekt stand der Historiker Dirk Mahsarski zur Verfügung, der kurz zuvor an der Universität Göttingen seine Promotion über Herbert Jankuhn, den ranghöchsten Archäologen des „SS-Ahnenerbes", einer nationalsozialistischen Forschungseinrichtung, abgeschlossen hatte.

Auch andere Museen haben sich in den letzten Jahren mit ihrer Geschichte während des Nationalsozialismus beschäftigt. Neben den großen Kunstmuseen wie jenen der Stiftung Preußischer Kulturbesitz in Berlin, der Hamburger Kunsthalle und der Bayerischen Staatsgemäldesammlung, die sich im Rahmen der Provenienzforschung vorbildlich mit NS-Raubkunst in ihren Sammlungen auseinandergesetzt haben, erforschten beispielsweise das Deutsche Museum in München 2010 und das Germanische Nationalmuseum in Nürnberg 2011 ihre Aktivitäten während des Dritten Reichs. In nur wenigen Fällen sind die dabei gesammelten Erkenntnisse nicht nur in Buchprojekte, sondern auch in Ausstellungsaktivitäten eingeflossen.

Dem besonderen Verhältnis von Archäologie und nationalsozialistischer Propaganda widmete sich erstmals 2001 eine Ausstellung in Straßburg und Metz, die die Situation im besetzten Elsass und Lothringen während des Zweiten Weltkrieges betrachtete. 2002 nutzte das Rheinische Landesmuseum in Trier diese Grundlage, um die Archäologie an Rhein und Mosel im Dienst des Nationalsozialismus zu untersuchen. Seither haben sich immer wieder Wissenschaftler aus Deutschland und den angrenzenden Nachbarländern mit Aspekten der Archäologie im Nationalsozialismus auseinandergesetzt.

Zurück nach Bremen, wo bereits früh die Bremer Kunsthalle wie auch die Bremer Staatsbibliothek im Rahmen ihrer Provenienzforschung gezeigt haben, dass sie für die Vergangenheit ihrer Institutionen Verantwortung übernehmen. Das Focke-Museum konnte sich nun dank der Förderung durch die VolkswagenStiftung und auf der Basis seiner archäologischen Sammlungen mit seiner Rolle in der Vorgeschichtsforschung unter dem Hakenkreuz auseinandersetzen. Nur durch die Erforschung seiner Sammlungen kann ein Museum langfristig wissenschaftlich fundierte Ausstellungen konzipieren und seinem gesellschaftlichen Bildungsauftrag gerecht werden. Entsprechend fließen die Bremer Forschungsergebnisse in ein Ausstellungskonzept, das sie in einen größeren, einen nationalen und internationalen Zusammenhang einordnet.

Zentrales Anliegen der Ausstellung „Graben für Germanien. Archäologie unterm Hakenkreuz" ist es, der Frage nachzugehen, wie der Mythos Germanien entstanden ist, sich über Jahrhunderte entwickelt hat und mit Hilfe der Archäologie im Nationalsozialismus ausgrenzend und übergreifend wirkte. Noch heute sind zahlreiche der damals geprägten ideologisch verklärten Vorstellungen präsent. Die rechte Szene nutzt die mangelnde Aufklärung vieler Menschen gezielt aus und lässt den Mythos Germanien heute mit Zeichen, Symbolen und Ritualen auferstehen. Erklärtes Ziel der beteiligten Wissenschaftlerinnen und Wissenschaftler wie auch Ausstellungsmacherinnen und -macher ist es daher von Anfang an gewesen, über die Ideologisierung im Nationalsozialismus aufzuklären, den Mythos Germanien in unseren Köpfen zu entzaubern und seine Aktualität und Präsenz in der rechten Szene aufzudecken.

Schnell wurde spürbar, dass die Auseinandersetzung mit dem Thema nicht nur spannend, sondern auch zeitaufwendig und herausfordernd ist. Auch die Aufgabe der musealen Umsetzung eines solchen Themas deutete sich als komplex an. Vor allem seine verschiedenen Facetten machten es notwendig, sich zu beschränken, und zeigten, dass die Ausstellung als ein Beitrag zu verstehen ist, der umfassend, aber nicht allumfassend sein kann und die Diskussion anregen möchte und wird. Die erfolgreiche Entwicklung und Umsetzung einer solchen Ausstellung war nur in einem Team möglich, das unterschiedliche Sichtweisen zuließ und vielfältige Qualifikationen bündelte. Gemeinsam mit den beiden Archäologinnen Sandra Geringer und Uta Halle, dem Historiker Dirk Mahsarski und der Volkskundlerin Karin Walter ist dies aufs Beste gelungen. Kritisch begleitet wurde das Team von einem internationalen wissenschaftlichen Beirat bestehend aus Martijn Eickhoff, Klaus Hesse, Doris Kaufmann, Katharina von Kurzynski, Rikola-Gunnar Lüttgenau und Otto Urban.

Sonderausstellungen zu realisieren gelingt dem Focke-Museum nur mit der finanziellen Unterstützung von langjährigen Förderern und Freunden. Die Umsetzung dieses spannenden, aber dennoch herausfordernden Ausstellungsthemas bedurfte besonderer Partner. Solcher, die nicht Begeisterung, sondern vielmehr eine innere Einstellung zum Thema mitbrachten, um zu der Überzeugung zu kommen, dass gerade die Unterstützung dieses Projektes den Förderer nicht nur fordert, sondern auch besonders auszeichnet. In solchen Momenten kann sich das Focke-Museum stets auf den Rückhalt seines Fördervereins, des „Vereins von Freunden des Focke-Museums", verlassen. Ohne die überaus engagierte Unterstützung durch die Sparkasse Bremen und die Nicolaus H. Schilling-Stiftung wäre die Umsetzung der Ausstellung ebenfalls nicht möglich gewesen. Größter Förderer war jedoch die Kulturstiftung des Bundes, die mit ihrem erstmaligen Beitrag ermöglicht hat, dass die Ergebnisse des Forschungsprojektes in einer breit angelegten Ausstellung aufbereitet und für viele Besucherkreise zum Sprechen gebracht werden konnten. Wir freuen uns sehr, dass Staatsminister Bernd Neumann als Beauftragter der Bundesregierung für Kultur und Medien durch die Übernahme der Schirmherrschaft für die Ausstellung „Graben für Germanien. Archäologie unterm Hakenkreuz" dieses Engagement unterstreicht.

Was hat Archäologie mit Politik zu tun? Und wie arbeiteten Archäologie, Politik und Museum in der Zeit des Nationalsozialismus zusammen und prägten den Mythos Germanien? Diesen Fragen spürt nicht nur die Ausstellung „Graben für Germanien. Archäologie unterm Hakenkreuz" nach, sondern auch der vorliegende, gleichnamige begleitende Katalog. Neben einem Ausstellungsrundgang, zahlreichen Abbildungen von in der Ausstellung gezeigten Ausgrabungsfunden, Modellen, Fotografien und Archivalien enthält er nicht nur neueste Forschungsergebnisse aus Bremen und Beiträge der Wissenschaftlerinnen und Wissenschaftler, die an der Konzeption und dem Aufbau der Ausstellung beteiligt waren, sondern auch Aufsätze befreundeter und bekannter Wissenschaftler aus Deutschland und seinen Nachbarländern, die seit Jahren ebenfalls zum Thema forschen und dankenswerterweise nun mit ihren vielfältigen Beiträgen die vorliegende Publikation um verschiedenste Facetten bereichern und zu einer aktuellen Standortbestimmung zum Thema Archäologie und Nationalsozialismus abrunden.

Bei allen Beteiligten, allen Förderern und Unterstützern von Ausstellung und Katalog bedanke ich mich herzlich für ihr Engagement und wünsche uns für die Ausstellung und den im Theiss Verlag erschienenen Katalog „Graben für Germanien. Archäologie unterm Hakenkreuz" eine breite Aufmerksamkeit und anregende Diskussionen.

Frauke von der Haar

Germanien – Funde und Erfindung

Den Begriff Germanien verwenden erstmals die römischen Schriftsteller Cäsar und Tacitus. Um Christi Geburt bezeichnen sie damit ein Land, das geografisch vage nördlich der Donau und östlich des Rheins liegt. Als Ende des 15. Jahrhunderts die verschollen geglaubten Schriften des Tacitus wiederentdeckt werden, entwickelt sich die Vorstellung von den Germanen als einem Volk mit gemeinsamen Sitten und Bräuchen. Starken Auftrieb bekommt die Idee durch die Befreiungskriege gegen Napoleon (1813–1815). Die Germanen werden seitdem zunehmend für eine biologische Abstammungsgemeinschaft gehalten, wozu auch die entstehende Archäologie ihren Beitrag leistet. Diese Entwicklung verschärft sich nach der deutschen Niederlage im Ersten Weltkrieg und den damit verbundenen vermeintlich germanischen Gebietsverlusten radikal.

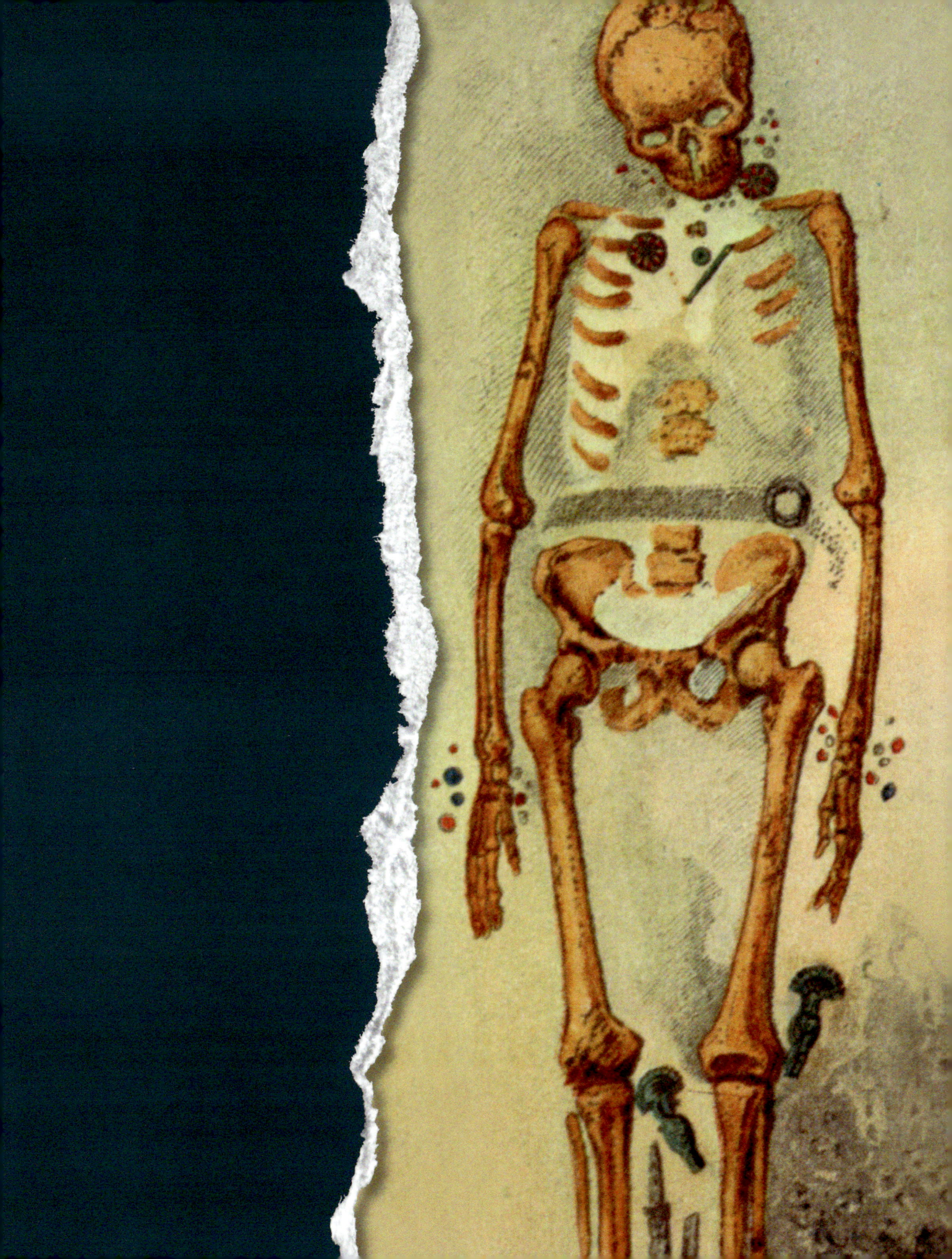

„Germanen" und römische Politik[1]
Tassilo Schmitt

„Seit 210 Jahren", so formuliert Tacitus in seiner im Jahre 98 n. Chr. verfassten Schrift „Germania", „wird *Germania* besiegt." Der Autor spannt damit den Bogen von der Gründung der Stadt Rom, in deren 640. Jahr – das ist 113 v. Chr. – man zum ersten Mal von den Waffentaten der Kimbern gehört habe, bis zu seiner Gegenwart. Jenes Jahr markiert für ihn einen Einschnitt, seit dem die Römer Völkern aus dem Norden immer noch nicht Herr geworden sind. Die „Germanen" stehen für ihn hier in einer Reihe mit den Samniten, den Karthagern, den spanischen Völkerschaften, den Galliern und den Parthern, also mit all den großen Gegnern der Römer. Eines unterscheidet Erstere aber: Über sie seien zwar ebenfalls Triumphe gefeiert worden, besiegt seien sie hingegen nicht.[2]

Der weite Horizont dieses historischen Überblicks hat seine Wirkung nicht verfehlt. Die anscheinend „ewige" Feindschaft zwischen Römern und „Germanen" konnte seit der Wiederentdeckung der „Germania" im 15. Jahrhundert als Vorstufe eigener zeitgenössischer Konflikte thematisiert werden, sei es zwischen Reformation und Römischer Kirche oder zwischen der deutschen und der französischen Nation. Tacitus' Bericht verlieh diesen Auseinandersetzungen historische Tiefe und Relief – und machte vergessen, dass seine Deutungen hier wie anderswo keineswegs selbstverständlich und sehr voraussetzungsreich sind:[3] Es war und ist ein schwerer Fehler, Tacitus' Darstellung ohne Weiteres als eine gültige Aussage über das Verhältnis der Römer zu denen zu betrachten, die von ihm hier als *Germani* bezeichnet werden. Vor diesem Fehlschluss kann schon der Befund warnen, dass im Jahre 83 n. Chr. Domitian (81–96 n. Chr.) zur Bekräftigung des Anspruchs, das „Germanenproblem" endgültig gelöst zu haben, als erster römischer Kaiser den Siegesbeinamen *Germanicus* annahm und den Monat September in *Germanicus* umbenannte. Auch die Benennung der von Domitian geschaffenen Provinzen *Germania Superior* (Obergermanien) und *Germania Inferior* (Niedergermanien) verkündete diesen Sieg. Solche Aussagen sind es, gegen die Tacitus polemisiert, die aber immerhin doch die Frage aufwerfen, wie es denn mit dem angeblichen Dauerkonflikt wirklich bestellt war.

Unter den Kaisern Nerva (96–98 n. Chr.) und Trajan (98–117 n. Chr.) ist es dann noch zu gelegentlichen Feldzügen gegen „Germanen" gekommen, an die diese Herrscher ebenfalls jeweils durch den Siegesbeinamen *Germanicus* oder durch die Prägung von Münzen mit *Germania capta* („Germanien ist eingenommen") erinnert haben. Aber eine starke Bedrohung aus der *Germania* ist nirgends erkennbar. Die Zahl der Legionen wurde reduziert. Sogar die Befestigung des Limes und seine Vorverlegung im zweiten Jahrhundert verweisen nicht auf gravierende Sicherheitsprobleme, sondern dienen vor allem der Ordnung im Grenzgebiet, die ganz so gestaltet werden konnte, wie die Römer sich das vorstellten.[4] Mit massivem Widerstand durch „Germanen" mussten sie dabei nicht rechnen. Die nach Tacitus angeblich schwärende Wunde an der römischen Nordgrenze war also vielmehr im Wesentlichen ausgeheilt.

Als sich schließlich unter Marcus Aurelius (161–180 n. Chr.) zunächst im unteren Donauraum im dritten Jahrhundert wieder jenseits von Neckar und Rhein Gefahren zusammenbrauten, liegen neue, eigene Entwicklungen vor: Die beginnenden Auseinandersetzungen mit *Marcomanni*, *Alamanni*, *Franci* und anderen werden in zeitgenössischen Quellen anfänglich zwar gelegentlich als „germanische" Konflikte bezeichnet. Dabei spielt die Erinnerung an die früheren Kämpfe eine Rolle. Aber im allgemeinen Verständnis handelte es sich gerade nicht um ein Wiederaufleben einer „germanischen" Urbedrohung. Deswegen wird die Bezeichnung „germanisch" auch immer seltener. Erst die Neuzeit hat im Banne des Tacitus einen jahrhundertelangen römisch-"germanischen" Gegensatz konstruiert. Pointiert ausgedrückt: Gerade die, die in der späteren Kaiserzeit schwerste Kämpfe im Norden zu bestehen hatten, standen Gegnern gegenüber, die man nur anachronistisch „Germanen" nennen konnte. Deren Selbstverständnis entsprach diese Bezeichnung gewiss nicht. Das gilt erst recht für die so genannten „germanischen" Nachfolgereiche, die erst die Moderne zu solchen gemacht hat.

Der Name „Germanen" wurde, wie Tacitus in einem schwierigen, erst spät in der Forschung überzeugend gedeuteten Satz erkennen lässt, von den Römern auf die Völkerschaften jenseits des Rheins übertragen, die Cäsar in seinem Gallischen Krieg nicht unterworfen hatte.[5] Vorher waren als „Germanen" nur einige besonders kriegstüchtige Stämme bezeichnet worden, von denen man sich erzählte, dass sie lange vor der cäsarischen Eroberung den Rhein überschritten, die Vorbevölkerung vertrieben und sich in deren fruchtbaren Gebieten niedergelassen hätten.[6] Diese „Germanen" waren schon dem Universalgelehrten Poseidonios (135–51 v. Chr.) bekannt. Von seiner Darstellung ist nur ein aus dem Zusammenhang gerissener Satz erhalten: „Die Germanen ... tragen zur Mittagszeit gliederweise gebratenes Fleisch auf und trinken Milch dazu und den Wein ungemischt."[7] Griechische und römische Leser dieses Fragmentes erkannten an derartigen Essitten, dass es sich bei diesen „Germanen" um solche handeln musste, deren zivilisatorische Standards an Homers Zyklopen erinnerten, besonders „wilde" Menschen also. Damit knüpft Poseidonios gewiss an das Bild an, das die Nachbarn dieser „Germanen" von ihnen zeichneten. Aber er unterscheidet sie nicht grundsätzlich von den Galliern oder Kelten. Für ihn wie für die älteren Geografen und Ethnografen gab es im Norden nur Kelten (Gallier) im Westen und Skythen im Osten; die „Germanen" hielten sie für einen wilden Teil der Kelten. Poseidonios hat auch die Kämpfe mit den Kimbern beschrieben und es dabei nicht versäumt, über deren Herkunft und Eigenart Forschungen anzustellen. Nichts deutet darauf hin, dass er sie – ganz anders als später Tacitus – nicht ebenfalls als Teil der Kelten angesehen hätte; Verbindungen zu den „Germanen" hat er nicht hergestellt. Bis in die Zeit Cäsars also waren „Germanen" nur als eine Untergruppe der Kelten bekannt: Ihren Nachbarn galten sie als später hinzugekommene Eindringlinge. Auch das bei Poseidonios bezeugte Merkmal der besonderen Wildheit wird ursprünglich auf deren Schilderungen zurückgehen. Allerdings waren diese „Germanen" deswegen nicht isoliert. Vor allem mit den Belgern hatten sie sich vielfach verbunden und dazu beigetragen, dass diese als hervorragende Krieger galten.[8]

Erst Cäsar hat „Germanen" und Kelten deutlich differenziert. Seine Unterscheidung konnte gewiss deshalb überzeugen, weil er durch die jahrelangen Feldzüge (58–51 v. Chr.) und vielfältige Kontakte ein ungleich größeres Wissen über die Verhältnisse im Norden gewonnen hatte als jeder Römer (und Grieche) vor ihm. Genau hat er festgehalten, dass jemand wie Ariovist, der aus Gebieten weit jenseits des Rheins gekommen war, üblicherweise einen Dolmetscher brauchte, um mit den Völkerschaften diesseits des Rheins ins Gespräch zu kommen.[9] Aber es ist ganz unwahrscheinlich, dass solche Beobachtungen zu Kultur und Sprache der wesentliche Grund dafür waren, den „Germanen" einen eigenen Platz neben den Kelten einzuräumen. Cäsars Motivation lässt sich vielmehr dann erschließen, wenn man berücksichtigt, dass es ihm darauf ankommen musste, den Kampf gegen Ariovist zu legitimieren, der immerhin den ihm vom Senat verliehenen Titel eines „Freundes des römischen Volkes" trug. Deswegen rückte Cäsar die von Ariovist ausgehende Bedrohung in einen engen Zusammenhang mit den Kimbern, derer Herr zu werden den Römern so große Schwierigkeiten bereitet hatte: Wie diese kamen auch Ariovist und seine Sueben aus Gebieten weit jenseits des Horizontes, den die Menschen Italiens und der Mittelmeerwelt über-

blickten. Dieser Heimat weitab von jeglicher Gesittung verdankten sie ihre besondere Unberechenbarkeit und Gefährlichkeit; hier wuchs eine Bedrohung Italiens heran.[10] Ihr zu begegnen, präsentierte sich Cäsar als der richtige Mann, der zugleich bewusst an das Erbe seines Onkels, des Kimbernsiegers Marius, anknüpfte. Der barbarische Übermut musste bezwungen werden. Für die Benennung dieser Barbaren als „Germanen" benutzte Cäsar eine ältere Bezeichnung, die linksrheinisch für eine besonders militante, aus dem Rechtsrheinischen stammende Gruppe von Völkern verwendet worden war. Damit übertrug er diesen Namen auf die ge-

DAS RÖMERREICH ZUR ZEIT DER GRÖSSTEN AUSDEHNUNG UNTER TRAIAN

samte Völkerwelt rechts des Rheins. Die, die bislang allein „Germanen" geheißen hatten, mussten nun konsequent „Germanen diesseits des Rheins" (*Germani cisrhenani*) genannt werden. Cäsar selbst übernahm zugleich die Rolle des Schutzherrn aller Gallier, indem er sie von den „Germanen" und von der Furcht vor ihnen befreite. Gerade weil er so zum Patron wurde, wählte er einen Namen, der für seine neuen gallischen Klienten (und deren römische Verbindungsleute) ein deutliches Relief besaß und nicht etwa den der „Sueben", der angesichts von Ariovists Verbindungen ebenfalls in Frage gekommen wäre.

Die Abspaltung der *Germania* vom gallischen Norden war Cäsar aber auch in seiner innerrömischen Rivalität mit Pompeius von Nutzen: Dieser war wenige Jahre zuvor, nämlich 61 v. Chr., von erfolgreichen Unternehmungen im Osten zurückgekehrt und hatte einen Triumph für einen Sieg über „Asien" gefeiert[11], sich also als Bezwinger eines Erdteils stilisiert. „Gallien" konnte als Begriff für den gesamten westlichen Norden ebenfalls als ein solcher Erdteil aufgefasst werden. Um nicht hinter Pompeius zurückzubleiben, genügte es aber nicht, dort einige Feldzüge unternommen zu haben. Nein, „Gallien in seiner Ganzheit" musste für das römische Volk gewonnen werden! Den Bericht über die Kriege dort leitet Cäsar deswegen pointiert mit einer Skizze „Galliens in seiner Gesamtheit" (*Gallia … omnis*) ein, bevor er schildert, wie er dort in harten Schlachten den römischen Frieden (*pax Romana*) durchsetzte. Der Anspruch, dies in „ganz Gallien" getan zu haben, war nur dann aufrechtzuerhalten, wenn die Gebiete östlich des Rheins von Gallien abgetrennt wurden.

Cäsar also konstituierte die „Germanen" als eine eigene Völkergruppe. Das von ihnen bewohnte Gebiet wurde als *Germania* bezeichnet. Insbesondere im ersten Jahrhundert n. Chr. wirkte sich die Herkunft der Benennung nach einem „Angst"-Gegner – ursprünglich von (anderen) Kelten – insofern aus, als *Germania* auch das Aufgabengebiet von römischen Feldherren im Norden meinen und schließlich ab Domitian für die neuen Provinzen *Germania Superior* und *Germania Inferior* verwendet werden konnte.

Für ethnografische Betrachtungen warf das Auftreten dieser neuen Völkergruppe die Frage auf, was denn an ihr besonders sei. Man gewann die Kriterien wesentlich aus der Übersteigerung der schon den Kelten zugeschriebenen Eigenschaft der Wildheit, die noch von keiner Zivilisation gebändigt worden war. Als Prototypen standen die *Germani cisrhenani* für solche, die (angeblich) aus der Tiefe des Nordens kommend noch diesen barbarischen Zug bewahrt hatten, der gemildert worden wäre – so konnte man schließen –, wenn sie schon länger mit anderen, von der mediterranen Kultur beeinflussten Stämmen in Berührung gekommen wären. „Germanen" sind demnach in den Jahrzehnten um die Zeitenwende erst kürzlich in den Gesichtskreis der Mittelmeerwelt und ihrer unmittelbaren Anrainer getretene Völkerschaften des Nordens, die aus unbekannter Ferne stammten, besonders wild waren und sich wegen der räumlichen, kulturellen und sprachlichen Distanz zu den übrigen Kelten auch nicht recht mit ihnen zu verständigen wussten. Cäsar hatte im Falle der Kimbern vorgemacht, dass man ethnische Einheiten auch nachträglich zu den „Germanen" rechnen konnte. In der Ethnografie hat man das am in mancher Hinsicht typologisch verwandten Beispiel der Bastarner wiederholt, die seit dem dritten vorchristlichen Jahrhundert als sehr wilde Neuankömmlinge südlich der unteren Donau wahrgenommen, zunächst als Kelten registriert und schließlich den „Germanen" zugeordnet worden sind.[12] Tacitus hat diese Anschauung dann in eine für die spätere Nachwelt gültige Form gebracht und eine *Germania omnis* („Germanien in seiner Gesamtheit") zum Gegenstand seiner „Germania" gemacht, ein von „Germanen" bewohntes Gebiet, das durch Rhein und Donau begrenzt ist, im Osten bis zu Sarmaten und Dakern reicht und im Norden vom Ozean umspült ist.[13]

Wenn Cäsars Abtrennung der rechtsrheinischen Gebiete vom Keltenland und die Konstitution der Völkergruppe der „Germanen" also vornehmlich aus den Umständen und Notwendigkeiten des römischen Siegers über Gallien erklärt werden muss, kann gleichwohl nicht bestritten werden, dass seine ethnische Identifikation der von Ariovist geführten Scharen mit den Kimbern des vorangegangenen Jahrhunderts eine typologische Plausibilität hatte. Jedes Mal handelt es sich um hoch mobile, durch Jungmannschaften geprägte, weite Strecken überwindende Kriegerscharen, die vielfach als Verbündete in innerkeltischen Auseinandersetzungen um den Vorrang im regionalen oder überregionalen Kontext ihre Aufgabe gefunden hatten.[14] Ariovist war zunächst Anführer einer von den Sequanern in den Rivalitäten mit ihren Nachbarn hinzugezogenen Unterstützungsmannschaft, konnte sich dann aber als selbstständiger Machtfaktor etablieren. Das ermöglichte auch den Nachzug von Frauen und Familien. Neben dem „Bedarf" an derartigen Truppen für die innerkeltischen Kämpfe haben im Einzelnen zudem spezifische Faktoren in den Herkunftsgebieten, generell aber das kulturelle und ökonomische Gefälle zwischen den Völkerschaften im Norden und Osten und dem wesentlich reicheren gallischen Westen jeweils eine wichtige Rolle gespielt: Für Anführer wie Ariovist und ihre Männer gab es in Reichtum und Ansehen viel zu gewinnen.

Die Römer erbten als neue Macht am Rhein diese Problemlage – und sie verhielten sich analog. Wie „germanische" Kämpfer vorher oft auf beiden Seiten zu finden waren, haben die Römer auf der einen Seite „barbarische" Übergriffe wie die eines Ariovist mit aller Macht bekämpft, sich auf der anderen Seite aber auch von Anfang an „germanischer" Hilfstruppen bedient. Solche Einheiten sind seit Cäsar bezeugt und haben im ersten nachchristlichen Jahrhundert mindestens zweimal in historisch bedeutsamer Weise in den Gang der römischen Geschichte eingegriffen: Arminius, der Sieger der Schlacht im Teutoburger Wald im Jahre 9 n. Chr., hat den Aufstand gegen den Statthalter Varus zunächst innerhalb der römischen Armee, als „Anführer" einer nach ethnischen Gesichtspunkten formierten Hilfstruppe (*ductor popularium*[15]), initiiert. In den Bürgerkriegen nach dem Ende der Julisch-Claudischen Kaiserdynastie spielen die Truppen der Bataver eine aktive und bedeutsame Rolle (so genannter Bataver-Aufstand 69–70 n. Chr.).[16] Es ist wahrscheinlich, dass gerade diese beiden Erfahrungen mit Einheiten, die ins römische Militär eingegliedert worden waren, sich dann aber gegen die Römer wandten, Tacitus' Ansicht von den „Germanen", insbesondere von ihrer Nicht-Integrierbarkeit wesentlich geprägt haben. Hinter seiner Darstellung stecken demnach (vielleicht durchaus individuell) gewichtete Erfahrungen der römisch-"germanischen" Beziehungen seit Cäsar bis zum Ende des ersten nachchristlichen Jahrhunderts.

Dieselben Ansichten und Schlüsse dürfen für die Zeitgenossen der Phase nach Cäsars Weggang aus Gallien keineswegs vorausgesetzt werden. Dessen Parallelisierung von Kimbern und „Germanen" lieferte für die Zeit unmittelbar danach keine eindeutigen Handlungsmaximen. Völlig unvorhersehbar musste es zunächst sein, wie die „Germanen" auf die römische Eroberung Galliens und auf die Sicherung und den Ausbau der römischen Herrschaft dort reagieren würden: Als „Verbündete" in innergallischen Händeln wurden sie nicht mehr gebraucht. Manche werden ihr Auskommen bei den Römern gesucht haben, für wieder andere änderte sich anscheinend wenig daran, im reichen Gallien ein Betätigungsfeld für männliche Kriegerehre und das Ziel von Beutezügen zu sehen.

Entsprechend darf man annehmen, dass die Etablierung der römischen Herrschaft wesentlich mit der Sicherung der eroberten „gallischen" Gebiete durch Infrastrukturmaßnahmen und durch die Bekämpfung von „Überfällen" beschäftigt war. Die Quellen, die sich auf die innerrömischen Bürgerkriege zunächst im Zusammenhang mit Cäsars Weg zur Alleinherrschaft, dann um sein Erbe konzentrieren, verraten kaum Einzelheiten von der Entwicklung der nächsten Jahrzehnte. Selbst ein so wesentliches Faktum wie die Umsiedlung der Ubier durch Augustus' Schwiegersohn Agrippa als Voraussetzung für die Gründung der Stadt *ara Ubiorum*, dem späteren Köln, kann nicht eindeutig der ersten oder der zweiten Statthalterschaft in Gallien 39–38 v. Chr. oder 19 v. Chr. zugeordnet werden.[17]

Einen Wendepunkt markiert die Niederlage des römischen Statthalters in Gallien M. Lollius im Jahre 16 v. Chr. (*clades Lolliana*) im Kampf gegen Sugambrer, die den Rhein überschritten hatten. Das nur durch lapidare Notizen bekannte Ereignis[18] ist in seiner militärischen Bedeutung nicht einzuschätzen. Wesentlicher war aber, dass es den Feinden gelungen war, einen Legionsadler zu erbeuten. Das bedeutete einen Rückschlag für Kaiser Augustus, der seine Rolle als Sieger weltweit kurz zuvor dadurch unter Beweis gestellt hatte, dass er 20 v. Chr. endlich die Legionsadler zurückgewinnen konnte, die im Jahre 53 v. Chr. durch die Niederlage des Crassus bei Carrhae an die Parther verloren worden waren. Nun war vier Jahre später wieder eine solche Standarte in den Händen von Feinden. Es ist deutlich, dass von nun an für lange Zeit – wie bei Cäsar – „Germanen"-Politik und Kriegszüge gegen sie ganz eng mit dem Prestige des Kaisers selbst verbunden wurden. Da dessen Stellung entscheidend darauf beruhte, dass er sich als militärisch erfolgreicher Führer (*imperator*) bewährte, waren außenpolitische Erfolge ein Teil der Herrschaftssicherung. Deswegen richtete sich nun eine verstärkte Aufmerksamkeit des Kaisers (und der Quellen) auf die Verhältnisse an der Nord-

Der römische Staatsmann Augustus versuchte das Gebiet rechts des Rheins erobern zu lassen. Zeitgenössische Statue.

grenze. Die Bedeutung für Augustus lässt sich unmittelbar daran ablesen, dass nun meist enge Vertraute oder Verwandte des Herrschers das Kommando führten (Agrippa, Drusus, Tiberius, Varus, Germanicus).

Politik und Kriegführung waren in den folgenden Jahrzehnten von der Grenz- und Vorfeldsicherung, von der Notwendigkeit des Kaisers, den Schutz Galliens sowie das Ansehen einer siegreichen Armee zu gewährleisten, und von dem Bedürfnis kaiserlicher Verwandter bestimmt, sich als erfolgreiche Feldherren zu bewähren. Die konkreten Entscheidungen waren außerdem abhängig vom Verhalten der „Germanen" und der Einschätzung ihrer Gefährlichkeit, von der Kenntnis und Erschließung der Räume für die Auseinandersetzung und von der allgemeinen politischen Lage, in die die Verhältnisse in anderen Regionen des Reichs ebenso eingingen wie die wechselnden dynastischen oder sonstigen Überlegungen zur Stabilisierung der Kaiserherrschaft.

Welche jeweiligen kurz-, mittel- und langfristigen Pläne dabei konzipiert wurden, ist nicht überliefert und lässt sich deswegen nur aus den Unternehmungen selbst ableiten. Aus der kontroversen Forschungsdiskussion kann die Meinung, dass die Römer wegen ihres Selbstverständnisses als Weltenherrscher bereit oder gar genötigt waren, grundsätzlich schrankenlos auszugreifen, sicher ausgeschlossen werden. Augustus hatte gezeigt, wie auch Kompromisse als Sieg und Verständigungen als Unterwerfung dargestellt werden konnten: Er stand unter keinem ideologischen Druck dieser Art.

Im Übrigen sind die Möglichkeiten großräumiger Planungen durch die bessere Landeskenntnis und den Ausbau militärischer Infrastruktur sicher gewachsen. Dasselbe muss aber auch für das Bewusstsein davon gelten, dass lange Verbindungslinien stärker gefährdet waren und dass kein Vorstoß nach Osten zu einer „natürlichen", leicht zu stabilisierenden Grenze führte. Diesen Ambivalenzen konnte man sich defensiver oder offensiver stellen. Der Kaiser mochte seine Meinung auch revidieren oder anderen Überlegungen den Vorzug geben. Er konnte es für nötig halten, umfassende Strategien zu entwerfen, oder auch nur auf wirkliche oder angenommene Bedrohungen reagieren: Grundsätzlich lässt sich (meist) ein sehr rational kalkulierendes Vorgehen beobachten, das eher weniger zu der These passt, die Führungskräfte hätten vornehmlich weit ausgreifende Pläne verfolgt.

Als Folge der *clades Lolliana* wurden die in Gallien stationierten Legionen dauerhaft an den Rhein vorverlegt. An den Mündungen der beiden wichtigsten Germanien nach Osten erschließenden Flüsse Lippe und Main entstanden die Lager *Castra Vetera* – Xanten und *Moguntiacum* – Mainz. Augustus selbst weilte zunächst mehrere Jahre in Gallien (16–13 v. Chr.). Im Jahre 12 v. Chr. eröffnete sein Adoptivsohn Drusus als Reaktion auf neuerliche „Germanen"-Überfälle die Offensive. Beim vierten Jahresfeldzug 9 v. Chr. erreichte er die Elbe. Auf dem Rückmarsch starb er an den Folgen eines Reitunfalls. Von ihm übernahm sein eilends nach Norden aufgebrochener Bruder Tiberius das Kommando, beendete im Jahre 8 v. Chr. den Krieg und konnte am 1. Januar 7 v. Chr. einen Triumph feiern. Der zeitgenössische Historiker Aufidius Bassus notiert, dass sich „zwischen Elbe und Rhein alle Germanen dem Tiberius Nero unterworfen" hätten.[19] Zentrale Achsen der Kriegführung und dann auch der Kontrolle waren die östlichen Nebenflüsse des Rheins und von der Nordsee aus vor allem Ems und Weser, schließlich ebenso die Elbe.

Die vom Militär geleisteten Pionierarbeiten in der Erschließung des Landes müssen gewaltig gewesen sein. Dazu kam die Anlage mächtiger Lager besonders an der Lippe (Oberaden; 8 v. Chr. wieder aufgegeben), aber auch kleinerer Vor- und Überwachungsposten wie dem, der kürzlich bei Hedemünden an der Werra entdeckte wurde.[20] Aus der militärischen Infrastruktur konnten sich aber mancherorts im Laufe der Zeit auch neue Zentren ziviler Nutzung entwickeln. Die Grabungsergebnisse in Haltern können das ebenso verdeutlichen wie der sensationelle Nachweis einer sich monumentalisierenden Siedlung in Waldgirmes.[21] Die zumindest partiell intensive wirtschaftliche Erschließung ist jüngst durch den Nachweis von Bleibergbau im Sauerland sichtbar geworden.[22] Die rechtsrheinischen Gebiete verblieben zwar unter dem Kommando des Statthalters von Gallien, nahmen aber immer mehr den Charakter einer eigenen Provinz an. Allenthalben lässt sich beobachten, dass die Römer es auch hier verstanden haben müssen, nach der Errichtung ihrer Herrschaft feindliche Stämme und Gruppierungen zum

Beispiel durch Umsiedlungen oder Vertreibung zu isolieren, vor allem aber weite Teile der Stammeseliten zu gewinnen: Arminius machte Karriere als römischer Offizier. Ohne Konflikte in diesen Völkerschaften ist das oft gewiss nicht verlaufen – und es blieb noch hinreichend Potenzial für antirömische Optionen. So waren Versuche des Statthalters L. Domitius Ahenobarbus um die Zeitenwende, in der cheruskischen Innenpolitik Einfluss zu nehmen, nicht erfolgreich, und M. Vinicius sowie Tiberius fochten Kämpfe seit 1 n. Chr. bis 5 n. Chr. aus, für die sie in Rom ausgezeichnet wurden; ihre Siege wurden zu solchen eines großen Krieges stilisiert (*bellum immensum*[23]). Eine wirkliche Erschütterung der römischen Machtposition war damit aber wohl nirgends verbunden.

Als gefährlich erschienen jene Stammesführer, die bei und mit den Römern gelernt hatten, wie diese ihre Kriege führten. Jedenfalls hielten es Tiberius und Augustus für angemessen, den zunächst mit den Römern verbundenen Markomannenkönig Marbod, der in Böhmen ein weit ausgreifendes Herrschaftszentrum errichtet hatte, in seine Schranken zu verweisen. Der gegen ihn vorbereitete Zangenangriff, bei dem erstmals gleichermaßen von Rhein und Donau aus operiert werden sollte, musste im Jahre 6 n. Chr. abgebrochen werden, weil ein Aufstand in Pannonien (Ungarn) die Aufmerksamkeit der Römer auf sich zog – und Marbod war klug genug, seine Chance zum Ausgleich zu nutzen.

Im Jahre 6 n. Chr. übernahm P. Quinctilius Varus die gallische Statthalterschaft und damit die Zuständigkeit für Germanien. Er war ein in heiklen Aufgaben erfahrener und mit dem Kaiserhaus eng verbundener Mann. Die schwer durchschaubare Überlieferung lässt nicht eindeutig erkennen, inwiefern er die römische Durchdringung der rechtsrheinischen Gebiete stark intensivierte oder nur im Wesentlichen weiterführte. Unklar ist trotz zahlloser Bemühungen der Forschung auch, was Arminius, einen Offizier seines Stabs, dazu bewog, drei römische Legionen in einen Hinterhalt zu locken. Höchstwahrscheinlich spielten hierbei Rivalitäten innerhalb des cheruskischen Adels eine große Rolle. Die Frage, wie man sich zur römischen Herrschaft stellte, war dabei gut geeignet, Loyalitäten zu binden. Für Arminius muss – vielleicht auf Grund der Beobachtung der Entwicklungen um Marbod – der Gedanke motivierend gewesen sein, sich auch außerhalb der römischen Oberhoheit etablieren zu können. Der Kampf um die „Freiheit" von den Römern war untrennbar mit dem Kampf um eine eigene Machtstellung verbunden. Jedenfalls gelang es ihm, indem er das in ihn gesetzte Vertrauen des Varus brach, im Jahre 9 n. Chr. in der Schlacht im Teutoburger Wald eine große römische Armee zu vernichten. Der Erfolg dieser Revolte wuchs sich zu einem Aufstand aus, der das Netz römischer Infrastruktur über die rechtsrheinischen Gebiete zerriss. Lager und Siedlungen mussten aufgegeben werden. Die Territorien, die seit den Feldzügen des Drusus gewonnen worden waren, gingen zum großen Teil verloren. Andererseits zeigte es sich für die Römer, die anfänglich auch um linksrheinische Gebiete sehr besorgt waren, dass diese zu keiner Zeit tatsächlich gefährdet waren.

Arminius' Erfolg beruhte nicht auf einem „gesamtgermanischen" Aufbegehren und führte auch nicht zu einer politischen Einheit. Der Verlust der römischen Herrschaft hatte vielmehr erbitterte Kämpfe zwischen den Stämmen und innerhalb ihrer Eliten zur Folge: Arminius selbst erlag später einem Anschlag von Verwandten. Dem zum dritten Mal an die Nordgrenze beorderten Tiberius gelang es, mit Hilfe neuer und verstärkter Legionen sich siegreich auch rechts des Rheins zu behaupten sowie vorgelagerte Stützpunkte neu zu befestigen. Ab 13 n. Chr. stieß dann Drusus' Sohn Germanicus in mehreren Feldzügen wieder weit nach Osten vor und stattete auch dem Ort der Varusschlacht einen Besuch ab. Die Römer verwüsteten große Gebiete und zentrale heilige Orte ihrer Gegner wie etwa der Marser, verzeichneten immer wieder Siege, ohne jedoch eine entscheidende Schlacht schlagen zu können. Umgekehrt liefen die aufwendig vorbereiteten Operationen, bei denen die Truppen sowohl über Land als auch mit der Flotte über die Flüsse weit in die Gebiete ihrer Feinde vorstießen, Gefahr, Schiffbruch zu erleiden oder in unwegsamem Gelände einem Hinterhalt zu erliegen: Im Jahre 15 n. Chr. entging der römische Feldherr Caecina nur knapp einer Situation, die dem Varus-Heer den Untergang gebracht hatte. Der als Augustus' Nachfolger im Jahre 14 n. Chr. zum Kaiser gewordene Tiberius (14–37 n. Chr.) zog aus solchen Beobachtungen die Konsequenz, dass man die „Germanen" der Dynamik ihrer internen Auseinandersetzungen (*internae discordiae*[24]) überlassen und das Risiko direkter Interventionen vermeiden sollte. Er berief Germanicus gegen dessen Willen von der Rheinfront ab und überhäufte ihn mit Ehren für die erfolgreiche Rache an den „Germanen" und deren Bezähmung, die – wie die Zukunft zeigte – in der Tat keine schwere Bedrohung mehr darstellten. Das war kein Verzicht auf die Eroberung der rechtsrheinischen Gebiete und Völker, sondern eine der Situation angemessene Entscheidung, die ohne Weiteres die Option enthielt, bei Bedarf jederzeit wieder militärisch einzugreifen. Germanien blieb unter römischer Beobachtung und Kontrolle, ohne dass man eine direkte Verwaltung errichtet oder Städte gegründet hätte: Die griechisch-römische Zivilisation konnte sich so nicht weithin verbreiten und einwurzeln.

Diese grundsätzliche Disposition schloss es nicht aus, dass Kaiser wie Caligula (37–41 n. Chr.) oder Claudius (41–54 n. Chr.), Germanicus' Sohn bzw. Bruder, Feldzüge gegen wirkliche oder vermeintlich gefährliche Gegner unternahmen und suchten, sich das Prestige eines „Germanen"-Siegers zu verschaffen. Im Allgemeinen blieb die Politik von abwägendem Kalkül bestimmt. In diesem Rahmen war es möglich, dass man am Oberrhein die Gebiete direkter Herrschaft in Phasen bis an den Neckar vorschob und damit fruchtbare Gegenden für „keltische" und römische Neusiedler erschloss, die vorher lange ungenutzt geblieben waren.

Das Verhältnis der Römer zu den Völkerschaften rechts des Rheins war weitaus differenzierter, als es deren Etikettierung als „Germanen" erscheinen lässt. Dieser Name sollte gefährliche Gegner bezeichnen, über die zu siegen als besondere Leistung galt und besonderen Ruhm verhieß. Wahrscheinlich hätten die meisten so genannten „Germanen" verständnislos auf die Frage reagiert, ob sie denn „Germanen" seien. Ein allgemeines „germanisches" Selbstbewusstsein ist nicht belegt, weil es in dieser Form nicht existiert hat. „Germanen" waren im Altertum im Wesentlichen eine römische Projektion.

Germanien zwischen Renaissance und Moderne

Uta Halle

Über die Entstehung der Gleichsetzung von Germanen und Deutschen sind zahlreiche wissenschaftliche Grundlagenwerke sowohl in der Sprachforschung als auch in der Archäologie verfasst worden, denn sie hängen untrennbar miteinander zusammen. Der Germanenmythos entstand am Übergang zwischen dem späten Mittelalter und der Frühen Neuzeit um 1500, eine Zeit, die mit den starken Veränderungen im Weltbild, Wissen und Alltag der begeisterten Wissensinteressierten und der innovativen Menschen in Europa auch zu Umgestaltungen in der Suche nach den geschichtlichen Wurzeln der Deutschen führte. Die Entwicklung des Buchdrucks trug wesentlich dazu bei, Kenntnisse zu verbreiten, und dies betrifft auch die Schriften des Tacitus. Durch inhaltliche Vergleiche mit mittelalterlichen Texten, zum Beispiel dem Werk „Gesta Hammaburgensis ecclesiae pontificum" des Adam von Bremen (vor 1050–1081/1085), ist bekannt, dass dieser Tacitus' „Germania" als Quelle benutzt hat.[1]

Im Kloster Hersfeld wurde in der Mitte des 15. Jahrhunderts eine aus dem neunten Jahrhundert stammende Handschrift der „Germania" zusammen mit anderen Schriften des Tacitus entdeckt, 1508 nach Rom gebracht und dort noch einmal abgeschrieben. Die karolingische Handschrift ging danach verloren.[2]

Die Germanen im Werk der Humanisten

Bis zum Beginn der Frühen Neuzeit waren die Germanen als angebliche Ahnen der Deutschen im deutschen Sprachraum nicht bekannt. Einen Wandel brachte hier der Humanismus der Renaissance, mit dem die „Germania" des Tacitus langsam Einzug in die Gelehrtenwelt hielt und zu einer tief greifenden Veränderung im Geschichtsbild führte.[3] Innerhalb der Jahrzehnte zwischen 1473 und 1519 dürften nach einer Schätzung ca. 6000 Exemplare der Germania verbreitet gewesen sein, von denen ein Großteil in deutschen Officien ge-

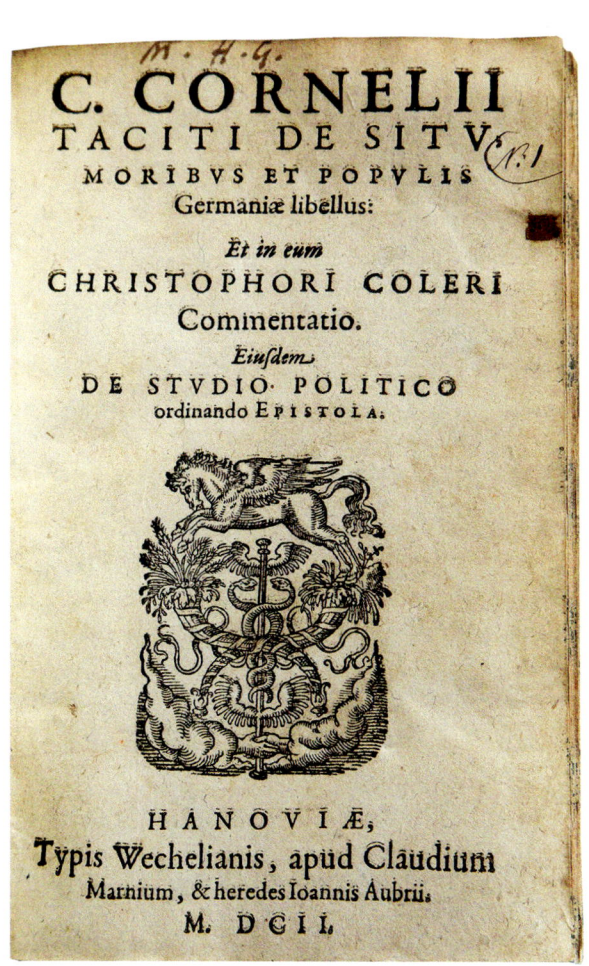

Innentitel der ältesten gedruckten Tacitus-Ausgabe der Staats- und Universitätsbibliothek Bremen.

druckt worden war.⁴ 1519 kam die erste kommentierte Ausgabe von Beatus Rhenus (1485–1547) heraus. Der Humanist Ulrich von Hutten (1488–1526) trug mit seiner Schrift „Arminius" – die jedoch erst 1529, drei Jahre nach seinem Tod, erschien – wesentlich zur Entwicklung des deutschen Germanenkultes bei. Er beschrieb den Sieger der Varusschlacht als „ersten unter den Vaterlandsbefreiern", der „das römische Joch" abgeworfen und Germanien von der Fremdherrschaft befreit hätte. Noch war sein Text allerdings nur den Gelehrten zugänglich, denn er war in Latein abgefasst. Trotzdem begann mit der Renaissance ein Anwachsen des Wissens um die „heimisch/vaterländischen Altertümer", und zwar im Wesentlichen durch Beobachtungen bei Erdarbeiten. Schon in dieser frühen Phase werden die entdeckten archäologischen Quellen manchmal mit einer ethnischen Deutung verbunden, deutlich häufiger jedoch mit einer religiösen Zuschreibung versehen. Als Beispiel sei hier auf den Humanisten Nicolaus Marschalk (um 1470–1525) verwiesen, der 1510 Großstein- und Hügelgräber mit zwei historisch bekannten Völkern verknüpfte.⁵ Rund 40 Jahre später erschien von Johannes Aventinus (1477–1534) die „Chronica von vrsprung, herkomen vnd thaten der vhralten Teutschen" und setzte damit die Bezeichnungen „Teutschen" und Germanen gleich. Diese frühen Veröffentlichungen stellten quasi den Startschuss für unzählige Werke der Sprachforschung, Volkskunde und Archäologie dar, die diese Gleichsetzung übernahmen.

Der Naturwissenschaftler Georgius Agricola (1494–1555) hingegen schrieb 1546 in seiner Veröffentlichung „De natura fossilium" über bei Lübben beobachtete vorgeschichtliche Brandbestattungen in Urnen: „Bei Lichte betrachtet, sind es Urnen, worin die alten Germanen, dem Christentum noch nicht zugewandt, die Asche der verbrannten Leichname aufbewahrten."⁶ Damit verband Agricola die ethnische mit der religiösen Deutung.

Ähnlich wie im 16. Jahrhundert fanden die in Norddeutschland anzutreffenden Großsteingräber auch im frühen 17. Jahrhundert das Interesse der Gelehrten. Mit seinem 1604/1605 erschienenen Werk „Urbis Bremae typus et chronicon" gilt der bedeutende Kartograf und Historiker Wilhelm Dilich (1571–1655) als erster Gelehrter, der sie als „Monumenta giganteum" und als Wohnsitze der historisch überlieferten Chauken beschrieb. Damit versah er archäologische Denkmäler mit einer ethnischen Zuschreibung. Dilich gab seinem Werk eine Karte der Region zwischen Weser und Elbe hinzu, auf der auch ein Großsteingrab als Verzierung dargestellt ist.

Der Osning wird zum Teutoburger Wald

Nur wenige Jahre später begannen Gelehrte, nach dem Schlachtfeld der bei Tacitus beschriebenen kriegerischen Auseinandersetzung des Jahres 9 n. Chr. zu suchen. Philipp Cluverius (1580–1623) veröffentlichte 1616 sein Werk „Germania antiqua libri tres", das heute als „das erste Werk über germanische Altertumskunde" gilt.⁷ In dieser Arbeit wurde die folgenschwere Umbenennung des bis dahin als „Osning" bekannten Mittelgebirgszugs in „Teutoburger Wald" festgeschrieben. Außerdem enthielt es erste Darstellungen der Germanen, allerdings in einer reichlich fantasievollen Bekleidung.

Der Dreißigjährige Krieg (1618–1648) führt zu einer Verzögerung in der vorwissenschaftlichen archäologischen Forschung. Erst gegen Ende des 17. Jahrhunderts begann sie aufs Neue und beschäftigte dann auch die namhaften Gelehrten der Zeit. Um 1691 untersuchte der Universalgelehrte Gottfried Wilhelm Leibniz die frühgeschichtliche Sprachgrenze zwischen den slawischen und germanischen Sprachen. Dabei wollte er auch die archäologischen Urnenfunde der Lüneburger Region berücksichtigen und fragte daher brieflich nach den Eigenschaften der dort gefundenen Grabkeramik.⁸ Gleichzeitig war es zunächst eine Zeit des „Erwachens der Liebe zu den Altertüm(n)", die in den Wunderkammern der Fürstenhöfe gesammelt wurden. Es wird in einigen Veröffentlichungen zwar auf germanische Funde hingewiesen, aber diese ethnische Zuweisung erfolgte selten. Ein direkter Zusammenhang zwischen den archäologischen Quellen und der schriftlichen Überlieferung von Tacitus wurde nicht gesehen.⁹

Die Rassenforschung kommt hinzu

Erst im frühen 18. Jahrhundert erfolgte nicht mehr die allgemeine Gleichsetzung zwischen vorgeschichtlichen mit heidnischen Quellen, sondern mit der Veröffentlichung von Johann Georg Keyslers (1693–1743) „Antiquitates selectae septentrionales et Celticae" (1720) wurde zwischen germanischen und keltischen Altertümern unterschieden und damit eine ethnische Zuschreibung vorgenommen. In der Mitte des 18. Jahrhunderts verfasste der Pfarrer von Geestendorf, das damals zum Kurfürstentum Braunschweig-Lüneburg gehörte, Martin Mushard (1699–1770), ein handschriftliches Manuskript über vorgeschichtliche Denkmäler der Region. Beide Schriften waren in der damaligen Wissenschaftssprache Latein verfasst und konnten deshalb nur von studierten Bürgern zur Kenntnis genommen werden, bei Mushards Schrift kam hinzu, dass sie auf Grund der nur handschriftlichen Überlieferung kaum bekannt wurde.

Die Idee, die gefundenen Skelettreste zur Untersuchung von angeblichen Rassenunterschieden zu verwenden, kam bis zum Ende des 18. Jahrhunderts nicht auf.[10] Erst die Arbeiten des schwedischen Carl von Linné (1707–1778) zur Systematisierung der Pflanzen- und Tierwelt und Immanuel Kants (1724–1804) „Über die verschiedenen Rassen der Menschen" (1775) legten auch für die beginnende Anthropologie wichtige Grundlagen. Ferner erschien im gleichen Jahr die Schrift von Johann Friedrich Blumenbach (1752–1840), „De Generis Humanis Varietate Nativa", für die der Autor auch Schädelvermessungen an menschlichen Knochen durchgeführt hatte. Damit entstand noch vor dem Beginn des 19. Jahrhunderts der wissenschaftliche Grundstock für die so genannte Rassenforschung in Deutschland.

Auch Johann Gottfried Herder (1744–1803) berief sich in seinem Werk „Ideen zur Philosophie der Geschichte der Menschheit" auf die Germanen des Tacitus. Friedrich Klopstock (1784–1803) formte Arminius endgültig zum deutschen Helden um. Heinrich von Kleist (1777–1811) schrieb das Theaterstück „Die Hermannsschlacht" und die Porzellanmanufaktur Fürstenberg nahm die ersten Germanenfiguren in ihr Sortiment auf. Diese werden als „ein Hinweis darauf, wie populär der Arminius- und Germanenmythos in der zweiten Hälfte des 18. Jahrhunderts war", gedeutet.[11]

Bis zur Wende des 18. zum 19. Jahrhundert hatte sich die Gleichsetzung germanisch = deutsch schon in verschiedenen Wissenskulturen und in der populären Theater- und Opernkultur verfestigt. Sie wurde damit quasi zum Selbstläufer, zu dem im nachfolgenden Jahrhundert noch der überaus wichtige Faktor Nationalismus hinzukam.

Im Zeitalter des beginnenden Nationalismus

1815, zwei Jahre nach den Befreiungskriegen gegen Napoleon (1769–1821), kam die deutsche Übersetzung des lateinischen Werkes „Arminius" von Ulrich von Hutten in den Handel. Damit fand ein wesentlicher Teil des Germanenmythos stärkeren Eingang in das Wissen der Bevölkerung. Ernst Moritz Arndt (1769–1860) beschwor mit Tacitus-Zitaten „den germanischen Gründungsmythos", und „Turnvater" Friedrich Ludwig Jahn (1778–1852) verfasste seine „Rede des Arminius an die Deutschen vor der Teutoburger Schlacht".[12]

Die verstärkte Entwicklung der Ur- und Frühgeschichte erfolgte in einer Zeit des aufblühenden Nationalismus in weiten Teilen Europas. Zahlreiche Pfarrer, Apotheker, ehemalige Offiziere machten sich auf die Suche nach dem Schlachtfeld der Varusschlacht, denn die materielle Hinterlassenschaft der eigenen vorgeschichtlichen = germanischen Vergangenheit erlaubte Konstruktionen nationaler Größe und Geschichte. Die Varusschlacht wurde nun allgemein und vereinfachend „als Geburtsstunde der deutschen Nation" gedeutet.[13] Die Laienforschung suchte nach dieser materiellen Kultur, und nationale Identität erhielt auf diesem Weg eine ur- und frühgeschichtliche Legitimation. Den Germanen galt deshalb das besondere Augenmerk der Heimatforschung im 19. Jahrhundert. Da sich schon seit dem 16. Jahrhundert die Umbenennung des Gebirgszugs „Osning" in Teutoburger Wald durchgesetzt hatte, rückten bei der Suche nach dem Schlachtfeld das Fürstentum Lippe, das Ravensberger Land und das Weserbergland in den Mittelpunkt. Die Schlacht im Teutoburger Wald machte zahlreiche Lehrer, Offiziere, Pfarrer, Ärzte und Apotheker im und am Teutoburger Wald zu begeisterten Heimatforschern, die mit privaten finanziellen Mitteln Grabhügel, Urnenfelder, Wallanlagen archäologisch untersuchten, immer in der Hoffnung, dort Hinweise auf die Schlacht, vor allem

Rudolf Virchow (1821–1902) vermaß für anthropologische Analysen zahlreiche Schädel. Seine linke Hand umfasst einen Schädel, in der anderen hält er ein Craniometer.

aber auch zu den siegreichen Germanen und deren Kultur zu finden. Sie zeigten dabei oftmals viel Engagement, gute Kenntnis der Landschaft, legten archäologische Sammlungen an und brachten sie in Museen der Bevölkerung nahe. Als Beispiele sei hier nur auf die 1820 erfolgte Kartierung der Hügelgräber im Teutoburger Wald durch Wilhelm Tappe (1769–1823) verwiesen, die einzig durch die Suche nach dem Schlachtfeld zu Stande kam. 1823 wurde von der Königlichen Akademie der Wissenschaften in Göttingen eine Preisfrage zur genauen Untersuchung der „altgermanischen Grabhügel" ausgelobt.[14]

Letztendlich stellte dieses Engagement einen ersten Schritt zur Verwissenschaftlichung der archäologischen Forschung dar, denn erste Urgeschichtsvereine wurden gegründet oder bestehende Geschichtsvereine durch eine zusätzliche Ausrichtung ergänzt. Bis zur Mitte des 19. Jahrhunderts waren sie „eine ausgesprochen elitäre Angelegenheit".[15]

Ihre Arbeit erreichte aber nur selten eine wissenschaftlichen Standards genügende Professionalität. Trotzdem kam es um die Mitte des 19. Jahrhunderts zu einer Stärkung des „Germanischen". Maßgeblich daran beteiligt waren die Gebrüder Wilhelm (1806–1848) und Ludwig Lindenschmit (1809–1893). Wilhelm Lindenschmit verfasste 1846 die Schrift „Räthsel der Vorwelt, oder: Sind die Deutschen eingewandert?". 1848 erfolgte die Ausgrabung der Gebrüder Lindenschmit auf dem „germanischen Todtenlager" von Selzen. Hier stellten sie eine Kontinuität zwischen den ausgegrabenen Skelettformen und den damaligen Menschen her und schrieben sie der „germanischen Race" zu. Damit verstärkten die Altertumsforscher einen Zusammenhang der frühmittelalterlichen Reihengräberfriedhöfe mit einer vermeintlich germanischen Ethnie. Sie definierten die Grabbeigaben gleichzeitig als „germanisch", so dass nachfolgend bei Ausgrabungen dieser Gräberfelder die Grabbeigaben immer als germanisch gedeutet wurden und wichtige Publikationen über deren wissenschaftliche Auswertung oftmals auch das Wort „germanisch" im Titel trugen.

1852 war Ludwig Lindenschmit maßgeblich bei der Gründung des Centralmuseums für Vor- und Frühgeschichte für germanische und römische Altertümer in Mainz beteiligt und wurde dessen erster Direktor. Im gleichen Jahr wurde in Nürnberg das Germanische Nationalmuseum eröffnet.

Gleichzeitig erfolgten immer mehr Versuche mit Messungen am Schädel, um die Zugehörigkeit zu einer bestimmten Rasse festzustellen. Der Mediziner, Anthropologe und Politiker Rudolf Virchow (1821–1902) beschrieb 1869 seine Messung, die er in der „reichhaltigen Schädelsammlung" in Kopenhagen durchgeführt hatte. Seine Untersuchungen führten ihn zu dem Ergebnis, dass die Langschädeligkeit (Dolichocephalie) nicht nur auf eine germanische Rasse beschränkt sei, sondern auch bei slawischen Völkern vorkäme. Durch Virchows Wirken konnte sich der Mythos einer angeblich überlegenen germanischen Rasse in der Anthropologie der zweiten Hälfte des 19. Jahrhunderts nicht durchsetzen.

Allerdings hatten mittlerweile auch andere das Thema „Rassekunde", verbunden mit einer überbordenden Germanenschwärmerei, für sich entdeckt. Ein Vertreter dieses Zweigs war Joseph Arthur de Gobineau

(1816–1882), der sich eher literarisch mit den Rassentheorien befasste. Er vertrat die Theorie der arischen Grundrasse der Weißen sowie der Schädlichkeit der Rassenmischung und sah die letzten verbliebenen arischen Rassenkerne in Norddeutschland.[16] Über Gobineaus Bekanntschaft mit dem Komponisten Richard Wagner (1813–1883) kam seine Theorie in das Bayreuther Umfeld und von dort in ein völkisches, rassistisches Milieu.

Hermann und Germania – zwei Denkmale

Zahlreiche Veröffentlichungen aus der zweiten Hälfte des 19. Jahrhunderts zeigen, wie sehr die Varusschlacht, dieses historische Kriegsgeschehen, stärker als zuvor unzählige Menschen in ihrem Denken, aber auch in ihrem Handeln beeinflusst hat. So schrieb der Gymnasiallehrer Franz Babsch 1880: „Es ist eine in der Universalgeschichte ausgemachte Thatsache, dass mit dem blutigen Tage am Osning im sogenannten Teutoburgerwalde die Germanen ihren Anspruch auf die Weltherrschaft besiegelten." Mittlerweile hatte die Varusschlacht einen Gedenkort bekommen, das Hermannsdenkmal auf der Grotenburg bei Detmold, in der Region, die seit dem 16. Jahrhundert als Teutoburger Wald bekannt geworden war. Schon der Bau des Denkmals – das Lebenswerk des Bildhauers und Architekten Ernst von Bandel (1800–1876) – sollte nach den Befreiungskriegen von der napoleonischen Herrschaft für Deutschland ein Symbol nationaler Einheit und Freiheit von Unterdrückung schaffen. Das Monument wurde mit Spenden aus der Bevölkerung der verschiedenen Teile Deutschlands – allen voran der deutschen Fürsten – erbaut[17] und dabei eine Befestigungsanlage aus der vorrömischen Eisenzeit größtenteils zerstört.[18] Die Einweihung des Denkmals 1875 im Beisein des deutschen Kaisers Wilhelm I. (1797–1888), seiner Gemahlin und über 30 000 Teilnehmern stand noch ganz im Zeichen der Reichsgründung von 1871.[19] Mit Sonderzügen aus Berlin, Bremen, Frankfurt, Köln und Hannover kamen zahlreiche Vereine angereist, um sich den „verdinglichten Germanenkult" anzusehen.[20] Fortan fanden verschiedene Veranstaltungen am Denkmal statt, so beispielsweise die Gründung des Christlichen Vereins Junger Männer (CVJM) 1882, das Treffen der Antisemiten im Mai 1893 und die Kundgebung des Deutschen Sängerbundes 1924.[21] Gleichzeitig begann die Vermarktung des Denkmals durch unzählige Andenken, wie einem Krug aus Westerwälder Steinzeug mit einer aufgelegten Figur von Hermann dem Cherusker. Sie zeigt nicht den Hermann des Monuments, sondern einen in Fell gekleideten Germanen mit Trinkhorn. Anders hingegen die antisemitische Postkarte aus dem Jahr 1900, die zwar einen vergleichbaren blonden germanischen Recken zeigt, der mit schwingendem und blitzendem Schwert die Juden aus Deutschland verjagt, aber auch das fertig gestellte Hermannsdenkmal im Hintergrund.

Die Germania stellt das weibliche Sinnbild und damit das gegengeschlechtliche Pendant zur Arminiusfigur für die entstehende deutsche Nation dar. Erstmals dargestellt wurden germanische Frauen angeblich auf antiken Monumenten des Römischen Reichs. Dort besaßen sie eine überaus politische Funktion, denn eine trauernde wilde Germanin erhöhte den Triumph eines römischen Herrschers.[22] Wie ihr männliches Gegenstück wurde die Germania seit der Frühen Neuzeit zum weit verbreiteten Symbol.[23] Auch sie taucht in unzähligen Druckschriften, Flugblättern und Theaterstücken auf.[24] Sie wurde dabei ähnlich wie in der Antike als Jungfrau und Kriegerin wiedergegeben. Allerdings kommt gleichzeitig eine weitere Darstellung als Symbol der Reichsmutter und Herrscherin auf, und als solche erhielt sie auch ein wichtiges Monument. Das

Steinzeugkrug mit einer zeittypischen Hermannsdarstellung des 19. Jahrhunderts mit Fellbekleidung, Flügelhelm und Trinkhorn.

Germanien zwischen Renaissance und Moderne

Antisemitistische Postkarte mit der Darstellung eines Germanen, der die Juden aus Deutschland vertreibt. Im Hintergrund das Hermannsdenkmal.

Niederwalddenkmal bei Rüdesheim am Rhein krönt eine über zwölf Meter hohe Germania mit erhobener Kaiserkrone in der rechten Hand und aufgestelltem Schwert in der linken. Die Figur mit offenem Haar trägt einen Kranz aus Eichenlaub. Auf dem Brustpanzer ist der Reichsadler dargestellt. Auch dieses Denkmal wurde mit Spenden erbaut. Die Grundsteinlegung 1877 und die Einweihung 1883 erfolgen im Beisein des Kaisers.

Zwischen 1900 und 1922 gab es die Germania als Briefmarkenserie. Darauf ist sie mit gesenktem Schwert in der rechten Hand und mit einer Krone auf dem Kopf dargestellt. Durch die Langlebigkeit dieser Serie wurde das Germaniasymbol weithin bekannt.

Die beginnende Altertumsforschung mit der ur- und frühgeschichtlichen Archäologie bot umfassende Möglichkeiten der Germanenidentifikation. Die Verbreitung des Wissens über die Germanen erfolgte spätestens im 18. Jahrhundert durch die Popularisierung in den unterschiedlichen Forschungsbereichen, in der Philosophie, in der Sprachforschung und der beginnenden Anthropologie. Mit der Übernahme des Motivs der Varusschlacht in Theaterstücke, Musik und Literatur begann eine Diffusion aus der traditionellen Fuhrungselite, dem aristokratisch-höfischen Milieu, in eine neu entstehende Elite, das Bildungsbürgertum. Mit der Einrichtung der Römisch-Germanischen Kommission in Frankfurt (1902), der Gründung der Altertumsverbände 1902, 1904 und der Berufung Gustaf Kossinnas auf die Professur für Deutsche Archäologie an die Berliner Universität entstand kurz nach der Jahrhundertwende ein großer Professionalisierungssprung.

Briefmarke mit der Germania.

Von Gustaf Kossinna zur NS-Archäologie

Dirk Mahsarski und Gunter Schöbel

Nachdem schon im 19. Jahrhundert der Mythos Germanien immer bedeutender für die entstehende Prähistorische Archäologie wurde, war es vor allem der Philologe und Professor der Deutschen Archäologie Gustaf Kossinna (1858–1931), der die junge Wissenschaft vom ausgehenden 19. Jahrhundert bis weit in die Weimarer Republik hinein prägte. Kossinna gilt allerdings gleichzeitig als „ein Wegbereiter der nationalsozialistischen Ideologie"[1].

Auf dem Weg zur Archäologie

Kossinna wurde 1858 als Sohn eines Gymnasiallehrers in Tilsit geboren. Er studierte in Göttingen, Leipzig, Berlin und Straßburg klassische und germanische Philologie. Sein akademischer Lehrer Karl Viktor Müllenhoff (1818–1884) begeisterte ihn in Berlin für die germanische und indogermanische Altertumskunde. Außerdem brachte ihn der Germanist Rudolf Henning (1852–1930) in ersten Kontakt mit archäologischen Funden. In Straßburg wurde Kossinna 1881 noch mit einer rein sprachwissenschaftlichen Arbeit über „Die ältesten hochfränkischen Sprachdenkmäler" zum Dr. phil. promoviert. Danach schlug er eine Laufbahn als wissenschaftlicher Bibliotheksmitarbeiter ein, weil er sich davon ein sicheres Auskommen versprach. Nach Stellen an den Universitätsbibliotheken in Halle und Berlin arbeitete er von 1887 bis 1892 als Bibliothekar und Kustos an der Universitätsbibliothek Bonn. 1892 wechselte er an die Königliche Bibliothek Berlin.[2]

Seit Mitte der 1880er-Jahre begann Kossinna sich stärker für die Prähistorische Archäologie zu interessieren. Besonderen Einfluss auf seine Forschung hatten dabei die Schriften Otto Tischlers (1843–1891). Auch Friedrich Ratzels (1844–1904) ethnologische „Kulturkreislehre" beeinflusste ihn. Sein großes Vorbild aber wurde der schwedische Reichsantiquar Oscar Montelius (1843–1921) mit seinen wegweisenden Konzepten und Methoden, der einer der einflussreichsten Archäologen seiner Zeit war. Dieses Interesse schlug sich deutlich in Kossinnas Publikationen und Briefwechseln mit Kollegen nieder, in denen die Archäologie einen immer größeren Anteil einnahm. Im April 1894 wählte er diese schließlich bewusst als seinen Arbeitsschwerpunkt; in seinem Merkbuch notierte er: „Ich beginne eindringliches Studium der vorgeschichtlichen Archäologie."[3] Dabei frustrierte Kossinna immer mehr, dass andere Forscher sich den Germanen hauptberuflich widmen konnten, während er auf seine Stellung an der Berliner Bibliothek angewiesen war.[4]

Sein programmatischer Vortrag „Die vorgeschichtliche Ausbreitung der Germanen in Deutschland", den Kossinna 1896 auf der 26. Allgemeinen Versammlung der Deutschen Gesellschaft für Anthropologie, Ethnologie und Urgeschichte in Kassel hielt, blieb zunächst eher unbeachtet. Erst allmählich und durch gezieltes Verteilen von Sonderdrucken konnte er die Fachwelt auf sich aufmerksam machen, wobei er archäologische und sprachwissenschaftliche Fragestellungen miteinander verband. In den folgenden Jahren gelang es Kossinna zunehmend, Anerkennung und Unterstützer zu gewinnen. So wurde ihm schließlich im Mai 1900 der Professorentitel verliehen und am 19. Juli 1902 wurde er zum außerordentlichen Professor für Deutsche Archäologie an der Universität Berlin ernannt.[5]

Die Vorgeschichte als Schule des archäologischen Denkstils

Schon Rudolf Virchow (1821–1902) hatte gegen die Meinung angekämpft, dass die Prähistorische Archäologie die „Wissenschaft des Irrelevanten" und die „Disziplin der Ungebildeten" sei. Allerdings ging es Virchow um eine umfassende Wissenschaft vom Menschen, die sich verschiedensten prähistorischen, historischen, ethnologischen und politischen Rahmenbedingungen widmen sollte. Er war daher auch nicht davon überzeugt, dass die Prähistorische Archäologie ein eigenes Fach an den Universitäten werden sollte.[6]

Kossinna und seine Mitstreiter entwickelten dagegen in der Beschäftigung mit der Vorgeschichte einen archäologischen Denkstil, der nachhaltigen Einfluss auf das Fach haben sollte. Ihre Vorstellung von Vorgeschichte basierte grundsätzlich auf der Annahme, dass die Welt in geografisch verschiedene Regionen der menschlichen Kultur unterteilt werden könnte, die sich jeweils durch bestimmte Wertvorstellungen, soziale Normen, Sitten und Gebräuche auszeichneten. Außerdem gingen sie von der Existenz von einzelnen Völkern und Volksstämmen als historische Größen und Trägern der Geschichte aus. Ergänzt wurde diese These durch die Annahme, dass unterschiedliche Völker auch klar unterscheidbare materielle Kulturen entwickelt hätten, die sich im archäologischen Befund deutlich niederschlügen. Damit untrennbar verbunden war die Differenzierung in höherwertige Kulturvölker und minderwertige Naturvölker, auch wenn diese Aufteilung nicht zwangsläufig und nicht von Anfang an eine rassebiologische Unterfütterung hatte. Diese Gleichsetzung von Kultur, ethnischer Gruppe und – schließlich – Rasse wurde dabei von Kossinna und seinen Mitstreitern als eine absolut gültige und unumstößliche Tatsache dargestellt. Eine kritische Auseinandersetzung mit dieser sehr vereinfachenden Gleichsetzung fand innerhalb der Archäologie kaum statt, weil der prägende Einfluss des Mythos Germanien mittlerweile zu stark etabliert war, trotz vereinzelter kritischer Stimmen wie Karl Hermann Jacob-Friesens (1886–1960) 1928 erschienener Studie über die „Grundfragen der Urgeschichtsforschung".[7]

Die Vorgeschichte stellte der Archäologie ein eigenes Inventar an wissenschaftlichen Methoden zur Deu-

Gustaf Kossinna war einer der prägendsten deutschen Archäologen und ein Wegbereiter des Nationalsozialismus.

tung der Funde und Befunde zur Verfügung, indem Kossinna die siedlungsarchäologische Methode entwickelte und Anschluss an die methodologischen Entwicklungen aus dem skandinavischen Raum fand. Damit war die Prähistorie wesentlich besser in der Lage, Funde einzuordnen und zu datieren. Denn ausgehend von Montelius' Konzept des geschlossenen Fundes analysierte Kossinna die Verbreitung und das gemeinsame Vorkommen von Typen archäologischer Funde und führte die ethnische Fragestellung in die Forschung ein. Diese Konzentration auf die zuvor ausgeklammerte Frage nach Nationen und Völkern führte dazu, dass neue methodische Probleme auftauchten, zu deren Lösung Kossinna seine siedlungsarchäologische Methode entwickelte. Dabei schloss er von annähernd zeitgleichen, gemeinsam auftretenden Funden und ihrer geografischen Verteilung auf archäologische Kulturen und die von ihnen besiedelten Räume, die so genannten Kulturprovinzen. Die Träger dieser Kulturen identifizierte er wiederum mit spezifischen Völkern. Seine klassische Formulierung dazu stammte aus einem 1911 veröffentlichten Aufsatz: „Scharf umgrenzte archäologische Kulturprovinzen decken sich zu allen Zeiten mit ganz bestimmten Völkern und Völkerstämmen."[8] Diese Völker ließen sich, so Kossinna, identifizieren, indem man die archäologischen Funde mit schriftlichen Quellen abglich. Ausgehend von möglichst frühen Überlieferungen könne dann die Entwicklung der ethnischen Gruppen zeitlich rückwärts verfolgt werden. Dabei vernachlässigte Kossinna die methodischen Probleme, die mit dem Konzept der ethnischen Deutung verbunden sind. So lässt sich an den archäologischen Funden normalerweise weder ablesen, welche Sprache prähistorische Personen gesprochen haben, noch welcher Gruppe oder Ethnie sie sich zugehörig fühlten. Zudem ließ die Vorgeschichte als Denkstil wenig Raum für einen Ideenaustausch und den damit verbundenen Technologietransfer zwischen Kulturen. Vielmehr wurden die meisten geografischen Veränderungen von Verbreitungsgebieten durch Migrationen, Eroberungen und Völkerverschiebungen erklärt. Darüber hinaus griff die Vorgeschichte schrittweise Darwins Arbeiten, sozialdarwinistische Ansätze und neuere Entwicklungen der Anthropologie und Rassenkunde auf. Ausgehend von der Suche nach der Herkunft der Germanen, die ihn überhaupt erst zur Prähistorischen Archäologie geführt hatte, begann auch Kossinna selbst, zwischen „schöpferischen Kulturvölkern" und „niederen Naturvölkern" zu unterscheiden. Dabei waren Völker nicht mehr ein Gemisch von unterschiedlichen biologischen Rassen, sondern ursprünglich reine, klar definierte Größen, die in der Folge immer häufiger mit ursprünglich unvermischten biologischen Rassen gleichgesetzt wurden. Die These einer von ihrer völkischen Reinheit abhängenden biologischen und kulturellen Überlegenheit der Germanen wurde zum zentralen Inhalt von Kossinnas Arbeit. Nicht umsonst nannte er eine seiner wichtigsten programmatischen Schriften: „Die deutsche Vorgeschichte – eine hervorragende nationale

Kossinna bei einem Ausflug der Gesellschaft für Deutsche Vorgeschichte mit Carl Engel und Hans Reinerth.

Wissenschaft"⁹. Die Prähistorie schloss sich damit auch zügig dem Komplex der Volks- und Kulturbodenforschung an und rezipierte darüber hinaus in starkem Maße Lebensraumkonzepte.¹⁰

Durch diesen Denkstil und die Konzentration auf die Germanen als die vermeintlich direkten Vorfahren der Deutschen wurde die Prähistorische Archäologie und ihr Forschungsgegenstand für Außenstehende greifbarer und verständlicher.

In einer ganzen Reihe von Publikationen entwickelte Kossinna das Fachgebiet weiter, und insbesondere seine Schriften „Die Herkunft der Germanen – Zur Methode der Siedlungsarchäologie"¹¹ und „Die deutsche Vorgeschichte – eine hervorragend nationale Wissenschaft"¹² wirkten nachhaltig auf die entstehende Disziplin ein.¹³

Daneben hatte Kossinna zusammen mit Hans Hahne (1875–1935) und anderen bereits 1909 mit der „Gesellschaft für Deutsche Vorgeschichte" (GfDV) einen eigenen Fachverband gegründet. Hahne hatte bei Kossinna studiert und war ab 1912 als Direktor des Provinzialmuseums Halle der Preußischen Provinz Sachsen tätig.¹⁴

Kossinna und die völkische Bewegung

Kossinna gehörte verschiedenen Gruppen der völkischen Bewegung an. Diese war im Laufe des 19. Jahrhunderts im Umfeld des organisierten Nationalismus entstanden und umfasste deutschnationale und antisemitisch-rassistische Vereine, Parteien und weitere Gruppen und Individuen, die ab dem letzten Viertel des 19. Jahrhunderts durch eine rege publizistische Tätigkeit großen Einfluss auf die Öffentlichkeit im Deutschen Reich und in Österreich-Ungarn gewannen. Verlor die völkische Bewegung durch den Ersten Weltkrieg und die damit einhergehende Pressezensur zunächst an Einfluss, wurde sie zu Beginn der Weimarer Republik zur bestimmenden Größe im rechten politischen Spektrum. Ihre Wirkung verdankte sie dabei dem Umstand, dass sie einfache Antworten auf die Fragen nach den Ursachen der Niederlage im Ersten Weltkrieg und des anschließenden, von weiten Teilen der Gesellschaft als schmachvoll empfundenen Versailler Vertrages mit seinen empfindlichen Einschnitten liefern konnte. Gleichzeitig nährte die völkische Bewegung mit ihren Vorstellungen von der rassischen Überlegenheit der Deutschen die Hoffnung auf eine bessere Zukunft. Erst ab 1925 wurde sie vom Nationalsozialismus, der ursprünglich nur eine unter vielen völkischen Bewegungen war, teilweise aufgesogen, teilweise verdrängt.¹⁵

Kossinna selbst war spätestens seit 1896 Mitglied des Alldeutschen Verbandes, einer der einflussreichsten völkischen Gruppen des Kaiserreichs, zwischenzeitlich gehörte er auch dem Vorstand an. Darüber hinaus engagierte er sich in einer Vielzahl weiterer völkischer Organisationen, und auch die GfDV muss zur völkischen Bewegung gezählt werden. Dabei beschränkte er sich nicht auf passive Mitgliedschaften, sondern publizierte aktiv in den von diesen Verbänden geförderten Zeitschriften wie *Deutsche Erde* oder *Deutscher Volkswart*. Auch im *Mannus*, der Verbandszeitschrift der GfDV, warb er für einen seiner Beiträge im *Volkswart*. Folgerichtig wurde Kossinna 1928 Gründungsmitglied des vom NS-Chefideologen Alfred Rosenberg (1892–1946) geleiteten „Kampfbundes für Deutsche Kultur". Außerdem gehörte er im November 1931 zu den Unterzeichnern eines Wahlaufrufes für Adolf Hitlers (1889–1945) angestrebte Wahl zum Reichspräsidenten.¹⁶

Der Anspruch, sich auf „unsere", das heißt auf die deutsche Vergangenheit und Archäologie zu konzentrieren, trug wesentlich zur Durchsetzungskraft der Vorgeschichtsforschung bei. So gewann sie rasch an Ansehen, insbesondere in der völkischen Bewegung, denn sie konnte eine eindeutige Relevanz für national gesinnte Bildungsbürger vorweisen. Damit trat sie automatisch als jüngere Legitimationswissenschaft in Konkurrenz zur bisher vorherrschenden Klassischen Archäologie, konnte sich aber auch auf Kaiser Wilhelm II. berufen, der erklärt hatte, dass die Schulen junge Deutsche und nicht junge Griechen und Römer ausbilden sollten.¹⁷

Der Streit um den Goldschatz von Eberswalde

Besonders deutlich wird Kossinnas übersteigerte Vorstellung von der altgermanischen Kulturhöhe am Streit um den Goldschatz von Eberswalde. Dieser spätbronzezeitliche Hortfund mit einem Gewicht von 2,59 Kilogramm Gold wurde am 16. Mai 1913 bei Ausschachtungsarbeiten für ein Wohnhaus auf dem Gelände eines Messingwerkes in Finow, einem Stadtteil von Eberswalde, entdeckt. Der Direktor des Messingwerkes verständigte daraufhin Carl Schuchardt (1859–1943), der seit 1908 die Vorgeschichtliche Abteilung des Königlichen Museums für Völkerkunde in Berlin leitete. Schuchardt war neben Kossinna einer der einflussreichsten Archäologen der Zeit, wobei beide heftig miteinander konkurrierten. Schuchardt sichtete den Fund am 19. Mai und legte ein Fundinventar an. Vier Tage später wurde der Goldschatz vom Fabrikbesitzer, der zwischenzeitlich den Finder mit 10 000 Mark entschädigt hatte, Kaiser Wilhelm II. (1859–1941) vorgeführt und geschenkt. Schuchardt, der den Fund bei dieser Gelegenheit erläuterte, sorgte dafür, dass der Goldschatz noch einige Wochen in Eberswalde blieb, damit die Werksangehörigen ihn besichtigen konnten. Bereits am nächsten Tag hielt Schuchardt einen Vortrag über den Fund vor der Berliner Gesellschaft für Anthropologie, Ethnologie und Urgeschichte. Gleichzeitig nutzte Kossinna den kurzzeitigen Verbleib des Schatzes in Eberswalde, um ihn selbst am 24. und 28. Mai in Augenschein zu nehmen und fotografieren zu lassen. Bei dieser Gelegenheit ließ sich Kossinna auch vom Sohn des Werksbesitzers, der zu diesem Zeitpunkt dazu gar nicht mehr befugt war, das Recht einräumen, über den Fund als Erster wissenschaftlich zu schreiben. Außerdem unternahm er im Juni mit der Berliner Ortsgruppe der GfDV eine Exkursion zum Fundort und

Um den Goldschatz von Eberswalde, einen Depotfund aus der späten Bronzezeit, entfachte Kossinna einen heftigen Gelehrtenstreit.

hielt einen zusätzlichen Abendvortrag. Kurz danach wurde der Goldschatz allerdings ins Berliner Schloss überführt, bevor er im Frühjahr 1914 in der Vorgeschichtlichen Abteilung des Völkerkundemuseums ausgestellt wurde. An beiden Orten konnte Kossinna den Fund nicht wissenschaftlich untersuchen, während Schuchardt durch sein Vorgehen die Gunst des Kaisers zu gewinnen vermochte. Da Kossinna glaubte, eine rechtmäßige Publikationserlaubnis zu haben, und Schuchardt ausstechen wollte, erarbeitete er in nur zwei Monaten seine Publikation „Der Goldfund von Messingwerk bei Eberswalde und die goldenen Kultgefäße der Germanen"[18]. Darin ordnete er den Depotfund korrekt in den chronologischen und beziehungsgeschichtlichen Kontext der Bronzezeit Mitteleuropas ein und bemühte sich um eine kulturgeschichtliche Erklärung der Goldgefäße als Zeugnisse „uralter germanischer Kulturhöhe". Gleichzeitig stellte er Schuchardt als Dilettanten dar und versuchte ihn lächerlich zu machen. Um dieses Buch vor Schuchardt fertig zu stellen, verzichtete Kossinna sogar darauf, sich an der Festschrift für den von ihm verehrten Montelius zu beteiligen. Schuchardts Arbeit zum Goldfund erschien erst Anfang 1914[19]. Aber noch 1913 verfasste Schuchardt, der bisher immer gelassen auf Kossinnas Angriffe reagiert hatte, eine scharfe Rezension zu Kossinnas Werk, in der er über dessen Missionseifer spottete, ihm Flüchtigkeitsfehler vorwarf und heftig kritisierte, dass Kossinna versucht hatte, Schuchardt zuvorzukommen. Obwohl Kossinna mit seiner fachlichen Kritik an Schuchardts Bearbeitung des Fundes zum Teil recht hatte, isolierte er sich durch die Schärfe seiner Angriffe an der Berliner Universität selbst.[20]

Der „Kampfbund für Deutsche Kultur" und der Weg in den Nationalsozialismus

Hitler beauftragte Alfred Rosenberg (1893–1946), den so genannten „Chefideologen" der NSDAP, 1927 mit der Entwicklung einer Gesellschaft für deutsche Kultur, die 1928 in München gegründet und einige Monate später in den „Kampfbund für Deutsche Kultur" (KfDK) umbenannt wurde. Zu den Gründungsmitgliedern zählte neben Heinrich Himmler (1900–1945), Georg Strasser (1892–1934), den Verlegern Hugo Bruckmann (1863–1941) und Julius F. Lehmann (1864–1935) sowie Winifred Wagner (1897–1980) auch Kossinna. Der spätere Reichsminister für Erziehung Bernhard Rust (1883–1945) gehörte ebenfalls zu dieser Organisation, die sich sofort in allen Bereichen der Kulturpolitik für die NSDAP engagierte, ohne jemals offizielle Gliederung der Partei zu werden.[21]

Bereits im Januar 1928 trat Rosenberg auf Initiative Kossinnas an den Archäologen Hans Reinerth (1900–1990), Privatdozent an der Universität Tübingen, mit der Bitte um Mitarbeit im KfDK heran. Kossinna hatte Reinerth in den vorangegangenen Jahren wie ein Ziehvater gefördert und sah in ihm seinen Nachfolger. Deshalb ließ er ihn im folgenden Jahr auch zum stellvertretenden Schriftführer der GfDV wählen. Doch Reinerth zögerte zunächst noch mit einem Beitritt zum KfDK und antwortete trotz eigener völkischer Anschauungen nicht auf Rosenbergs Brief. Ein nächster, ziemlich distanzierter Kontakt zwischen Reinerth und Rosenberg fand zwei Jahre später im März 1930 anlässlich einer Beschwerde Reinerths wegen eines kritischen Artikels zu seinen Ausgrabungen im Federseemoor im *Völkischen Beobachter* statt. Erst fast zwei weitere Jahre später, im Dezember 1931, kam es zum Dammbruch: Reinerth wurde von Kollegen aus Württemberg beschuldigt, an einer Intrige um die Entlassung seines Institutschefs und Doktorvaters Rudolf Robert Schmidt (1882–1950) beteiligt gewesen zu sein. Seine wissenschaftliche Karriere war damit praktisch gescheitert; die Schuld dafür gab er den bestehenden Strukturen in der Archäologie. Kossinna starb im selben Monat. Es folgten Reinerths Eintritt in die NSDAP und den KfDK, der Ton seiner Briefe an Kollegen radikalisierte sich innerhalb weniger Tage. Noch 1931 bestätigte Rosenberg Reinerths Beitritt zum Kampfbund und dieser begann umgehend damit, das Engagement der Archäologen im KfDK zu organisieren, indem er eine Fachschaft Vorgeschichte aufbaute. Im März 1932 waren 20 Fachwissenschaftler, im Mai 1933 bereits 24 Hauptamtliche, 6 Nebenamtliche, 19 Studierende und 7 Freunde deutscher Vorgeschichte und Ende 1933 schließlich 70 Archäologen im Kampfbund organisiert. Mit Rosenbergs Unterstützung wurde Reinerth 1934 Kossinnas Nachfolger auf dem Berliner Lehrstuhl.[22]

Die Professionalisierung der Spatenwissenschaft

Susanne Grunwald

Ende 1899 eröffnete ein 18-jähriger Schüler einen hochkarätigen Briefwechsel mit der damals 71-jährigen Direktorin des Kieler Museums vorgeschichtlicher Altertümer, Johanna Mestorf. Mestorf (1828–1909) galt zu diesem Zeitpunkt als die Autorität schlechthin für die so genannte Nordische Altertumskunde, die Archäologie Nordeuropas, ohne je eine Ausgrabung durchgeführt zu haben. Gustaf Schwantes (1861–1960), so der Name des Schülers, hatte dagegen bereits mehrere Sommer lang Erfahrungen bei Ausgrabungen von Urnenfeldergräbern – metallzeitlichen Friedhöfen mit Brandbestattungen – gesammelt, die er gemeinsam mit seinem Bruder in Schleswig-Holstein unternommen hatte. 1940, Schwantes war nunmehr Professor für Ur- und Frühgeschichte und selbst eine wissenschaftliche Autorität wie seinerzeit Mestorf, beschrieb er die Archäologie zur Jahrhundertwende so: „Unsere Wissenschaft befand sich ja damals noch immer in dem herrlichen Stadium des Beginns. Sie wurde noch nicht an Universitäten gelehrt und alle Größen der damaligen Jahre wie ja auch Johanna Mestorf waren Autodidakten, die nur aus Liebe und eigener Berufung zu diesem Fach gelangt waren."[1] Tatsächlich etablierte sich die Prähistorische Archäologie in nur einer Generation, bis zum Beginn des Zweiten Weltkrieges, endgültig innerhalb der deutschen Wissenschaften; in allen deutschen Ländern arbeiteten ehrenamtliche und hauptamtliche Bodendenkmalpfleger, und 1942 wurde bereits an 25 ordentlichen und außerordentlichen Lehrstühlen Prähistorische Archäologie gelehrt.[2] Mehrere Ausgrabungen, die in diesem Zeitraum durchgeführt wurden, galten schon den Zeitgenossen als legendär und boten Anlass, Fragen der Ausgrabungspraxis als dem Kernstück der Archäologie intensiv zu diskutieren. Uns sollen sie helfen zu beleuchten, wie zwischen 1900 und 1930 in Deutschland ausgegraben wurde.

Dass sich archäologisches Expertentum bis um 1900 auch ohne Grabungserfahrung entwickeln konnte, ein Schüler dagegen eifrig Ausgrabungen unternehmen und sich mit einer berühmten Museumsdirektorin auf anregende Weise über Forschungsprobleme austauschen konnte, erscheint nur aus heutiger Sicht verwunderlich. Mestorf und Schwantes können vielmehr als die typischen Vertreter zweier aufeinander folgender Forschungstraditionen betrachtet werden. Mestorf vertritt die erste große archäologische Tradition in Deutschland, die im 19. Jahrhundert entwickelt und perfektioniert wurde. Die archäologischen Einrichtungen dieser Zeit waren Museen und Sammlungen und die wissenschaftliche Praxis der Generation von Mestorf bestand im Zusammentragen sowie der Verwaltung und Systematisierung archäologischer Funde. Auch noch der erste deutsche Professor für Urgeschichte, Gustaf Kossinna (1858–1931), hat selbst wohl nie Ausgrabungen durchgeführt. Bis zur Einrichtung von Denkmalschutzbehörden und universitären Lehrstühlen wurden die allermeisten Grabungen von Mitgliedern der zahlreichen Altertumsvereine und Mitarbeitern der ersten Museumssammlungen durchgeführt, die ihrer Ausbildung nach keine Archäologen waren, aber tatsächlich archäologische Forschung leisteten und deshalb hier trotzdem als solche bezeichnet werden. Ziel dieser Enthusiasten war bis ins frühe 20. Jahrhundert vorrangig der Erwerb von Fundgut und auch der

Genuss eines geselligen Abenteuers. Einmal in Ordnung gebracht, sollten anhand der Ausgrabungsfunde als Sammlungsbestände Aussagen über die Abfolge von Epochen, Kulturen und Völkern in einem Gebiet oder ganz Europa formuliert werden können. Durch diese Sammlungs- und Ausstellungspraxis wurde der Blick auf archäologische Fundplätze geprägt – ein interessanter Ausgrabungsort war lange Zeit ein ertragreicher, und die Vergrößerung der Sammlungen und dadurch die Darstellung detaillierter Entwicklungsfolgen durch Funde standen im Mittelpunkt des archäologischen Interesses. Vor diesem Hintergrund ist auch die Aufregung erklärbar, die der so genannte Goldschatz von Eberswalde 1913 in Fachkreisen und in der Öffentlichkeit auslöste. Bei Bauarbeiten für ein Wohnhaus wurden über 80 goldene Schmuckgegenstände und Gefäße entdeckt – der Traum nicht nur jedes Schatzsuchers, sondern auch jedes Sammlungsdirektors. Traditionell und zudem an solchen Zufallsfunden orientiert, waren die meisten Etats archäologischer Sammlungen noch lange allein für den Erwerb von Sammlungsstücken vorgesehen und nicht für forschende Ausgrabungen, so dass die finanzielle Unterstützung durch Einrichtungen der Wissenschaftsförderung für die Archäologie bald von essenzieller Bedeutung wurde. Carl Schuchhardt (1859–1943), Direktor der vorgeschichtlichen Abteilung im Berliner Völkerkundemuseum, konnte noch 1925 die ihm zugewiesenen Mittel nicht für die außerordentlich viel versprechende Ausgrabung des Burgwalls von Lossow (Brandenburg) einsetzen, da dessen Untersuchung monatelang dauern, lediglich Topfscherben und „vielleicht einige Eisengeräte" erbringen und „durchweg rein wissenschaftlichen Feststellungen dienen" würde. Dagegen würde allein die Ausgrabung von Gräbern „gutes Anschauungsmaterial" liefern.[3] Mit Mitteln der Notgemeinschaft der deutschen Wissenschaft konnten dann zwischen 1926 und 1929 in Lossow doch Ausgrabungen stattfinden, und die so genannten Opferschächte, die dabei untersucht wurden, erregten in Fachkreisen allergrößte Aufmerksamkeit.

Der Charakter der Ausgrabungen änderte sich in dem Maße, in dem die Debatte um die Durchsetzung des archäologischen Denkmalschutzes intensiviert

Ausgrabung in Lossow (Brandenburg) 1926. Blick über den 170 Meter langen Ost-West-Schnitt Richtung Osten. Im Vordergrund steht Vorarbeiter Lehmann an der so genannten Opfergrube 95 A, die über sieben Meter tief war und mehrere Lagen Rinderknochen enthielt.

Ausgrabung in Lossow (Brandenburg) 1927. Am 2. Oktober besuchten Mitglieder der „Gesellschaft für Deutsche Vorgeschichte" die Ausgrabungen, die von Wilhelm Unverzagt und Alfred Götze geleitet wurden. Im Schnitt stehen der Vorarbeiter der Ausgrabung und im Mantel daneben Gustaf Kossinna.

wurde. Die Vereine sahen sich zunehmend als Sachwalter, als Schutzbeauftragte der Bodendenkmäler ihres Vereinsgebietes. Ausgrabungen dienten oftmals nicht mehr allein der Sammlungsvergrößerung, sondern nun immer stärker der Dokumentation eines gefährdeten oder in Zerstörung begriffenen Denkmals, denn allein eine Grabung konnte ein Maximum an Informationen über den Fundplatz erschließen. Der Erfassung, der Zeichnung und Beschreibung der Befunde erwuchs damit eine zunehmende Bedeutung, blieben doch nur sie und die Funde im Falle einer endgültigen Vernichtung des Befundes als Zeugnisse übrig. Der gesteigerte Dokumentationsbedarf erzwang auch eine Ausweitung der Ausgrabungszeit. Noch vor dem Ersten Weltkrieg berichteten Altertumsvereine in ganz Deutschland, dass ein Burgwall oder ein Grabhügel an einem einzigen Sonntagnachmittag untersucht und seine Beschaffenheit geklärt worden wäre. Aber nicht nur Rettungsgrabungen, sondern vor allem diejenigen Ausgrabungen, die bereits ursächlich reine Forschungsgrabungen waren, entwickelten sich schnell zu mehrjährigen Projekten. Der erwähnte Schuchhardt grub 1908, 1909 und 1911 auf der Römerschanze bei Potsdam-Sacrow, einer während der späten Bronzezeit errichteten befestigten Siedlung mit frühmittelalterlicher Nachnutzung.

Mehr noch als die Denkmalschutzdebatte beeinflusste aber die Forschung selbst die Art und Weise, wie Fundplätze untersucht wurden. Besonders von der Arbeit der Reichslimeskommission gingen zahlreiche Impulse aus. Seit 1892 dokumentierten Archäologen systematisch den Verlauf des Obergermanisch-Rätischen Limes zwischen Rheinbrohl und Eining bei Regensburg mitsamt seinen Kastellen und führten Ausgrabungen an einzelnen Abschnitten durch. Bei den Ausgrabungen im Römerlager Haltern in Westfalen ab 1899 erkannten Schuchhardt und weitere Archäologen das, was Schuchhardt später „dies kleine Mittel" nannte, das Pfostenloch.[4] Zeitgleich erkannte Wilhelm Soldan (1842–1905) eben dadurch im Bereich des Limesabschnittes Höhr-Schweighausen im Westerwald eine deutlich ältere Siedlung. Auf mehr als vier Hektar rekonstruierte er ab 1899 zahlreiche Gebäude einer großen hallstattzeitlichen Siedlung, indem er Pfostenlöcher zu Gebäudegrundrissen zusammenfassen konnte.[5] Unter günstigen Bodenverhältnissen ist die Grube, die für einen Pfosten einstmals ausgehoben wurde, noch Jahrhunderte, ja Jahrtausende später durch eine Bodenverfärbung nachweisbar. Sobald das Pfostenloch als Zeichen vergangener Baustrukturen erkannt und anerkannt worden war, eröffnete dieses „kleine Mittel" der bis dahin vor allem auf die gegenständliche Überlieferung aus Gräbern orientierten Archäologie eine neue Dimension. Bis zu Beginn des 20. Jahrhunderts hatte noch die Überzeugung geherrscht, dass Bauten ohne Steinarchitektur archäologisch gar nicht nachweisbar wären. Fragen nach prähistorischen Gebäudeformen oder den Mauertypen der zahlreichen bis dahin bekannten befestigten Siedlungen, den so genannten Burgwällen oder Heidenschanzen, spielten deshalb in der Archäologie kaum eine Rolle. Nach der „Entdeckung des Pfostenlochs" aber schien die Lokalisierung und Rekonstruktion von antiken Wohngebäuden, Tempeln und Verteidigungsanlagen auf einmal möglich, und Ausgräber wie Schuchhardt förderten mit ihren Ausgrabungsberichten die Erwartungen an die nunmehr moderne Archäologie. Voller Begeisterung schrieb er über seine Untersuchungen an der Römerschanze: „die Spuren dieser Holzbauten waren so deutlich erhalten, zeigten eine so sorgfältige und regelrechte Bauart, wie ich sie bisher selbst bei römischen Anlagen kaum kennengelernt hatte. Man konnte den Wallbau rekonstruieren, zwei Tore im Grundriss erkennen und ein Haus völlig übersehen. Vor allem konnte man klar scheiden zwischen den zwei Bau- und Ansiedlungsperioden, der ‚vorslawischen' und der ‚slawischen'. Sie schieden sich beim Wall, bei den Toren, bei den Häusern und es war an den Grundrissspuren, den verschobenen Pfostenlöchern sowie an den Schuttschichtungen deutlich zu erkennen, wie das eine auf das andere gefolgt war."[6]

Ausgrabungen wie die auf der Römerschanze machten deutlich, dass größere Ausgrabungsflächen geöffnet werden mussten, wollte man Gebäudespuren entdecken. Albert Kiekebusch (1870–1935), Leiter der vorgeschichtlichen Abteilung im Märkischen Museum in Berlin, verknüpfte diese Erkenntnisse der jüngsten Siedelungsforschung, wie er sie nannte, mit einem neuen Ausgrabungsdesign: „Wir wollen nicht nur wissen, wie unsere Vorfahren begraben wurden. Mir lag weit mehr daran zu erfahren, wie sie gelebt und gewohnt haben."[7] Kiekebusch spielte damit auf die große Tradition der Gräberfeldausgrabungen an, die unter anderem mit der Ausgrabung des „germanischen Todtenlagers bei Selzen", einem fundreichen frühmittelalterlichen Gräberfeld bei Mainz, 1845 begonnen hatte. Der Ausgräber Ludwig Lindenschmit (1809–1893), Mitbegründer und erster Konservator des Mainzer Altertumsvereins, glaubte mit den Grabfunden von Selzen beweisen zu können, dass Germanen als die ältesten Bewohner Europas zu gelten haben. Durch Münzfunde konnte er die Gräber der Merowingerzeit zuweisen.[8] Der frühen archäologischen Forschung war damit ein wegweisendes methodisches Beispiel für die Datierung von Fundkomplexen gegeben, auch wenn Lindenschmit hinsichtlich der ethnischen Deutung die Aussagekraft ihrer Quellen überstrapazierte. Bald erfolgten überall Ausgrabungen an ähnlichen reichen Gräberfeldern, die datierbar waren, die Sammlungsbestände erweiterten und eine willkommene ethnische Ansprache als „germanisch" oder „deutsch" zu erlauben schienen.

Die Siedlungsforschung blieb dabei, so Kiekebusch im Rückblick, unterentwickelt. Um so größer war die Herausforderung, als er von 1910 bis 1914 mit einer Notgrabung den Bau der so genannten „IV. Städtischen Irrenanstalt" in Berlin-Buch begleitete und auf einer Ausgrabungsfläche von etwa 30 000 Quadratmetern mehr als 100 jungbronzezeitliche Hausgrundrisse lokalisieren konnte. Ausgangspunkt seiner Untersuchungen war die „Herstellung eines ‚Planums', einer ebenen Fläche", auf der „die einzelnen Fundstellen möglichst deutlich in Erscheinung treten und sich zugleich zu einem Ganzen einfügen". Um die Siedlung rekonstruieren zu können, interessierte sich Kiekebusch vor allem für Pfostenlöcher sowie Vorrats- und Abfallgruben: „Alles, was ursprünglich auf dem Platze angelegt war oder etwa nach dem Zusammenbruch der Häuser liegen geblieben ist, darf nicht entfernt, ja nicht einmal berührt werden"[9], womit Kiekebusch Herdstellen, Hausversturz und alle Arten von Siedlungsresten wie Keramik und Knochen meinte. Alle Bodenbefunde wurden anschließend vermessen und ihre Ausdehnung und Form auf eine Planzeichnung maßstabsgerecht übertragen. Die Untersuchung der einzelnen Bodenbefunde erfolgte schließlich nach der „dänischen Methode", wie sie Kiekebusch nannte: Der Befund wurde geteilt und die eine Hälfte wurde sorgfältig abgehoben, „um den senkrechten Schnitt zu erlangen"[10]. Alle dabei gemachten Funde wurden eingemessen und gesammelt und das entstandene Profil gezeichnet. Kiekebusch ließ die verbliebene Hälfte der Pfostenlöcher meist stehen, um Grundrisse rekonstruieren zu können; Gruben wurden in der Regel vollständig abgetragen. Noch anschaulicher als die Reihen von Pfostenlöchern, die sich zu Grundrissen zusammenfassen ließen, vermittelten die so genannten Pfahlbauten neolithischer und bronzezeitlicher Seeuferrandsiedlungen im Alpenraum dank günstiger Überlieferungsbedingungen, wie prähistorische Menschen gelebt hatten. Die kompletten Holzfußböden unzähliger Hausplätze sowie Reste von Palisaden zeigten ein überaus anschauliches Bild der damaligen Wohnverhältnisse. Die Ausgrabungen, die ab 1919 in Süddeutschland unter anderem im Federseemoor bei Bad Buchau und am Bodensee von Mitarbeitern des Urgeschichtlichen Forschungsinstituts Tübingen durchgeführt wurden, waren sowohl von methodischer als auch fachpolitischer Bedeutung für die deutsche Archäologie. Nicht nur wurden großflächig hölzerne und keramische Siedlungsreste geborgen, sondern auch Methoden der Botanik, Zoologie, Holzbestimmung, Molluskenforschung, Anthropologie, Luftbildarchäologie und Geologie eingesetzt, um weitere Datenarten zu erheben und auszuwerten.[11]

Spektakuläre Ausgrabungen wie in Süddeutschland oder bei Berlin machten nicht nur die Archäologie populär, sondern legten eine methodische Beweisführung vor, die eine Welle von Siedlungsgrabungen nach sich zog. Gleichzeitig zeigten sie deutlich, dass solche aussagekräftigen Forschungen erhöhte Kosten und längerfristige Ausgrabungen verursachten und zu weit reichenden Nacharbeiten führten. Vor allem lieferten Großgrabungen mit ihren reichen Ergebnissen auch oftmals Berge von Funden. Sie mussten gereinigt, inventarisiert, ausgewertet und für spätere Forschungen gelagert werden, wodurch neue Folgekosten entstanden. Ende der 1920er-Jahre erbrachte beispielsweise die mehrjährige Ausgrabung der befestigten frühmittelalterlichen Siedlung Köllmichen (Sachsen) 30 Zentner Scherben, für deren Aufarbeitung der Ausgräber seinerzeit weder Finanz- noch Personalmittel mobilisieren konnte. Dieser unbefriedigende Aufarbeitungsstand gilt für zahlreiche der berühmten Siedlungsgrabungen der ersten Hälfte des 20. Jahrhunderts; auch die Funde der Ausgrabungen in Berlin-Buch konnten erst zu Beginn des 21. Jahrhunderts vollständig ausgewertet werden.

Vor allem aber stellte sich die Frage nach Mitarbeitern, nach Fachleuten auf neue Art. Bei den meisten Ausgrabungen übernahmen bezahlte Hilfskräfte oder unbezahlte Schüler aus der unmittelbaren Nachbarschaft der Ausgrabungsstelle die Erdarbeiten. In Berlin-Buch arbeitete Kiekebusch mit Gärtnern, „Hilfskräften also, die von Berufs wegen mit dem Spaten umzugehen verstanden" und die er sich zu „denkenden Helfern heranbildete".[12] Solche Hilfskräfte legten unter Aufsicht der Archäologen Schnitte an oder ganze Flächen frei und transportierten das Erdreich ab. Die Entscheidung, wie tief zu graben sei, welche Befunde genauer und auf welche Art untersucht werden sollten, oblag den Archäologen, ebenso meist die Aufsammlung und Archivierung der gemachten Funde. Doch zwischen 1900 und 1930 änderte sich allmählich die Zusammensetzung der Grabungsmannschaften auf zahlreichen Ausgrabungen. Immer öfter nahmen Studierende der Altertumswissenschaften an Ausgrabungen teil, um die Ausgrabungspraxis von erfahrenen Fachleuten zu lernen. Offensichtlich kamen diese Praktika durch persönliche Empfehlungen unter Kollegen zu Stande und die erfolgreiche Grabungsteilnahme konnte zur neuerlichen Empfehlung bei anderen Experten führen. Nicht nur wurden dabei Kenntnisse über das regionale archäologische Material und die Befundverhältnisse vermittelt, sondern auch eine Form wissenschaftlichen Selbstverständnisses. Ein neues Berufsbild des Archäologen entstand, in dem der ausgebildete Fachmann mit konkreten Forschungsfragen und Schutzauftrag dem begeisterten Vereinsmitglied gegenübergestellt wurde.

Neben solchen Ausgrabungsbeteiligungen boten auch immer häufiger Vertreter aus Museen Lehrveranstaltungen an, um den Mangel einer universitären Ausbildung zum Archäologen zu kompensieren. Kiekebusch führte für Studenten wie Dozenten und Mitglieder von Altertumsvereinen praxisorientierte Lehrveranstaltungen durch, wie die seit 1915 im Märkischen Museum organisierten „Siedlungsarchäologischen Übungen und Studien", und ermöglichte Studenten die Teilnahme an Ausgrabungen. Außerhalb seiner Dienstzeit bot er Fundplatzbegehungen und Bestimmungsübungen für Interessierte an.[13]

Noch 1930 wurde nur an zwei deutschen Universitäten Prähistorische Archäologie gelehrt, in Marburg an einem ordentlichen Lehrstuhl und in Berlin an einem außerordentlichen, damals allerdings vakanten Lehrstuhl. An insgesamt 14 Universitäten konnte man aber die Doktorprüfung in Prähistorischer Archäologie ablegen bei Dozenten beispielsweise der Völkerkunde oder bei Privatdozenten, die an Museen der Universitätsstadt als Archäologen arbeiteten. „Daß eine solche Vertretung für eine Wissenschaft völlig unzureichend ist, liegt auf der Hand", befand 1930 Martin Jahn (1888–1974), damals Museumskustos am Schlesischen Museum für Kunstgewerbe und Altertümer und Privatdozent an der Universität in Breslau.[14]

Schon vor dem Ersten Weltkrieg war deutlich geworden, wessen die Archäologie bedurfte, um Wissenschaft sein zu können: gesetzlichen Schutz, gut ausgebildete Fachleute und schließlich die Gewährleistung einer ausreichenden Finanzierung. Um aber die Unterstützung des Gesetzgebers, der Öffentlichkeit und der Wissenschaftsförderung zu gewinnen, musste die Archäologie den Eindruck von lustvoller Schatzjagd und hochspekulativem Abenteuer überwinden – 1912 sprach man nicht nur an der Preußischen Akademie der Wissenschaften in Berlin noch von der „Prähistorie und germanischen Archäologie" als von einem „zukunftsreichen, aber vorläufig noch recht unsichern Boden".[15] Bis 1930 wurden dann in einem sehr kurzen Zeitraum grundlegende methodische Orientierungen vollzogen, die der deutschen Archäologie Anerkennung und Lob einbrachten. Um jedoch die Institutionalisierung des Faches weiter voranzutreiben und die Unterstützung durch Gesetzgeber und Forschungsförderung zu sichern, überschritten viele Fachvertreter zwischen 1933 und 1945 vielfach und ganz bewusst den Rahmen dessen, was methodisch machbar und moralisch vertretbar war. Sie präsentierten eine politisch opportune Archäologie, die zur Ausformulierung von völkischen Herrschaftsansprüchen beitrug. Das „herrliche Stadium des Beginns" gehörte damit endgültig der Vergangenheit an.

Germanien – Auf der Suche nach Belegen

Archäologen wie Laienforscher suchen seit dem Ende des Ersten Weltkrieges verstärkt nach Belegen für eine vermeintliche Kulturhöhe der Germanen. Die Nationalsozialisten greifen diese Suche zur Stützung ihres eigenen Weltbildes auf. Mit ihrer Machtübernahme 1933 verbessern sie die Finanzen und das Ansehen der Archäologie. Die Universitäten richten neue Lehrstühle ein, die Bodendenkmalpflege wird ausgebaut. Selbst in der NSDAP entstehen entsprechende Forschungseinrichtungen. Die fachlich besten Archäologen der damaligen Zeit führen reichsweit Ausgrabungen mit modernsten Methoden durch. Als überzeugte Nationalsozialisten versuchen sie, die Ursprünge und Kulturhöhe der Germanen bis in die Steinzeit zurückzuverfolgen. So wollen sie eine kontinuierliche Ahnenfolge über die Jahrtausende belegen.

Nationalsozialisten und Archäologie
Uta Halle

Es entspricht dem allgemeinen Bild, dass Wissenschaftler und Forscher in Diktaturen nicht frei in ihrer Arbeit und ihren Zielen sein können, sondern unter dem Druck der Machthaber ihre Forschungsergebnisse anpassen oder gar verfälschen müssen. Durch diese Vorstellung entsteht der Eindruck von missbrauchten Wissenschaftlern. In Deutschland setzte sich bald nach dem Ende der NS-Diktatur eine fatale Umdeutung durch, nämlich die Unterscheidung zwischen „Nazi-Verbrechern" und „missbrauchten Deutschen".[1] Diese Trennung führte dazu, dass die Deutschen „sich nun auch als Opfer Hitlers" fühlen konnten, und diese veränderte Gefühlslage nahmen besonders die Archäologen für sich in Anspruch.[2] So entwickelten sie nach 1945 die Legende von einer erzwungenen germanischen Forschung im Nationalsozialismus, eine Rechtfertigung, die bis in die 1990er-Jahre hervorragend funktionierte. Seitdem hat eine jüngere Forschungsgeneration diese apologetische Legende entlarvt und aufgezeigt, wie sehr die Archäologen zum Funktionieren des NS-Staates beigetragen haben: Sie gaben den Politikern Ausgrabungen und Forschungsideen zu Germanien bzw. ab 1938 für Großgermanien vor. Dazu benötigten die Fachwissenschaftler die Unterstützung und Finanzierung durch Partei und Staat. Deshalb ist es unabdingbar, einen Blick auf die Haltung der wichtigsten Politiker der NSDAP zur Vorgeschichtsforschung und zu den Germanen zu werfen.

Im „ABC der Volkstumskunde" aus dem Jahr 1936 heißt es: „Von den Ergebnissen der neubelebten Bodenforschung erwarten wir insbesondere einen tieferen Einblick in die Entstehung unseres Volkes aus glaubensnahen und artverwandten rassischen Elementen unter vorbildlicher Führung der nordischen Herrenschicht." Dieses Zitat eines „Vordenkers völkisch inspirierter Großdeutschlandideologie"[3], des Volkstumssoziologen Max Hildebert Boehm (1891–1968), verdeutlicht, dass die Forschung zur Vorgeschichte der Germanen im Mittelpunkt des nationalsozialistischen Interesses stand. Sie war Teil der Kulturpolitik, die schon seit 1871 in der föderalen Reichsstruktur Ländersache war und dies auch im Nationalsozialismus blieb. Vorgeschichtsforschung vollzog sich daher länderspezifisch und in starker Abhängigkeit von regionalen politischen und wirtschaftlichen Konstellationen. Die Germanenforschung bewegte sich im Spannungsfeld zwischen zwei politischen Parteiorganisationen – dem „Amt Rosenberg" und dem „SS-Ahnenerbe" – einerseits sowie den traditionellen Forschungsträgern in den Museen, Universitäten und den entstehenden Landesämtern für Archäologie andererseits. Wissenschaftliche Arbeiten in der Ur- und Frühgeschichtsforschung unterlagen auf Grund ihres hohen ideologischen Stellenwertes der Gefahr der Inanspruchnahme und des Missbrauchs durch die Politik, und das Fach gilt zu Recht neben Volkskunde, Rassenkunde und Anthropologie als Schüsselfach oder „weltanschauliche Grundwissenschaft" der NS-Zeit[4]. Dafür gab es mehrere Gründe:

- Die „hervorragende nationale Wissenschaft" (Gustaf Kossinna) verlegte „den Ausgangspunkt für die geschichtliche Entwicklung unseres Erdteils in die mitteleuropäische Urheimat unseres Volkes".

- Die germanische Völkerwanderung, die seit der zweiten Hälfte des 18. Jahrhunderts zunächst in den Geschichtswissenschaften behandelt wurde und seitdem auch in das Allgemeinwissen des Bildungsbürgertums eingesickert war, berührte zudem weite Bereiche Europas zwischen Frankreich und dem Ural sowie zwischen Skandinavien und Nordafrika. Die Nationalsozialisten behaupteten nun, die europäische Entwicklung hätte im germanischen Deutschland begonnen und sich von dort in alle Himmelsrichtungen ausgebreitet. Insofern lieferten nach ihrer Meinung germanische archäologische Quellen die wissenschaftliche Legitimation für das Expansionsstreben des NS-Reichs.
- Außerdem konnte das Fach der viel diskutierten „herkömmlichen Unterschätzung der Kulturhöhe unserer germanischen Vorfahren" entgegenwirken. Es bildete dadurch ein bedeutsames wissenschaftliches Korrektiv gegenüber dem damals weitverbreiteten Germanenbild, das eher dem angeblich unkultivierter, primitiver Völker entsprach, also einem Volksbild, das die Nationalsozialisten zur Ausrottung vorgesehen hatten.[5]

Auch wenn in einer Denkschrift zur Vorgeschichtsforschung aus dem Zeitraum Ende 1938 bis August 1939 ausdrücklich darauf hingewiesen wurde, dass „schon in den Anfängen der nat.soz. Bewegung die Bedeutung der germanischen Vor- und Frühgeschichte für die politische und weltanschauliche Erziehung erkannt (wurde)", so muss festgestellt werden, dass diese Aussage so nicht zutrifft.[6] Das Verhältnis der führenden Nationalsozialisten zur Vor- und Frühgeschichte war vielmehr maßgeblich durch die Lektüre populärer antisemitischer und völkischer Schriften des ausgehenden 19. und beginnenden 20. Jahrhunderts, durch Romane wie zum Beispiel Felix Dahns „Kampf um Rom" und germanische Sagen beeinflusst worden. Mit den wissenschaftlich-methodischen Instrumentarien der Geschichtsforschung und hier im Speziellen mit der archäologischen Methodik hatten sich die NS-Machthaber vor 1933 anscheinend gar nicht oder kaum auseinandergesetzt. Auch sind in der Frühphase der NSDAP kaum Kontakte zwischen ihnen und Fachwissenschaftlern nachweisbar, obwohl verschiedene Archäologen am Marsch auf

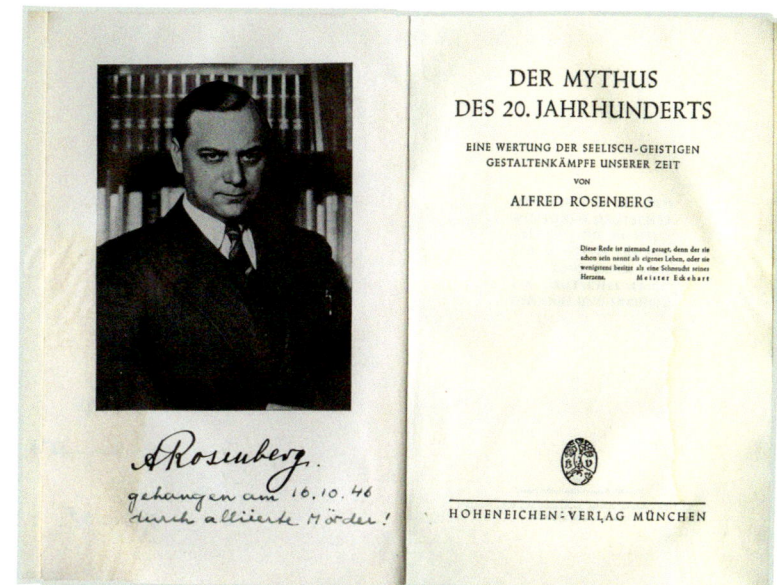

Frontseite aus der Veröffentlichung von Alfred Rosenberg mit Porträtfoto und einer handschriftlichen Bemerkung des Buchbesitzers nach dem Todesurteil im Nürnberger Prozess.

die Feldherrenhalle in München teilgenommen haben und dabei direkt mit den führenden Nationalsozialisten in Kontakt gekommen sein könnten.[7]

Drei NS-Ideologen haben sich besonders intensiv mit der germanischen Vorgeschichte und ihrer Bedeutung für die NS-Politik befasst: Alfred Rosenberg, selbst ernannter Chefideologe der NSDAP und als solcher zuständig für die ideologische Erziehung der Bevölkerung, Heinrich Himmler, „Reichsführer" der verbrecherischen Schutzstaffel (SS) und Chef der Deutschen Polizei, sowie Adolf Hitler selbst, „Führer und Reichskanzler" und mächtigster Mann im NS-Staat.

Alfred Rosenberg (1893–1946)

Alfred Rosenberg stand dem Germanentum und der Vor- und Frühgeschichtsforschung äußerst positiv gegenüber. In seinem bereits 1930 veröffentlichten Buch „Der Mythus des 20. Jahrhunderts" hat er darauf aufbauend sein Geschichtsbild ausgearbeitet. Es war gekennzeichnet durch die Annahme eines permanenten Überlebenskampfes zwischen der „nordischen Rasse" und einem christlichen, jüdischen oder bolschewistischen Gegner. Dabei ging er von einer „nordisch-arischen" Wurzel aller Hochkulturen aus, die in einem

Rosenberg betrachtet in der Ulmer Ausstellung „Lebendige Vorzeit" das Modell des Oseberg-Schiffes (1936).

Himmler besucht die Ausgrabung in Böddeken bei Wewelsburg.

„nordischen vorgeschichtlichen Kulturzentrum" entstanden seien.[8]

Alfred Rosenberg zitiert in seinem Werk „Mythus" an einer Stelle den angesehenen Berliner Vorgeschichtsforscher Carl Schuchhardt (1859–1943) mit seinem Buch „Vorgeschichte von Deutschland"[9], erwähnt die steinzeitlichen „Häusertypen von Haldorf" in Hessen und andere archäologische Befunde.[10] Diese Zitate zeigen, dass Rosenberg durchaus einige wissenschaftliche Veröffentlichungen aus der Vorgeschichtsforschung gelesen hatte. Er versuchte 1928 erstmals, Kontakt zu dem anerkannten Vorgeschichtler Hans Reinerth zu bekommen. Dies gelang ihm nicht sofort, sondern erst 1931/1932, als Reinerth von sich aus die Annäherung an die NSDAP suchte. Trotzdem lässt sich erkennen, dass sich auch Rosenberg nicht die Zeit nahm, Reinerths Bücher gründlich zu lesen, das heißt, auch hier ist keine direkte Auseinandersetzung mit fachwissenschaftlichen Erkenntnissen festzustellen.[11] Allerdings sprach er schon 1932 in einer Rede vor dem „Kampfbund für Deutsche Kultur" in der Berliner Philharmonie unter dem Thema „Der Kampf um die deutsche […] Kulturerneuerung" von einer „germanischen Wissenschaft".[12] Er kennzeichnete die Ergebnisse archäologischer Forschung als „geschichtsbildenden Blick in die Vergangenheit".[13] Seine bildhafte Sprache charakterisiert Rosenbergs Sympathie für das Fach und lässt eine religiös durchsetzte Wahrnehmungsweise erkennen. So bezeichnete er die Ergebnisse der vorgeschichtlichen Forschung als das „Alte Testament des deutschen Volkes".[14] Die prähistorische Wissenschaft bildete für ihn „die Brücke … aus einer fernen Vergangenheit in eine große Zukunft und war zugleich Wegbereiterin und Helferin des großen politischen Erwachens".[15] Für ihn hatte die deutsche Vorgeschichtsforschung die große Aufgabe, „die Ehre Germaniens wiederherzustellen".[16] Seit dem Machtantritt der Nationalsozialisten wurde Rosenberg auch im Rahmen der Fachwissenschaft aktiv. So ermöglichte er beispielsweise 1936 die Herausgabe der populärwissenschaftlichen Zeitschrift *Germanen-Erbe*, in der überwiegend Wissenschaftler, aber auch interessierte Laien Artikel veröffentlichten.

In öffentlichen Reden auf den Tagungen des „Reichsbundes für Deutsche Vorgeschichte" und bei Eröffnungen von neuen Freilichtmuseen äußerte sich Rosenberg begeistert über den völkischen Mentor der deutschen Vorgeschichtsforschung, Gustaf Kossinna, und für das Fach.

Mehrfach besuchte Rosenberg auch Grabungen und archäologische Untersuchungen, die von Mitarbeitern des „Amtes Rosenberg" durchgeführt wurden, außerdem verschiedene Museen und Ausstellungen.[17] Auch fachintern versuchte er, die Interessen seiner Wissenschaftlerfraktion innerhalb des NS-Regimes durchzusetzen. Er blieb dabei allerdings fast immer der Verlierer gegen seinen mächtigen Gegenspieler Heinrich Himmler.

Heinrich Himmler (1900–1945)

Im Gegensatz zu Alfred Rosenberg oder Adolf Hitler hat Heinrich Himmler sein ideologisches Geschichtsbild vor 1933 nicht in einer Veröffentlichung zusammengefasst und auch andere Äußerungen aus dieser Zeit sind bislang von der zeitgeschichtlichen Forschung nicht ediert vorgelegt worden. Die kanadische Journalistin Heather Pringle hat allerdings darauf hingewiesen, dass Himmler in Kindheit und Jugend stark durch die vorgeschichtlichen Sammelambitionen seines Vaters geprägt worden sei. Dieser hätte ihn des Öfteren bei Wochenendausflügen zum Sammeln vorgeschichtlicher Scherben und römischer Münzen mitgenommen. Ferner hätte der Vater in der Familienwohnung einen „Ahnenraum" eingerichtet, in dem auch die gesammelten Fundstücke präsentiert worden wären. Himmler habe somit schon früh eine entsprechende Prägung erhalten.[18]

Bei Heinrich Himmler, dem „Reichsführer der SS", tritt die konkret-sinnliche Betrachtung des Faches noch stärker als bei Rosenberg zu Tage. Er verstand die Prähistorische Archäologie als „die unmittelbare, mit allen Sinnen erfaßbare Berührung mit den wieder ans Licht gebrachten Häusern, Waffen und Geräten unserer Vorfahren" und leitete daraus die Legitimation zur Verfälschung vorgeschichtlicher Forschungsergebnisse ab. Er setzte sich rücksichtslos über Ergebnisse der wissenschaftlichen archäologischen Forschung hinweg, wenn sie nicht seinen ideologischen Ansichten entsprachen. Seine geschichtlichen Vorstellungen auch in Hinsicht auf die Erziehung spiegeln sich in den folgenden Aussagen aus den Jahren 1938 bzw. 1939 wider: „Wir erziehen unsere Männer dazu, daß sie sich immer als Germanen benehmen, nämlich großzügig und anständig, ohne jemanden zu kränken",[19] „denn nur nordisches, germanisches, arisches Blut ist Voraussetzung für alle großen Taten und alle großen Schöpfungen".[20] Auf Grund der „rassenpolitischen Aufgaben der Schutzstaffeln" legte Heinrich Himmler „großes Gewicht auf die Aufhellung der deutschen Vorzeit und die Inangriffnahme von Grabungen an den für diese Zielsetzung in Betracht kommenden Stellen". Himmler wurde deshalb vom „Reichserziehungsministerium" „zur Ausgrabung vorgeschichtlicher Altertümer innerhalb des Landes Preußen ermächtigt", und die anderen Länder wurden gebeten, ihm ebenfalls „eine entsprechende Ermächtigung" zu erteilen.[21] Damit konnte Himmler im Gegensatz zu Rosenberg direkten persönlichen Einfluss auf Ausgrabungsvorhaben im ganzen Reich gewinnen.

Er besuchte verschiedene Ausgrabungen, die oftmals von einer SS-gesteuerten Medienkampagne begleitet wurden. Die SS-Zeitschrift *Das Schwarze Korps* veröffentlichte regelmäßig die Ergebnisse von Grabungen oder allgemeine Beiträge zur Vorgeschichte, so zum Beispiel in der Ausgabe vom 5. März 1936 mit dem Titel „Vom nordischen Rechteckhaus zur germanischen

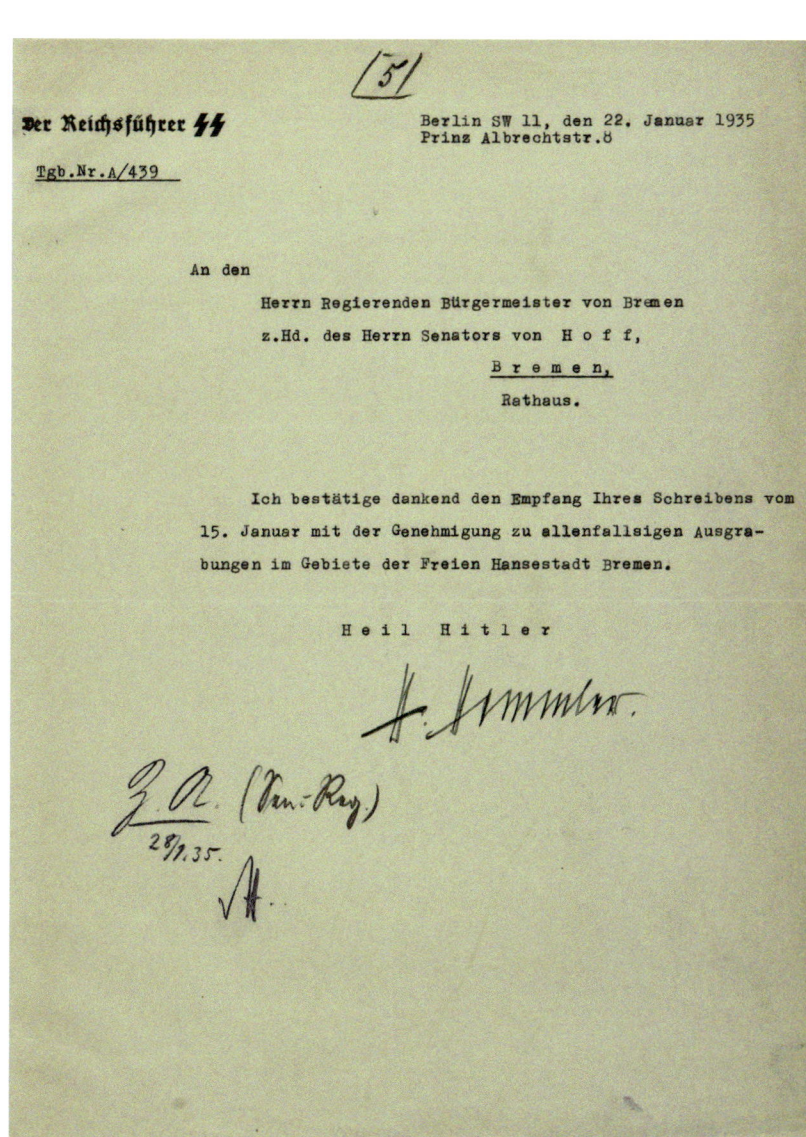

1935 ließ sich Himmler für alle deutschen Länder eine Ermächtigung für Ausgrabungen ausstellen. Das Dankschreiben für die von der Hansestadt Bremen erteilte Ermächtigung ist von ihm unterschrieben.

Halle". Außerdem übernahm die Organisation „Ahnenerbe der SS" Ende 1936 die populärwissenschaftliche Zeitschrift *Germanien*, die fortan als *Germanien, Monatsheft für Germanenkunde zur Erkenntnis Deutschen Wesens* erschien und die seitdem nicht nur den 2000 Abonnenten, sondern auch allen SS-Führern kostenlos zugeschickt wurde.

Adolf Hitler (1889–1945)

Hitler hatte sich sein Geschichtsbild unter anderem aus der Lektüre von Heften der Zeitschrift *Ostara* und des antisemitischen Werks „Grundlagen des Neunzehnten Jahrhunderts" des Richard-Wagner-Schwiegersohns Houston Stewart Chamberlain angeeignet. Die *Ostara*-Hefte mit dem Untertitel „Briefbücherei der blonden Mannesrechtler" wurden von dem österreichischen Rassentheoretiker und Antisemiten Jörg Lanz von Liebenfeld verfasst. Beide Autoren gelten als einflussreiche Vordenker des Antisemitismus im Kaiserreich und der Weimarer Zeit. Auf der Grundlage dieser Geschichtslektüre entwickelte Hitler ein Freund-Feind-Schema zwischen Ariern und Juden, das er relativ willkürlich auf alle Zeiten, Regionen und Kulturen übertrug. Ein konkretes Germanenbild mit Bezug auf die Ur- und Frühgeschichtsforschung findet sich bei ihm kaum und lässt sich vor der Machtübernahme auch nicht nachweisen. Es ist bekannt, dass er sich 1908 ein Buch ausgeliehen hatte, das „Abbildungen von Ausgrabungen und Funden (enthielt), welche Schlüsse über den kulturellen Stand der germanischen Stämme ziehen ließ(en)".[22] Um welches Buch es sich dabei handelte, konnte bislang noch nicht ermittelt werden.

Waren schon für den Zeitraum vor 1933 für Hitler kaum öffentliche Bekundungen zu den Germanen und zu den Aufgaben der Ur- und Frühgeschichtsforschung nachzuweisen, so gilt dies auch weiter für die erste Zeit nach dem Machtantritt. Eine konkrete öffentliche Äußerung machte er erst im September 1934 während der Kulturtagung des Reichsparteitages der NSDAP im Nürnberger Apollo-Theater. Er verwies auf die „Überlegenheit der indogermanischen Rasse" und betonte, dass die neue Kultur „blutsmäßig im eigenen Volk verankert" sein müsste.[23] Eine weitere Bemerkung machte er wenige Wochen später. Dabei verwies er auf das kulturell hochstehende Volk der Germanen, zog den Vergleich zur indogermanischen Wurzel vieler europäischer Völker und betonte die Verpflichtung der nationalsozialistischen Ur- und Frühgeschichtsforschung, diese Geschichte zu untersuchen.[24] In einer öffentlichen Rede, und somit auf Breitenwirkung zielend, erklärte Hitler im Dezember 1934[25]: „Wir sind den Römern und Griechen, den Galliern oder Briten und ihren heutigen Nachfolgern keinen größeren Dank für irgendwelche Kulturgüter schuldig, als sie uns. Wir brauchen uns unserer Vorfahren nicht zu schämen [...] Wir können vielmehr darauf hinweisen, daß die Germanen schon 1000 Jahre, bevor Rom gegründet wurde, einen kulturellen Hochstand erlebt haben. Wir können und müssen mit noch viel mehr Recht darauf hinweisen, daß fast alle europäischen Völker indogermanisch sind, wie nicht nur die deutsche, sondern wie die europäische Vorgeschichtsforschung bewiesen haben. Diese indogermanische Grundlage verbindet uns auch heute noch mit unseren Nachbarn. Und wenn wir Deutschen gegenwärtig unsere Vergangenheit stärker erforschen und mit anderen Augen betrachten ..., so holen wir das nach, was andere schon vor uns getan haben." Mit die-

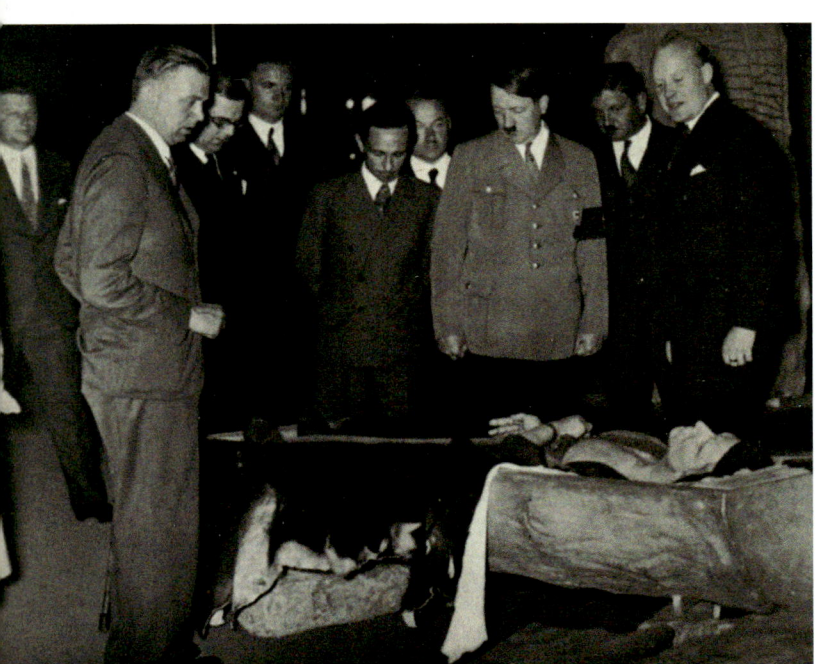

Hitler besucht die Ausstellung „Deutsches Volk – Deutsche Arbeit", in der eine bronzezeitliche Baumsargbestattung gezeigt wird (1934).

ser öffentlichen Bekundung hob Hitler den kulturell angeblich besonders hochstehenden Wert des Volks der Germanen heraus und unterstrich die Bedeutung der germanischen Vorgeschichtsforschung.

Im Gegensatz zu Rosenberg und Himmler sind von Hitler nur wenige direkte Kontakte zu Fachwissenschaftlern oder Besuche von Tagungen des „Reichsbundes für Deutsche Vorgeschichte" oder des „SS-Ahnenerbes" bekannt. Ebenso hat Hitler nach 1933 nur wenige Ausgrabungsstellen besichtigt.[26]

Den geschichtlichen Äußerungen Hitlers kommt eine mehrfache Bedeutung zu. Sie spiegelten zum einen Hitlers tatsächliche Überzeugung wider, nach der im Nationalsozialismus „die Quintessenz von zweitausend Jahren germanisch-deutscher Geschichte" zum Tragen käme.[27] Zum anderen stellten sie nicht mehr als „taktisch motivierte Lippenbekenntnisse" dar, um die nationalsozialistische Politik mit einer geschichtlichen Wurzel zu verankern.[28] Gleichzeitig waren diese Äußerungen ein Spiegelbild der außenpolitischen Ambitionen Hitlers, des Traums von der Vormachtstellung eines großdeutschen Reichs in Mitteleuropa, beruhend auf der gemeinsamen indogermanischen Wurzel und zu erreichen durch „territoriale Expansion und Arrondierung".[29] Seine große Bewunderung galt der Antike, die einen hohen Rang in seiner Weltanschauung einnahm.[30] Dementsprechend ließ er die vorgesehene Umgestaltung Berlins zur Welthauptstadt Germania mit zahlreichen antik aussehenden Bauelementen planen, da sie nach seiner Vorstellung nur mit dem antiken Rom vergleichbar sein sollte.

Zeitgenössische Äußerungen der nationalsozialistischen Fachwissenschaftler hingegen zeigen, dass sie sich durch Hitlers Desinteresse an fachlichen Belangen der Ur- und Frühgeschichte im Stich gelassen fühlten. Der Archäologe Werner Buttler, seit 1929 in der SA, ab 1936 in der SS aktiv, kritisierte an Hitler, dass dieser sich nicht die Zeit nahm, sich mit der Vorgeschichte zu befassen.[31]

Trotz einer durchaus vergleichbaren Ausgangsbasis entwickelten Rosenberg, Himmler und Hitler kein einheitliches Verhältnis zur NS-Vorgeschichtsforschung. Sowohl Himmler als auch Rosenberg vertraten beide die Thesen der völkischen Richtung, fochten allerdings

Dieses Modell zeigt Hitlers Vorstellung von der Umgestaltung Berlins zur Welthauptstadt „Germania".

untereinander einen erbitterten Kampf um die Vormachtstellung in der Archäologie. Beide standen damit aber in einem deutlichen Kontrast zu Adolf Hitler. Alle drei besaßen die politischen Machtinstrumente oder hatten diese zumindest nach der Meinung der damaligen Allgemeinheit und der Fachwissenschaftler, um ihre jeweiligen ideologischen Geschichtsbilder in die konkrete Praxis umzusetzen.

„Schwarmgeister und Phantasten" – die völkische Laienforschung

Dirk Mahsarski

In den 1920er- und 1930er-Jahren beeinflussten neben Fachwissenschaftlern auch eine Reihe von Laienforschern die ideologische Verwertung der Archäologie nachhaltig. Von Anfang an wurden sie heftig von der Fachwissenschaft bekämpft und als „Schwarmgeister" und „Phantasten" bezeichnet. Große, überregionale Bedeutung hatten die völkischen Laienforscher Herman Wirth (1885–1981), Wilhelm Teudt (1860–1942) und Hermann Wille (1881–?). Alle drei kamen im Laufe der 1930er-Jahre in engeren Kontakt mit der SS und spielten eine wichtige Rolle in den frühen Jahren des „Ahnenerbes der SS", mit dem der „Reichsführer der SS" Heinrich Himmler (1900–1945) ihm genehme Forschung förderte.

Herman Wirth und der Mythos Atlantis

Der in den Niederlanden geborene Herman Wirth hatte niederländische Philologie, Germanistik, Geschichte und Musikwissenschaft in Utrecht und Leipzig studiert und erwarb 1910 mit einer Arbeit über „Den Untergang des niederländischen Volksliedes" den philosophischen Doktorgrad der Universität Leipzig.

Während des Ersten Weltkrieges meldete er sich freiwillig zum Deutschen Heer und engagierte sich im besetzten Belgien für die flämischen Separatisten, weshalb er kurz darauf aus der Armee entlassen wurde. 1916 ernannte ihn Kaiser Wilhelm II. zum Titularprofessor. 1923 ließ sich Wirth in Marburg nieder, wo er an der Universität Vorlesungen hielt. Bereits 1925 trat er der NSDAP bei, aber schon zwei Jahre später ruhte seine Mitgliedschaft, weil er seine Mitgliedsbeiträge nicht mehr bezahlte. Inhaltlich distanzierte er sich jedoch nicht. 1934 trat Wirth der NSDAP wieder bei und wurde kurz darauf SS-Mitglied.[1]

Wirth glaubte, dass die Wurzeln der europäischen Kultur in dem mythischen untergegangenen Atlantis lägen. Seiner Vorstellung nach hätte das Inselreich im Nordatlantik gelegen und Europa mit Nordamerika verbunden. Seine Einwohner seien rassisch reine Arier gewesen und hätten über Alteuropa hinaus die nordamerikanischen Indianer und weite Teile der Alten Welt beeinflusst. Außerdem hätten sie an eine einzige, sich im Jahreskreislauf verändernde Gottheit und ihren Sohn, den Heilbringer, geglaubt, in dessen Kult Priesterinnen eine herausgehobene Rolle gespielt hätten. Dieser Urmonotheismus sei später durch das Judentum und das Christentum pervertiert worden. Wirth selbst verstand sich als Symbolforscher. Er beschäftigte sich intensiv mit der von ihm angenommenen frühesten Sprach-, Religions- und Kulturgeschichte des vermeintlichen Atlantisch-Nordischen Kulturkreises. Die Germanen hielt Wirth für die direkten Nachfahren der Einwohner von Atlantis, deren Kultur ihm dementsprechend als wichtigste Quelle für die Rekonstruktion der vermeintlichen atlantischen Urkultur galt. Seine gesamten Forschungen bezeichnete er als „Geistesurgeschichte". Wirth und sein Umfeld wollten von vornherein seine Forschungen politisch wie religiös einsetzen.[2]

Wirths Arbeiten erfreuten sich in den 1920er-Jahren einer zunehmenden Popularität in Teilen der völkischen Bewegung. Der Durchbruch gelang ihm 1928 mit der Publikation des Buches „Der Aufgang der Menschheit"[3], das ihn reichsweit bekannt und umstritten machte. Mit „Die Heilige Urschrift der Menschheit"[4], veröffentlicht in zwölf Teillieferungen von 1931 bis 1936, und diversen Artikeln[5] konnte er die so gewonnene Anerkennung und Unterstützung weiter ausbauen. Spätestens mit der 1933 herausgebrachten Edition der Ura-Linda-Chronik[6], einer Fälschung aus der Mitte des 19. Jahrhunderts, die Wirth aber für eine echte, bis ins untergegangene Atlantis zurückreichende Familienchronik hielt, hatte er seine Theorien voll ausformuliert. Gleichzeitig entfremdete er jedoch mit seiner Bearbeitung der Ura-Linda-Chronik einen Teil seiner Anhänger und bestärkte seine Kritiker in der Ablehnung seiner Thesen. Schon zuvor hatte es scharfe Kritik von Teilen der Fachwissenschaft an Wirths Arbeitsweise, seiner Ignoranz gegenüber sicher etablierten Erkenntnissen und seiner mangelnden Quellenkritik gegeben.[7]

So hatte der Archäologe und Geologe Fritz Wiegers (1875–1955) 1932 einen Sammelband mit kritischen Stellungnahmen zum „Aufgang der Menschheit" herausgegeben, in dem er zu dem Schluss kam:

„Seite für Seite und Satz für Satz ergeben sich die schärfsten Gegensätze zwischen Wirths Behauptungen und den gesicherten Ergebnissen der Wissenschaften.

Der ‚Aufgang der Menschheit' ist ein Buch voller Trugschlüsse, voller Behauptungen, voller Verneinungen wissenschaftlicher Tatsachen, es ist die Kundgebung eines von einer religiösen Idee beherrschten Mannes, dem das kritische Vermögen fehlte, seine Irrtümer zu erkennen. Wirths ‚Aufgang der Menschheit' ist eine Dichtung, ist vielleicht ein persönliches Glaubensbekenntnis, aber es ist keine wissenschaftliche ‚Forschung'."[8]

Neben Wiegers beteiligten sich auch der Anthropologe Bruno K. Schultz (1901–1997)[9], der Ethnologe H. Plischke (1890–1972)[10], der Germanist und Nordist Ludwig Wolff und der Orientalist Ferdinand Bork an dem Band. Dabei zeigten alle Autoren unabhängig von ihrer vehementen Kritik an Wirths Thesen und Arbeitsweise selbst eine mehr oder minder starke völkische Ausrichtung.[11]

Nach der Publikation der Ura-Linda-Chronik nahm die Auseinandersetzung um Wirth drastisch an Schärfe zu, was noch dadurch verstärkt wurde, dass sich unter Wirths Unterstützern auch einflussreiche Nationalsozialisten befanden. Bereits 1928 war die Herman-Wirth-Gesellschaft gegründet worden, um seine Förderer zu vernetzen. In mehreren deutschen Städten bildeten sich Ortsgruppen. Während Wirth ab Oktober 1932 versuchte, mit Hilfe der nationalsozialistischen Landesregierung von Mecklenburg-Schwerin bei Bad Doberan ein Forschungsinstitut für Geistesurgeschichte mit angeschlossener Freilichtschau und einem Lehrstuhl an der Universität Rostock zu etablieren, nahm gleichzeitig der Widerstand der Fachwissenschaft gegen ihn immer stärker zu. Obwohl viele namhafte Kritiker bereits NSDAP-Mitglieder waren oder – wie die Prähistoriker Karl Hermann Jacob-Friesen (1886–1960) und Bolko von Richthofen (1899–1983) – bis Mai 1933 wurden und zudem teilweise auch im „Kampfbund für Deutsche Kultur" des NS-Ideologen Alfred Rosenberg organisiert waren, blieb der Widerstand gegen Wirth zunächst ohne nennenswerten Einfluss auf die weitere Entwicklung. Vielmehr waren es die unzureichende Finanzierung des Instituts und Wirths aufwendige Lebensführung, die innerhalb von nur einem Jahr zur Schließung des Instituts und parallel zum Niedergang der Gesellschaft führten. Kurz danach verschafften einflussreiche Kreise innerhalb der NSDAP Wirth im Frühsommer

Herman Wirth konnte mitreißende Vorträge halten.

1933 eine außerordentliche Professur ohne Lehrverpflichtungen an der Theologischen Fakultät der Berliner Universität[12]. Gleichzeitig verhandelte Wirth mit dem Preußischen Erziehungsministerium über die Einrichtung eines Freilichtmuseums „Deutsches Ahnenerbe" in unmittelbarer Nähe zur Reichshauptstadt.[13]

Zusätzlich gründete Wirth seine Organisation als „Gesellschaft für germanische Ur- und Vorgeschichte" neu. Dabei wurde er von dem Journalisten und einflussreichen NS-Funktionär Johann von Leers (1902–1965) und dessen Frau Gesine (1891–1974) unterstützt. Als Referenten der Gesellschaft traten neben Wirth primär solche Vertreter der extremen völkischen Bewegung auf, die eine arteigene germanische Religion forderten.[14]

Einer der wichtigsten Förderer von Wirth war der Bremer Großindustrielle Ludwig Roselius (1874–1943). Er unterstützte Wirth seit Mitte der 1920er-Jahre und hatte unter anderem die Veröffentlichung von „Der Aufgang der Menschheit" finanziert. Um die völkische Laienforschung, die völkische Fachwissenschaft und interessierte Multiplikatoren miteinander in Kontakt zu bringen, veranstaltete Roselius zu Pfingsten 1933 die Tagung Erstes Nordisches Thing in der Böttcherstraße, das ebenfalls stark auf Wirths Thesen ausgerichtet war. Das Thing war für die Veranstalter ein großer Erfolg, wurde von überregionalen Presseberichten begleitet und brachte eine Reihe späterer Mitglieder und Förderer des „Ahnenerbes" zusammen, allerdings kam es zu einem Eklat, als die Fachwissenschaftler bei Wirths Vortrag den Saal verließen.[15]

Gleichzeitig nutzten von Richthofen und Jacob-Friesen die Berufsvereinigung der Prähistoriker, um den Widerstand von archäologischer Seite zu organisieren. Unterstützt wurden sie dabei von der hannoverschen Gaupresseleitung. Am 4. Mai 1934 gab es eine öffentliche Podiumsdiskussion an der Universität Berlin, bei der Wirths Thesen scharf angegriffen und widerlegt wurden. Diese Veranstaltung, bei der unter anderem Jacob-Friesen Wirth kritisierte, gehörte zu den in der deutschen Öffentlichkeit am meisten beachteten wissenschaftlichen Konferenzen dieser Zeit.[16]

Auch beim zwei Wochen später stattfindenden Zweiten Nordischen Thing in Bremen zeigte sich eine deutliche, wenn auch von Roselius nicht unbedingt beabsichtigte Verschiebung zu Gunsten der universitär etablierten völkischen Forschung. Wirth sollte und wollte zwar ursprünglich teilnehmen, sagte aber kurzfristig ab, weil er wegen seiner Aktivitäten in Berlin zeitlich ausgelastet war. Umgekehrt wurden Wirths Thesen bereits vom ersten Referenten des Things als „ungermanisch"[17] angegriffen.[18]

Nur wenige Wochen später versuchte Wirth erneut, seine Pläne für ein Freilichtmuseum voranzutreiben. Weil die Verhandlungen mit dem Preußischen Erziehungsministerium wegen des zunehmenden Widerstandes ins Stocken geraten waren, wollte er den Verein „Deutsches Ahnenerbe" e.V. gründen, der seine geistesurgeschichtliche Sammlung betreuen und ausstellen sollte. Für den Beirat und die Förderung des Vereins zählte Wirth auch auf die Unterstützung von Roselius und dessen Museumsleiter Hans Müller-Brauel (1867–1940).[19] Zur Gründung dieses Vereins kam es anscheinend nicht. Durch die Vermittlung des Ehepaars von Leers war Wirth mittlerweile aber in Kontakt mit dem Reichslandwirtschaftsminister Richard W. Darré (1895–1953) und Himmler gekommen, die sich sehr für seine Ideen begeisterten.[20]

Wilhelm Teudt und die Externsteine

Wilhelm Teudt hatte in Berlin, Leipzig, Tübingen und Bonn evangelische Theologie studiert, 1885 war er als Pfarrer ordiniert worden, 1895 übernahm er die Leitung der Inneren Mission in Frankfurt am Main.

Bereits 1908 legte er sein Pfarramt nieder und wurde Geschäftsführer des im vorangegangenen Jahr gegründeten Keplerbundes zur Förderung der Naturerkenntnis, der sich der Bekämpfung der darwinistischen Evolutionstheorie widmete. Am Ersten Weltkrieg beteiligte sich Teudt als Freiwilliger. Wegen der belgisch-französischen Ruhrbesetzung zog er 1921 nach Detmold. Ab 1923 war Teudt Mitglied der Deutschnationalen Volkspartei (DNVP), außerdem wurde er 1928/1929 Gauherr des völkisch-antisemitischen Deutschbundes. Ab der Mitte der 1920er-Jahre beschäftigte er sich zunehmend mit der vermeintlich germanischen Vergangenheit der Deutschen. Im Zentrum seiner primär intuitiv erfassten Theorien stand die Vorgeschichte der Region um den Teutoburger Wald. Dabei entwickelte Teudt weit rei-

Wilhelm Teudt im Kreis seiner Anhänger 1939 bei der Besichtigung der neu entdeckten Wallanlage Piepenkopf, Gemeinde Dörentrup, Kreis Lippe.

chende Thesen zu vorgeblich germanischen Kultplätzen. In den Externsteinen, einem Naturdenkmal bei Detmold, sah er dabei das sächsische Zentralheiligtum, Standort der Weltensäule Irminsul und uraltes Sonnenobservatorium. Wichtige Argumente waren für ihn die Annahmen, dass die germanischen Kultbauten aus Holz errichtet worden wären, weshalb es kaum noch Spuren von ihnen gäbe, und dass durch die Christianisierung der kulturell hochstehenden Germanen um 800 eine regelrechte Kulturvernichtung eingeleitet worden sei. Auch habe die germanische Hochkultur bereits lange vor dem Kontakt mit den Römern bestanden. Zur Propagierung seiner Forschungen gründete der sich um Teudt sammelnde Kreis von Anhängern 1928 die Vereinigung der Freunde germanischer Vorgeschichte, die ab 1929 die monatlich erscheinende Zeitschrift *Germanien* herausgab. Im gleichen Jahr veröffentlichte Teudt seine Thesen unter dem Titel „Germanische Heiligtümer. Beiträge zur Aufdeckung der Vorgeschichte, ausgehend von den Externsteinen, den Lippequellen und der Teutoburg"[21]. In der Zeitschrift *Germanien* erschienen auch Aufsätze von Wirth, die eine enge Zusammenarbeit der beiden Laienforscher in der Zeit belegen,[22] unter anderem sollen sie gemeinsam auf dem Kreuzabnahmerelief an den Externsteinen eine sich neigende Palme als Darstellung der gebeugten aber nicht gebrochenen Irminsul identifiziert haben. Mit dem Machtantritt der Nationalsozialisten in Lippe und kurz darauf im Reich traten die Kreise um Wirth und Teudt jedoch teilweise bei ihren Bemühungen um die Gunst der neuen Regierungen in Konkurrenz zueinander. Teudt, der spätestens 1935 der NSDAP beitrat,[23] gelang es dabei, großen Einfluss auf die Regionalpolitik auszuüben, während Wirth auf Reichsebene erfolgreicher war. Um Teudts Thesen zu belegen, wurde in den Jahren 1934 und 1935 an den Externsteinen gegraben. Der Grabungsleiter Julius Andree (1889–1942), Privatdozent für Geologie an der Universität Münster, gehörte dem Umfeld von Roselius und Müller-Brauel an. Ein Mitarbeiter Teudts hatte ihn auf dem Ersten Nordischen Thing in Augenschein genommen, bevor Teudt sich für ihn entschied. Andree richtete in der Folge seine Deutungen der Grabungsergebnisse immer stärker auf Teudts Thesen aus, während die Fachwelt diese Thesen vehement ablehnte.

Schon 1933 war zudem die Externsteine-Stiftung gegründet worden, deren Vorsitz Himmler übernahm. Dementsprechend versuchte die SS, die Schirmherrschaft der Ausgrabungen für sich in Anspruch zu nehmen, und übte immer stärkeren Einfluss auf den Umgang mit den Externsteinen aus.[24]

Hermann Wille und die „germanischen Gotteshäuser"

Herman Wille wurde 1881 in Oldenburg geboren; nach dem Besuch der Kunst- und Gewerbeschulen in Oldenburg, Detmold und Stuttgart studierte er Architektur an der Weimarer Akademie.

Von 1908 an war er als selbstständiger Architekt in Berlin tätig. Im Ersten Weltkrieg kämpfte Wille an der Westfront. 1920 trat er in den „Deutschvölkischen Schutz- und Trutzbund" ein. 1930 musste er sein Architekturbüro wegen der Weltwirtschaftskrise schließen. Im selben Jahr wurde er Mitglied der NSDAP und des „Kampfbundes für Deutsche Kultur", wo er auch als Referent tätig war. Gleichzeitig begann Wille, sich

Hermann Wille führt Angehörige des „Reichsnährstandes" über ein Großsteingrab.

mit prähistorischen Themen und den Germanen zu beschäftigen. In der zweiten Jahreshälfte 1933 wurde er von Darré in das Stabsamt des „Reichsbauernführers" berufen, kurz darauf erfolgte die Aufnahme in die SS. Dort wurde Wille Leiter der Bauabteilungen des „Reichsnährstandes" in Berlin und Goslar sowie der Bauabteilung des „Rasse- und Siedlungshauptamtes" der SS (RuSHA). Im November 1934 wurde er zum SS-Untersturmführer ernannt, bis 1941 stieg er bis zum Obersturmbannführer auf.[25]

Bei seiner Auseinandersetzung mit archäologischen Themen konzentrierte sich Wille auf das Oldenburger Land. Dabei kam er zu dem Schluss, dass es sich bei den jungsteinzeitlichen Großsteingräbern der Region in Wirklichkeit um die Fundamente von Hallenbauten gehandelt habe, die vorwiegend kultischen Zwecken gedient hätten. Dazu hätten die Hallen mit ihrem vermeintlichen Oberbau aus Holz neben einer Apsis, einem Altar und Feuerschalen auch eine Krypta mit den Führer- und Sippenbegräbnissen besessen. Diese Kulthallen, deren Erbauer Wille für jungsteinzeitliche Germanen hielt, waren seiner Ansicht nach die Vorläufer der griechischen Tempel und gotischen Kathedralen. Außerdem ging er davon aus, dass die bodenständige lokale Bevölkerung diese Bauform über die Jahrtausende hinweg überliefert und in den niedersächsischen Bauernhöfen erhalten hätte. Darüber hinaus argumentierte Wille, dass eine so hochstehende Kultur wie die der Germanen auch über steinerne Gebäude verfügt haben müsse. Unterstützung für seine Thesen fand Wille in dem Kreis um Wirth und bei Roselius.

Letzterer ermöglichte ihm Pfingsten 1933 eine ausführliche Vorstellung seiner Ideen im Rahmen des Ersten Nordischen Things und der dabei durchgeführten Exkursion[26]. Kurz darauf konnte Wille seine Thesen unter dem Titel „Germanische Gotteshäuser zwischen Weser und Ems"[27] beim Verlag Koehler und Amelang, dessen Direktor am Thing teilgenommen hatte,[28] in

Leipzig publizieren. Willes unwissenschaftliche Thesen wurden von Prähistorikern praktisch einhellig und öffentlich abgelehnt, nur Andree, Müller-Brauel und der Germanist Joseph Otto Plassmann (1895–1964), die alle zum weiteren Umfeld von Roselius gehörten, unterstützten ihn anfangs. In der Folge setzten sich besonders die Archäologen von Richthofen und Jacob-Friesen kritisch mit der Theorie Willes auseinander. Letzterer kam in einer Rezension zu Willes Buch zu dem Schluss:

> „Sein Geschreibsel ist das traurigste Machwerk, das mir seit langem vorgekommen ist."[29]

Die anschließende Diskussion wurde über mehrere Jahre und mit großer Schärfe geführt. Um Willes Thesen zu widerlegen, wurden ab Juni 1934 mit Hilfe des „Reichsarbeitsdienstes" (RAD) Ausgrabungen an den Großen Steinen von Kleinenkneten durchgeführt. Trotz der öffentlichen Unterstützung durch Darré und Teile der Presse konnte sich Willes Interpretation letztlich nicht durchsetzen, vielmehr wurden seine Thesen durch die Ausgrabung komplett widerlegt. Dazu trug bei, dass auch Müller-Brauel anerkannte, dass es sich zumindest in Kleinenkneten nicht um die Ruinen einer Kulthalle handeln könne.[30] 1937 wurde durch den RAD eine Rekonstruktion der Grabanlage durchgeführt.[31]

Einen letzten Versuch, seine Thesen auch in der Fachwelt durchzusetzen, unternahm Wille noch einmal anlässlich der Ende September 1938 durchgeführten fünften Reichstagung des „Reichsbundes für Deutsche Vorgeschichte" in Hannover. Auf sein wütendes Schreiben scheint es aber keine Reaktion gegeben zu haben.[32]

Trotz der vehementen Kritik und der direkten Widerlegung durch die Ausgrabung entwickelten Willes Thesen eine große Breitenwirkung und wurden wiederholt in der Presse verbreitet. In den ersten Jahren zeigte man auf der Grünen Woche und bei anderen Ausstellungen des „Reichsnährstandes" und des „Ahnenerbes" regelmäßig Modelle einer jungsteinzeitlichen Kulthalle nach Wille, die mit Roselius' Unterstützung in den Werkstätten der Böttcherstraße angefertigt worden waren.[33] Gleichzeitig wurde eine Postkarte mit Zeichnung seiner Theorie in Umlauf gebracht.

Wirksam wurden Willes Thesen besonders dadurch, dass das Reichsehrenmal der Hitlerjugend auf Rügen nach seinen Ideen gestaltet wurde.[34]

Im Gegensatz zu Wirth und Teudt spielten Wille und seine Theorie jedoch insgesamt nur eine untergeordnete Rolle, was sicher auch darin begründet ist, dass Wille nach seiner Aufnahme in das Stabsamt des „Reichsbauernführers" wieder als Architekt arbeitete.

Gründung und Krise des „Ahnenerbes"

Im Juli 1935 wurde das „Ahnenerbe der SS" offiziell unter dem Namen „Studiengesellschaft für Geistesurgeschichte Deutsches Ahnenerbe e.V." als gemeinsame

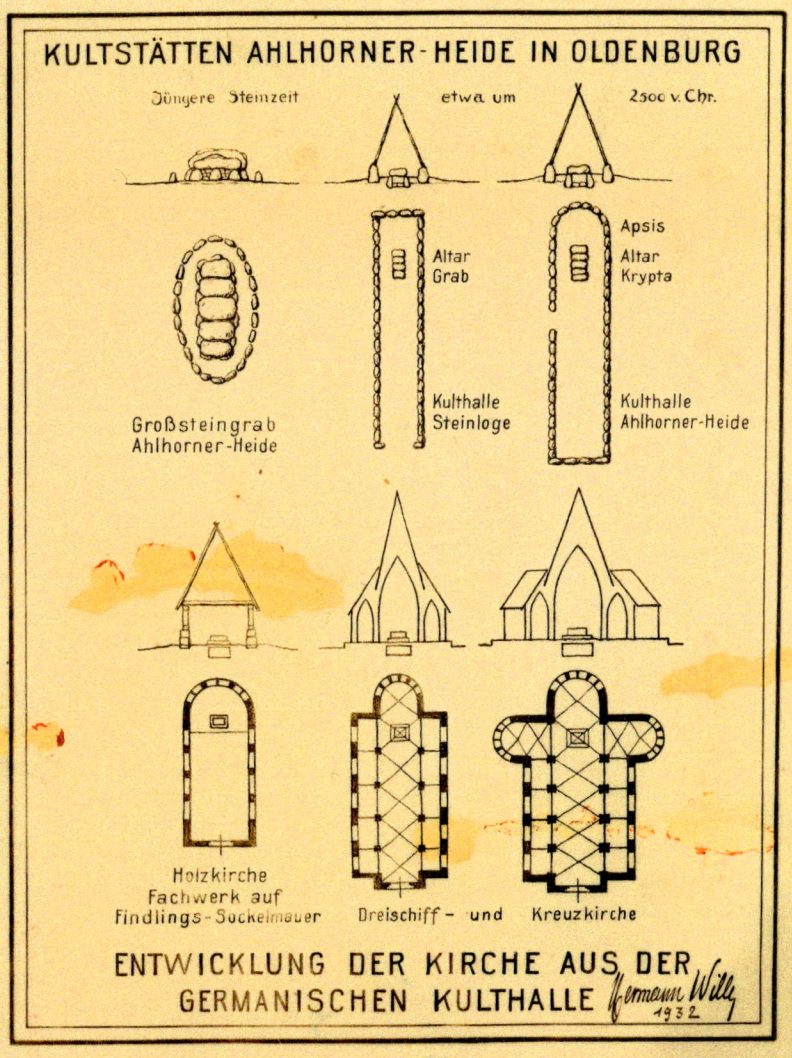

Eine Postkarte illustriert Willes Herleitung der gotischen Kathedralen aus den jungsteinzeitlichen Großsteingräbern des Oldenburger Raums.

Unternehmung von Himmler, Darré und Wirth gegründet. Angesiedelt war es in dem von Darré geleiteten RuSHA, zudem kamen mehrere einflussreiche Mitglieder des Beirates und der Verwaltung aus Darrés unmittelbarem Umfeld.[35]

Mit der Gründung des „Ahnenerbes" wollte man wesentliche Teile der völkischen Laienforschung zusammenführen. So wurde neben einer Abteilung für Wirth im folgenden Jahr eine Abteilung für Teudt in Detmold eingerichtet. Dabei brachte Teudt, der sich zuvor noch an den „Reichsbund für Deutsche Vorgeschichte" angenähert hatte, Finanzmittel des Landes Lippe mit ein. Außerdem wurde seine Vereinigung korporatives Mitglied im „Ahnenerbe". Anfangs konzentrierte sich das „Ahnenerbe" besonders auf die Durchführung von Expeditionen, so reiste Wirth zweimal nach Schweden und Norwegen, um bronzezeitliche Felsbilder zu erforschen.

Gleichzeitig kämpfte das „Ahnenerbe" mit einer Reihe von Problemen. Die akademische Gemeinschaft lehnte seine Forschungsprämissen und -ergebnisse mehrheitlich als pseudowissenschaftlich ab. Der anhaltende Mangel an vorzeig- und überprüfbaren Ergebnissen verstärkte diese Haltung noch. Weder die Ausgrabungen an den Externsteinen noch Wirths Expeditionen erbrachten schlüssige Belege für die entsprechenden Thesen. Auch entsprach die letzte Teillieferung von Wirths umstrittenem Buch „Die heilige Urschrift der Menschheit"[36] erneut nicht den wissenschaftlichen Standards. Zudem war Teudt impulsiv, halsstarrig und provozierte immer wieder Streitereien, was auch einen Teil seiner Unterstützer belastete. Gleichzeitig war das „Ahnenerbe" chronisch unterfinanziert, ein Umstand, den Wirths Ausgabefreudigkeit weiter verstärkte, während die SS selbst ebenfalls jenseits ihrer finanziellen Möglichkeiten arbeitete. Deswegen bereitete Himmler schon ab Ende 1935 eine komplette Umstrukturierung der SS-Ämter vor. Dazu ordnete er zunächst unter anderem eine Buchprüfung des „Ahnenerbes" an.[37]

Die Schwierigkeiten des „Ahnenerbes" spitzten sich zu, als Hitler in seiner kulturpolitischen Rede auf dem Reichsparteitag 1936 Wirth und die Bremer Böttcherstraße scharf angriff:

> „Wir haben nichts zu tun mit jenen Elementen, die den Nationalsozialismus nur vom Hören und Sagen her kennen und ihn daher nur zu leicht verwechseln mit undefinierbaren nordischen Phrasen, und die nun in irgendeinem sagenhaften atlantischen Kulturkreis ihre Motivforschung beginnen. Der Nationalsozialismus lehnt diese Art von Böttcher-Straßen-Kultur schärfstens ab."[38]

Dieses vernichtende Urteil – kein Hitler-Zitat findet sich häufiger in den Akten des „Ahnenerbes"[39] – hat verschiedene Gründe. So war eine mögliche Ursache die bevorstehende Verabschiedung des Vierjahresplans und die damit einhergehende stärkere Ausrichtung der Wissenschaften auf kriegsrelevante Forschungsgebiete.[40] Andererseits passten Wirths Angriffe auf das Christentum grundsätzlich nicht in Hitlers eigene Pläne für die spätere Ausschaltung der Kirchen. Verstärkt wird dieser Aspekt noch dadurch, dass Hitler Wirth bereits 1928 getroffen hatte und von dessen Thesen zunehmend irritiert war.[41] Außerdem war ihm das ganze Projekt Böttcherstraße ein Dorn im Auge.[42]

Insgesamt sorgte diese Situation für dringenden Handlungsbedarf, dem Himmler im Laufe des Jahres 1937 durch eine vollständige Umstrukturierung des „Ahnenerbes" nachkam. Dabei verloren die völkischen Laienforscher ihren Einfluss und wurden durch Fachwissenschaftler ersetzt.

Forschungsstrukturen

Uta Halle und Dirk Mahsarski

Wegen der föderalen Struktur des Kaiserreichs und der Weimarer Republik war in der Bodendenkmalpflege ein konkurrierendes Nebeneinander von staatlichen Forschungsstellen, Universitätsinstituten, Museen und Privatinitiativen entstanden. Zusätzlich gab es auf der Ebene des Reichs seit 1902 die Römisch-Germanische Kommission (RGK), die sich zu dem Teil des Archäologischen Instituts des Deutschen Reichs (AIDR) entwickelte, der Ausgrabungen im Inland durchführte. Um dieses unübersichtliche Nebeneinander aufzulösen und die Forschung gerade für neue Inhalte stärker zu zentralisieren, bemühte sich die Wissenschaft seit Mitte der 1920er-Jahre, die prähistorische Archäologie in Deutschland, vor allem im Norden und Osten des Landes, neu zu organisieren. An dieses Vorhaben knüpften auch die beiden Forschungsorganisationen an, die in der Zeit des Nationalsozialismus entstanden und maßgeblichen Einfluss gewannen: der „Reichsbund für Deutsche Vorgeschichte" (RfDV, 1933) und das 1935 gegründete „Ahnenerbe der SS". Bereits in den ersten Wochen und Monaten des Dritten Reichs kam es zu intensiven Auseinandersetzungen der Fachwissenschaftler über die richtige Forschungsstruktur, die richtigen Wissenschaftler und die richtige Einbindung in den NS-Staat. Die für nötig und wichtig erachteten Veränderungen wurden in der Regel von den zuständigen Wissenschaftlern vorangetrieben und an die Politik gegeben. Dabei arbeiteten die meisten Forscher aus eigenem Antrieb bereitwillig am Aufbau eines nationalsozialistischen Archäologieverständnisses mit, während Druck von Partei oder Staatsführung eine zu vernachlässigende Rolle spielte.[1]

Ausbau der Universitäten

Obwohl Gustaf Kossinna (1858–1931) bereits 1902 zum ersten Professor für Deutsche Archäologie ernannt worden war, kam es erst nach dem Ersten Weltkrieg allmählich zur Gründung eigenständiger Institute an den Universitäten. Zunächst entstanden einige Vorläuferorganisationen, unter denen das Urgeschichtliche Forschungsinstitut (UFI) in Tübingen unter Rudolf Robert Schmidt (1882–1950) eine besondere Rolle spielte. Es entwickelte innovative Grabungstechniken und bezog naturwissenschaftliche Methoden mit ein. Zu den hier ausgebildeten Archäologen gehörte auch Hans Reinerth (1900–1990). Das UFI konnte sich innerhalb von nur drei Jahren bis 1924 als erstes Institut fest an einer Universität etablieren. Insgesamt gab es Mitte der 1920er-Jahre bereits fünf Vorläufer und ein eigenständiges Institut; bis 1930 waren dann bereits fünf Institute etabliert und fünf weitere in der Gründung begriffen. Die Lehre wurde bis 1933 überwiegend noch von unbezahlten Privatdozenten übernommen. Zusätzlich existierten an den Landesmuseen weitere Forschungseinrichtungen, die ebenfalls in begrenztem Rahmen Nachwuchs ausbildeten. Die offizielle Anerkennung des Faches ließ dagegen trotz dieser Fortschritte deutlich länger auf sich warten. Die zweite Professur für Vor- und Frühgeschichte wurde erst 1927/1928 in Marburg für Gero von Merhart (1886–1959) eingerichtet. Die Weltwirtschaftskrise hemmte die weitere Entwicklung, so dass sich der institutionelle Ausbau des Faches trotz wachsender Absolventenzahlen bis nach 1933 verzögerte. Dadurch verstärkte sich innerhalb der deutschen Archäologie das Gefühl, gegenüber den

Klassischen Altertumswissenschaften im Nachteil zu sein. Gleichzeitig nahm die durch den Mythos Germanien und Kossinnas völkische Auffassungen bereits vorhandene Politisierung des Faches zu, weil auch die bürgerlichen Regierungsparteien der Weimarer Republik auf die Ergebnisse der Vorgeschichtsforschung zurückgriffen, um Gebietsansprüche gegenüber Polen zu rechtfertigen.[2]

Erst im Dritten Reich kam es zu einer explosionsartigen Vergrößerung des Faches, weil die nationalsozialistischen Landesregierungen umfangreiche Geldmittel zur Verfügung stellten. Bis zum Ausbruch des Zweiten Weltkrieges waren fast alle der auch heute noch existierenden Professuren eingerichtet und besetzt. Die meisten dieser Lehrstühle wurden in den Jahren 1933 und 1934 geschaffen, bis 1937 gab es schließlich Ordinariate in Berlin, Breslau, Halle, Hamburg, Königsberg, München und Tübingen. Dazu kamen die Extraordinariate in Freiburg, Greifswald, Heidelberg, Jena, Kiel, Leipzig, Münster und Würzburg. Die Gelder für diese – in Relation zur insgesamt schrumpfenden Entwicklung der deutschen Universitäten – antizyklische Expansion des Faches stammten dabei zum Teil aus Mitteln, die durch die Entlassung jüdischer oder politisch unliebsamer Wissenschaftler eingespart worden waren.[3]

Ausschnitt aus einem Comic zur Bodendenkmalpflege.

Staatliche Bodendenkmalpflege

Das Augenmerk der Archäologen richtete sich ganz besonders auf die als mangelhaft empfundene gesetzliche Regelung der Bodendenkmalpflege der Länder. Zwar war der Denkmalschutz in der Verfassung der Weimarer Republik im Artikel 150 verankert, aber dennoch gab es in den meisten Ländern keine Gesetze, die diesen Artikel umsetzten. Im größten Reichsland Preußen existierte seit 1914 ein Ausgrabungsgesetz, das 1920 mit ergänzenden Ausführungsbestimmungen versehen wurde und die Grundlage für die Preußischen Provinzen bildete. Maßnahmen dieser Art waren dringend notwendig, denn Kultivierungsmaßnahmen und fortschreitende Bebauung führten zu einer stetig wachsenden Gefährdung der noch nicht untersuchten Bodendenkmäler. Die Wissenschaftler forderten deshalb zusätzliche Regelungen, und selbst das preußische Ausgrabungsgesetz wurde als nicht ausreichend betrachtet. Während der NS-Zeit wurde der Versuch unternommen, die Denkmalschutzgesetze der Länder in ein reichsweit gültiges Gesetz zum Schutz der Kulturdenkmäler zu verändern. Wegen der Auseinandersetzungen zwischen der SS und dem „Reichsbund", aber auch mit anderen NS-Organisationen, scheiterte dieser Versuch und es blieb bei den Gesetzen der Länder. Trotzdem wurde die Bodendenkmalpflege während des Dritten Reichs massiv ausgebaut: von zwei Landesämtern 1933 auf 14 im Jahr 1943, zwei weitere Landesämter sollten in den Reichskommissariaten Ostland und Ukraine eingerichtet werden. Viele dieser Landesämter waren dabei organisatorisch mit den jeweilgen Landesmuseen oder Universitäten verbunden, so dass die zuständigen Leiter häufig nur nebenamtlich als Landesarchäologen tätig waren.[4]

Der „Reichsbund für Deutsche Vorgeschichte" und das „Amt Rosenberg"

Seit seiner Gründung 1928 hatte sich der völkische antisemitische „Kampfbund für Deutsche Kultur" (KfDK) um die Archäologie bemüht. Aber obwohl Kossinna zu den Gründungsmitgliedern gehörte hatte, gelang es dem KfDK erst Ende 1931, mit Reinerth einen weiteren Fachwissenschaftler für sich zu gewinnen. Kossinna hatte Reinerth immer als seinen Nachfolger betrachtet und ihn deswegen Alfred Rosenberg (1893–1946), dem Leiter des KfDK und Chefideologen der NSDAP, als Mitarbeiter vorgeschlagen.⁵ Anfangs hatte Reinerth den „Kampfbund" jedoch ignoriert. Erst als er 1931 seine Stelle an der Universität Tübingen verlor, trat er dem KfDK bei. Da ihm Kollegen vorwarfen, er wäre an den Intrigen beteiligt gewesen, die zur Entlassung Schmidts geführt hatten, war der „Kampfbund" seine einzige Chance auf eine Karriere. Schon im Dezember 1931 gründete Reinerth im „Kampfbund" eine Fachgruppe für Vorgeschichte. Diese profitierte besonders im Norden und Osten des Reichs von der Lage des Faches, so dass ihr etliche hauptamtliche Archäologen beitraten. Trotz massiver öffentlicher Verunglimpfungen der Römisch-Germanischen Kommission durch Reinerth gab es, vor allem im Osten Deutschlands, eine breite Übereinstimmung mit den Zielen des KfDK und den von Reinerth entworfenen weit reichenden Plänen zur Neuorganisation der Archäologie im Rahmen eines „Reichsinstitutes für Deutsche Vorgeschichte".⁶

Die mit Hitlers Regierungsantritt verbundene nationale Begeisterungswelle erfasste auch die Archäologen. Bis zur Verhängung des Aufnahmestopps vom 1. Mai 1933 waren bereits etwa 70 Prozent von ihnen in die NSDAP eingetreten, eine zweite Welle folgte mit der Lockerung der Aufnahmesperre im Frühjahr 1937. Noch höher lagen die Beitrittszahlen allerdings beim „Kampfbund", in dessen Schulungsarbeit sich auch große Teile des noch studierenden Nachwuchses engagierten. Der KfDK als eine der NSDAP nahestehende Organisation versprach gerade in der Anfangszeit die Möglichkeit zur Teilhabe am neuen System, ohne allzu große Verpflichtungen eingehen zu müssen, zumal sich viele der völkisch geprägten Wissenschaftler noch immer als unpolitisch begriffen. Um die vorhandenen Kräfte zu bündeln, beschloss die Fachgruppe im Mai 1933 eine Erweiterung und beantragte beim Vorstand der von Kossinna gegründeten „Gesellschaft für Deutsche Vorgeschichte" (GfDV) die Fusion zum „Reichsbund für Deutsche Vorgeschichte" (RfDV). Dem Antrag stimmte der Vorstand im Juni 1933 zu. Bei der anschließenden Befragung der Mitglieder der GfDV per Postkarte stimmten 223 zu und nur ein Mitglied stimmte dagegen.⁷ Bundesführer des „Reichsbundes" wurde Reinerth.

1934 tagte der „Reichsbund für Deutsche Vorgeschichte" erstmals in Halle und Alfred Rosenberg nahm neben Hans Reinerth an der Eröffnungsveranstaltung teil.

Im Januar 1934 wurde Reinerth beauftragt, „alle Vereine und Gesellschaften für Vorgeschichte und Altertumskunde im Reichsgebiet" zusammenzufassen.⁸ Die eigentliche Gründung des „Reichsbundes" erfolgte dann auf einer außerordentlichen Tagung im Mai 1934 in Berlin. Der neu gegründete RfDV schloss „jüdische und marxistische Mitglieder" aus und begann mit der Planung einer „volkstümliche(n) Monatszeitschrift" sowie der „Gleichschaltung aller Vereine [...] zunächst im Reichgebiet, später im großdeutschen Raume"⁹.

Obwohl Reinerth ein hervorragender Ausgräber und fähiger Organisator war, kam es schon bald zu heftigen Auseinandersetzungen um seine Politik und Person. Die Konflikte ergaben sich – trotz der ursprünglichen Zustimmung der allermeisten Archäologen – aus seinem eigenwilligen und autoritären Führungsstil und der starken Polemik, mit der Reinerth gegen die provinzialrömische Archäologie, die RGK und das AIDR vorging. Deshalb konnte er ab 1934/1935 mit dem „Reichsbund" nur noch wenige Erfolge erringen, viele seiner Vorhaben wurden durch typisch nationalsozialistische Gegenmaßnahmen seiner wachsenden Zahl an Gegnern und durch eine geschickte Personal-

Ausflug des „Reichsbundes" zu einer Ausgrabung eines Hügelgrabes. Der Archäologe Gaerte erläutert die Grabungsergebnisse.

politik der SS weitestgehend unterlaufen. So gelang Reinerth weder die Gleichschaltung der bedeutenden Altertumsverbände – beide Verbände widersetzten sich seinen Bestrebungen vehement – noch die Gründung eines Reichsinstitutes unter seiner Leitung. Für den „Reichsbund" konnte er neben den Universitätsinstituten und Museen vor allem einige kleinere Heimat- und Geschichtsvereine gewinnen. Auch viele seiner Gegner waren Mitglieder im RfDV und blieben es bis zuletzt. Besonders eng arbeitete Reinerth mit Rosenberg zusammen, der ihn zudem zum Leiter des Amtes für Vorgeschichte in seiner Dienststelle „Beauftragter des Führers für die Überwachung der gesamten geistigen und weltanschaulichen Schulung der NSDAP", dem so genannten „Amt Rosenberg", machte. Rosenberg verhalf Reinerth außerdem zur Professur an der Berliner Universität. Mit Unterstützung des „Amtes Rosenberg" war der „Reichsbund" besonders erfolgreich in der Ausrichtung von Tagungen, im Bereich der Freilichtmuseen und Sonderausstellungen. Darüber hinaus führte er eine große Zahl an Ausgrabungen durch.[10]

Mit Beginn des Zweiten Weltkrieges verlagerten die Archäologen des „Amtes Rosenberg" ihre Aktivitäten in fast alle besetzten Länder, nur in Norwegen und Dänemark wurden sie nicht aktiv. Überall folgten sie der vorrückenden Wehrmacht auf dem Fuß. Fundstellen wurden vermessen, Ausgrabungen vorgenommen, archäologische Literatur und Funde beschlagnahmt und nach Deutschland verbracht und ausländische Archäologen, die nicht zur Zusammenarbeit bereit waren oder als „rassisch minderwertig" angesehen wurden, aus ihren Ämtern verdrängt. Gleichzeitig betrieb der „Reichsbund" in den besetzten Ländern mit Propagandaveranstaltungen die Aufklärung der deutschen Soldaten über seine archäologischen Interessen. Ausstellungen, beispielsweise „Vom Ringwall zum Bunker" in Metz im Sommer 1944, wurden organisiert. Die Archäologen des „Reichsbundes" arbeiteten dabei immer wieder mit Kollaborateuren zusammen, weil die eigene Personaldecke zu dünn war. Viele Archäologen wechselten ab 1937 zum „Ahnenerbe". Der „Reichsbund für Deutsche Vorgeschichte" wurde 1945 aufgelöst.[11]

Die SS und das „Ahnenerbe"
Erstes Engagement

Parallel zu den Entwicklungen um die völkische Laienforschung hatte Himmler bereits ab 1934 begonnen, reguläre Ausgrabungen zu fördern und diese wiederholt

60 Germanien – Auf der Suche nach Belegen

zu besuchen. Dadurch kam er in engeren Kontakt mit der etablierten Fachwissenschaft, allen voran Alexander Langsdorff (1898–1946) und Hans Schleif (1902–1945) sowie Werner Buttler (1907–1940) und Wilhelm Unverzagt (1892–1971), Direktor des Staatlichen Museums für Vor- und Frühgeschichte in Berlin.[12]

Bevor das „Ahnenerbe" für alle Aktivitäten der SS im Bereich der Archäologie verantwortlich wurde, gab es zwei verschiedene Abteilungen innerhalb der SS, die mit der Betreuung dieser Vorhaben befasst waren: die Abteilung Ausgrabungen des „Persönlichen Stabes des Reichsführers der SS" und die Abteilung für Vor- und Frühgeschichte im „Rasse- und Siedlungshauptamt" der SS (RuSHA).

Die Abteilung für Vor- und Frühgeschichte (RA III b) des RuSHA war bereits 1934 gegründet worden und sollte als „Generalstab für das gesamte Gebiet der Vorgeschichte für die SS"[13] fungieren. Sie war für die archäologische Forschung und deren Vermittlung zuständig und unterstand anfangs mit Rolf Höhne (1908–?) einem Geologen. Sein Nachfolger wurde im Oktober 1937 der Archäologe Peter Paulsen (1902–1985), der sie bis zu ihrer Auflösung leitete. Eigene Ausgrabungen hat die Abteilung nicht betreut, sondern sie war als zentrales Instrument bei der Ausdehnung des Einflusses der SS in die staatlichen Stellen der Forschung und Denkmalpflege gedacht, praktisch übernahm Langsdorff diese Rolle vom Persönlichen Stab des RFSS aus. Darüber hinaus bemühte sich die Abteilung, Vorgeschichte in der Schulung von SS-Einheiten und der Propaganda zu verwerten. Im Zuge der Umstrukturierung und Neuausrichtung des RuSHA wurde sie zu Gunsten des „Ahnenerbes" aufgelöst.[14]

Die Abteilung Ausgrabung wurde 1935 auf Initiative Langsdorffs gegründet und im Persönlichen Stab des „Reichsführers der SS" angesiedelt. Im März 1937 wechselte Höhne in die Leitung der Abteilung. Sie war spätestens ab 1937 offiziell für die Betreuung der SS-Ausgrabungen verantwortlich und unterhielt hierfür eigenes Personal. Obwohl die Gesetzgebungen der Länder allgemeine „Grabungsermächtigungen" nicht vorsahen, hatte Himmler solche im Laufe des Jahres 1935 mit Hilfe des Preußischen Erziehungsministeriums erhalten. Nach dem gegenwärtigen Stand der Forschung hat nur der kleine Freistaat Oldenburg sich geweigert, ihm diese Ermächtigung auszustellen. Die meisten SS-Grabungen wurden ohnehin in Kooperation mit den jeweils zuständigen staatlichen Stellen durchgeführt.[15]

Umstrukturierung des „Ahnenerbes"

Bis 1937 war das „SS-Ahnenerbe" unter seinem Präsidenten Herman Wirth (1885–1981) vor allem ein Instrument der völkischen Laienforschung. Doch der zunehmende finanzielle und akademische Druck auf die Organisation „Ahnenerbe" veranlasste Himmler bereits im Frühjahr 1936, nach Alternativen für die wissenschaftliche Leitung zu suchen. Durch den Generalsekretär Wolfram Sievers (1905–1948) auf den Indologen und Dekan der Philosophischen Fakultät an der Universität München, Walther Wüst (1901–1993), aufmerksam gemacht, ließ er dessen Eignung überprüfen. Wüst, ein ehemaliger Unterstützer Wirths, brachte die notwendige akademische Reputation mit, um das Ansehen des „Ahnenerbes" deutlich zu bessern. Hitlers kurz darauf erfolgende Angriffe auf Wirth und die Gestaltung der Bremer Böttcherstraße im September 1936 hatten danach nur noch eine aufschiebende Wirkung, weil Himmler sein Gesicht wahren musste und Wirth nicht sofort als wissenschaftlichen Leiter absetzen konnte. Schließlich ordnete Himmler eine vollständige Neuausrichtung der Organisation an. Im März 1937 erhielt das „Ahnenerbe" eine neue Satzung mit Führerprinzip, die Himmler die volle Verfügungsgewalt verschaffte. Wirth wurde als Präsident abgesetzt und zum Ehrenpräsidenten ohne Befugnisse ernannt, während Himmlers Position als Kurator eine wesentliche Stärkung erfuhr. Als neuer Präsident des „Ahnenerbes" wurde Wüst eingesetzt und Sievers' Generalsekretariat wurde zur Reichsgeschäftsführung aufgewertet. Kurz darauf benannte man die Organisation in „Forschungs- und Lehrgemeinschaft Das Ahnenerbe e.V." um. Außerdem wurde das „Ahnenerbe" vom RuSHA in den „Persönlichen Stab des Reichsführers der SS" verlegt. Schließlich mussten Wilhelm Teudt (1860–1942) und Wirth 1938 ihre Abteilungen im „Ahnenerbe" abgeben, 1939 wurde die Satzung überarbeitet, Wirth auch als Ehrenpräsident abgesetzt und die Bezeichnung von Himmlers und Wüsts Positionen ausgetauscht. Zu

Karte der Ausgrabungen des „Ahnenerbe der SS" und des „Reichsbundes".

den einflussreichsten Wissenschaftlern gehörte in den folgenden Jahren neben Wüst vor allem der Kieler Archäologe Herbert Jankuhn (1905–1990).[16]

Organisation

Das „Ahnenerbe" war ein organisatorischer Zwitter zwischen einer Dienststelle der SS und einem zivilrechtlichen eingetragenen Verein. Theoretisch konnte jede natürliche wie rechtliche Person Mitglied werden und es so in seinen Aktivitäten unterstützen, während die Mitarbeiter SS-Mitglieder und häufig bei der SS angestellt waren. Dementsprechend waren sie auch der Gerichtsbarkeit der SS unterworfen. Darüber hinaus gab diese Doppelnatur dem „Ahnenerbe" eine eigene Rechtspersönlichkeit und ermöglichte ihm beinahe vollständige Unabhängigkeit vom Reichsschatzmeister der NSDAP, dessen Kontrolle die Budgets aller Gliederungen der NSDAP – und damit auch die der SS – unterlagen. Da die SS selbst erst ab 1938 regelmäßig durch das Reich und die Partei finanziert wurde und das „Ahnenerbe" auch dann nur geringe Zuschüsse von der SS erhielt, war es auf die Mitgliedsbeiträge sowie private und öffentliche Zuwendungen angewiesen. Mit der wissenschaftlichen Umstrukturierung gelang es ihm ab 1938, eine umfangreiche Förderung durch die Deutsche Forschungsgemeinschaft zu erlangen. Ermöglicht wurde diese auch dadurch, dass mit Jankuhns Ausgrabungen in Haithabu geworben werden konnte. Zusätzlich wurde mit dem „Ahnenerbe"-Stifterverband eine eigene Stiftung ins Leben gerufen, deren Startkapital von führenden Vertretern der Wirtschaft gestellt wurde; danach kamen ihr Einnahmen aus Patenten zugute, an denen die SS beteiligt war. Während des Krieges wurden Projekte des „Ahnenerbes" zunehmend von anderen Dienststellen der SS finanziert. Zusätzlich profitierte es von der so genannten „Arisierung" jüdischen Eigentums. Für den Hauptsitz wurde 1938 ein großes Anwesen aus ehemals jüdischem Besitz in Berlin-Dahlem für die Hälfte seines Wertes erworben. Ein weiteres kam 1940 in München hinzu, um die Abteilung von Wüst zu beherbergen, zusätzliche Käufe für die verschiedenen, über das Reich verteilten Abteilungen waren geplant.[17]

Vernetzung in der SS

In den ersten Jahren war das „Ahnenerbe" innerhalb der SS noch relativ isoliert. Von 1937 an konnte es seine Vernetzung in der SS schrittweise immer weiter ausbauen. Bereits 1937 existierten regelmäßige Kontakte zum Sicherheitsdienst-Hauptamt und zur Redaktion der von der „Reichsführung der SS" herausgegebenen Wochenzeitschrift *Das Schwarze Korps*. Auch zum „SS-Hauptamt" und seinem Schulungsamt bestanden enge Verknüpfungen, denn Mitarbeiter des „Ahnenerbes" schrieben für die SS-Leithefte, bis es im Laufe des Krieges fast vollständig die wissenschaftliche Verantwortung für die SS-Leithefte übernahm. Zusätzlich gründeten „Ahnenerbe" und SS-HA gemeinsam die „Germanische Leitstelle" und den „Germanischen Wissenschaftseinsatz".[18]

Öffentlichkeitsarbeit

Hatte sich das „Ahnenerbe" 1935 verhältnismäßig wenig in der Öffentlichkeit engagiert, so änderte sich dies mit der wissenschaftlichen Neuausrichtung. Bereits Ende 1936 wurde die monatlich erscheinende, populärwissenschaftliche Zeitschrift *Germanien* vom Kreis um Teudt übernommen und nach einer kurzen Phase der gemeinsamen Herausgeberschaft komplett in Eigenregie fortgeführt. Als offizielles Organ des „Ahnenerbes" veränderte *Germanien* seinen Fokus, um eine möglichst breite Leserschaft zu erreichen. Außerdem ordnete Himmler schon im Dezember 1936 an, die Zeitschrift kostenlos an alle SS-Führer zu verteilen.[19]

Um die wissenschaftliche Neuausrichtung, die Leistungsfähigkeit und den Umfang der bereits laufenden Projekte zu dokumentieren und weitere Unterstützung zu mobilisieren, veranstaltete das „Ahnenerbe" 1939 seine erste eigenständige Jahrestagung in Kiel. Der Schwerpunkt lag hier zwar eindeutig auf der Archäologie, präsentierte sie aber im Verbund mit den benachbarten Disziplinen. Für die anschließende Exkursion wurden besondere Schauausgrabungen veranstaltet. Mit der Tagung gelang es dem „Ahnenerbe", eine breite Zustimmung unter den Archäologen zu erreichen. In der Folge wandte sich deren überwiegende Mehrheit endgültig und enttäuscht vom „Reichsbund für Deutsche Vorgeschichte" ab und dem „Ahnenerbe" zu.[20]

Stellenwert der Archäologie

Von der Umstrukturierung profitierte die Archäologie wesentlich. Als Stellvertreter von Schleif mit besonderer Verantwortung für die Prähistorische Archäologie wurde Jankuhn berufen, der Anfang 1937 eine Zusammenarbeit mit dem „Ahnenerbe" noch kategorisch abgelehnt hatte, weil er es als unwissenschaftlich betrachtete. Mit 65 000 RM waren im Rechnungsjahr 1938/1939 für die Abteilung Ausgrabungen etwa zwölf Prozent des Haushaltes des „Ahnenerbes" veranschlagt, davon entfiel über ein Drittel auf die Haithabu-Grabungen, die damit zu dem am stärksten geförderten Einzelprojekt wurden. Unter Jankuhns maßgeblichem Einfluss gründete das „Ahnenerbe" zudem in der Folge vier weitere archäologische Abteilungen mit jeweils eigenem Budget: im April 1938 in Berlin-Dahlem die Forschungsstätte für naturwissenschaftliche Vorgeschichte (Laboratorium für Pollenanalyse) unter der Leitung von Rudolf Schütrumpf (1909–1986); die Forschungsstätte für Wurtenforschung in Wilhelmshaven 1939 unter der Leitung von Werner Haarnagel (1907–1984); die Forschungsstätte für germanisches Bauwesen unter der Leitung von Martin Rudolph (1908–1992); die Forschungsstätte für Urgeschichte unter der Leitung von Assien Bohmers (1912–1988).[21]

Diese Neuausrichtung vollzog sich im Verbund mit den beteiligten Germanisten und Volkskundlern, stand dahinter doch ein Gesamtkonzept einer umfassenden, groß angelegten Erforschung der gesamten germani-

Mehrfach werden archäologische Denkmale als Motiv für SS-Leithefte genommen, in diesem Fall die Ostwand des Raums im Felsen 2 der Externsteine.

schen Vergangenheit und volkskundlichen Gegenwart unter dem Leitbegriff der Germanenkunde. Für die Archäologie ergab sich daraus ein umfangreicher institutioneller Ausbau, der sich nicht nur in den neu gegründeten Abteilungen, sondern auch in der deutlichen Ausweitung der Grabungstätigkeit und der Mobilisierung zusätzlicher Mittel und Ressourcen für die anschließende Auswertung niederschlug. Gleichzeitig wurden archäologische Themen integraler Bestandteil interdisziplinärer Vorhaben, von denen nur das Projekt „Wald und Baum in der arisch-germanischen Geistes- und Kulturgeschichte" vor Kriegsausbruch begonnen werden konnte. In seiner praktischen Tätigkeit konzentrierte sich das „Ahnenerbe" nach der wissenschaftlichen Neuausrichtung vor allem auf eine Reihe von Ausgrabungsprojekten, die häufig in Kooperation mit den Stellen der staatlichen Bodendenkmalpflege und den Universitäten durchgeführt wurden. Dabei stellte das „Ahnenerbe" zusätzliche Geldmittel, wissenschaftliches Personal, Techniker, Grabungsmänner, seine Labors und seine Publikationsreihen zur Verfügung. Gleichzeitig verfolgte das „Ahnenerbe" weitere Projekte. So entwickelte Schmidt Anfang 1937 Pläne für ein großes Freilichtmuseum „Deutsche Vorzeit", das Dörfer und Ritualstätten jeder prähistorischen und historischen „germanischen" Epoche zeigen sollte. Mit diesem Vorhaben sollten auch die Freilichtmuseen des „Reichsbundes" ausgestochen werden. Allerdings war ein derartiges Projekt für das „Ahnenerbe" zu diesem Zeitpunkt (noch) nicht finanzierbar, so dass die Realisierung auf die Zeit nach dem Krieg verschoben wurde und letztlich unterblieb.[22]

Während des Zweiten Weltkrieges beteiligte sich das „Ahnenerbe" nicht nur am Kunst- und Kulturgutraub, sondern führte auch verschiedene Menschenversuche durch.

Der Kampf um das „Reichsinstitut für Deutsche Vorgeschichte"

Schon 1932 entwickelte Reinerth Konzepte für ein „Reichsinstitut für Deutsche Vorgeschichte" und konnte dafür auf Ideen zurückgreifen, die in der Archäologie schon länger diskutiert wurden. Seine Pläne sollten allerdings radikal zu Lasten des AIDR und der RGK gehen, denen er vorwarf, die Bodendenkmäler aus römischer Zeit zu bevorzugen. Als er nach 1933 versuchte, sein Vorhaben mit Hilfe von Rosenberg zu realisieren, eskalierte der Streit schnell. Neben dem AIDR und dem „Reichsbund" war es vor allem die SS, die versuchte, eigene Vorstellungen umzusetzen. Dabei wurde 1937 eine gezielte Rufmordkampagne gegen Reinerth gestartet, die noch im Februar 1945 zu seinem Ausschluss aus der NSDAP führte.[23] Einen Vorentscheid zu Gunsten ihres Kandidaten Jankuhn hatten das „Ahnenerbe" und die SS-Führung zudem schon 1942 erreicht. Allerdings war die Gründung des Institutes auf die Zeit nach dem Krieg verschoben worden, so dass das Vorhaben letztendlich an der Rivalität zwischen dem „Amt Rosenberg" und der SS scheiterte.

Wichtige Ausgrabungen der NS-Zeit

Uta Halle

Von 1933 bis 1939 führten die Archäologen sowohl des „Amtes Rosenberg" als auch des „SS-Ahnenerbes" im Deutschen Reich mehrere bekannte und zahllose eher unbekannte Ausgrabungen durch. Bei einigen dieser Untersuchungen handelte es sich um pseudowissenschaftliche Propagandamaßnahmen (Braunschweiger Dom), andere entstanden aus den Rivalitäten zwischen dem „Amt Rosenberg" und dem „SS-Ahnenerbe" (Hohmichele). Das „Amt Rosenberg" hatte dabei auf Grund der allgemeinen Entwicklung einen gewissen zeitlichen Vorsprung, weil Hans Reinerth seine bisherigen Forschungen in den Feuchtboden- und Seeuferrandsiedlungen des Federsee- und Bodenseegebietes fortsetzte. Weitere Ausgrabungen wurden durch den Konflikt der etablierten Archäologen mit der völkischen Laienforschung angestoßen (Externsteine). Hinzu kamen die regulären Grabungen entsprechend den Denkmalschutzgesetzen der Länder, zumeist ausgelöst durch die Baumaßnahmen der NS-Zeit sowie Zufallsfunde (Moorleichen) und das Interesse einzelner Forscher (Hunte I, Lonetalhöhlen). Auf dem Gebiet der praktischen Bodendenkmalpflege betätigten sich die beiden neu gegründeten NS-Forschungsorganisationen einerseits und im Wesentlichen die schon vorhandenen oder neu gegründeten regionalen Landesämter für Vorgeschichte sowie die etablierte Römisch-Germanische Kommission (RGK) in Frankfurt andererseits.

Braunschweig – auf der Suche nach Heinrich dem Löwen

Einige Jahre nach Ende des Ersten Weltkrieges wurde das ehemalige Herzogtum Braunschweig politisch in den gleichnamigen Freistaat umgewandelt, der nach den Wahlen 1930 eine rechtsgerichtete Regierung unter Beteiligung der NSDAP bekam. Ein Jahr später wurde der NS-Politiker Dietrich Klagges (1891–1971) zunächst Staatsminister für Inneres und Volksbildung, 1933 dann Ministerpräsident. Damit stand ein NS-Politiker, der nicht nur 1932 die Einbürgerung Hitlers in Deutschland forciert hatte, sondern auch an Archäologie stark interessiert war, an der Spitze des Freistaates. Klagges – ein ehrgeiziger und fanatischer Parteigenosse – ordnete die Ausgrabungen an der Grablege Heinrichs des Löwen im Dom und dessen Umgestaltung zu einem „Nationalheiligtum" an. Er versuchte damit, Hitlers ältere positive Äußerungen zur germanischen Landnahme im Osten aufzugreifen und diesen für Braunschweig

Hitler besichtigt gemeinsam mit dem Braunschweiger Ministerpräsidenten Klagges und dem Reichsminister für kirchliche Angelegenheiten Kerrl die Ausgrabungsstelle (1935).

Schaufassung für die geborgenen Haarlocken der Bestattungen im umgestalteten Dom.

einzunehmen. Heinrich der Löwe wurde zum „typischen Vertreter des rassisch reinsten deutschen Stammes" – denn Niedersachsen wurde als „germanisches Kernland" gesehen – stilisiert und galt als „Kolonisator und Neugründer deutschen Bauerntums im Osten".[1] Aus diesem Grund eignete er sich in den ersten Jahren des NS-Regimes als politische Legitimationsfigur.

Im Juni 1935 begann die zweiwöchige Ausgrabung im Kirchenschiff unter dem Grabmal, zunächst ohne Einwilligung des Landesarchäologen Hermann Hofmeister (1878–1936), der erst später hinzugezogen wurde und sofort das unwissenschaftliche Vorgehen rügte. Daraufhin beauftragte Klagges Hofmeister offiziell mit der Grabung. Zuschauer waren dabei unerwünscht, und deshalb wurde die Öffentlichkeit ausgeschlossen. Nur die politische Prominenz in Person von Himmler und Rosenberg besichtigten die Arbeiten, Hitler kam erst nach Ende der Ausgrabung zu einem Kurzbesuch nach Braunschweig. Bei der Untersuchung wurden drei Bestattungen freigelegt, davon eine Kinderbestattung in einem Steinsarg nördlich der beiden anderen Beisetzungen. Die Kinderbestattung wurde als früh verstorbener Sohn des Herrscherpaares angesprochen. Basierend auf der Annahme, dass ein bedeutender Herzog im Mittelalter in einem Sarkophag bestattet sein müsste, wurde die darin befindlichen menschlichen Überreste als die Gebeine Heinrichs identifiziert, trotz einer eher geringen Körpergröße von 1,62 m und einer sichtbaren Verletzung am Oberschenkel.

Diese Verletzung führte Hofmeister auf einen historisch überlieferten Reitunfall des Sachsenherzogs zurück. Die Skelettteile in der Lederhülle wurden als Mathilde, Heinrichs zweite Frau, angesprochen, ein schmales Band, das mit Goldfäden durchwirkt war, als Schmuckband. Von beiden Erwachsenenbestattungen wurden Haarlocken entnommen. Ein Foto im *Illustrierten Beobachter* von 1936 zeigte den Blick in den geöffneten Steinsarkophag mit den Skelettresten. Die Bildunterschrift wies eindeutig auf den „Niedersachsen-Herzog Heinrich den Löwen" hin und machte damit die fehlgedeuteten archäologischen Ergebnisse öffentlich. Allerdings wurden schon in der NS-Zeit Zweifel an dieser Interpretation geäußert und die Überreste im Steinsarkophag als Gebeine der Herzogin Mathilde gedeutet. Die geborgenen Haarlocken aus beiden Gräbern und eine Replik des Schmuckbandes wurden in Schaufassungen eingefasst und reliquienartig im umgestalteten Dom präsentiert, weitere Schaufassungen gingen als Geschenk an NS-Politiker. Die angestrebte kultische Verehrung kam aber nach der Eröffnung des erneuerten Doms 1940 nicht mehr zu Stande, weil Hitler mittlerweile öffentlich Karl den Großen als „Reichseiniger" darstellte, und die politische Lage des Zweiten Weltkrieges keine Legitimation durch Heinrich den Löwen mehr benötigte.

Für diese Ausgrabung bestand also weder eine denkmalpflegerische Notwendigkeit noch ein Forschungsinteresse eines Archäologen. Vielmehr wurde sie aus rein ideologischen Gründen durchgeführt.

Jungsteinzeitliche Siedlung Hunte I

Ende der 1930er-Jahre untersuchte Hans Reinerth (1900–1990) gemeinsam mit seinen Studierenden die jungsteinzeitliche Siedlung Hunte I am Dümmersee im Landkreis Diepholz. Der Dümmer, der von der

Hunte durchflossen wird, ist bei einer Größe von rund 15 Quadratkilometern nur eineinhalb Meter tief und wird durch den Wiehengebirgsrand und den Moränenrücken begrenzt. Verschiedene Lesefunde eines Heimatforschers hatten erste Hinweise auf jungsteinzeitliche Siedlungen ergeben. Bei dieser Ausgrabung standen Forschungs- und denkmalpflegerisches Interesse im Vordergrund, außerdem wurden umfangreiche Ausbauarbeiten am Dümmer durchgeführt. Hans Reinerth wollte wissen, „warum das Kernland der nordischen Rasse und Kultur […] nicht die gleiche unwahrscheinlich gute Erhaltung der Siedlungen, Wohnbauten, der Werkzeuge und Kleingeräte und den gleichen erstaunlichen Fundreichtum aufweisen kann" wie die von ihm zuvor untersuchten süddeutschen Feuchtbodensiedlungen.[2] Trotz einiger Querelen mit dem zuständigen Landesmuseum in Hannover erhielt Reinerth im August 1938 die offizielle Grabungsgenehmigung der Provinz Hannover.[3] Bei Geländeprospektionen entdeckte er sechs jungsteinzeitliche Fundplätze, von denen Hunte I näher untersucht wurde. Dabei arbeiteten (Fach)studenten, Freiwillige und Schulklassen mit. Im Jahr 1940 wurden zudem noch französische Kriegsgefangene eingesetzt. Die Siedlung besaß eine Ausdehnung von 110 mal 40 Meter und bestand aus 40 Gebäuden. Gefunden wurden Keramik, Steingeräte und Werkzeuge aus organischem Material der jungsteinzeitlichen Trichterbecherkultur. Hinzu kam Schmuck aus den Zähnen von Wildtieren, wie Bären, Wildschweinen und Füchsen. Zum Fundmaterial gehörten auch viele Tierknochen, unter anderem von Bibern, Elchen, Wisenten und Auerochsen und von den Haustieren Schwein, Schaf, Pferd und Rind sowie zahlreiche menschliche Überreste. Reinerth deutete sie alle als zur „fälische(n) Rasse" gehörig und äußerte sich dahingehend: „so bietet das Moor am Dümmer auch zur Rassenfrage der Großsteingräberleute einen wertvollen Beitrag, der uns lehrt, daß schon im 3. Jahrtausend v. d. ZTR. die gleiche fälische Rasse in Nordwestdeutschland Trägerin einer hohen bodenverbundenen Kultur war, genau wie später in germanischer Zeit und auch wie heute."[4] Damit zog er einen chronologischen Bogen von der Jungsteinzeit bis in die Gegenwart des Jahres 1940. Eine Neubewertung der Ausgrabung mit modernen naturwissenschaftlichen Datierungsmethoden bestätigte den Bau der Siedlung in der Zeit um 2900 bis 2750 v. Chr.[5]

Einsetzen des Senkkastens in den Dümmer im Oktober 1938.

Bei der Ausgrabung Hunte I wurde Siedlungskeramik der Trichterbecherkultur gefunden.

Die Höhlen im Lonetal – die Suche nach den Vorfahren

Wichtige Ausgrabungen in der NS-Zeit waren auch die Untersuchungen der Höhlen im Lonetal zwischen Heidenheim und Ulm im Ostteil der Schwäbischen Alb. Das Lonetal ist reich an Höhlen, die in „einer in sich geschlossenen Kleinlandschaft" liegen.[6] Die dort erhaltenen eiszeitlichen Höhlenablagerungen waren schon im 19. Jahrhundert erstmals untersucht worden und hatten 1866 erste altsteinzeitliche Funde geliefert.

Grabungsarbeiten mit Arbeitern und Lore im Eingangsbereich der Stadelhöhle (1937).

Die Höhlen waren deshalb eine wahre Fundgrube für Geologen und Paläontologen aus dem In- und Ausland, aber auch für das sich herausbildende Fach Ur- und Frühgeschichte an der benachbarten Universität Tübingen. Daneben waren aber auch zahlreiche Laien an den Untersuchungen der Höhlen beteiligt.

Trotz der ersten Forschungsarbeiten dauerte es bis 1931, bis weitere Ausgrabungen erfolgten. In diesem Jahr grub der Geologe und Archäologe Gustav Riek (1900–1976) die Vogelherdhöhle vollständig aus und beschrieb und differenzierte die dort aufgefundene Abfolge steinzeitlicher Kulturen. Seine Forschungen führten dazu, dass 1932 der Würzburger, später Tübinger Anatomieprofessor Robert Wetzel (1898–1962) die Idee entwickelte, das ganze Tal systematisch zu erforschen.[7] Nach einigen kleineren Untersuchungen konzentrierte sich Wetzel ab 1935 auf das Höhlensystem im Hohlenstein, das aus zwei nebeneinanderliegenden Höhlen, dem Hohlenstein-Stadel und der Bärenhöhle, besteht. Diese Ausgrabungen standen im besonderen Interesse Heinrich Himmlers und des „Ahnenerbes der SS".[8] Wetzel übernahm zugleich als V-Mann des Sicherheitsdienstes (SD) des „Reichsführers der SS" Observierungs- und Spitzelaufgaben innerhalb der Universität Tübingen; zuvor war er Kulturreferent des SD in Würzburg gewesen.[9] Besondere Bedeutung hatten für Wetzel

Die Ausgrabung der Bockstein-Höhle. Robert Wetzel (Bildmitte) und zwei Mitarbeiter im Eingang (1933).

die altsteinzeitlichen Funde, weil er in der Schichtenfolge der Höhle die „Ablösung des Neandertalers durch ‚uns' [sic!]" auffinden wollte.[10] Wichtig war ihm das Hissen einer SS-Fahne vor der Höhle, um damit die Zugehörigkeit zum „Ahnenerbe" zu demonstrieren. Dies hatte ihm Himmler ausdrücklich erlaubt.[11]

Der Ausbruch des Zweiten Weltkrieges führte zum Abbruch der Grabungen in der Stadelhöhle. Allerdings wurden am letzten Grabungstag, am 25. August 1939, noch verschiedene Mammutelfenbeinfragmente mit Schnitzspuren geborgen, aus denen rund 30 Jahre nach ihrer Auffindung die berühmte Statue des Löwenmenschen zusammengesetzt werden konnte. Die Figur gilt heute als die älteste Tier-Mensch-Figur, denn durch moderne Radiokarbondatierungen an Tierknochen konnte ihr Alter auf ca. 32 000 Jahre berechnet werden. Diese Ausgrabung entstand also ähnlich wie die Untersuchung am Dümmer aus Forscherdrang, in diesem Fall dem des Anatoms Wetzel. Ihn interessierte besonders die Frage, ob die „Mammutjäger" auch zu den Wurzeln der Deutschen zu rechnen wären.[12]

Die Ausgrabungen am angeblich germanischen Stonehenge Externsteine

Die NS-Zeit war in der ersten Hälfte zunächst noch stark durch die Fortsetzung der Auseinandersetzungen mit der völkischen Laienforschung geprägt, welche zu einer Ausgrabung am angeblich „germanischen Heiligtum Externsteine" bei Detmold führten. Diese natürliche Felsengruppe mit dem berühmten mittelalterlichen Kreuzabnahmerelief und ihren herausgearbeiteten Höhlen und Räumen war seit Mitte der 1920er-Jahre von dem selbst ernannten Germanenforscher Wilhelm Teudt (1860–1942) als „germanische(s) Stonehenge" bekannt gemacht worden. Die Felsen sollten bis zur Zerstörung durch Karl den Großen eine Sternwarte gebildet haben. Fachwissenschaftler und die lippische Landesregierung waren von Teudts Theorien nicht überzeugt und ordneten daher eine Ausgrabung an, die dritte, mit der das Gelände 1932 erforscht wurde. Als Ergebnis der Untersuchungen hielt der bekannte Ausgräber August Stieren (1885–1970) fest, dass „keine Kulturreste" entdeckt wurden.

Teudt erhielt durch den Machtantritt der Nationalsozialisten stärkere Einflussmöglichkeiten bei den regionalen und überregionalen Machthabern und konnte nun den Rückbau der touristischen Einrichtungen an der Felsengruppe, wie der Straßenbahn und der Hotels, sowie die Einrichtung eines „heiligen Hains" um das angebliche Heiligtum erreichen. Diese Umgestaltungsarbeiten wurden in den Jahren 1934 und 1935 durch großflächige Ausgrabungen unter der Leitung des Münsterschen Geologen Julius Andree begleitet. Ein von der SS beauftragter Spitzel, der dortige Fremdenführer, beobachtete die Arbeiten. Die Grabung brachte nicht die von dem völkischen Laienforscher Teudt erhofften Ergebnisse und die akademische Wissenschaft beurteilte seine kruden Ideen weiterhin als „kunterbuntes Gemüse aus Gelesenem (das ist das wenigste) und kenntnislos Gedichtetem (was das meiste ist)"[13]. Seine Anhänger seien „Träumer und Märchendichter"[14] oder „Schwarmgeister". Die SS ließ mit serbischen Kriegsgefangenen das Gelände zu einem „Heiligtum" umgestalten und bezog es in ihre Propaganda ein.

Eine in den 1990er-Jahren durchgeführte Analyse der damals geborgenen Funde zeigt, dass keine Objekte aus der Zeit vor 800 n. Chr. geborgen wurden, sondern nur Keramik und Metallobjekte aus jüngeren Zeiten bzw. einige Steinartefakte der so genannten Ahrensburger Kultur, das heißt von Menschen, die sich als Jäger und Sammler in der ausgehenden Altsteinzeit dort aufgehalten hatten.[15]

Hohmichele

Die Forschungsgrabung am Hohmichele in Baden-Württemberg war typisch für die besonderen Umstände der NS-Zeit. Der Hohmichele, einer der größten hallstattzeitlichen Grabhügel Mitteleuropas, nur etwas mehr als drei Kilometer von der bekannten eisenzeitlichen Heuneburg entfernt, kam Ende 1936 in das „magische Dreieck von Ideologie, Forschungsinteressen und Bodendenkmalpflege" in Süddeutschland.[16] Denkmalpflegerisch war diese Ausgrabung durch nichts zu rechtfertigen, denn es bestand keine Gefährdung des großen Grabhügels durch Bauarbeiten. Die Arbeiten waren eine Reaktion der SS auf Reinerths Ausgrabungen im Federseegebiet und die Tagung des „Reichsbundes für Deutsche Vorgeschichte" im Oktober 1936. Auf Grund dieser Aktivitäten entwickelte der spätere Grabungsleiter Gustav Riek, der sich 1937 der SS anschloss, die Idee, den großen Grabhügel zu untersuchen.[17] Im Dezember 1936 schrieb er dazu: „Ich fahre am 10. (Dezember) ins Gelände, lasse die Bäume umlegen, Drahtverhau ziehen und --- fürchte, dass Frost und Schnee

Der Reichsarbeitsdienst bei den Freilegungsarbeiten an den Externsteinen (1934).

kommen. Auf alle Fälle wird der Anfang gemacht! Die Hand der SS muss sofort drauf! Vermitteln Sie doch bitte beim Reichsführer SS dahin, dass bei gefrorenem Boden unmöglich weitergearbeitet werden kann. … Über den Verlauf unserer schwäbischen Untat werde ich Sie [der SS-Archäologe A. Langsdorff, U. H.] unterrichten."[18] Der Grabhügel von 85 Metern Durchmesser und einer Höhe von 13,5 Metern wurde im Zentralbereich geschnitten. Dabei wurde ein Holzkammergrab freigelegt, in dem ein Mann und eine Frau bestattet waren. Dieses Grab war schon früh beraubt worden. Nur Teile des Pferdegeschirrs, fast 600 Glasperlen und Reste eines Brokatstoffs mit Goldfäden konnten geborgen werden. Während des Krieges bot sich dann der große Grabhügel „als ausgetreppter Krater mit einem Froschteich im Grunde dar, neben dem das ausgehobene Material in formloser Anhäufung liegt".[19] Weitere unberaubte Gräber im Hügel wurden bei der Fortführung der Grabung in den 1950er-Jahren entdeckt. Eine moderne Äußerung zeigt, dass sich „die Untersuchung und die Publikation … in jeder Beziehung mit späteren und heutigen Unternehmungen messen (kann)"; und sie galt 1985 noch immer als „richtungsweisend".[20] Trotzdem muss darauf hingewiesen werden, dass bis heute kein Nachweis dafür vorliegt, dass Hans Reinerth ein Interesse hatte, den Grabhügel auszugraben. Es scheint vielmehr, dass die Rivalität zwischen „Reichsbund" und SS ein vorgeschobenes Argument für das persönliche Interesse des Ausgräbers Riek war.[21]

Moorleichen

Eine besondere archäologische Quelle sind Moorleichen. Ihr Erhaltungszustand ist abhängig von der chemischen Zusammensetzung des Moores mit seinen Gerbsäuren und verschiedenen anderen organischen Säuren, in dem sie aufgefunden wurden. Bis 1935 beruhte die Moorleichenforschung im Wesentlichen auf den 1907 bzw. 1918 veröffentlichten Studien der Archäologin Johanna Mestorf (1828–1907) und des Wissenschaftlers Hans Hahne (1875–1935). Beide vertraten die Meinung – und sie berufen sich dabei auf die schriftliche Überlieferung von Tacitus –, dass Moorleichen in bestimmten Fällen durchaus als Opfer eines Strafverfahrens bzw. Strafgebrauchs angesehen werden

Auch die Ausgrabung des Grabhügels Hohmichle fand unter der Fahne der SS statt (1936). Auf nach 1945 veröffentlichten Fotos war sie wegretuschiert.

müssen.[22] Meist wurden Moorleichen zufällig beim Torfstechen entdeckt und einem Museum übergeben. Die auf Tacitus beruhende Annahme, man habe auch homosexuelle Praktiken von Männern durch Versenken im Moor bestraft, bot Himmler die Gelegenheit zur Anprangerung homosexueller SS-Mitglieder, ohne dass es dafür einen konkreten archäologischen Beleg gab. In einer Geheimrede vor SS-Gruppenführern im Februar 1936 über Moorleichen vertrat er die Meinung, „daß die Herren Professoren, die diese Leichen im Moor finden, … sich bestimmt nicht dessen bewußt (wären U. H.), daß sie … einen Homosexuellen vor sich hätten". Das zeigt, dass er sich rücksichtslos über Ergebnisse der wissenschaftlichen archäologischen Forschung hinwegsetzte, wenn sie nicht seinen ideologischen Vorstellungen entsprachen. Die Konsequenzen, die sich für homosexuelle SS-Mitglieder hieraus ergaben, sprach er in der Rede deutlich aus: Konzentrationslager und Ermordung bei einem angeblichen Fluchtversuch. Das Beispiel der Moorleichen zeigt, dass nicht unbedingt ein konkreter Fund vorliegen musste, um sich ideologisch und politisch dieser Fundgruppe zu bedienen. Himmler nutzte hier seine persönliche Auffassung über archäologische Quellen zur brutalen Durchsetzung seiner rasseideologischen Vorstellungen in der SS.

Haithabu

Die bekannteste Grabung aus dieser Zeit ist jene in dem frühgeschichtlichen Seehandelsplatz Haithabu. Seit 1930 wurden unter Leitung von Gustav Schwantes (1861–1960) und Herbert Jankuhn (1905–1990) planmäßige Ausgrabungen durchgeführt, die Jankuhn 1938 formal unter die Kontrolle der SS stellte, angeblich um sie vor dem Zugriff des „Amtes Rosenberg" zu retten.[23] Die Grabungen von Haithabu waren gern besuchte Exkursionsziele, beispielsweise von Teilnehmern der Kieler Tagung des „SS-Ahnenerbes". Die Ergebnisse wurden in mehreren größeren Veröffentlichungen publiziert. Zu nennen ist hier beispielsweise „Haithabu, eine germanische Stadt der Frühzeit" (1937), in Überarbeitungen immer wieder erschienen bis zur achten Auflage 1986. Die Auflagen bis 1945 erhielten immer einen Dank an das „Ahnenerbe" und an Heinrich Himmler für die Unterstützung der Grabungen. In den späteren Auflagen sind diese Textstellen selbstverständlich nicht mehr vorhanden und in manchen Exemplaren der früheren Ausgaben fehlen diese Seiten, weil sie herausgetrennt oder die entsprechenden Textstellen geschwärzt wurden.[24]

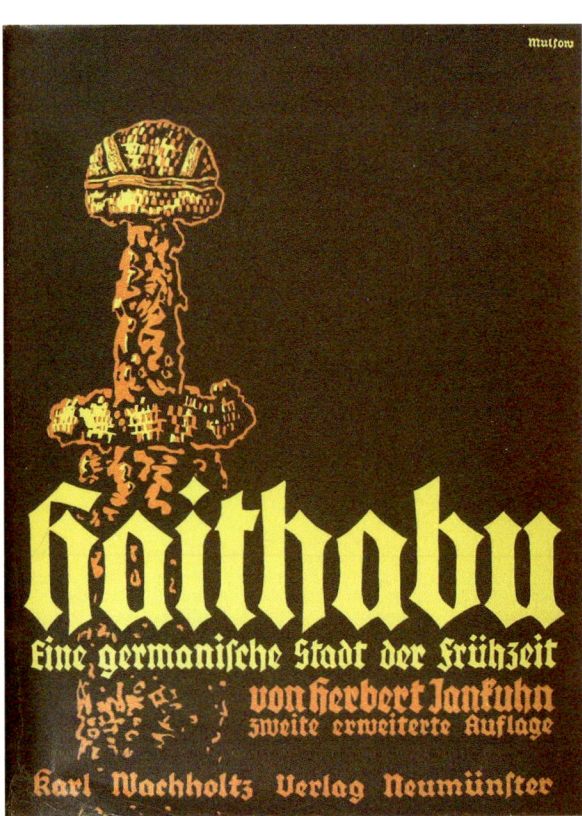

Das Titelbild der Publikation von Herbert Jankuhn.

Die rege Bautätigkeit während der NS-Herrschaft, zum Beispiel der geplante Bau von 6900 Kilometern Autobahn (ab Herbst 1933), Bauvorbereitungen für die Anlage von Militäranlagen wie Flugplätzen oder dem Westwall (1936–1939) sowie von Konzentrationslagern, aber auch die Steigerung der allgemeinen Bauvorhaben, führte zu einer erheblichen Zunahme von tief in den Boden eingreifenden Erdbewegungen. Dies machte zahlreiche Not- und Rettungsgrabungen notwendig, für die der „Reichsarbeitsdienst", die Wehrmacht, Heimat- und Geschichtsvereine sowie Schüler und Studenten hinzugezogen wurden. Bei diesem Einsatz konnten die Teilnehmer gleichzeitig einen Einblick in die „heimatliche wissenschaftliche Forschung" zur Ur- und Frühgeschichte bekommen. Oftmals wurden die Ausgrabungen von einem verstärkten Propagandaeinsatz in den Druckmedien begleitet, wobei im Gegensatz zu Zeitungsartikeln aus der Weimarer Zeit, in denen vorgeschichtliche Befunde überwiegend mit bedeutenden „klassischen" Ausgrabungsorten (Wasserburg Buchau – das deutsche oder schwäbische Troja; Zantoch – das Nordische oder ostdeutsche Troja) gleichgesetzt wurden, nun ein plakativer Hinweis auf das „germanische Erbe" erfolgte.[25]

Gleichzeitig wurden immer wieder neue Forschungsvorhaben entwickelt oder schon bestehende Vorhaben fortgeführt, die zum Teil in die politisch motivierte Ost- und Westforschung gehörten. Typisch dafür war ein Projekt aus dem Rheinland. Im Juni 1934 gab der Leiter des Bonner Landesmuseums einen Bericht über die zukünftigen Aufgaben der vorgeschichtlichen Forschung im Rheinland an den Provinzialverband.[26] Er regte an, die „vor- und frühgeschichtlichen Baudenkmäler", unter denen er Befestigungsanlagen und eisenzeitliche Grabhügel verstand, systematisch zu erfassen und zu inventarisieren. Im Besonderen forderte er „eine genaue Erforschung gerade der rechtsrheinischen Befestigungen", da dadurch untersucht werden könnte, „wie ... die Ausbreitung und Befestigung der fränkischen Herrschaft im rechtsrheinischen Gebiet" vollzogen worden war. Das rechtsrheinische Gebiet war politisch unverfänglich, lag es doch innerhalb der deutschen Grenzen des Versailler Vertrages. Die politischen Intentionen wurden deutlicher in den Begründungen erkennbar, mit denen dieses Forschungsvorhaben beschrieben wurde. Die Franken galten als Westgermanen und der Museumsdirektor bediente sich typisch nationalsozialistischer Klischees. So verwies er auf England, das Deutschland und vor allem der Rheinprovinz „auf dem Gebiet der vaterländischen Altertumskunde … weit voran" wäre. Der Kulturdezernent nahm diese Vorgaben auf und plante seit November 1934 „die Inventarisierung der rheinischen Ringwälle und Hügelgräber", eine Aufgabe, die Rafael von Uslar übertragen wurde.[27] Bis 1935 beschränkten sich die geplanten Forschungsvorhaben der Provinzialverwaltung auf rechtsrheinische Gebiete, durchgeführt wurden allerdings immer auch Notgrabungen sowohl im rechts- wie auch im linksrheinischen Teil des Rheinlandes. Im Frühjahr 1936 sah dies schon ganz anders aus. Die Pläne, die der rheinische Kulturdezernent mit fachwissenschaftlicher Beratung bereits in den ersten Jahren des NS-Regimes ins Auge gefasst hatte, wurden im Frühjahr 1936 – wenige Wochen nach der Besetzung der entmilitarisierten Zone des Rheinlandes – öffentlich bekannt gegeben: ein „groß angelegtes" Ausgrabungsprogramm, das die „Lösung der großen völkischen Zentralprobleme rheinischer Vorzeit" liefern sollte.[28] 100 000 Reichsmark wurden für 14 Grabungen im Rheinland zur Verfügung gestellt. Vier große Forschungsbereiche, davon drei schon bestehende Schwerpunkte (Ringwallforschung, Siedlungsgrabungen zur Erforschung des rheinischen Siedlungsraumes, Erforschung der großen rheinischen Grabhügelfelder), sollten weiter ausgebaut werden. Mit dem Vorhaben der „Erforschung der fränkischen Reihengräberfriedhöfe" kam ein neuer Schwerpunkt hinzu und das Programm wurde auf das gesamte Rheinland ausgedehnt.

Um dem „Deutschtumskampf" im Osten neue Impulse zu geben, hatte der Berliner Archäologe Wilhelm Unverzagt (1892–1971) 1936 ein „auf den bisherigen Erkenntnissen beruhendes gross angelegtes Grabungsprogramm" ausgearbeitet.[29] Ein solches Ausgrabungsprogramm war nicht ohne politische und finanzielle Unterstützung der NS-Machthaber zu realisieren. Geplant waren unter anderem Grabungen auf dem Domplatz in Magdeburg, wo Archäologen die „alte Pfalz Kaiser Ottos I." freilegen wollten. Finanzierungsprobleme ließen das Vorhaben aber 1938 scheitern; das Projekt wurde erst nach dem Zweiten Weltkrieg verwirklicht. Auch bei diesem Vorhaben arbeiteten der Historiker Albert Brackmann (1871–1952) und der Archäologe Unverzagt Hand in Hand mit der SS und anderen politischen Instanzen, nutzten deren ideologische Interessen für ihre eigenen wissenschaftlichen Ambitionen und boten sich und ihre Ergebnisse den Nationalsozialisten zur Legitimation ihrer Politik an.[30]

Im Allgemeinen konnten die Wissenschaftler der staatlichen Landesämter oft mit der SS zusammenarbeiten und sich auf eine bessere personelle und finanzielle Struktur stützen als die des „Amtes Rosenberg", die stärker auf die überwiegend ehrenamtlichen bzw. schlechter bezahlten Forschungsarbeiten von Einzelpersonen, Gruppen und Vereinen des „Reichsbundes" zurückgreifen mussten.[31]

Insgesamt gesehen, begann die offensive archäologische Forschung mit überdeutlichen Germanenbezügen erst im Jahr 1936. Drei Jahre später brach der Krieg aus und ab 1943 verhinderte Papierknappheit größere Publikationen. Drei bzw. sechs Jahre sind für die archäologische Arbeit, die eine sorgfältige und kostenintensive Dokumentation erfordert, eine kurze Zeit. Aus diesem Grund ist es nicht verwunderlich, dass es kaum grundlegende Veröffentlichungen aus der Spätphase des Nationalsozialismus gibt, meist beschränkte man sich auf die üblichen kleineren Vorberichte im *Nachrichtenblatt für deutsche Vorgeschichte*, dessen letzte NS-Ausgabe für 1944 erst 2011 gedruckt vorgelegt wurde.

Für viele andere Grabungen in der NS-Zeit galt trotz aller politischen Aspekte, was schon vor 1933 gegolten hatte und bis heute gilt: Sie wurden ausgelöst und dringend notwendig, weil Baumaßnahmen in das unterirdische Archiv des Bodens eingriffen und es unwiederbringlich zu zerstören drohten. Besonders der massive nationalsozialistische Bauboom (Autobahnbau, Rüstungsvorhaben wie Militär- und Flugplatzbauten) steigerten den Handlungsbedarf für die praktische Bodendenkmalpflege.

Ernst Grohne und seine Ausgrabungen – ein Bremer Beispiel

Sandra Geringer und Dirk Mahsarski

Auf Initiative der Deutschen Gesellschaft für Anthropologie, Ethnologie und Urgeschichte erließ der Bremer Senat 1891 eine erste „Verordnung, betreffend den Schutz geschichtlicher und vorgeschichtlicher Denkmale"[1], in der die Bevölkerung angewiesen wurde, für den Schutz und die Erhaltung der Denkmäler und Funde Sorge zu tragen. Eine ähnliche Verordnung hatte die Gesellschaft schon sechs Jahre zuvor in Preußen durchsetzen können. Aber während Preußen bereits 1914 ein Ausgrabungsgesetz erließ und 1920 mit Ausführungsbestimmungen versah, geschah in Bremen zunächst nichts dergleichen.[2]

Immerhin wurde 1928 eine Kommission für die Erhaltung der kunsthistorischen Denkmale eingerichtet, zu deren Mitgliedern der damalige Direktor des Focke-Museums, Ernst Grohne (1888–1957), gehörte.[3]

Als 1931 die Kunsthistorikerin Helen Rosenau (1900–1984)[4] Ausgrabungen im Bremer Dom durchführte[5], kam es zu einer heftigen öffentlichen Auseinandersetzung um die Denkmalpflege, in der auch ihre jüdische Herkunft eine Rolle spielte. Zu diesem Zeitpunkt stellte die NSDAP bereits 32 von 120 Abgeordneten der Bremer Bürgerschaft. Als Vertreter der Kulturkommission ergriff auch Grohne Partei. Er warf Rosenau und dem Dombaumeister öffentlich mangelnde Sorgfalt und pietätlosen Umgang mit der Bestattung eines Erzbischofs aus dem Spätmittelalter vor. Zudem sah er die Kompetenzen der Kulturkommission übergangen.[6] Daraufhin verabschiedete der Bremer Senat Anfang 1932 den für die damalige Zeit relativ modernen und weit reichenden „Erlaß eines Denkmal- und Naturschutzgesetzes". Als Begründung für das Gesetz wurde explizit auf die „in der Öffentlichkeit erhobenen Klagen" verwiesen. Dementsprechend fällt das nationale und lokale Pathos des Gesetzes auf. So sollte der Denkmalschutz zur „Wahrung eines lebenswichtigen Gutes" beitragen, denn der Verlust der Denkmäler würde zu „einer nicht wieder gutzumachenden seelischen und geistigen Verarmung des Volkes" führen. Die Verordnung von 1891 wurde als „unzulänglich und lückenhaft" erwähnt, bislang wäre „in gesetzgeberischer Hinsicht […] wenig getan worden". Das neue Gesetz sah unter anderem vor, dass, wenn „es sich um die Wahrung nationaler Güter von hohem ideellen und kulturellen Wert" handelte, „die Privatinteressen hinter den Interessen der Allgemeinheit zurücktreten" müssten. Um die Schutzwürdigkeit von beweglichen Kulturgütern festzulegen, wurde die Bedeutung für die Bremer Geschichte als wichtigstes Kriterium definiert.[7] Am 24. Februar 1933 wurde Grohne schließlich zum ersten amtlichen Denkmalpfleger für das bremische Staatsgebiet ernannt.[8]

Am Tag nach der Reichstagswahl vom 5. März 1933 forderten Hunderte Menschen vor dem Bremer Rathaus den Rücktritt des Senats. Nachdem die sozialdemokratischen Senatoren zurückgetreten waren, ernannte Reichsinnenminister Wilhelm Frick (1877–1946) noch am selben Abend Richard Markert (1891–1957) zum Polizeisenator. Keine zwei Wochen später hatte sich der Senat vollständig aufgelöst und Markert wurde kommissarischer Bürgermeister. Im Oktober wurde die Bremische Bürgerschaft schließlich im Rahmen des Gleichschaltungsgesetzes aufgelöst und Markert zum regierenden Bürgermeister ernannt.[9] Als neuen Senator für das Bildungswesen und kirchliche Angelegenheiten setzte er am 11. März Richard von Hoff (1880–1945) ein. Der studierte Germanist von Hoff leitete seit 1919 die Bremer Volkshochschule und war seit 1930 Mitglied der NSDAP, der SA und des „Kampfbundes für Deutsche Kultur". 1934 wechselte er von der SA zur SS. Zusammen mit dem bekannten Rasseforscher Hans F. K. Günther (1891–1968) gab von Hoff die Zeitschrift *Rasse. Monatsschrift der nordischen Bewegung* heraus. Außerdem war er wesentlich an der Verankerung der Vorgeschichte in den Lehrplänen der Schulen beteiligt.[10]

Ernst Grohne

Der Direktor des Focke-Museums Ernst Grohne wurde 1888 im hessischen Eiterfeld geboren und studierte von 1907 bis 1913 in Tübingen und Göttingen Geschichte, Geografie und Sprachwissenschaften. Seine Dissertation über „Die Hausnamen und Hauszeichen, ihre Geschichte, Verbreitung und Einwirkung auf die Bildung der Familien- und Gassennamen" legte er im Fach Germanistik ab. Zusätzlich absolvierte er 1914 die Staatsprüfung für das Oberstufen-Lehramt.[11] Im Ersten Weltkrieg diente Grohne beim Heer, zuletzt im Rang eines Leutnants, und wurde mit dem Eisernen Kreuz Zweiter Klasse ausgezeichnet, bevor er von 1919 bis 1924 am Museum für Hamburgische Geschichte arbeitete. Im Jahre 1924 übernahm er dann die Leitung des Focke-Museums. Ab 1926 begann Grohne, der bis dahin über keine archäologische Erfahrung verfügte, sich auch mit den Bremer Bodenfunden zu beschäftigten. Nachdem er bereits seit 1928 Mitglied der Kulturkommission war, wurde er 1933 zum staatlichen Vertrauensmann für die kulturgeschichtlichen Altertümer und Bodendenkmäler der Freien Hansestadt Bremen ernannt, eine Tätigkeit, die er nebenamtlich ausübte.[12] Außerdem lehrte Grohne an der 1934 gegründeten Nordischen Kunsthochschule. Die Verleihung des Professorentitels an ihn, für die sich von Hoff und der Bremer Senat starkgemacht hatten, scheiterte 1939 am Widerstand des „Reichserziehungsministeriums" (REM), weil er nicht genügend selbstständige wissenschaftliche Publikationen vorweisen konnte.

Grohne, der nach der Aufhebung des Aufnahmestopps 1937 der NSDAP beitrat, war eindeutig völkisch gesinnt.[13] Schon 1929 äußerte er bei der Bewertung

Am 24. Februar 1933 ist es amtlich: Ernst Grohne wird zum ersten nebenamtlichen Denkmalpfleger für das Bremische Staatsgebiet.

eines hochmittelalterlichen Kerzenleuchterfußes aus Bronze: „Wir haben hier dagegen ein charaktervolles Beispiel frühgermanischer Zierkunst vor uns, das, obwohl es in den Abschluß dieser aus wesentlich älteren, z. T. aus vorchristlichen Jahrhunderten stammenden nordischen Stilepoche hineingehört, doch noch von bewunderungswürdiger Klarheit ist, jeglicher dekorativer Entartungserscheinungen ermangelt und das Wesen unseres urdeutschen, von der antiken Welt ganz unbeeinflußten Formenempfindens deutlich aufweist."[14]

Ausgrabungen

Zwischen 1931 und 1945 führte Grohne eine beachtliche Fülle von Ausgrabungen durch[15]. Sein Forschungsschwerpunkt war die Untersuchung zahlreicher Haus-

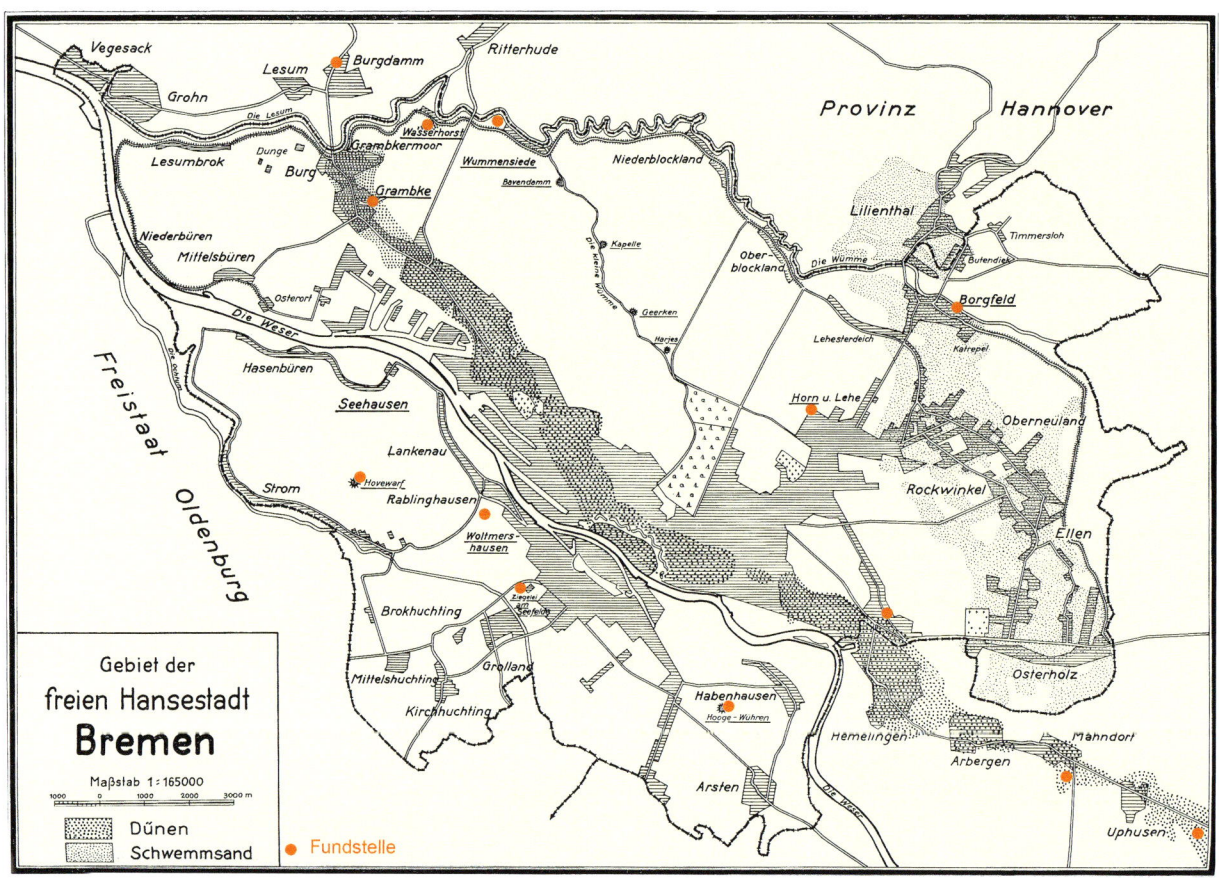

Die wichtigsten von Ernst Grohne archäologisch untersuchten Stellen der Jahre 1931–1939 auf Bremer Gebiet.

und Siedlungswurten im Gebiet der bremischen Flussmarschen, über die er auch einen Vortrag auf der zweiten Jahrestagung des „Reichsbundes für Deutsche Vorgeschichte" 1935 in Bremen hielt[16] und denen er 1938 einen ganzen Band der Jahresschriften des Focke-Museums widmete.[17] Dabei beschäftigte ihn die Frage, ab wann die vermeintlich germanischen Stämme der Chauken und Sachsen mit der Besiedlung der Flussmarschen begonnen hätten. Allerdings erfolgte bereits damals der weitaus größte Teil der Ausgrabungen nicht aus rein wissenschaftlichem Interesse, sondern als Rettungsgrabungen. So machte Grohne in seinen Aufsätzen immer wieder seine Sorgen um die unwiederbringliche Zerstörung von Bodendenkmalen deutlich.[18] Zusätzlich ließ er 1934/1935 Merkzettel durch die Hitlerjugend auf den Baustellen im Blockland verteilen.[19]

Zu den von Grohne begleiteten Projekten gehörte auch der Bau der Reichsautobahn. So barg er im November 1933 einige Bestattungen eines ausgedehnten früheisenzeitlichen Urnenfeldes, die beim Bau des Streckenabschnittes Ihlpohl–Oyten drohten, zerstört zu werden. Die Untersuchungen im Leher Feld blieben 1935/1936 dagegen ohne feststellbare Kulturreste. Bei Brundorf im ehemaligen Kreis Blumenthal und bei Ihlpohl wurden aber Rettungsgrabungen bronzezeitlicher Bestattungen und Siedlungsreste notwendig.[20] Im April 1937 stieß er schließlich noch in den Uphuser-Bierdener Dünen auf einige Bestattungen der Bronze- und älteren Eisenzeit.

Besonders erwähnenswert sind auch die Untersuchungen auf dem Gelände der Ziegelei am Seefelde in Woltmershausen. Hier führte Grohne im Frühjahr 1936 und im Sommer 1937 eine Siedlungsgrabung durch. Bei der Probegrabung im Mai 1936 schnitt er die Kulturschicht an und entdeckte Haustierknochen und typische „Scherben der Sachsen-Keramik". Nur wenige Scherben schienen älter zu sein. Bei der erneuten Grabung 1937, die über acht Wochen durchgeführt wurde, wurden Tausende Keramik- und Einzelfunde geborgen. In den Profilen war ein abfallendes Ufer erkennbar, das heißt, die Siedlung lag unmittelbar an einem Gewässer. Da der größte Teil bereits durch Tonabbau zerstört worden war, ließ sich die einstige Größe der Siedlungsfläche nicht mehr ermitteln. Unter den Funden befanden sich auch Reste römischer Glasgefäße und ein halber Mahlstein aus Eifelbasalt. Grohne interpretierte die ehemaligen Bewohner als „dem Sachsenstamme" zugehörig sowie als „einzelne im dörflichen Verband der Sachsen lebende Chauken".[21]

Zusätzlich ist „in den Jahren 1935 und 1936 (…) die Anlage eines Inventars der vorgeschichtlichen Denkmäler in diesem Kreise (Blumenthal) mit photographischer Aufnahme der Großsteingräber und größeren Grabhügel in Angriff genommen worden".[22] Darüber hinaus wurden bedeutende Einzelfunde geborgen, von denen der Goldring von Gahlstorf, den Grohne chemisch untersuchen ließ, auch in der Zeitschrift *Germanen-Erbe* Erwähnung fand.[23]

Mahndorf

Grohnes wichtigste Ausgrabung war das völkerwanderungszeitliche Gräberfeld auf der Mahndorfer Düne. Bereits im Laufe der Jahre 1934/1935 hatten mehrfach Schüler und Anwohner Urnen im Focke-Museum abgegeben, die sie auf der Düne gefunden hatten. Allerdings gehörte Mahndorf damals noch zur Preußischen Provinz Hannover und lag im Landkreis Verden, Regierungsbezirk Stade. Erst am 1. November 1939 kam die Gemeinde zusammen mit Bremen-Nord (dort gehörte vorher nur Vegesack zu Bremen), Hemelingen und Arbergen als Ausgleich für das an Preußen abgetretene Bremerhaven zu Bremen.[24]

Die Mahndorfer Düne, der so genannte Fuchsberg, war Teil der Binnendünen, die sich von Mahndorf im Süden über das Gebiet der Bremer Altstadt bis an die Lesum im Norden ziehen. Diese Binnendünen bildeten in der Vergangenheit auf Grund ihrer erhöhten Lage eine trockene Süd-Nord-Verbindung. Die Mahndorfer Düne lag mitten im Dorf und hatte ursprünglich eine Höhe von bis zu 16 Metern über die benachbarte Mar-

schenlandschaft. Vor dem Ersten Weltkrieg war sie noch mit Kiefern bewachsen, die aber während der Inflation der Weimarer Republik abgeholzt wurden. 1936 war die Dünenoberfläche nur noch sehr lückenhaft mit Heide bedeckt. Seit Anfang des 20. Jahrhunderts wurde an der Düne in ständig zunehmendem Umfang Sand abgebaut. Infolge der umfangreichen Aufrüstungs- und Bauprogramme des Nationalsozialismus wurde vom Handabbau zum Baggereinsatz übergegangen. So benötigte man große Mengen Sand für den Bau der Autobahn 1 bei Bremen, aber auch für den Bau der Mustersiedlung „Grolland", eine Arbeitersiedlung im Dorfgewand für die Mitarbeiter der Rüstungsbetriebe Focke-Wulf.[25]

Da Grohne für das Gebiet als Denkmalpfleger nicht zuständig war, wandte er sich an Karl Hermann Jacob-Friesen (1886–1960), den Direktor des Hannoverschen Landesmuseums und Bodendenkmalpfleger der Preußischen Provinz Hannover. Dieser informierte den Regierungspräsidenten in Stade. Jacob-Friesen hatte anschei-

Ausgrabungsprofil mit deutlich erkennbaren Schichten bei der Ziegelei am Seefelde – hier grub Ernst Grohne nach einer sächsisch-chaukischen Siedlung.

Helfer des „Reichsarbeitsdienstes" und der Grabungsleiter E. Rabba auf der eindrucksvollen Düne.

nend kein Interesse, die notwendige Ausgrabung des neu entdeckten gefährdeten Denkmals selbst in die Hand zu nehmen, denn er befürwortete eine Grabungserlaubnis für Grohne mit dem Vermerk, dass dieser „sich aller Rettungsgrabungen mit großem Eifer" annähme.[26] Auf Grund dieser Befürwortung aus Hannover wurde der Ortsheimatpfleger des Landkreises Verden eingeschaltet, der sich zunächst nicht mit einer Erlaubnis für den Bremer Denkmalpfleger anfreunden wollte. Schließlich schlug er Grohne vor, „dass Parallelstücke sowohl dem Landesmuseum Hannover sowie dem Focke-museum und dem Verdener Heimatmuseum überwiesen werden" sollten.[27] Nach dieser Einigung wurde Ende November 1935 die Grabungserlaubnis erteilt.[28] Bis zum eigentlichen Beginn der Grabung dauerte es aber noch ein halbes Jahr, weil Grohne erst die laufenden Wurtengrabungen abschließen wollte. Wie bei anderen Ausgrabungen auch griff Grohne für die Durchführung auf seinen Grabungsmeister E. Rabba und den „Reichsarbeitsdienst" zurück, der ihm bereitwillig eine kleine Gruppe Arbeitsmänner zur Verfügung stellte.[29]

Als sich zeigte, wie reichhaltig das Gräberfeld war, kam es schnell zu Streit um die geborgenen Funde und ihre Deutung. Im Laufe des Jahres 1936 besuchte der Verdener Heimatpfleger mehrfach die Grabung und äußerte sich zu den Befunden. So meinte er, dass der „Nachweis der Anwesenheit von Chauken" nicht erbracht worden wäre, „wohl aber – was sehr wichtig ist – der Sachsen"[30]. Und im Herbst 1936 hatte er Hermann Schroller (1900–1959), einem Mitarbeiter des Hannoverschen Landesmuseums, einige Scherben von der Grabung vorgelegt. Schließlich scheint er sich gegenüber seinen vorgesetzten Stellen deutlich negativ über Grohne geäußert zu haben. Jedenfalls ersuchte der Regierungspräsident in Stade Ende Mai 1937 Grohne „ergebenst wegen der bei Ihren Grabungen entstandenen Unklarheiten (…), sich jeder amtlichen oder vorgeschichtswissenschaftlichen Tätigkeit in den Kreisen Oesterholz und Verden zu enthalten, bis über die vom Herrn Landrat in Verden im Benehmen mit dem Herrn Direktor Dr. Jacob-Friesen entschieden ist"[31]. Bis dahin hatte Grohne bereits in mehreren kurzen Aufsätzen in der Tagespresse und Vorträgen vom Fortgang der Ausgrabungen berichtet. Über einen Vortrag im Focke-Museum von Ende März 1937 schrieb der Reporter des NSDAP-eigenen Blattes *Bremer Nachrichten*: „(der Redner) erzählte (…) anschaulich von den alten sächsischen Siedlungen." Ferner hätte Grohne anhand eines „höchst beachtenswerten" Fundes aufgezeigt, „dass die Sachsen in England … aus unserer Gegend ausgewandert sein müssen!"[32] In seinen eigenen Veröffentlichungen hielt sich Grohne stärker zurück und stellte die Grabungsergebnisse betont sachlich dar, ging aber auch wie selbstverständlich von der Kulturhöhe der Germanen aus und verwendete die ethnische Deutung der Funde. Die eigentliche Interpretation der Funde und Befunde wollte er in der abschließenden Publikation aller Ergebnisse liefern.[33]

Trotz der Intervention aus Stade arbeitete Grohne unbeirrt weiter. In einem Zeitungsartikel aus dem Juni 1937 stellte er fest: „Da die Mahndorfer Düne aber zum Verschwinden verurteilt ist, so ist es ebenso wohl vaterländische wie wissenschaftliche Pflicht hier nach dem Rechten zu sehen, damit nicht unschätzbare Werte verloren gehen." Damit rechtfertigte er sich nicht nur gegenüber Hannover und Stade, sondern trat auch der volkstümlichen Meinung „von der Störung der Totenruhe" entgegen.[34]

Bis zum folgenden Frühjahr spitzte sich der Konflikt weiter zu. Dazu trug bei, dass Grohne in Nordwestdeutschland wissenschaftlich weitestgehend isoliert war. Während er selbst zum weiteren Umfeld des „Reichsbundes für Deutsche Vorgeschichte" zu rechnen ist, traten fast alle Mitarbeiter der Landesmuseen in Hannover und Kiel bis zum Kriegsausbruch nach und nach dem „Ahnenerbe der SS" bei. Dementsprechend gehörte Grohne auch bei einer bedeutenden Tagung zur Wurtenforschung 1938 in Hannover nicht zu den Referenten.[35] Aber auch im „Reichsbund" scheint Grohne insgesamt nur wenige Kontakte gehabt zu haben, hier war der Bremer Lehrer Friedrich Walburg (1890–1967) wesentlich besser vernetzt.[36]

Schließlich spitzte sich der Streit so weit zu, dass es am 30. März 1938 einen Ortstermin in Mahndorf gab, bei dem die „Sache" mit Grohne „neu geregelt" werden sollte. So forderte man laut einem Berichtentwurf von Grohne an das REM, „das Kartierungsmaterial und einen Teil der Funde nach Hannover abzuliefern. Diese Forderungen sind in endgültiger und verschärfter Form jetzt neuerdings von dem Regierungspräsidenten in Stade gestellt worden, verbunden mit der Aufforderung, daß von bremischer Seite die Arbeit auf der Düne einzustellen sei."[37]

Nach dem Ortstermin behauptete der Hauptpfleger für kulturgeschichtliche Altertümer des Bezirks Stade-Süd, dass der Landrat „einmal während der Verhandlung sehr energisch werden musste". Außerdem teilte er mit: „Nach Abschluss dieser Grabung ist ferner Grohnes Wirken im Großkreis Verden beendet. Es erfolgt sodann nach Angabe des Landesmuseums eine Teilung der Funde so, daß in den Plan eine Linie gezogen wird, die 2/3 der Funde Bremen und 1/3 der in diesem Teil festgestellten Funde und Körpergräber dem Landes- bezw. Heimatmuseum zuweisen."[38] Außerdem stellte er fest, dass „Herr Grohne sich hüten (werde), seine Befugnisse wieder zu überschreiten, der Landrat wird nicht lange fackeln."

Doch Grohne dachte nicht daran, das Feld zu räumen. Vielmehr stellte er in einem Zeitungsartikel die besondere Bedeutung des von der Zerstörung bedrohten Gräberfeldes dar: „Die urältesten Vorfahren haben dort gelegentlich gelagert und vor 2000 Jahren begannen die Chauken und Sachsen, auf dem Rücken des Berges ihre Toten zu verbrennen und zu bestatten. Wie oft mögen lodernde Scheiterhaufenbrände von dort weit in das Land hineingeleuchtet haben. Kultische Handlungen wurden dort vorgenommen, dem alten Germanengotte Wodan Pferdeopfer dargebracht, und die waffenfrohe Mannschaft mag sich an dieser Stelle zum Thing getroffen haben."[39]

Schließlich aber entzog ihm der Regierungspräsident die Grabungserlaubnis für Mahndorf. Daraufhin soll sich Grohne „an Professor Reinerth gewandt und Einspruch erhoben" haben, wobei der Heimatpfleger Ende 1938 umgehend betonte, „dass die Angelegenheit von Dr. Grohne übertrieben ist; eine unmittelbare Gefährdung der Düne liegt nicht vor. Grohne sucht sich Arbeit und hetzt hierbei auf Kosten anderer alle möglichen Instanzen auf."[40] Grohne ließ sich aber durch die Maßnahmen aus dem Nachbarkreis nicht einschüchtern, sondern konterte erneut in aller Öffentlichkeit über einen Artikel im Februar 1939 in *Die Kogge*. Dort schrieb er mit Bezug auf die vom „Reichsbund" veranstaltete Wanderausstellung „Lebendige Vorzeit", die zeitgleich in der Bremer Börse gezeigt wurde: „Gerade aber im Zusammenhang mit einer solchen Schau ist es reizvoll zu verfolgen, inwieweit unsere engste Heimat, unsere bremischen Marschen- und Dünengebiete zur deutschen Vorgeschichte etwas beizusteuern haben. […] Auf dem Gebiet der Vorgeschichte sind die engen Verhältnisse der deutschen Kleinstaaterei noch nicht überwunden […] mit Nachdruck wird auf die Grenzsteine und Schlagbäume hingewiesen, welche hüben und drüben trennen."[41] Deutlicher konnte er kaum auf den bestehenden Zwist um die Mahndorfer Düne anspielen.

Wenig später schaltete sich endlich das von Grohne über die Angelegenheit informierte REM in diese regionale Auseinandersetzung ein. Von dort gab man Grohne über den Regierungspräsidenten in Stade die Erlaubnis, die Ausgrabung zu Ende zu bringen. Doch im Frühjahr 1939 drehte sich die Aufrüstungsspirale immer schneller und immer mehr Sand wurde aus der Düne entnommen, auch an Stellen, an denen Grohne noch nicht gegraben hatte. Er pochte deshalb in seinem dienstlichen Grabungsbericht auf die Einhaltung des preußischen Denkmalschutzgesetzes – ein reichsweit gültiges Denkmalschutzgesetz, auf das er sich hätte beziehen können, gab es immer noch nicht[42] – und schrieb dazu: „Meine amtlichen Befugnisse [reichen] nicht aus […] um in dieser Hinsicht einen Druck auf den Dünenbesitzer und auf den Gang der Abbaggerung auszuüben. Der zuständigen amtlichen Behörde, d. h. dem Landrat des Kreises Verden, wäre dies aber bei einigem guten Willen durchaus möglich. Derartige amtliche Maßnahmen … auf die ich während der drei Jahre so oft sehnsüchtig gewartet habe, sind aber niemals getroffen worden, dagegen hat sich alles, was man von dortiger Seite unternommen hat, ausschließlich gegen meine Person gerichtet, obwohl meine Arbeit unter Einsatz von außerordentlich viel Zeit, Kraft und Gesundheit lediglich bezweckte, die Altertümer zu retten, indessen das Baggerunternehmen vor den Augen der Öffentlichkeit die Altertümer zu vernichten drohte, und z. T. auch vernichtet hat. Wenn von dortiger Seite behauptet wird, dass das preußische Ausgrabungsgesetz keine Handhabe gewähre, um in einem solchen Falle eingreifen zu können, so muß ich dies als unrichtig zurückweisen."[43]

Drei Wochen nach Ausbruch des Zweiten Weltkrieges ordnete der Regierungspräsident an, dass die Grabung auf keinen Fall weiter vergrößert werden dürfte und dass eine Fristsetzung zur Beendigung der Grabung „wegen des Krieges einstweilen unterbleiben" müsste. Mitte November 1939 erschien nach einem Vortrag Grohnes vor dem „Reichsbund" ein Artikel eines unbekannten Verfassers, in dem die weiteren archäologischen Untersuchungen als „eine Aufgabe der Zukunft" charakterisiert wurden. Ende November 1939 teilte Grohne dem Regierungspräsidenten mit, dass der Katalog der Befunde und Funde noch nicht fertig sei und er wahrscheinlich als Reserveoffizier eingezogen werden würde.

Insgesamt konnten Grohne und seine Mitarbeiter während der vier Jahre dauernden Grabung neben einer Vielzahl an Urnen – davon drei mit Hakenkreuzverzierungen –, Leichenschüttungen und Körpergräbern auch 20 Pferdebestattungen bergen. Letztere brachte er immer wieder und ausführlich mit dem Kult des Hauptgottes der nordischen Mythologie, Odin/Wodan, in Zusammenhang. Aus der Verehrung des Pferdes im Wodanskult leitete er auch deren Verwendung im hannoverschen und westfälischen Landeswappen ab.[44]

Mehrere Bestattungen waren mit Steinsetzungen umgeben. Diese und drei der Pferdebestattungen ließ Grohne im Block bergen und stellte sie zum Teil im Focke-Museum aus.

Die anthropologische und rassenkundliche Untersuchung der geborgenen Schädel übernahm Christian von Krogh von der Anthropologischen Staatssammlung in München. Die Anregung zu dieser Untersuchung könnte vom Verdener Heimatpfleger ausgegangen sein.

Allerdings hatte von Krogh zuvor auch schon zur „Rassenkunde der nordwestdeutschen Marschenbevölkerung" im Bremer Obervieland gearbeitet.[45]

Bei der Deutung der Befunde arbeitete Grohne auch mit Otto Siegfried Reuter (1856–1945) zusammen. Der pensionierte Telegrafendirektor aus Bremen-Huchting war Führer der Deutschgläubigen Gemeinschaft, einer einflussreichen Gruppe innerhalb der neuheidnischen Bewegung. Reuter beschäftigte sich besonders mit den vermeintlich enormen astronomischen Kenntnissen der Germanen und bewegte sich im Spannungsfeld zwischen „Ahnenerbe" und „Reichsbund" hin und her. Im Herbst 1938 vermaß Reuter eine der Steinsetzungen auf der Mahndorfer Düne.[46]

Neben dem Gräberfeld interessierte sich Grohne besonders für die dazugehörigen Siedlungen. Schon 1938 kamen etwa 800 Meter südlich der Düne auf dem Windmühlenberg, der ebenfalls zum großen Teil abgebaggert wurde, „zahlreiche chaukische Hausplätze mit Herdstellen und Pfostenlöchern zum Vorschein". Sie fielen „jedoch der Sandabfuhr leider unbeobachtet zum Opfer". Da Grohne keine Grabungserlaubnis erhielt, zeigten sich hier wieder deutlich die Spannungen mit Stade und Hannover. 1939 plante er dann die „Erforschung der chaukisch-sächsischen Siedlungen am Dünenfuß und am Rande der Marsch", um die Frage zu klären, „ob die Chauken und Sachsen völkisch einheitlich oder zweiheitlich sind"[47].

Schon im Falle der Bremer Wurt „Hooge Wühren" nahm er an, dass es „also im vierten und wohl auch noch im fünften Jahrhundert n. Chr. noch chaukische und sächsische Dörfer im Niederwesergebiet von jeweilig gesonderter Stammesart gegeben haben [dürfte]. Der Weiterzug der Sachsen und Angeln im fünften Jahrhundert nach dem Westen und über See nach England mag dies völkische Bild Veränderungen unterworfen haben, deren genauere Kenntnis uns wohl immer verborgen bleiben wird. Anzunehmen ist nur, daß unter den weiterwandernden Volksteilen der Sachsen sich die Lebenstüchtigeren befunden haben werden, und daß die hier verbliebenen sächsischen Volksreste dann bald mit der hiesigen Grundbevölkerung verschmolzen."[48]

Einen Vorabbericht über die Grabungen veröffentlichte Grohne 1940 im *Germanen-Erbe*.[49] Dabei ordnete er einige Gräber auf Grund der Beigaben dem „damals an der Niederweser wohnenden Volksstamm der Chauken" zu. Anhand der Form sprach er einige Urnen als „typisch sächsisch" an. Die Pferdebestattungen brachte er wieder mit „einem auf der Mahndorfer Düne gepflegten Wodanskult in Zusammenhang". Die Hakenkreuzurnen erwähnte er, ging aber nicht näher auf sie ein, obwohl eine von ihnen das Titelbild der Ausgabe zierte.

Abschließende Deutung zur Siedlungsgeschichte

Aufbauend auf seinen Grabungen der 1930er-Jahre gab Grohne 1940 in dem Sammelband „Bremen – Lebenskreis einer Hansestadt"[50] einen Überblick darüber, wie sich die Siedlungsgeschichte der Region seiner Meinung nach abgespielt haben musste: „Die völkischen Wurzeln der Bewohner der Niederweserlandschaft lassen sich mit Sicherheit fünf Jahrtausende zurückverfolgen, und vermutungsweise dürfen wir noch einige Jahrtausende dieser in vieler Hinsicht einzigartigen Geschlechterfolge vorausschicken. Andersvölkische und fremdrassische Überflutungen oder Durchwanderungen haben unsere Landschaft kaum berührt."[51] Dabei bezog er sich, was die Entstehung der Germanen betrifft, auf die damals weithin anerkannten Thesen, wonach die Germanen am Ende der Jungsteinzeit aus der Verschmelzung von Einzelgrabkultur und Großsteingräbern in Norddeutschland und Dänemark entstanden seien. Dabei hielt Grohne beispielsweise auch alte Griechen für ausgewanderte Germanen.[52] Und nur die besonderen Eigenschaften der Germanen hätten eine Besiedlung des Raums Bremen und der Nordseeküste ermöglicht: „Die Marschenkultivierung beruht auf einer Riesensumme von Umsicht, Zähigkeit und opfervoller Arbeit, die höchste Achtung verdient. Die Voraussetzungen dazu reichen weit in die Vor- und Urgeschichte zurück. Ohne das Jahrtausende alte rassisch saubere und reingermanische Volkstum wären sie nicht denkbar."[53]

Auch in seiner 1953 erschienenen abschließenden Publikation zu den Ausgrabungen in Mahndorf[54] finden sich noch deutliche Anklänge zur „Blut-und-Boden-Ideologie der Nationalsozialisten".[55]

Germanien – Propagierung einer Idee

Archäologie und NS-Propaganda arbeiten Hand in Hand, um die Germanen als vermeintliche Ahnen der Deutschen in den Vordergrund zu rücken. Im alltäglichen Leben, in modern aufbereiteten Ausstellungen und in der politischen Bildungsarbeit werden die Lebenswelt und der Charakter der Germanen massenhaft idealisiert. Sie treten als bodenständige Bauern, tugendhafte Vorfahren, heldenhafte Entdecker und kriegerische Eroberer auf. Diese Germanenbilder sollen die Bevölkerung für die nationalsozialistische Idee der „Volksgemeinschaft" begeistern und auf den Krieg vorbereiten.

Von der musealen Leichenkammer zur NS-Großveranstaltung

Uta Halle

Museen für Vorgeschichte oder die bedeutenden Provinzial- und Landesmuseen der deutschen Länder mit ihren archäologischen Abteilungen und die zahlreichen kleinen Heimatmuseen in öffentlicher oder privater Trägerschaft landauf, landab boten ein weites Betätigungsfeld für Archäologen und eifrige Laienforscher, die ihre Forschungsergebnisse einem breiten Publikum vorstellen wollten. Die Geschichte der Institution Museum während der NS-Zeit wurde in den letzten Jahrzehnten für den Bereich Volkskunde intensiver erforscht, seltener rückte die archäologische Abteilung in den Fokus. Dabei standen die Fragen im Mittelpunkt, wie sich die Museen in ihrer archäologischen Präsentation veränderten oder welche inhaltlichen Schwerpunkte die damals durchgeführten Sonderausstellungen bekamen. Bislang seltener beachtet wurden die Sonderaktionen, mit denen einige Museen andere NS-Großveranstaltungen im Sinne einer Germanisierung archäologisch unterstützen.

Die archäologischen Schausammlungen der großen Landesmuseen, die im 19. Jahrhundert angelegt worden waren, galten seit den 1920er-Jahren als „museale Leichenkammern" mit vollgestopften Vitrinen und ohne didaktische Aufbereitung.[1] In der Weimarer Republik verhinderten wirtschaftliche und finanzielle Probleme (Inflation, Weltwirtschaftskrise) eine vielfach angedachte grundlegende Neuordnung der ur- und frühgeschichtlichen Abteilungen in den Landesmuseen. Deshalb befanden sich zum Zeitpunkt der Machtübernahme der Nationalsozialisten die meisten prähistorischen Sammlungen noch im Zustand des 19. Jahrhunderts. Trotzdem verhängten die NS-Reichs- bzw. die Landesregierungen nicht sofort staatlich verordnete Änderungsmaßnahmen, obwohl diese von völkischen Laien und hoffnungsvollen Nachwuchswissenschaftlern immer wieder vorgeschlagen und angeregt wurden. Ab 1934/1935 zeigten ihre kritischen Anstöße Wirkung, denn laut entsprechenden Mitteilungen im *Nachrichtenblatt für Deutsche Vorzeit* wurden verschiedene bedeutende nun archäologische Museumssammlungen neu präsentiert. Anders sah es hingegen für die Heimatmuseen aus. Hier gab es ab Januar 1935 einen staatlichen Erlass, von der „Neugründung" von Heimatmuseen abzusehen, da deren „erzieherischer Wirkungskreis […] nur sehr begrenzt" wäre.[2] Dieser Ministerialerlass kam relativ „unerwartet", aber der Archäologe Karl Hermann Jacob-Friesen empfand ihn bezüglich der Heimatmuseen als „richtigen Ausgleich zwischen Übereifer und Ablehnung".[3] Als Grund für den Erlass kann vermutet werden, dass die Zuständigkeit für die Museen zwischen Erziehungs- und Propagandaministerium noch nicht geklärt war.[4] Um die Veränderungen der Ausstellungen im NS-Staat einschätzen zu können, werden im Folgenden ohne Anspruch auf Vollständigkeit verschiedene Beispiele aus unterschiedlichen Regionen vorgestellt.

In der angeblichen „Wiege Germaniens" – das Lippische Landesmuseum Detmold

Der kleine Freistaat Lippe im Teutoburger Wald besaß eine besondere Bedeutung für die NSDAP. Die Region galt als „Wiege Germaniens"[5]: Hier hatten die Germanen die Römer im Jahr 9 n. Chr. vernichtend geschlagen, hier stand das Hermannsdenkmal, hier lag das vermeintlich germanische Heiligtum Externsteine und hier hatte die NSDAP Mitte Januar 1933 die Landtagswahl gewonnen. Anfang 1933 bot das Lippische Landesmuseum in Detmold, das in einem ehemaligen fürstlichen Palais untergebracht war, „den Anblick völliger Verwahrlosung". Die Straßenbahnlinie zwischen Detmold und Paderborn, die über das angeblich germanische Heiligtum und beliebte Ausflugsziel Externsteine führte, fuhr direkt am Museum vorbei, so dass diese Vernachlässigung von Einheimischen und Touristen quasi im Vorbeifahren festgestellt werden konnte. Aus der Sicht der Bevölkerung und der Landesregierung war das Museum ein Schandfleck.[6] Nachdem der ehemalige Direktor des Museums, Otto Werth, 1929 verstorben war, wurde die Direktorenstelle bis 1933 nur von einem pensionierten Gymnasiallehrer wahrgenommen. Mit dem Machtantritt der NSDAP konnte die völkische Laienforschung um Wilhelm Teudt ihren Anhänger, den Lehrer Oskar Suffert, aus der „Vereinigung der Freunde germanischer Vorgeschichte" bei der neuen NSDAP-Landesregierung als Direktor durchsetzen. Dieser veranlasste zunächst einmal umfangreiche Renovierungs- und Aufräumarbeiten. Eine neue Dauerausstellung wurde aber nicht konzipiert, stattdessen entstand mit dem Einverständnis des „SS-Ahnenerbes" in einem Flügel des Palais ab Oktober 1936 die aus der völkischen Laienforschung in Lippe seit 1934 angeregte „Pflegstätte für Germanenkunde". Damit ging eine deutliche Verkleinerung des Landesmuseums einher.[7] In der neuen „Pflegstätte" sollten die „Aufgaben, die den spezialwissenschaftlichen Aufgabenkreis der hauptamtlichen oder nebenamtlichen Lehrstühle an den deutschen Universitäten sowie der Museumsdirektoren und sonstigen vorgeschichtlich arbeitenden Instanzen überschreiten", bearbeitet werden.[8] Am 5. Oktober 1936 wurde in Detmold unter den Vorgaben der völkischen Laienforschung gemeinsam mit dem „SS-Ahnenerbe" die „Pflegstätte für Germanenkunde" als „erste Burg germanischen Geistes in deutschen Landen"[9] eröffnet. Die Arbeit in dieser Institution, die mit Nachbildungen berühmter germanischer Funde, wie einer Replik des Sonnenwagens von Trundholm, und Bildern ausgestattet worden war, beschränkte sich auf Sagen- und Namensforschung und auf die Schulungsarbeit für Lehrer in Sinne der völkischen Germanenforschung. Archäologische Arbeit führte die „Pflegstätte" nicht durch.

Das Rheinische Landesmuseum in Bonn – ein Museum im Grenzland

Seit dem Ende des Ersten Weltkrieges war das Rheinland mit der entmilitarisierten westlichen Rheinseite ein schwieriges und umstrittenes Grenzland. Vor diesem Hintergrund kritisierte der „Kampfbund für Deutsche Kultur", dass das Bonner Provinzialmuseum ein Haus sei, in dem „400 Jahre[n] Römerbesatzung mehr als das halbe Museum" eingeräumt wäre, der „fränkisch-merowingischen [= germanischen U. H.] Zeit [aber nur U. H.] ein Raum".[10] Ab 1933 änderte sich das, nun sollte der „frische [nationalsozialistische U. H.] Wind" in die archäologischen Abteilungen ziehen.[11] Im Herbst 1933 wurde Hanns-Joachim Apffelstaedt, der neben Kunstgeschichte auch Vor- und Frühgeschichte in Marburg studiert hatte, neuer Kulturdezernent im Provinzialverband Rheinland. Mit seiner politischen Unterstützung konnte die Direktion im Sommer 1934 mit der Umgestaltung des Provinzialmuseums beginnen. Der erste Umbauabschnitt war im März 1935 vollendet – das neu eröffnete Museum zeigte nun sieben Säle Vor- und Frühgeschichte (fünf prähistorische und zwei fränkische) und legte damit einen deutlichen Schwerpunkt auf die Darstellung der Germanen. Außerdem diente das Haus jetzt „nicht mehr als Privileg einer kleinen Schicht ..., sondern [gehörte U. H.] zum Gemeingut des ganzen Volkes", so der rheinische Kulturdezernent bei der offiziellen Übergabe.[12] Tatsächlich wurde die neu gestaltete ur- und frühgeschichtliche Abteilung des Bonner Museums auch in der gleichgeschalteten Presse entsprechend gewürdigt. Diese Erweiterung reichte dem Kulturdezernenten allerdings noch nicht aus. Weitere Umbauten des Museums waren vorgesehen und es sollten noch vier zusätzliche Räume für die Vor- und Frühgeschichte folgen. 1936 wurde der zweite Umbauabschnitt eröffnet und blieb bis zum 27. August 1939, das heißt unmittelbar vor Beginn des Zweiten Weltkrieges, geöffnet. Damit hatte das Rheinische Landesmuseum Bonn eine deutliche „germanische" Akzentuierung erhalten.

Weitere Beispiele

Schon 1935 wurden die vorgeschichtlichen Sammlungen im Germanischen Nationalmuseum in Nürnberg, der Stadt der NSDAP-Reichsparteitage, unter Federführung des „Reichsbundes" im „Amt Rosenberg" überarbeitet. Nun wurden überwiegend Originale in der Dauerausstellung präsentiert und zudem „rassegeschichtliche" und „kulturgeschichtliche" Eigenschaften der geografischen Großräume mit Hilfe großformatiger Texttafeln und archäologischer Verbreitungskarten erläutert.[13] 1936 folgte die Vor- und Frühgeschichtliche Staatssammlung München, für die in großen Teilen die angehende Marburger Archäologin Thea Haevernick arbeitete.[14] Die neue Dauerausstellung wurde mit Originalfunden und Nachbildungen ideologisch linientreu konzipiert, und es wurde versucht, die Sammlung „durch Rekonstruktionen, Modelle, Lebensbilder und plastische Figuren" für die Besucher didaktisch aufzubereiten.[15]

Das bisherige Römisch-Germanische Zentralmuseum in Mainz, das seit seiner Gründung 1852 als das älteste Museum für archäologische Denkmale gilt, erhielt nicht nur einen anderen Namen und hieß bis Kriegsende „Zentralmuseum für Deutsche Vor- und Frühgeschichte", sondern 1939 auch eine Neuaufstellung, die als „wesentlich zurückhaltender" gegenüber der alten Aufstellung mit den überfüllten Vitrinen eingestuft wurde.[16] Das Mainzer Museum hatte sich auf die Herstellung von Repliken archäologischer Funde spezialisiert und konnte deshalb mit verschiedenen Nachbildungen angeblicher germanischer Relikte die eigene Präsentation verändern. Hier wurden mittelalterliche Architekturelemente unter der Überschrift „Germanische Baudenkmäler des frühen Mittelalters" gezeigt, aber auch eine verkleinerte Replik des Bootes aus dem Moor im schleswig-holsteinischen Nydam,

„Lurenbläser" bei einem Sportfest in Neumünster 1937.

allerdings ohne Ruderer, und großformatige Bilder mit germanischen Figuren präsentiert.

Für die „räumlich völlig unzureichende Schausammlung" des Dresdener Museums wurde im Frühjahr 1937 eine Neukonzeption veranlasst, die Mitte 1938 mit dem Teilbereich „Germanen in Sachsen" eröffnet wurde. In ihr legten die Wissenschaftler besonderen Wert darauf, diesen „Teil der Vorgeschichte ... lebensnahe" zu zeigen.[17]

In Braunschweig, wo es keine „eigenständige archäologische Ausstellung", aber den an germanischer Archäo-

Verkleinertes Modell des Nydam-Bootes mit germanischen Ruderern.

logie überaus interessierten NSDAP-Politiker Dietrich Klagges gab, wurde nach dem Tod des Landesarchäologen Hermann Hofmeister (1936) Alfred Tode zum neuen Landesarchäologen berufen. Dieser wurde beauftragt, „ein deutsches Vorgeschichtsmuseum aufzubauen, das unserer nationalsozialistischen Weltanschauung besser entspräche, als die meisten unserer bisherigen Vorgeschichtsmuseen", das so genannte Haus der Vorzeit.[18] In die didaktische Umsetzung griff Klagges direkt ein. Aus der Zusammenarbeit zwischen Archäologie und Politik sollte eine moderne Einrichtung entstehen, in die die neuesten Ausgrabungen der Braunschweiger Landesarchäologie integriert werden sollten. Die eigenen Ausgrabungsergebnisse erhielten durch überregionale Modelle sowie Figurinen – vielfach aus der Modellbauwerkstatt des „Reichsbundes" – und Wandbilder eine so genannte germanische Ergänzung. Im Zweiten Weltkrieg begann 1943 die Auslagerung der Ausstellungsobjekte, und ein Jahr später wurde das Haus der Vorzeit in einem Bombenangriff zerstört.[19]

Schon diese aufgeführten Beispiele lassen erkennen, dass ab 1933 die didaktische Aufbereitung der Ur- und Frühgeschichte im Sinne des Nationalsozialismus in den Museen durch Wissenschaft und Politik perfektioniert und professionalisiert wurde.[20] Hierfür dienten die Nachbildungen wichtiger archäologischer Funde und Befunde – von Hausmodellen nach den Ausgrabungen in den Moor- und Seeufersiedlungen Süddeutschlands über bronzezeitliche Baumsargbestattungen nach dänischen Funden bis zum Bootsmodell nach dem Fund aus dem Nydam-Moor –, die überwiegend in der Modellwerkstatt Unteruhldingen gefertigt wurden.

Die Werkstatt, die zum „Reichsbund für Deutsche Vorgeschichte" gehörte, veröffentlichte regelmäßig Werbeanzeigen im *Germanen-Erbe*. Hierdurch entstand allerdings eine in Teilen gleichförmige, einheitliche Ausstattung der Museen, die zudem nicht die regionalen spezifischen Eigenheiten der archäologischen Funde berücksichtigte. Modelle von Häusern aus dem süddeutschen Federseegebiet standen neben Schiffsmodellen aus dem nordeuropäischen Raum. Beliebt waren auch Nachbildungen von Luren, die unter anderem bei NS-Veranstaltungen vorgeführt wurden.

Manchmal stellten auch örtliche Handwerker Repliken bedeutender lokaler Funde her. Diese wurden mit entsprechender Beschriftung in den Museen ausgestellt und konnten auch käuflich erworben werden.

In einigen Fällen wurden die Ausstellungsräume zusätzlich mit Zitaten nationalsozialistischer Politiker in großformatigen Beschriftungen „ausgeschmückt".

Gegenbeispiele

Es gab gerade im Museumsbereich trotz der Aufbruchstimmung auch Gegenbeispiele. So wurde die 1926 unter modernen didaktischen Gesichtspunkten eingerichtete Abteilung für Ur- und Frühgeschichte am Landesmuseum Hannover nicht verändert, sie galt

Replik eines bronzezeitlichen Halskragens.

Repliken verschiedener Fibelfunde aus Bremen-Mahndorf.

Das germanische Wagenrennen beim Sportfest in Neumünster.

Das überdimensionale Modell des Sonnenwagens von Trundholm.

schon als „wertvolle Vorarbeit für die Erfüllung der nationalsozialistischen Forderung, das Ergebnis der kulturellen Leistung unseres Volkes … aus der Ur- und Vorgeschichte … zum Gemeingut des ganzen Volkes zu machen."[21] Museumspädagogisch waren hier für die Ur- und Frühgeschichte neue Wege beschritten worden, Schulklassen und Hitlerjugendgruppen konnten Steinwerkzeuge herstellen und Speere schnitzen.

Die Dauerpräsentation des Museums für Völkerkunde II in Berlin, in der die archäologischen Funde ausgestellt waren, wurde trotz vollkommen veralteter Museumsdidaktik nicht verändert.[22]

Propagandaveranstaltungen

Eine weitere Möglichkeit, archäologische Ergebnisse einer breiten Öffentlichkeit bekannt zu machen, waren Propagandaveranstaltungen. Immer wieder wurden öffentliche Partei- oder andere Propagandaveranstaltungen mit der Ur- und Frühgeschichtsforschung verknüpft, ohne dass bekannt ist, wer die Anregung dazu lieferte. Die Archäologen unterstützten die Anlässe häufig im Hinblick auf eine germanische Ausstattung.

Eine der ersten Propagandaveranstaltungen mit Einbindung der Archäologie war die Sonnenwendfeier im Sommer 1933, bei der „etwa 500 Germanen … teils zu Fuss teils zu Pferde" ins Berliner Grunewaldstadion einmarschierten. Für diesen Germanenzug hatte der Archäologe Albert Kiekebusch vom Märkischen Museum die wissenschaftliche Beratung übernommen. Er setzte Nachbildungen des Sonnenwagens aus dem dänischen Fundort Trundholm sowie der „Sonnenscheibe von Balkakra", einem spektakulären Bronzefund aus Schweden, ein. Daneben traten drei „Lurenbläser" auf, die die Feier musikalisch untermalten.[23]

Für die auch überregional viel beachtete traditionelle „Grüne Woche" 1934 in Berlin, die erstmals unter nationalsozialistischen Vorzeichen stattfand, wurden die Luren sowie Gipsabdrücke eines bronzezeitlichen Menschen des Hannoveraner Landesmuseums ausgeliehen.[24] Die grafische Darstellung „Urgeschichte der Provinz Hannover" ergänzte die Ausstellung „Die deutsche Gemeinde", die 1936 in Berlin zu sehen war.

In Neumünster wurde ein Sportfest germanisiert, für das der Textilarchäologe Kurt Schlabow die germanischen Kostüme nach Funden in bronzezeitlichen Bestattungen aus Dänemark nachschneidern ließ. Die überlieferten Fotos, Dokumente und Presseberichte zeigen, dass auch hier eine überdimensionale Nachbildung des Trundholmer Sonnenwagens mit einer „fast 3 m hohen Sonnenscheibe" zum Einsatz kam.[25]

Daneben lieferten sich als Germanen verkleidete Sportler in germanischen Wagennachbauten mit vorgespannten Pferden Wettfahrten.[26] Das Sportfest hätte – so Schlabow – allen „Teilnehmern einen vorzüglichen Einblick in die große Zeit unserer Ahnen vor 3500 Jahren" gegeben.[27]

Diese Aktionen der Museen setzen überwiegend auf eine Glorifizierung der Germanen, die bei diesen Veranstaltungen Ausstellungsbesuchern und Teilnehmern überdeutlich vor Augen geführt wurde.

Archäologische Sonderausstellungen

Die größte Sonderausstellung, die in der NS-Zeit gezeigt wurde, war die Ausstellung „Lebendige Vorzeit" des „Reichsbundes für Deutsche Vorgeschichte".[28] Das Konzept wurde von der Reinerth-Schülerin Liebetraut Rothert (1909–2005) und der Modellwerkstatt des „Reichsbundes" entwickelt. Diese Sonderpräsentation war von Beginn an als Wanderausstellung konzipiert und wurde erstmals 1936 anlässlich der dritten Reichstagung für deutsche Vorgeschichte in Ulm gezeigt. Anschließend ging sie nach Hamm, Erfurt, Pfullingen, Berlin, Hannover, Düsseldorf, Bremen und Darmstadt und zog je nach Ort zwischen 40000 und 100000 Besucher an.[29] Zumeist nahmen bedeutende regionale NS-Politiker an der offiziellen Eröffnung teil.

Die Ausstellung zeigte sich als wissenschaftliche Schau mit Modellen, lebensgroßen Bildern, großformatigen Spruchbändern, Schautafeln sowie einleitenden Sprüchen der ersten bedeutenden Prähistoriker Gustaf Kossinna (1858–1931), Johann Friedrich Danneill

(1783–1868) und Georg-Christian Lisch (1801–1883) sowie der NS-Politiker Hitler und Rosenberg. Die Ausstellungsräume waren übermäßig mit Hakenkreuzfahnen dekoriert und es wurden „ideologisch verbogene Inhalte" dargestellt.[30]

In der Ausstellung waren unter anderem verkleinerte Hausmodelle der niederländischen Wurtenuntersuchungen aus Ezinge zu sehen. Eines der Highlights bildete der Nachbau des Wagens von Dejberg in Originalgröße.

Die Eröffnung der Ausstellung „Lebendige Vorzeit" in Bremen mit dem Kultursenator Richard von Hoff und Gauleiter Carl Röver.

Der Nachbau des Wagens von Dejberg.

Zahlreiche kleine und große Ausstellungen wurden um vorgeschichtliche Elemente angereichert. Die Wanderausstellung „Die Straße" wurde konzipiert, um den Verlauf des Autobahnbaus zu begleiten. Sie soll von Hitler angeregt worden sein, wurde in seinem Beisein im Juni 1934 in München eröffnet und in den darauf folgenden Jahren auch in Berlin, Essen und Braunschweig präsentiert. In ihr sollte ein Stück germanischer Bohlenweg gezeigt werden, um so die historische Entwicklung der Straße vom Knüppelweg bis zur Autobahn darzustellen.[31] Deshalb grub der Heimat- und Bohlenwegforscher Krüger extra ein Stück des Bohlenwegs III aus, um eine „germanische Straßenanlage" zu zeigen. Zuvor hatte er in den deutschen Museen ein „transportfähiges Ausstellungsstück" mit genauer Datierung gesucht, war aber nicht fündig geworden. Der NS-Generalinspektor für Straßenwesen Fritz Todt und das Niedersächsische Landesmuseum stellten die Finanzmittel für die Ausgrabung zur Verfügung. Ausgewählt wurde Bohlenweg III, aus dem Moorgebiet zwischen Lohne und Vechta, weil er „die bestentwickelte Konstruktion" besaß und „dem Grenzhorizont der Bronzezeit angehören dürfte".[32]

Bei der eher regionalen Wanderausstellung „Bäuerliche Kultur und Arbeit", die zwischen 1936 und 1939 bei verschiedenen Kreistierschauen, Gruppen des „Reichsarbeitsdienstes", der SS und der Hitlerjugend an zahlreichen Orten in Niedersachsen gezeigt wurde, stellte das Landesmuseum Hannover Originale und Kopien bedeutender archäologischer Funde zusammen mit einer didaktischen Bebilderung zur Verfügung. Es ist nachweisbar, dass der dortige Leiter Jacob-Friesen hierfür „frühgeschichtliches und rassenkundliches Material" auf Bitten der Kreisbauernschaft Hannover zusammentrug.[33] Die Ausstellung wurde schon im ersten Jahr ihrer Wanderschaft von ca. 100 000 Besuchern besichtigt.

Das Landesmuseum Detmold stellte 1939 anlässlich der propagandistischen „Westfalenfahrt der Alten Garde", einer Rundfahrt von ca. 700 „alten Parteimitgliedern", drei Wagen zur Schau, die vor seinem Gebäude aufgestellt wurden. Einer trug die antisemitische Aufschrift „Aus dem Osten kommt das Licht' ... Juden, jüdische Kultur, ja überhaupt alles, was an Minderwertigem aus dem Osten kommt". Der zweite zeigte die Aufschrift „Germanen und ihre Kultur unter der im Norden aufgehenden Sonne" und der dritte präsentierte „ausgegrabene Gefässe und Bilder der wirklichen Kultur der Germanen".³⁴ Ähnlich wie die Germanendarstellungen bei der Sonnenwendfeier in Berlin und beim Sportfest in Neumünster glorifizierte das Museum mit diesen beiden Wagen die Kultur der Germanen. Gleichzeitig wurden andere Gruppen, besonders die Juden, ausgegrenzt.

Das Deutsche Museum München veranstaltete 1941/1942 die Sonderausstellung „Großdeutschland und die See", bei der schon das Plakat eine Rückführung der Seefahrt auf die nordgermanischen Wikinger andeutete. Diese Ausstellung, die der Bevölkerung laut Oberbürgermeister Karl Fiehler „an Hand historischer, kultureller und wirtschaftlicher Tatsachen nahebringen" sollte, „daß Seegeltung eine nationale Aufgabe, eine lebenswichtige Forderung" wäre, präsentierte in der imposanten Eingangshalle den Nachbau des Bugs eines Wikingerschiffs, der aus der Wand ragte.³⁵ Die als Nordgermanen angesprochenen Wikinger mit ihren Booten galten als wagemutige Entdecker und wehrhafte, tapfere Krieger, ein auch für die Kriegspropaganda nützliches Bild.

Eine neue Museumsform – die Freilichtmuseen deutscher Vorzeit

Vor- und frühgeschichtliche Freilichtmuseen gelten als eine neue Museumsform des Nationalsozialismus. Vor 1933 gab es in Deutschland nur das Pfahlbaumuseum in Unteruhldingen am Bodensee, das anhand archäologischer Befunde mit lebensgroßen Bauten das vorgeschichtliche Leben zeigte. Das volkskundliche schwedische Freilichtmuseum Skansen besaß hier eine Vorbildfunktion.

Der „Reichsbund für Deutsche Vorgeschichte" sah als erklärtes „Ziel, die Errichtung zahlreicher Freilichtmuseen und damit die letzte Verlebendigung versunkenen, aber für die Volkserziehung unentbehrlichen Kulturgutes aus den vor- und frühgeschichtlichen Jahrtausenden".³⁶ So kamen nach 1933 mehrere archäologische Freilichtmuseen zur bis dahin bestehenden Museumslandschaft hinzu, denn diese Museumsform mit ihren lebensgroßen Gebäuderekonstruktionen galt den

Katalog „Großdeutschland und die See", 1941/1942.

Wissenschaftlern als „sichtbares lebendiges Bild" der Vergangenheit.³⁷ 1936 entstanden anlässlich der internationalen Tagung „Haus und Hof" in Lübeck, die von der Nordischen Gesellschaft unter Mitwirkung von Alfred Rosenberg abgehalten wurde, zwei Häuser aus der Steinzeit bzw. Eisenzeit. Zur gleichen Zeit wurde auf Drängen des Schulleiters in Oerlinghausen, der dort Ende der 1920er-Jahre vorgeschichtliche Hausgrundrisse ausgegraben hatte, anlässlich der 900-Jahr-Feier der Stadt ein germanischer Bauernhof als neues Freilichtmuseum errichtet. In beiden Fällen erstellte der „Reichsbund für Deutsche Vorgeschichte" die Baupläne, die Inneneinrichtungen und Ausstattungen wur-

Freilichtmuseum Oerlinghausen.

den aus dem Standardsortiment der Modellwerkstatt Unteruhldingen geliefert. Viele Elemente der Bauten entsprangen der Fantasie der Archäologen oder wurden aus deutlich jüngeren volkskundlichen Quellen übernommen. Innenausstattungen, die bei archäologischen Ausgrabungen nur selten gefunden wurden, erhielten mit angeblich germanischen Sinnbildern oder Zeichen einen Bedeutungszuwachs. Ein drittes Freilichtmuseum auf der Halbinsel Mettnau bei Radolfzell am Bodensee, erneut unter der Regie des „Reichsbundes" konzipiert, kam 1938 hinzu. Diese Freilichtmuseen hatten von Anfang an eine charakteristische Ausrichtung auf den NS-Staat, sie waren als direkte „Propagandamuseen" gedacht, enthielten „Führerhäuser" und dienten „der Beweisführung germanischer Größe".[38] In der heutigen Museumsforschung gelten diese Freilichtmuseen als „Propaganda".[39]

Im Gegensatz zum „Reichsbund", dem diese Form der Museumsdidaktik überaus wichtig war, stellten sich die Archäologen des „SS-Ahnenerbes" dieser angeblich volkserzieherischen Propagandaaufgabe kaum. Zwar wurden 1939 auf der Tagung des „Ahnenerbes" in Kiel erste Pläne für ein groß angelegtes Freilichtmuseum an den Externsteinen angeregt. Federführend arbeiteten an diesem Plan der Leiter der Detmolder „Pflegstätte für Germanenkunde", Bruno Schweizer (1897–1957), und der Leiter der neu gegründeten Abteilung für germanisches Bauwesen in Braunschweig, der Diplomingenieur Martin Rudolph. Sie wollten an diesem angeblich germanischen Heiligtum ein „ideales Freilichtmuseum" nach skandinavischem Vorbild errichten, das dem „Grundgedanken ‚Wie gestalteten Germanen den häuslichen Lebensraum' folgen" sollte. Geplant hatten die SS-Mitarbeiter „20–30 verschiedene typische Bauweisen bäuerlicher Hofformen aus allen altbesiedelten germanischen Wohngebieten". Die beiden stellten ihre Museumsidee schriftlich bei Himmler vor. Dieser lehnte allerdings diese weit reichenden Pläne trotz der deutlichen germanischen Akzentuierung ab.[40] Himmler wollte nur „germanische Bauernhäuser" am Eingang zum „Heiligtum" aufbauen lassen, in denen sich die Besucher gedanklich auf den Besuch der Externsteine einstimmen könnten. Damit wurde der Plan für dieses Freilichtmuseum vorerst auf Eis gelegt. Es war aber vorgesehen, dass er nach Kriegsende weiterverfolgt werden sollte.

Das Heimatmuseum Brinkum

Obwohl die Neugründung von Heimatmuseen im NS-Staat nicht erwünscht war, kam es zum Aufbau neuer kleiner Museen, die ausdrücklich als Heimatmuseen bezeichnet wurden. In einigen Fällen waren es Ausgrabungen vor Ort, durchgeführt von eifrigen Laienforschern, die die Anregung zur Neugründung gaben, manchmal waren es Impulse, die von den großen Sonderausstellungen ausgingen, manchmal waren es Anregungen aus beidem. Die Heimatmuseen unterlagen seit März 1936 der Beratung, aber auch der Kontrolle durch die Museumspfleger.[41] Als Beispiel kann hier das Heimatmuseum Brinkum vor den Toren von Bremen aufgezeigt werden. Die Schaffung dieses Museums auf privater Grundlage war allein „Verdienst" des Sammlers und interessierten Laienforschers Hans Peters (?–1962).[42] Er führte nicht nur als Autodidakt die Ausgrabung eines frühmittelalterlichen Friedhofs durch, sondern baute gleichzeitig ab 1933 ein Heimatmuseum mit vorgeschichtlicher Abteilung für den Ort auf. Im Minerva-Handbuch der Museen in Nordwestdeutschland des Jahres 1942 wurde es mit seiner volkskundlichen und vorgeschichtlichen Ausstellung als „beachtlich" beschrieben. Hierfür erstellte Peters in Eigenarbeit als geschickter Heimwerker kleine liebevoll gestaltete Modelle zu archäologischen Befunden. Mit Gips, Naturmaterialien und Fantasie rekonstruierte er beispielsweise einen Schnitt durch ein Großsteingrab, ein „Nordisches Haus" und andere Befunde. Dabei versuchte er, sich möglichst detailgetreu an die Repliken in anderen Ausstellungen zu halten. Die Modelle mit ihren zahlreichen Details und ihrem Zubehör wurden mit Farbe angemalt. 1939 besuchte Peters die Ausstellung „Lebendige Vorzeit" in Bremen, die ihn so beeindruckte, dass er sich auch zu einer Bestellung in der Modellwerkstatt Unteruhlingen entschloss. Die im Focke-Museum, das die Sammlung des Heimatmuseums Brinkum übernahm, erhaltene Rechnung aus Unteruhldingen belegt, dass das Brinkumer Heimatmuseum eine „bronzene Lanzenspitze" erhielt.

Ausgrenzung jüdischer Museumsbesucher

Mitte der 1930er-Jahre nahm die Ausgrenzung und Diskriminierung jüdischer Menschen deutlich zu, was auch dazu führte, dass die Externsteine von Juden nicht mehr besucht werden durften. Zu diesem Zeitpunkt beschäftigten sich NS-Politiker mit der Frage, ob Juden der Besuch von Museen erlaubt bleiben sollte. So richtete der Breslauer Oberbürgermeister eine Anfrage ans „Reichserziehungsministerium", „ob Juden vom Besuch staatlicher Museen […] auszuschließen" seien. Dies löste im Ministerium heftige Diskussionen aus, weil dort „technische Schwierigkeiten bei ihrer Durchsetzung" gesehen wurden. Aus diesem Grund blieben Museen bis in den November 1938 auch für jüdische Mitbürger zugänglich.[43]

Modell eines jungsteinzeitlichen Gebäudes aus dem Heimatmuseum Brinkum.

Die bisherigen Forschungsergebnisse zur Geschichte der archäologischen Abteilungen der Museen in der NS-Zeit verdeutlichen, dass es augenscheinlich zu einer starken politischen Ausrichtung im Hinblick auf die germanische Kultur sowie einer überregionalen Vereinheitlichung der Museumslandschaft kam. In vielen Museen waren Haus- und Objektmodelle der Modellwerkstatt Unteruhldingen und Bilder von Wilhelm Petersen zu sehen. Beides war im Grunde nur die museale Verankerung dessen, was in Schule, Werbung und Schulungsarbeit auch gezeigt wurde. Durch die museale Präsentation bekam die germanische Überformung der Alltagswelt gleichzeitig ein angeblich wissenschaftlich untermauertes Fundament. Gleichzeitig bedeutete diese Überbetonung eine propagandistische Ausgrenzung alles „Nicht Germanischen".[44]

Verkleinertes Modell einer bronzezeitlichen Baumsargbestattung aus dem Heimatmuseum Brinkum.

Museum „Väterkunde" und Focke-Museum – zwei Bremer Beispiele

Dirk Mahsarski und Sabrina Schütze

Die Bremer Museumslandschaft der 1930er-Jahre weist eine Besonderheit auf: Es gab zwei ausgestellte archäologische Sammlungen in der Stadt, die des Museums „Väterkunde" in der Böttcherstraße und die des Focke-Museums. Die beiden Ausstellungen lagen fußläufig in etwas über einem Kilometer Abstand voneinander entfernt, zum einen in der zwischen Markt und Weser gelegenen Böttcherstraße, zum anderen im ebenfalls zentral gelegenen Stephaniviertel.

Die Böttcherstraße als Umfeld des Museums „Väterkunde"

In den 1920er- und 1930er-Jahren war die Bremer Böttcherstraße eine der politischsten Straßen des Deutschen Reichs und Gegenstand zahlreicher Auseinandersetzungen innerhalb des Bremischen Senats und auf Reichsebene. Ihr Erbauer war der Bremer Großkaufmann und Gründer der Kaffee-HAG Ludwig Roselius (1874–1943). Für die Umsetzung seiner wirtschaftlichen wie seiner kulturellen und politischen Interessen nutzte Roselius die damals modernsten Mittel und Methoden; noch heute gilt er als ein „Pionier der Öffentlichkeitsarbeit"[1]. Während der Weimarer Republik unterhielt Roselius ein weit gespanntes Netzwerk von Kontakten in beinahe alle politischen Lager, während er selbst völkisch-konservativ geprägt war. Neben Richard Wagner (1813–1883), Julius Langbehn (1851–1907) und Houston Stewart Chamberlain (1855–1927), sowie der Lebensreform- und der Heimatschutzbewegung, hatte ihn ab Mitte der 1920er-Jahre vor allem der völkische Laienforscher Herman Wirth (1885–1981) beeinflusst. Seitdem Roselius Adolf Hitler (1889–1945) 1922 bei einem privaten Treffen kennengelernt hatte, unterstützte er ihn. Anfang 1934 wurde er förderndes Mitglied der SS, spätestens seit 1937 war er auch Mitglied der NSDAP. Zudem gehörte Roselius im Dritten Reich einer Unzahl an einflussreichen Organisationen an, unter anderem war er Mitglied des Zentralausschusses der Deutschen Reichsbank und der nationalsozialistischen Akademie für Deutsches Recht.[2]

Von 1922 bis 1934 ließ Roselius schrittweise jedes einzelne Haus der an zentraler Stelle der Stadt gelegenen Böttcherstraße umgestalten oder neu erbauen. Das so entstandene architektonische Gesamtkunstwerk diente seinen ideologischen wie kommerziellen Interessen; gleichzeitig förderte Roselius damit zahlreiche Künstler und kulturelle Projekte. Neben zwei Ladengeschäften der Kaffee-HAG beherbergte die Straße auch den Club zu Bremen, Kunsthandwerk, eine frühe Form von Fitness-Studio, Roselius' Bremen-Amerika-Bank und seine umfangreichen Sammlungen. In seinen Museen zeigte Roselius sowohl Kunstwerke des Mittelalters und der Renaissance im Roselius-Haus als auch moderne Kunst im Paula-Becker-Modersohn-Haus. So wollte er die hohe Qualität dessen, was er als norddeutsche Kunst verstand, präsentieren und damit eine kulturelle Identität schaffen. Diese musste in seinen Augen auf dem kulturellen Schaffen vieler Jahrtausende basieren. In Roselius' Konzept der Kulturförderung und der damit verbundenen Ziele, wie der Hervorhebung der „norddeutschen", „nordischen" oder „germanischen" Kunst, fügte sich das Museum "Väterkunde" logisch ein. Dieses Gesamtkonzept erklärt auch, warum Roselius so unterschiedliche Künstler wie Lucas Cranach den Älteren (1475–1553) oder Paula Modersohn-Becker (1876–1907) sammelte und ihre Werke in verschiedenen Gebäuden der Böttcherstraße ausstellte.³

Die Genese des Museums „Väterkunde"

Eine zentrale Rolle spielte für Roselius der Rückbezug auf die vermeintlich germanische Vorgeschichte der Deutschen. Diese Vorliebe teilte er mit einem seiner Freunde, dem Heimatforscher Hans Müller-Brauel (1867–1940), genauso wie eine ausgeprägte Liebe zur norddeutschen Heimat. Der aus Zeven stammende Müller-Brauel interessierte sich schon seit seiner Jugend für die Archäologie und war in der Fachwelt durch sein langjähriges Engagement und seine umfangreiche Grabungserfahrung hoch angesehen, obwohl er nicht studiert hatte und sich für die Ideen von Wirth begeisterte. Müller-Brauel war daher Roselius' Verbindung zu einer großen Gruppe von Archäologen. Regen Kontakt pflegte Müller-Brauel beispielsweise mit Julius Andree (1889–1942), Gustav Schwantes (1881–1960) und Alfred Rust (1900–1983). Roselius verfügte durch seine vielseitigen Kontakte zu Persönlichkeiten des öffentlichen Lebens gleichzeitig über potenzielle Multiplikatoren für seine Ideen und Interessen. Dies kam vor allem auf den beiden Forschungstagungen, den so genannten Nordischen Thingen in den Jahren 1933 und 1934, zum Tragen.⁴

Roselius überließ den Ankauf seiner archäologischen Sammlung weitestgehend Müller-Brauel,⁵ der dafür auch auf seine ausgedehnten Kontakte zurückgreifen konnte. Die größtenteils noch erhaltenen Belege lassen darauf schließen, dass die beiden Männer nicht allein eine Kollektion bestimmter Stücke einrichten, sondern ein möglichst breites Spektrum abdecken wollten. Dafür spricht auch der Erwerb von Repliken und Abgüssen berühmter Funde. Ab 1926 wurden für das Museum Hunderte von Objekten erworben, deren Beschaffung oftmals aufwendig und kostspielig war. Allein zwischen 1929 und 1935 beliefen sich die Kosten für Ankäufe auf über 335 000 RM. Dieses Engagement führte dazu, dass das Museum im Jahr 1935 bereits über einen Bestand von mehr als 30 000 Stücken verfügte.⁶ Beide Männer wollten mit der Sammlung und der Ausstellung des Museums die Überlegenheit der „germanischen

Der Kuppelsaal des Hauses Atlantis bildete das Kernstück des Museums „Väterkunde". Hier standen die hochwertigen Repliken vom Oseberg-Schiff, vom Nydam-Boot und dem Sonnenwagen von Trundholm.

Kultur" sowie die „Entwicklung des nordischen Menschen" darstellen, wenn nicht gar beweisen.⁷ Dazu stellten sie sowohl Originale als auch nachgebildete Fundstücke, Schmuck und Waffen aus allen Teilen Europas aus, außerdem Modelle des Nydam-Bootes und des Oseberg-Schiffs. Im Juli 1926 schrieb Roselius an Müller-Brauel: „Ich bin durchaus der gleichen Ansicht wie Sie, nämlich, dass alle wirklich grosse Kunst von den Germanen stammt. Ich gehe sogar noch weiter und behaupte, dass das Schöpferische in der Entwicklung der Menschheit auf die uralte germanische Philosophie zurück zu führen ist, der gegenüber die christliche Philosophie wie das ersta Stammeln einer Rasse wirkt, die sich zum ersten Mal mit der Unendlichkeits-Frage beschäftigt. Die germanische Philosophie lebt in der Unendlichkeit. Sie kennt überhaupt nicht den Begriff der Endlichkeit und das haben die wenigsten begriffen!"⁸

Ergänzt wurde die eigentliche Ausstellung durch eine Lehrsammlung und die Bibliothek Gustaf Kossinnas (1858–1931), die Müller-Brauel kurz nach Kossinnas Tod von der Witwe erwarb, bevor die Berliner Universität reagieren konnte. Damit stellte das Museum auch eine hochkarätige Forschungseinrichtung dar.⁹

Beheimatet war das Museum „Väterkunde" im Haus Atlantis am weserseitigen Ende der Böttcherstraße. Die Front dieses Hauses glich einer Werbemaßnahme für die ihm zugrunde liegende Ideologie. Mit dem Entwurf und der Gestaltung des 1931 fertig gestellten Baus hatte Roselius den Bildhauer Bernhard Hoetger (1874–1949) beauftragt. In seiner bildhaften Fassade, deren zentrales Element der Lebensbaum, eine Großplastik aus Holz, bildete, dem Art-déco-Treppenhaus und dem Himmelsaal spiegelten sich deutlich die Ideen Wirths vom untergegangenen Atlantis wieder. Hoetger, der mehrere Gebäude der Böttcherstraße gestaltet hatte, wollte damit zugleich auch einen vermeintlich echten deutschen Stil neu schaffen, der an die Kunst der Wikinger anknüpfen und dabei frei von angeblich giftigen jüdischen Einflüssen sein sollte.¹⁰

Obwohl das Museum schon seit der Einweihung des Hauses Atlantis 1931 für den Publikumsverkehr geöffnet war, wurde es erst im Jahr 1933 im Rahmen des Ersten Nordischen Things in der Bremer Böttcherstraße offiziell eröffnet. Neben der beständig weiter wachsenden Dauerausstellung bot es in den folgenden Jahren Raum für mehrere Wanderausstellungen.¹¹

Zu den Repliken, die Roselius eigens für das Museum „Väterkunde" in den Werkstätten der Böttcherstraße anfertigen ließ, gehörte auch eine Nachbildung des Sonnenwagens von Trundholm.

Roselius, die Laienforschung und die Nordischen Thinge

Seit Mitte der 1920er-Jahre unterstützte Roselius Wirth, unter anderem, indem er die Veröffentlichung seines Buchs „Der Aufgang der Menschheit"¹² finanzierte. Ursprünglich sollte das Haus Atlantis sogar als Forschungszentrum für Wirth dienen; der zog es jedoch vor, in Berlin zu bleiben. Mit der Förderung erhoffte sich Roselius auch, Impulse zu einer Entwicklung arteigener Religiosität und zu einer Art zweiten Reformation, die das nordische Erbe stärken und den jüdischen Einfluss zurückdrängen sollte, zu leisten.¹³ Über die Ura-Linda-Chronik, Wirths umstrittenste Arbeit, sagte er, sie stünde im Mittelpunkt des Interesses der Nation.¹⁴ Auch zu Wilhelm Teudt (1860–1942) und Herman Wille (1881–?) unterhielt Roselius Kontakte und förderte sie nach Möglichkeit. Er glaubte unter anderem, dass sie die Theorie der Ursprünge der „Kultur aus dem Norden"¹⁵ und damit die Vorstellung, die Wiege der Zivilisation läge nicht im Nahen Osten, sondern im germanischen Norden, weiter belegen könnten.¹⁶

Um die völkische Laienforschung, die völkische Fachwissenschaft und interessierte Multiplikatoren miteinander in Kontakt zu bringen, veranstaltete Roselius Pfingsten 1933 das Erste Nordische Thing in der Böttcherstraße, eine wissenschaftliche Tagung mit internationalen Referenten. Das Erste Thing war stark auf Wirths Thesen ausgerichtet. Parallel dazu wurde auch Wirths Sonderausstellung „Der Heilbringer: Von Thule nach Galiläa – von Galiläa nach Thule" im Haus Atlantis gezeigt. Darin versuchte Wirth zu beweisen, dass sich wesentliche Elemente des Christentums auf nordisch-atlantische Wurzeln zurückführen ließen, bevor es durch jüdischen Einfluss überformt worden sei. Neben Wirth nahm auch Wille viel Raum auf der Tagung ein. Das Thing war insgesamt zwar ein großer Erfolg, auf Einladung von Roselius nahmen zahlreiche hochkarätige Gäste aus Wissenschaft, Politik und Kultur teil, es wurde von überregionalen Presseberichten begleitet und brachte eine Reihe späterer Mitglieder und Förderer des „Ahnenerbes der SS" zusammen; allerdings kam es zu einem Eklat, als die Fachwissenschaftler bei Wirths Vortrag den Saal verließen.¹⁷

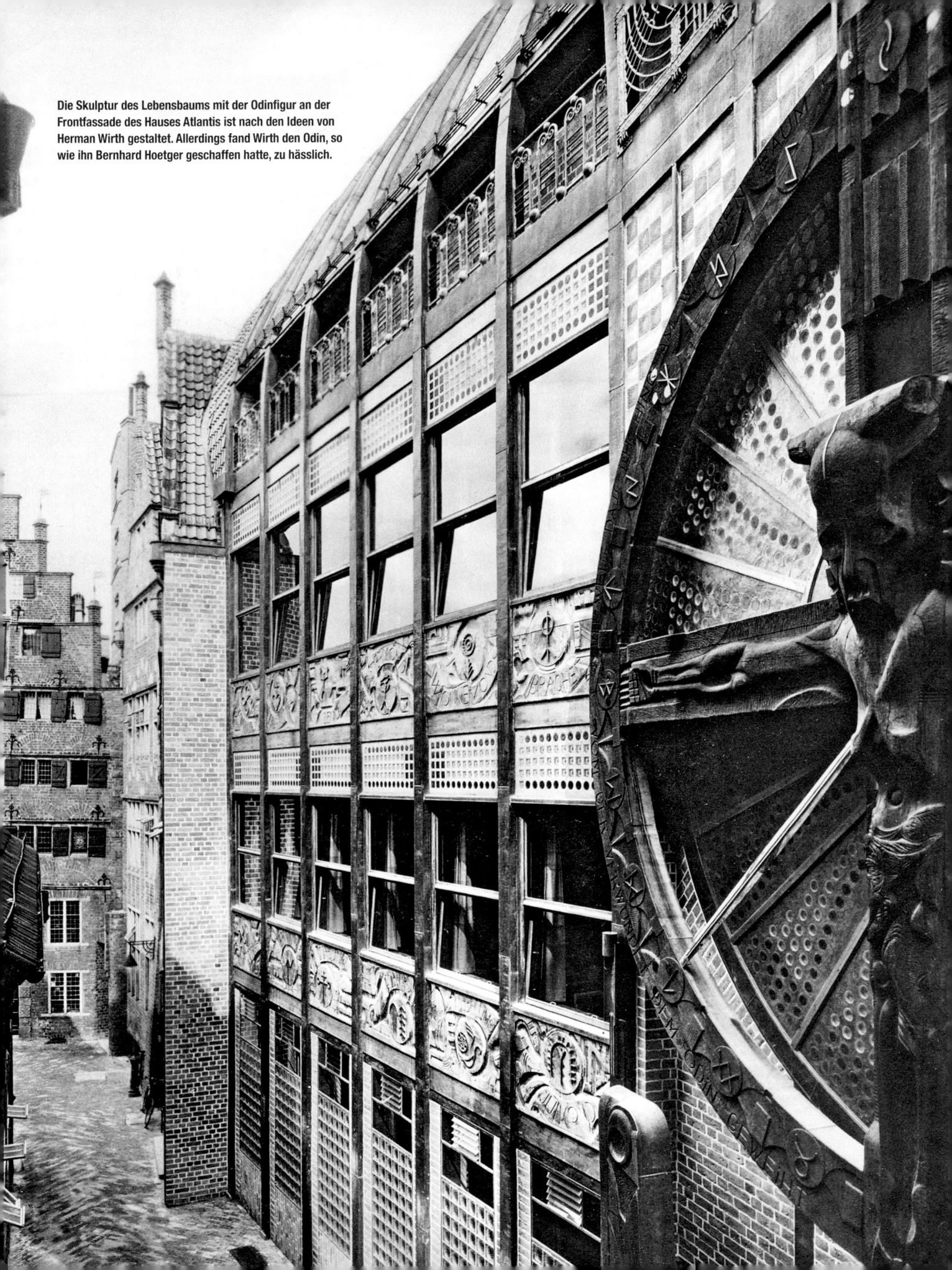

Die Skulptur des Lebensbaums mit der Odinfigur an der Frontfassade des Hauses Atlantis ist nach den Ideen von Herman Wirth gestaltet. Allerdings fand Wirth den Odin, so wie ihn Bernhard Hoetger geschaffen hatte, zu hässlich.

Das Zweite Nordische Thing fand Pfingsten 1934 statt und war deutlich umfangreicher. Es war praktisch komplett auf die völkische Fachwissenschaft ausgerichtet, während die völkische Laienforschung kaum noch eine Rolle spielte. Dieser Wechsel war von Roselius nicht beabsichtigt worden, vielmehr war Wirth an der Teilnahme der Tagung verhindert gewesen.[18]

Ein Drittes Nordisches Thing wurde erst für Pfingsten 1936 geplant, unter anderem, weil die Zweite Jahrestagung des „Reichsbundes für Deutsche Vorgeschichte" 1935 in Bremen stattfand. Aber es kam über die Planungsphase nicht hinaus. Eine mögliche Ursache liegt darin, dass auch viele völkische Fachwissenschaftler die Thesen von Herman Wirth ablehnten. Daneben spielten Misstimmungen zwischen Wirth und Roselius ebenso eine Rolle wie der Umstand, dass Roselius einen Teil seines für entsprechende Projekte zur Verfügung stehenden Budgets anderen Vorhaben zuführte. Ein weiterer Grund war, dass es ab 1935 immer heftigere, öffentliche Kritik an den von Hoetger gestalteten Teilen der Böttcherstraße und an den Gemälden von Paula Modersohn-Becker gab. Beide wurden teilweise als so genannte entartete Kunst betrachtet. Zudem griff Adolf Hitler (1889–1945) auf dem Reichsparteitag im September 1936 öffentlich Wirth an und erwähnte dabei auch die Böttcherstraße. Obwohl diese verbale Attacke in erster Linie Herman Wirth und dem frühen „Ahnenerbe der SS" galt, traf sie auch Roselius. Der Grund dafür dürfte darin gelegen haben, dass Hitler es Roselius verübelte, dass dieser größere Geldmittel in die Umgestaltung der Böttcherstraße investiert hatte, statt sie der NSDAP zur Verfügung zu stellen. Erschwerend kam noch hinzu, dass Hitler, wie auch weite Teile der NSDAP, den expressionistischen Stil der von Hoetger gestalteten Gebäude als entartet ablehnte. Trotzdem wurde die Böttcherstraße unter noch nicht ganz geklärten Umständen unter Denkmalschutz gestellt. Roselius, dessen gesundheitlicher Zustand sich zusehends verschlechterte, war 1937 Ehrengast bei der Eröffnung der Großen Deutschen Kunstausstellung im Münchner Haus der Deutschen Kunst und engagierte sich weiter in verschiedensten Organisationen. Außerdem förderte er in den folgenden Jahren das „Ahnenerbe der SS".[19]

Das Focke-Museum

Das heutige Focke-Museum entstand 1924 aus der Zusammenlegung des Gewerbe-Museums und des Historischen Museums. Ersteres hatte sich aus der Technischen Anstalt für Gewerbetreibende entwickelt, in der Bremer Handwerker in Stil- und Entwurfsfragen geschult wurden. Die Anstalt verfügte über eine Sammlung, die anschauliche Beispiele aus allen Bereichen des Kunsthandwerks bereithalten sollte. Nach und nach trat die Sammlung in den Vordergrund, so dass die ganze Institution 1884 den Namen Gewerbe-Museum erhielt. Das Historische Museum ging aus der privaten Initiative von Johann Focke (1848–1922) hervor. Er trug seit 1880 neben seiner Arbeit eine stadtgeschichtliche Sammlung zusammen, die im Jahr 1900 als Historisches Museum im früheren Katharinenkloster im Zentrum Bremens ausgestellt wurde. Durch Geschenke aus der Bevölkerung wuchs das Museum schnell. 1905

Im Sommer 1933 wurde die von Herman Wirth organisierte und von Ludwig Roselius unterstützte Sonderausstellung „Der Heilbringer" im Haus Atlantis gezeigt, die Eröffnung fand im Rahmen des Ersten Nordischen Things statt. Auf dem Bild steht Roselius zwischen Alfred Faust und Hans Müller-Brauel.

wurde die Sammlung vorübergehend in einen Anbau des Bremer Doms verlegt. Erst 1913 zog es in die Großenstraße im Stephaniviertel, dort bot der Barockbau des ehemaligen städtischen Altenheimes im äußersten Westen der Bremer Altstadt ausreichend Platz. Zu Fockes 70. Geburtstag 1918 wurde das Historische Museum in Focke-Museum für bremische Altertümer umbenannt. Schon vor dem Ersten Weltkrieg gab es Pläne, die beiden Museen zusammenzulegen, doch erst ab 1919 begannen konkrete Vorbereitungen. 1923 wurden die beiden Museen im Gebäude des Focke-Museums zusammengeführt und die zuständigen städtischen Gremien vereinigt, ausschlaggebend für diese Schritte waren zunächst noch primär finanzielle Gründe. Das änderte sich erst, als 1924 Ernst Grohne (1888–1957) als neuer Direktor berufen wurde. Der völkisch gesinnte Grohne hatte in Tübingen und Göttingen Geschichte, Geografie und Sprachwissenschaften studiert und danach am Museum für Hamburgische Geschichte gearbeitet. Er erstellte ein gemeinsames Ausstellungskonzept, dass die ursprünglich getrennten Sammlungen in einer gemeinsamen Dauerausstellung vereinte. Nach einer längeren Umbauphase konnte das Museum 1927 wieder eröffnet werden. Eine archäologische Sammlung gab es zu diesem Zeitpunkt noch nicht.[20]

Ursprünglich waren archäologische Funde aus Bremen und dem Umland im Städtischen Museum für Natur-, Völker- und Handelskunde, dem heutigen Übersee-Museum, gesammelt worden. Auch Focke hatte seine entsprechenden Objekte dorthin abgegeben. Unter der Leitung des archäologisch und historisch vorgebildeten Lehrers Alwin Lonke (1865–1947) entstand daraus zu Beginn der 1920er-Jahre eine erste archäologische Dauerausstellung. Im Zuge der Neuausrichtung des Städtischen Museums ab 1935 hin zum Deutschen Kolonial- und Übersee-Museum und der damit verbundenen Einrichtung einer rassenkundlichen Abteilung konnte die archäologische Dauerausstellung dort aus Platzgründen nicht mehr gezeigt werden. Gleichzeitig gab es seit 1933 Bemühungen, die archäologische Sammlung in das Focke-Museum zu überführen. Eine wichtige Rolle dürfte dabei gespielt haben, dass Grohne sich seit Ende der 1920er-Jahre auch mit archäologischen Themen beschäftigte. Zudem war er im Februar 1933 zum Staatlichen Vertrauensmann für die Denkmalpflege der Freien und Hansestadt Bremen ernannt worden. In dieser nebenamtlichen Position war er auch für die Bodendenkmäler zuständig und entfaltete eine umfangreiche Grabungstätigkeit. Dadurch hatte das Focke-Museum einen eigenen Ausgangspunkt für den Aufbau seiner archäologischen Sammlung, so dass möglicherweise angestrebt wurde, die Archäologie staatlicherseits in einer Hand zu vereinen. Unterstützt wurde Grohne in seinem Bestreben, das Focke-Museum für die archäologische Sammlung der Stadt zuständig werden zu lassen, vom Senator für das Bildungswesen und Kirche, Richard von Hoff (1880–1945). Trotzdem zogen sich die Verhandlungen zwischen den Museen und dem Bremer Senat über einen längeren Zeitraum hin und erst 1937 wurden die archäologischen Sammlungsbestände vom Übersee-Museum an das Focke-Museum übergeben.[21]

Auch in den nachfolgenden Jahren unterstützte der Bremer Senat das Museum weiter beim Aufbau seiner vorgeschichtlichen Sammlung. Nach Kriegsbeginn wurde das Focke-Museum geschlossen und fast alle Bestände wurden von Grohne sicher verpackt und ausgelagert. Noch am 24. November 1944, die Rote Armee stand bereits vor Warschau und die Westalliierten hatten Florenz, Straßburg und Aachen eingenommen, bewilligte der Senator für Finanzen die enorme Summe von 20000 RM zum Ankauf der Sammlung Wulf, ein spannender Aspekt, der allerdings noch weiter erforscht werden muss. Diese private Kollektion umfasste neben Scherben von Keramikgefäßen und Steinartefakten vor allem Tierknochen aus der Eiszeit.[22]

Kurz nach dem Transfer der Sammlung eröffnete das Focke-Museum 1937 seine erste eigene archäologische Dauerausstellung. Dafür standen aus Platzmangel nur zwei Räume im Kellergeschoss zur Verfügung. Zwar wurde sofort mit der Planung einer Erweiterung des Museums begonnen, um die archäologischen Funde in einem repräsentativen Rahmen zeigen zu können. Diese wurde aber kriegsbedingt nicht mehr umgesetzt. Neben archäologischen Objekten aus den vom Übersee-Museum übernommenen Sammlungsbeständen wurden auch umgehend Funde und Befunde aus den laufenden Ausgrabungen, insbesondere von der Mahn-

Für die erste archäologische Dauerausstellung des Focke-Museums standen nur zwei Kellerräume zur Verfügung.

Der massive Goldreif von Gahlstorf wurde 1936 beim Sandabbau gefunden.

dorfer Düne, in die neue Dauerausstellung integriert. Darunter befand sich eine komplette Pferdebestattung, die mit dem Wotanskult in Zusammenhang gebracht wurde. Über einer der Türen im Ausstellungsbereich wurde ein rassistisch verfremdetes Goethe-Zitat angebracht: „Die Hauptsache ist, daß die Rasse rein bleibe, rein und sich selber gleich, wie schon Tacitus sie einst rühmte. So werden wir fähig, das Grundelement des Urvolkes der Germanen zu erhalten und zu steigern. Goethe"[23].

In dieser neuen Dauerausstellung wurde der Fokus auf die lokale Vorgeschichte des Bremer Raumes gelegt, so dass sich auch kein Konkurrenzverhältnis zum Museum „Väterkunde" entwickelte. Vielmehr scheinen sich die beiden Museen in der Innenstadt in ihrer Ausrichtung gegenseitig ergänzt zu haben. So gibt es Hinweise darauf, dass Ludwig Roselius die Überführung der archäologischen Sammlung aus dem Übersee-Museum in das Focke-Museum unterstützt hat. Zudem hatte Hans Müller Brauel bereits 1933 auf dem Ersten Nordischen Thing in der Böttcherstraße die Einrichtung eines lokal ausgerichteten archäologischen Landesmuseums für Bremen gefordert.[24]

Im Gegensatz zum Museum „Väterkunde" arbeitete das Focke-Museum auch bis auf eine Ausnahme mit Originalfunden. Angeregt durch die vom „Reichsbund für Deutsche Vorgeschichte" veranstaltete Wanderausstellung „Lebendige Vorzeit", die 1939 in Bremen zu besichtigen war, entschied sich die Leitung des Focke-Museums, hochwertige Repliken von mehreren Fundstücken der Mahndorfer Ausgrabung anfertigen zu lassen.

Germanien – Propagierung einer Idee

Archäologie in der politischen Schulung

Uta Halle, Bianca Mahsarski und Dirk Mahsarski

Im NS-Staat entstanden verschiedene Formen außerschulischer Vermittlungsarbeit, denn er bemühte sich, mit ideologischen Schulungen die erwünschte „Volksgemeinschaft" zu errichten und zu stärken. Allerdings ist der Forschungsstand zu dieser Thematik noch unbefriedigend, da „das Gesamtsystem der Schulungen der Partei und der verschiedenen Gliederungen seitens der Pädagogikforschung und Bildungswissenschaften bisher eigentlich nicht erfasst und dargestellt" wurde.[1] Die Schulungsarbeit erfolgte nicht nur, um ideologische Inhalte zu vermitteln, sondern gleichzeitig konnte die NS-Gesinnung der Mitglieder überprüft und kontrolliert werden. Als Ziel galt: „Das Volk soll anfangen einheitlich zu denken, einheitlich zu reagieren und sich der Regierung mit ganzer Sympathie zur Verfügung zu stellen."[2] Der Mensch sollte von Geburt über Kindheit, Jugend und im wehrpflichtigen bzw. gebärfähigen Alter ohne Unterbrechung verschiedensten Beeinflussungsmöglichkeiten ausgesetzt werden.

Da fast jede Gruppierung ihre eigenen Uniformen besaß, mit denen das Gemeinschaftserlebnis vereinheitlicht und verstärkt werden sollte, fand die Schulungsarbeit – soweit bislang erforscht – in den jeweiligen Uniformen statt. Wie wichtig das Thema Uniform war, zeigt eine Bemerkung des Göttinger Althistorikers Ulrich Kahrstedt, der auf der von ihm geleiteten Ausgrabung auf der Vogelsburg/Kreis Northeim „in Uniform als Truppführerdiensttuer" arbeiten musste. Er ließ sich in diesem Outfit vor einem Grabungsprofil fotografieren.[3] Neben den spezifischen Uniformen besaßen die Gruppierungen der NSDAP eigene Schulungsformen für ihre jeweiligen Mitglieder.

Getrennt nach Geschlechtern und aufgeteilt in die unterschiedlichen Alterskohorten, kam fast jeder Mensch mit der Archäologie in Kontakt, denn diese Forschung bildete gemeinsam mit Volkskunde und Rassenkunde einen zentralen Schwerpunkt innerhalb der Schulungsarbeit. Mit der Schulungsarbeit traf die Politik einen wichtigen Wunsch der Archäologen, denn diese hatten sich vor 1933 aus ihrer täglichen praktischen Arbeit heraus immer wieder gefragt, wie es „mit der Kenntnis um unsere Wissenschaft im ganzen Volke" bestellt wäre. Der Kölner Archäologe Herbert Kühn (1895–1980) beobachtete die Lage im November 1932 zwar als „eine Zeit, in der überall in Deutschland das von breiten Kreisen getragene Interesse an der vaterländischen Vorgeschichtsforschung immer stärker wurde und durch die neuere Entwicklung der innenpolitischen Lage immer dringender als nationale Forderung erhoben" wurde, aber trotzdem empfanden die Fachleute einen Mangel an Anerkennung.[4] Und obwohl zahlreiche Laien der entstehenden Archäologie zuarbeiteten, Funde sammelten, an Ausgrabungen teilnahmen, fühlten sich die Wissenschaftler auch durch den gravierenden Konflikt mit den Laienforschern nicht genügend berücksichtigt. Es gab zu wenige Planstellen an den Museen, es gab nur einen ordentlichen Lehrstuhl für Vorgeschichte an der Universität in Marburg, die Landesdenkmalämter entstanden erst langsam, das heißt, insgesamt war die allgemeine Aufbauphase des Faches noch nicht weit gekommen.

Schon vor 1933 traten mehrere Archäologen in eine der Gliederungen der NSDAP ein. Der aufstrebende Archäologe Hans Reinerth, dessen wissenschaftliche

Ambitionen auf eine Universitätskarriere sich um 1930 nach einem Disziplinarverfahren an der Universität Tübingen zunächst zerschlagen hatten, beschrieb 1932 seine Hoffnung auf die Archäologie im Dritten Reich. Er legte dabei einen besonderen Schwerpunkt auf die von ihm angestrebten kulturpolitischen Aufgaben, mit denen er Folgendes erreichen wollte: „Der liberalistische Geist der Gleichmacherei und Überfremdung konnte an der Aufdeckung der hohen kulturellen Werte und an der sieghaften frühesten Geschichte unserer Vorfahren kein Interesse haben […] Erst wenn jeder Deutsche weiß, daß nordische Kultur und nordische Menschen durch Jahrtausende die Gebenden in Alteuropa waren, dann werden … die letzten Schalen fremder Übertünchung von unserem ureigensten deutschen Bildungsgute abfallen."[5]

Nach dem Machtantritt der Nationalsozialisten setzten die Archäologen ihre Hoffnung auf die NSDAP, die „durch Schulung in allen ihren Gliederungen das ganze deutsche Volk mit der Vorgeschichtsforschung vertraut machen" würde.[6] Es war den Wissenschaftlern also sehr wohl bewusst, dass die Schulungsarbeit für die Partei eine bedeutende Rolle übernahm. Die Ergebnisse archäologischer Forschung und hier vorzugsweise zu den Germanen in parteiliche Schulungsarbeit einzubauen bedeutete, die Frage zu stellen, wie diese für die Jugend und andere Parteigruppen aufbereitet und umgesetzt werden sollten. Schon im November 1933 nutzten die Wissenschaftler eine Chance, die der Staat ihnen bot.[7] Für die Schulungsarbeit waren ausgehend vom Preußischen Ministerium für Wissenschaft, Kunst und Volksbildung „umgehend etwa 30 junge Vorgeschichtler, die fähig sind, an den Gauführerschulen aufklärende Kurse über die Aufgaben und die Objekte der Vorgeschichtsforschung zu halten", gesucht worden. Diese mussten als „Voraussetzung … sofortige Verfügbarkeit, entschiedenes Eintreten für den nationalsozialistischen Staat (Parteizugehörigkeit oder Bürgschaften) und möglichst Vertrautheit mit den vorgeschichtlichen Problemen der betreffenden Landschaft" mitbringen.[8] Der Marburger Professor Gero von Merhart gab diese Anfrage sofort an seine fortgeschrittenen Studenten weiter, weil er diese Schulungsarbeit als „eine Selbstverständlichkeit" ansah.[9] Da mehrere seiner Studenten schon in verschiedene NSDAP-Gliederungen eingetreten waren, bestanden auch ihrerseits keine Bedenken, diese Schulungsarbeit zu übernehmen.

Hitlerjugend

Ein Fokus der nationalsozialistischen Politik lag auf der Beeinflussung der Jugend. „Wem die Jugend gehört, dem gehört auch die Zukunft"[10] war ein Motto der nationalsozialistischen Jugendarbeit. Deshalb lag auf der jungen Generation das besondere Augenmerk der nationalsozialistischen Politik. Hitlerjugend, SA, SS und Wehrmacht versuchten, teils unabhängig voneinander, teils gegeneinander, möglichst großen Einfluss auf die Heranwachsenden zu nehmen. Um die gesamte Jugend im außerschulischen Bereich zu erfassen, verbot der NS-Staat zunächst 1933 alle anderen Jugendverbände, indem er sie zerschlug oder gleichschaltete. Nach ihrer Zeit im „Deutschen Jungvolk" kamen die Jungen mit 14 Jahren – bis 1936 formell freiwillig – in die Hitlerjugend (HJ) und die Mädchen in den „Bund Deutscher Mädel" (BDM). Ab 1938 konnten die 17- bis 21-jährigen jungen Frauen in die Gruppe „Glaube und Schönheit" überwechseln, in der sie noch stärker auf ihre zukünftige Rolle als Hausfrau und Mutter geschult wurden. Neben der körperlichen Schulung in den Jugendorganisationen der HJ und des BDM stand die ideologische Erziehung in den Anweisungen des „Reichsjugendführers" Baldur von Schirach. Das Gesetz zur Hitlerjugend entstand im Dezember 1936 und sah vor, die „gesamte deutsche Jugend innerhalb des Reichsgebietes" in der Hitlerjugend zusammenzufassen. Ziel war, die „deutsche Jugend […] außer in Elternhaus und Schule in der Hitlerjugend körperlich, geistig und sittlich im Geiste des Nationalsozialismus zum Dienst am Volk und zur Volksgemeinschaft zu erziehen". Eine allgemeine Wissensvermittlung gehörte nicht unbedingt zu den Aufgaben der Hitlerjugend. Eine Ausnahme bildete hierbei die Ur- und Frühgeschichte, denn für diesen geschichtlichen Bereich waren die Erziehungsziele in Schule und HJ deckungsgleich. In diesen Jugendverbänden wurde die ideologische Schulung überwiegend auf den so genannten Heimabenden durchgeführt.

Die Hitlerjugend übernahm 1938 den „Ehrenschutz" der Bodendenkmale. Diese neue Aufgabe, „an dem wichtigen Werk der Erhaltung des in unseren Bodenaltertümern überkommenen Ahnenerbes mitzuarbeiten", wurde von „Reichserziehungsminister" Rust „begrüßt" und er wies die „staatlichen Vertrauensmänner für die kulturgeschichtlichen Bodenaltertümer" an, sich mit den zuständigen Stellen der Hitlerjugend in Verbindung zu setzen und Schulungen mit den Jungen durchzuführen.[11] Damit war nicht in erster Linie die denkmalpflegerische Betreuung gemeint, sondern es war eine „nahezu religiöse Verehrung" der Bodendenkmale vorgesehen.[12] Im Bann Delmenhorst-Wildeshausen – ein Gebiet mit mehreren Großsteingräbern – sollten die „Hünengräber" vom Buschwerk, „das wild zwischen den Steinen wuchert", befreit werden, an Großsteingräbern auf der Heide oder auf Feldflächen sollte die Hitlerjugend hingegen „eine kleine Baumgruppe von Eichen" anpflanzen.[13]

Aber zeigte diese Propaganda Wirkung auf die Heranwachsenden? Als Hinweis, dass dieser Weg durchaus erfolgreich war, kann die Schilderung des damaligen Bremer Hitlerjungen Werner Mork (*1921) gelten: „Wir wollten unser Volk zu einem mächtigen Staat in Europa werden lassen, einem Europa, von dem wir glaubten, dass es endlich ein groß-germanisches Europa sein würde, im Geiste des Kaisers Karl der Große."[14] Die Marine-Hitlerjugend am Zwischenahner Meer konnte nach 1936 praktische Übungen im Rudern in einem originalgroßen Nachbau des Nydam-Bootes machen. Dieser war auf einer Werft in Lemwerder gebaut, 1936 bei der Segelolympiade in Kiel gezeigt und anschließend der Hitlerjugend auf dem Zwischenahner Meer zur Verfügung gestellt worden.

„Reichsarbeitsdienst"

Im Gegensatz zur Hitlerjugend, die nur vereinzelt zur praktischen Arbeit in der Archäologie herangezogen wurde, sah es beim „Reichsarbeitsdienst" ganz anders aus. Die Landesämter für Vorgeschichte forderten in verstärktem Umfang „Reichsarbeitsmänner" für die einfachen Freilegungsarbeiten bei Ausgrabungen an. Der sechsmonatige Arbeitsdienst, zuvor ein arbeitsmarktpolitisches Instrument zur Eindämmung der immens hohen Arbeitslosigkeit und auf freiwilliger Basis, wurde 1935 für die jungen Männer im Alter zwischen 18 und

```
Zu Vb 340/39.
     Die Hitlerjugend hat den Ehrenschutz
  über die vorgeschichtlichen Bodendenkmäler übernommen.
     ----------
Welche Verpflichtung bedeutet dieser Ehrenschutz für Dich?

1). Die vorgeschichtlichen Bodendenkmale sind uns heilig.
    Denke immer daran, daß die vorgeschichtlichen Bodendenkmale
    Zeugnisse vom Leben unserer Ahnen aus vergangenen Jahrtausenden sind. Stehe ehrfürchtig vor ihnen und entweihe sie nicht
    durch würdeloses Benehmen. Sammle alle Papierreste und sonstige Abfälle, die Menschen ohne innere Verbindung mit dem
    Leben unserer Ahnen dort weggeworfen haben und sorge dafür,
    daß die Stätten sich in einem würdigen Zustand befinden.

2). Die vorgeschichtlichen Bodendenkmale sind keine Ausflugsstationen.
    Es ist geschmacklos gerade hier seine Butterbrote zu verzehren oder sich fotografieren zu lassen.

3). Kein vorgeschichtliches Denkmal darf zerstört werden.
    Sorge dafür, daß vorgeschichtliche Funde (Scherben, Holzreste, Steinsetzungen usw.) nicht zerstört werden. Wenn Du
    durch Zufall darauf triffst, benachrichtige sofort den nächsten Vorgeschichtsmann. Es ist seine Aufgabe den Fund sachgemäß zu bergen, nicht die Deine.

4). Die Landjugend sei vorbildlich. Oftmals stößt der Bauer bei
    der Landarbeit auf vorgeschichtliche Funde. Sei in Deinem
    Dorf immer darauf bedacht, daß nichts böswillig zerstört
    wird.

5). Die Bodendenkmale sind Stätten unseres Lebens. An den Stätten,
    wo unsere Ahnen zur Beratung zusammenkamen, oder ihre Toten
    bestatteten, können auch wir Feiern unserer Gemeinschaft durchführen. Alte Wälle und Hünengräber sind gute Feierstätten.
```

Die Hitlerjugend übernimmt den Ehrenschutz der Bodendenkmale.

25 Jahren verpflichtend, für die jungen Frauen blieb er bis zum Kriegsbeginn freiwillig. Mit dieser Umformung verbunden war ein weiteres Ziel – der Arbeitsdienst bekam nun den Auftrag, ein „Erziehungsmittel des Nationalsozialismus" zu werden. Eine „Schulung über die germanische Vorzeit" und über den „Wert der Bodenfunde" wurde von den regionalen Instanzen für „notwendig gehalten."[15] Deshalb erhielten alle Arbeitsdienstgruppen eine „gründliche Schulung", die zudem auch „Rassenkunde" enthielt.

Lehrerschulungen

Lehrer mussten an Schulungen in Lehrerlagern teilnehmen, die von den Provinzialverwaltungen oder Ländern veranstaltet wurden. Bis 1935 fanden diese Veranstaltungen in Zeltlagern, Jugendherbergen oder in Schulen statt. Das Zentralinstitut für Erziehung und

Gauschulungslehrgang in Saaz.

Unterricht führte 150 Lager durch, die bis 1941 von über 10 000 Lehrern besucht wurden. Weitere 700 Lager veranstaltete der „Nationalsozialistische Lehrerbund" (NSLB) 1936 mit 70 000 Teilnehmern. Bis zum Kriegsbeginn 1939 hatten insgesamt 4000 Lager für die Lehrerschaft stattgefunden.[16]

Immer wieder führten die Landesämter für vorgeschichtliche Denkmalpflege zusammen mit dem NSLB („Lehrerbund") und regionalen sowie kommunalen Staatsstellen, zum Beispiel den städtischen Schulverwaltungen, „Lehrgänge für germanische Vorgeschichte" durch, für die sich die Wissenschaftler gerne und mit viel Engagement zur Verfügung stellten.[17] So wurde für das Schulungslager für Deutsche Vorgeschichte, das das Zentralinstitut für Erziehung und Unterricht im Einvernehmen mit Rust in der Zeit vom 22. bis 31. Oktober 1935 veranstalten wollte, der Professor für Vorgeschichte der Berliner Universität, Hans Reinerth, als Leiter bestimmt, der diese Aufgabe trotz vielfältiger anderer Verpflichtungen gerne übernahm.[18]

Vorgeschichtsforschung wurde zu einem wichtigen Thema im Schulunterricht, für den die Lehrer und einige wenige Lehrerinnen in den Sommerferien in speziellen Lehrerlagern ausgebildet wurden.[19] Der Bericht des Dozenten aus dem 1935 durchgeführten fünftägigen Schulungslager in der Gauführerschule Lärchwalde in Ostpreußen beschreibt den Ablauf dieses Lagers. Es wurde veranstaltet vom Zentralinstitut für Erziehung und Unterricht und dem Seminar für Vor- und Frühgeschichte der Albertus-Universität zu Königsberg. In den Lagertagen fanden 19 Vorträge mit Dias statt. Der Schwerpunkt lag dabei auf den „einzelnen Volkskulturen der Vorzeit, besonders der Ost- und Nordgermanen". Gleichzeitig wurde die Bedeutung für die politisch motivierte „Grenzlandarbeit" betont. Renommierte und etablierte Archäologen übernahmen die Referate, und nur der Vortrag „Litauische Geschichtslügen über Ostpreußens früheste Vergangenheit" wurde von einem Doktoranden gehalten. Gemeinsam besichtigten die Teilnehmenden die Ausgrabung „an der frühgermanischen Burg Tolkemita" (heute Tolkmicko in Polen), einer mehrphasigen Befestigungsanlage aus der frühen Eisenzeit mit spätmittelalterlicher Überbauung. Neben der Schulungsarbeit mussten die Teilnehmenden aber auch gemeinschaftsfördernde Aktionen, wie Kartoffelschälen, leisten. Zum Programm gehörte außerdem die Gestaltung eines bunten Abends, bei dem sie sich mit Wolldecken, Kochtöpfen und -deckeln,

Bademützen und Handtüchern als bewaffnete Germanen verkleideten.[20] Zusammenfassend hielt der Dozent fest: „Das Lager [ist] die beste Einrichtung für eine gute Schulungsarbeit."[21] Ein Bericht über die Lehrerlager im Bezirk Breslau stellte 1938 die Durchführung von Führungen in Museen und Sammlungen für die Lehrer der Lager als wünschenswert heraus.[22] Nach diesen Lehrerlagern dürften die Lehrer, die zudem auch vielfach im „Nationalsozialistischen Lehrerbund" organisiert waren, kaum noch Probleme gehabt haben, ihre Schüler 1937 zur Teilnahme an dem Wettbewerb „Volksgemeinschaft – Blutsgemeinschaft" zu motivieren.

Das Plakat des Wettbewerbes zeigt in Form eines Baumes eine Abfolge geschichtlicher Ereignisse, ausgehend von den vorgeschichtlichen Menschen, die als Skelette im Boden liegen; die Spitze des Baumes trägt ein Hakenkreuz. Auf den Ästen sind unter anderem von unten nach oben jungsteinzeitliche Großsteingräber, die Schlacht im Teutoburger Wald, die Völkerwanderung, Heinrich der Löwe, Martin Luther, die erste Eisenbahn, die „nationalsozialistische Revolution" und die Aufrüstung des NS-Staates zu sehen.

Die Schutzstaffeln der NSDAP

Schon im Dezember 1931 wurde mit dem „Rasseamt" der SS eines der ältesten Hauptämter der SS gegründet. Bis zum September 1938 wurde das Amt, das zwischenzeitlich in „Rasse- und Siedlungsamt" umbenannt und ab Januar 1935 zum „Rasse- und Siedlungshauptamt" (RuSHA) aufgewertet worden war, von SS-Gruppenführer Richard Walther Darré (1895–1953) geleitet. Er war ein wichtiger Vordenker der Blut-und-Boden-Ideologie sowie enger Vertrauter Himmlers und übernahm vielfältige Funktionen im NS-Staat: „Reichsbauernführer", „Reichsminister für Ernährung und Landwirtschaft" und Amtsleiter des „Rasse- und Siedlungshauptamtes" der SS. Dieses Amt spielte eine zentrale Rolle in Himmlers Plänen, die SS zu einer rassischen Elite auszubauen, und war für die Eignungsprüfung von SS-Bewerbern und ihre Heiratsgenehmigungen sowie – während des Zweiten Weltkrieges – für die Rassenselektion der Bevölkerung in den besetzten Gebieten zuständig. Zudem war es bis 1938 auch im Bereich der Schulung und der weltanschaulichen Forschung aktiv.[23]

Bereits 1933 begann die SS, sich für die Prähistorische Archäologie und ihre Verwertbarkeit in der Propaganda zu engagieren.[24] Im Dezember 1933 ließ Darré eine interne Besprechung im Stabsamt des „Reichsbauernführers" durchführen, um einen „grosszügigen Aufklärungsfeldzug über vorchristliche germanische Kultur" vorzubereiten. Unter den Teilnehmern war auch Karl Hermann Jakob-Friesen (1886–1960), Direktor des Hannoverschen Landesmuseums. Als Ergebnis der Besprechung sammelte das Stabsamt ab da Informationen über Lichtbildmaterial, Gegenstände, die für eine Film- oder Lichtbilddokumentation lohnenswert wären, in

Plakat für den Wettbewerb „Volksgemeinschaft – Blutsgemeinschaft".

SS-Schulung mit Runen an der Tafel.

Frage kommende Redner, Personen, die „volkstümlich gehaltene Mustervorträge" ausarbeiten könnten, und Schriftsteller, die in Zeitungen und Zeitschriften (nicht Fachpresse) schreiben könnten. Im Mittelpunkt aller Schulungsarbeit stand der „nordische Mensch".

In der Folge entstanden in verschiedenen Abteilungen der SS und des „Reichsnährstandes" eine ganze Reihe unterschiedlicher, bisher nicht systematisch untersuchter Diaserien zu Schulungszwecken, für die auch ergänzendes Material angeboten wurde. In den Schulungen wurden den SS-Mitgliedern auch die angeblich germanischen Sinnbilder und Runen erklärt.

Die Schulungsarbeit in der SS wurde durchaus auch von Himmlers Gegenspieler Alfred Rosenberg gelobt, denn dieser schrieb ihm im August 1935: „Wenn Parteigliederungen sich zwecks Schulung mit der Vor- und Frühgeschichte befassen, so ist das nicht nur erfreulich, sondern notwendig, und ich habe mich besonders gefreut, dass Sie Parteigenosse Himmler, Ihre SS. derart vorbildlich weltanschaulich geführt haben."[25] Gleichzeitig baute die SS ihren Machtbereich in den Belangen der Archäologie immer weiter aus. SS-Männer wurden für die praktischen Ausgrabungsarbeiten eingesetzt.

Ebenso, wie sich der „Reichsbund" um die Schulungsarbeit für die Lehrer kümmerte, versuchte die SS, ihre Mitglieder im Bereich der Vorgeschichtsforschung zu unterrichten. Im Frühjahr 1935 kam es zu einer ersten Forschungsgrabung im Rheinland. Unter der Leitung des Archäologen und frühen Parteimitgliedes (seit 1930) Werner Buttler (1907–1940) wurde mit einigen SS-Männern die rechtsrheinische Erdenburg bei Bensberg, ca. 15 Kilometer östlich von Köln-Deutz, untersucht. Sie galt als „bedeutendste und interessanteste Anlage" und deshalb erschien „es für die Wissenschaft wünschenswert, wenn eine solche Anlage erforscht wird, da im Rheinland weder vorgeschichtliche noch germanisch-fränkische Befestigungen untersucht worden" waren.[26] Als Begründung für die Ausgrabung gab Buttler an, dass das „Ziel" die Klärung des „Alters und die völkische Zugehörigkeit ... sowie Aufschlüsse über die Art und Aufbau der Befestigung" sein sollten. Die Ausgrabung waren eine reine Forschungsgrabung und keine Notgrabung, die auf Grund von Baumaßnahmen notwendig wurde. Schon im Vorfeld zeichnete sich ab, dass das Unternehmen als „Schulungsgrabung für die SS" aufgezogen werden sollte. Finanziert wurde das

Ganze nicht nur mit Geldern der SS, sondern auch der Deutschen Forschungsgemeinschaft und anderer Institutionen.[27] Auch wenn an dieser Stelle erstmals die SS mit der rheinischen Vorgeschichtsforschung verknüpft wird, klingt die Begründung für die Grabung – unklare Zeitstellung, noch keine anderen Anlagen ausgegraben – unpolitisch und könnte auch heute noch in einem Antrag für eine Forschungsgrabung stehen. Etwas anders sieht es mit dem Grund „völkische Zugehörigkeit" aus. Hier ist das zeitgenössische Vokabular deutlich erkennbar. Der politische Hintergrund wird erst sichtbar, wenn man die nationalsozialistische Propaganda hierzu betrachtet, die am offensichtlichsten bei der Besichtigung der Grabungsstelle durch Himmler wurde.[28] Nach der Rede des SS-Archäologen Alexander Langsdorff fand die Grabung „auf dem Hauptkriegsschauplatz am Rhein zwischen Römern und Germanen" statt, ein Ort, an dem „zahllose unbekannte Helden und Kämpfer die germanische Westfront gegen die römischen Eindringlinge mannhaft verteidigt" hätten. Die Grabung hätte den „hohen Stand des germanischen Wehrbaues" nachgewiesen, und durch den Einsatz der SS-Männer sollte „sich die SS ... aus der Geschichte ihrer Ahnen die Vorbilder für die Haltung in der Gegenwart" heranziehen. Er nannte die vorgeschichtlichen Wallanlagen „eine Art Siegfriedstellung", die sich „von der Nordsee bis zum Main der römischen Militärmacht entgegen" gestemmt hätten und erprobt hiermit die Ideologie des Westwalles (Siegfriedlinie). Himmlers Erwiderung zeigt, dass er die Archäologie mit der nationalsozialistischen Gegenwart verschmelzen wollte, denn er sagte: „Es ist sicherlich kein Zufall, daß hier eine germanische Burg steht, ... und daß auf einem Berg hier in der Nähe die nationalsozialistische Erziehungsanstalt steht, die Anstalt, in der wir junge Führer des Germanentums erziehen." Damit schuf Himmler die propagandistische Legitimationslinie aus der vorgeschichtlichen Vergangenheit in die politische Gegenwart des Jahres 1935.

Neben der Erdenburg hatte die SS im Frühjahr 1935 am angeblich germanischen Heiligtum Externsteine versucht, die ideologische Arbeit zu übernehmen. Als erste Maßnahme wurde vom „Ahnenerbe" die Vorstellung geäußert, dass nun die Schulungsarbeit der Organisation „von der der Schutzstaffel heiligen Stätte der Externsteine ihren Ausgang ... nehmen" sollte.[29] Deshalb begann ab der Sommersonnenwende 1935 die Einbindung der SS in die Vorbereitung und personelle Durchführung der ersten Sonnenwendfeier.

In der Nähe der Externsteine hatte die SS 1934 die Wewelsburg bei Paderborn übernommen. Hier erfolgten Schulungen für die ranghöchsten SS-Offiziere, für die dort zum einen auch archäologische Originalfunde als Anschauungsmaterial zur Verfügung standen. Zum anderen lieh sich die SS zeitweise auch gut gemachte Repliken aus. So ist bekannt, dass die Hannoveraner Replik des Bremer Bandspangenhelms, dessen Original sich damals schon im Focke-Museum befand, für die Schulungsarbeit in der Wewelsburg ausgeliehen wurde. Dieser hochmittelalterliche Helm wurde den Teilnehmern als germanisch vorgestellt.

Ab 1938 wurde die Schulung in der SS stärker zentralisiert. In Kooperation mit dem Schulungsamt des SS-Hauptamtes wurde das Ahnenerbe für die Inhalte der SS-Leithefte, die eine maßgebliche Rolle spielten, verantwortlich. Zusätzlich beteiligten sich Wissenschaftler des Ahnenerbes auch an den Schulungen des Reichssicherheitshauptamtes.

Die Waffen-SS bereitete ihren Nachwuchs für die Offiziersränge in den SS-Junkerschulen vor, die sich in Bad Tölz (gegründet 1934) und Braunschweig (gegründet 1935) befanden, später kamen noch jene in Klagenfurt und Prag-Dewitz hinzu. Insgesamt durchliefen bis Kriegsende 15 000 SS-Offiziersanwärter diese Schulen. An der SS-Junkerschule Bad Tölz war im Frühjahr 1943 der Archäologe SS-Sturmbannführer Prof. Dr. Peter Paulsen eingesetzt.[30] Hier wurden „germanische" Kollaborateure aus den besetzten Ländern, die sich zur Waffen-SS gemeldet hatten, weltanschaulich geschult.

Schulung in den Regionalgruppen

Da in den regionalen und lokalen NS-Gruppierungen jeweils auch Schulungsleiter eingesetzt waren, konnten in der Schulungsarbeit auch deren eigene regionalspezifische Interessen einfließen. Nachgewiesen werden konnte diese Einbindung eines lokalen Vorhabens am angeblich germanischen Heiligtum Externsteine in Lippe.

Replik des Bremer Bandspangenhelms, Hannover.

Nach Streitereien mit den lokalen NS-Gruppen vor Ort in Lippe beschlossen diese, die Feiern aus dem Schulungsbereich der SS herauszulösen. Immer wieder wurde in Veranstaltungen ausgedrückt: „Nach den Forschungsergebnissen bedeutender Wissenschaftler, insbesondere der bahnbrechenden Arbeit des Professors Teudt, ist davon auszugehen, dass schon in vorchristlicher Zeit insbesondere Sonnwendfeiern an den Externsteinen stattgefunden haben. Aus diesem Grunde kann die Partei bei ihrer Schulungsarbeit, insbesondere in der Frühgeschichte, nicht darauf verzichten, die ihrer Schulung unterstehenden Partei- und Volksgenossen an das Problem der Externsteine heranzubringen." Deshalb wollten die Parteifunktionäre den „zuständigen Hoheitsträger" der NSDAP mit der Durchführung der Sonnwendfeiern beauftragen. In Zukunft sollte dem „jeweiligen Hoheitsträger der NSDAP ... das Recht der kostenlosen Besichtigung und der selbständigen Führung" gewährt werden.

Diese waren seit der Entmachtung des bisherigen geistigen Mentors Wilhelm Teudt in der SS 1938 im überwiegenden Machtbereich des „SS-Ahnenerbes". 1941 trafen sich in Detmold der Gau- und der Kreisschulungsleiter mit dem NSDAP-Kreisleiter ohne Mitglieder des „SS-Ahnenerbes", denn es ging darum, Pläne auszuarbeiten, wie sie die SS als alleinige Trägerin der kulturellen Belange der Externsteine absetzen und entmachten könnten. Angedacht wurde ein „Schulunghaus" mit einem „kleinen Archiv über alle die Externsteine und die Osningmark betreffenden Vorgeschichtsstätten." Außerdem wurde überlegt, dass der fast 80-jährige Teudt wieder stärker in die Schulungsarbeit auf regionaler Ebene eingebunden werden sollte.[31]

Für das Landesmuseum Hannover ist festzustellen, dass verstärkt Führungen durch seine Abteilung Ur- und Frühgeschichte für verschiedene NS-Organisationen und -Untergliederungen durchgeführt und für die breite Öffentlichkeit zudem Exkursionen zu vorgeschichtlichen Denkmälern unter fachwissenschaftlicher Leitung angeboten wurden.[32] Das Fach zeigte sich überaus stolz über die großen Teilnehmerzahlen und stellte sie zum Teil auch grafisch dar.[33] Für die politische Schulung wurden auch spezielle Wanderausstellungen konzipiert. So wurde beispielsweise eine kleine Sonderausstellung, die Jacob-Friesen vom Hannoverschen Landesmuseum im Sommer 1936 für eine Kreistierschau mit Besuchern überwiegend aus dem ländlichen Bereich organisiert hatte, auch von der 55. SS-Standarte in Verden ausgeliehen.[34] Sie illustrierte in den nächsten Wochen ihre Schulungsabende mit dem Material. Auch das Museum der Stadt Osnabrück und die Hitlerjugend griffen gerne auf diese Ausstellung zurück.

Bei der Betrachtung dieser wenigen Beispiele lässt sich sehr deutlich erkennen, dass die Schulung in den NS-Organisationen eine überaus wichtige Stellung einnahm. Die aktive Teilnahme der Archäologen an dieser Arbeit, die Bereitstellung von Informationsmaterial und der Einsatz des „Reichsarbeitsdienstes" bedeuten, dass die beteiligten Wissenschaftler als tätige Rädchen zum Funktionieren, zur Stabilisierung und Aufrechterhaltung des NS-Regimes beitrugen. Das Beispiel der Streitereien zur Schulungsarbeit an den Externsteinen verdeutlicht, wie sehr diese Arbeit in die Machtkämpfe des NS-Staates eingebunden war. Jede Gruppierung plante ihre Schulungsarbeit, und bei der Vielzahl an unterschiedlichen Interessen konnten Konflikte nicht ausbleiben, obwohl alle nur „Begeisterung" und ein einheitliches Bild der „Kulturhöhe der Germanen" vermitteln wollten.

Germanien im NS-Alltag
Uta Halle

Der Alltag in der NS-Zeit war vorwiegend durch eine umfassende Propaganda beeinflusst. Schon vor dem Machtantritt Hitlers brachte sie ideologische Schlagwörter in die Bevölkerung und sollte die Menschen emotional ansprechen. Im März 1933 wurde das „Reichsministerium für Volksaufklärung und Propaganda" eingerichtet und der promovierte Germanist Joseph Goebbels zum Minister ernannt. Im Wesentlichen war die Propaganda durch massive antisemitische und rassenideologische Formulierungen und Zeichnungen geprägt, aber auch die Durchdringung des Alltags mit Werbung, Repliken vorgeschichtlicher Funde, Abzeichen gehörte dazu. Die propagandistische Einflussnahme begann im Geschichts- und/oder Heimatkundeunterricht der Schulen und sollte durch vielfältige Werbemaßnahmen vertieft werden, beispielsweise durch Abzeichen mit germanischen Motiven zur Finanzierung des Winterhilfswerks und anderer Spendenaktionen, durch Verbreitung materialechter und anderer Repliken von archäologischen Funden für Schulen und Privatleute sowie durch vergrößerte Nachbauten bekannter archäologischer Objekte für Festumzüge und Sportfeste. Einen weiteren Schwerpunkt bildete der Versuch der Umformung der christlichen Feiertage zu germanischen Festtagen und die Schaffung neuer Feiertage, zum Beispiel des „Gedenktags für die Gefallenen der Bewegung am 9. November", an dem an angeblich germanischen Heiligtümern wie den Externsteinen Gedenkfeiern abgehalten wurden.

Schule

Schon vor 1933 hatte die Archäologie die Einführung der deutschen Vorgeschichtsforschung in den Schulen gefordert, damit die Schüler nicht nur in griechischer und römischer Geschichte unterrichtet würden. Diese fachliche Linie war bereits von Gustaf Kossinna (1858–1931), dem ersten Professor für Deutsche Archäologie, vertreten worden. Ab 1933 erhielt dieses Thema dann einen besonderen Stellenwert und sollte schon den Kindern und Jugendlichen Stolz auf ihre Ahnen vermitteln. Im Herbst 1933 erfolgte die Anordnung, dass der Geschichtsunterricht von der Vorgeschichte auszugehen hätte, um der bisher angeblich unterschätzten Kulturhöhe der Germanen deutlich das neue Vorgeschichtsbild germanischer Überlegenheit entgegenzusetzen. Die deutsche Vorgeschichte wurde zum „wichtigsten Sachgebiete" ausgewählt.[1] Aber erst 1940 wurde verordnet, dass „in den letzten Wochen der fünften Klasse […] einige ausgewählte Bilder der urgermanischen Zeit und der großgermanischen Wanderung" in

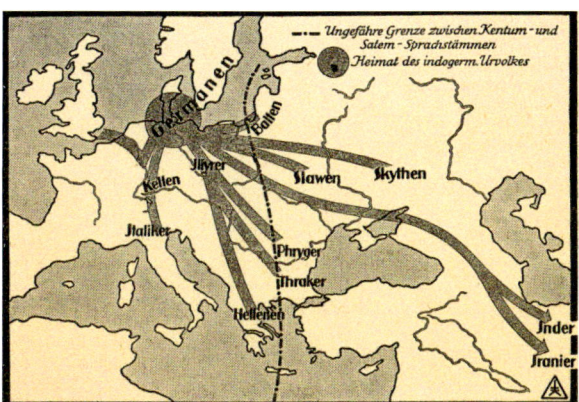

Charakteristische Karte über die Ausbreitung der Germanen, wie sie vielfach im Schulunterricht genutzt wurde.

Schulwandbild Jungsteinzeit, Franz Jung-Ilsenheim.

den Geschichtsunterricht der Volksschulen eingebaut werden sollten. Damit wollte die NS-Pädagogik „den Kindern zeigen, wie das deutsche Heldentum tief verwurzelt [...] im Blut unserer Ahnen" wäre.[2] Außerdem musste von den Lehrern immer wieder „auf den Zusammenhang zwischen Rasse, Heimatboden und arteigner Kultur im weiteren Unterricht" hingewiesen werden.[3] Allerdings kann bei dem verstärkten Interesse eines Großteiles der Volks- und Gymnasiallehrer an der Vorgeschichtsforschung eine frühzeitige Selbstindienstnahme der Lehrerschaft vermutet werden.

In der NS-Zeit konnte unmittelbar an die erfolgreiche Zeit der Schulwandbilder aus den ersten Jahrzehnten des 20. Jahrhunderts angeknüpft werden. Nun vermittelten sie verstärkt Blicke auf vorgeschichtliche Lebenssituationen, zum Beispiel Menschen der Jungsteinzeit beim Bau eines Großsteingrabes. Die Bilder transportierten nicht nur durch ihren Inhalt, sondern auch durch die dazugehörigen Texte militaristische, chauvinistische, pangermanische und rassistische Schlagworte in die Welt der Kinder und Jugendlichen. Mit Schulwandbildern konnte schneller als mit Geschichtsbüchern auf die aktuelle politische Entwicklung reagiert werden, zumal die Verlage oftmals mehrere Wandbilder in einem Quartal herausgaben. Eine Prüfstelle für die in den Schulen einzusetzenden Medien existierte lange Zeit nicht und selbst eine Zensurstelle für Schulbücher wurde erst im Dezember 1940 eingerichtet.

Ein überliefertes Schulwandbild zum Thema „Jungsteinzeit" zeigt einen blonden Bauern, der mit seinem Hakenpflug mit vorgespanntem Ochsengespann mühsam den Boden eines Ackers umbricht. Hier wird nicht nur auf den Beginn des jungsteinzeitlichen Ackerbaus und der Viehzucht angespielt, sondern auch auf den ideologischen Aspekt der Gebundenheit des Bauern an den Boden, der in der Ideologie des Nationalsozialismus eine bedeutende Rolle spielte. Im Hintergrund lässt sich eine Gebäudegruppe aus Fachwerkbauten erkennen, die ein Jahr später als Freilichtmuseum „Germanengehöft" in Oerlinghausen aufgebaut wurde. Ein weiteres ideologisches Symbol ist die germanische = deutsche Eiche vor der Gebäudegruppe. Dieses Schulwandbild wurde von dem Maler Franz Jung-Ilsenheim (1883–1963) nach der wissenschaftlichen Bearbeitung des Archäologen Hans Reinerth aus dem „Amt Rosenberg" entworfen. Jung-Ilsenheim fertigte außer diesem

Schulwandbild sehr viele Landschaftsgemälde im Geist des Nationalsozialismus. Es ist unbekannt, wie hoch die Auflage des Schulwandbildes war und in welchen Schulen es eingesetzt wurde. Andere Schulwandbilder mit vorgeschichtlichen Themen wurden von Wilhelm Petersen (1900–1987) gefertigt. Das Bild „Germanische Tracht zur Eisenzeit um 400 n. d. Zr. [nach der Zeitrechnung U. H.]" zeigt beispielsweise eine Frau, einen Mann und einen Jungen mit eisenzeitlicher Bekleidung. Der Mann trägt über der Kleidung, bestehend aus einem einer Tunika ähnelndem Hemd mit gemusterten Ärmeln und einer eng anliegenden Hose, noch einen deckenartigen Umhang aus etwas gröberem Stoff, dessen Kanten zum Teil mit andersfarbigen Borten besetzt sind. Dieser wird vor der Brust mit einer Fibel zusammengehalten. Zur Bewaffnung des Mannes gehört ein langes zweischneidiges Schwert, das mit einem Ledergürtel mit metallenen Gürtelbeschlägen befestigt ist, und eine hölzerne Lanze mit Metallspitze. Auch der Junge trägt eine Lanze. Das Kleid der Frau ist auf beiden Schultern mit Fibeln befestigt. Sie hat ihren Kopf mit einem feinen Netz bedeckt und ist wie ihre beiden Begleiter mit blonden Haaren dargestellt.

Archäologisches Vorbild für dieses Schulwandbild waren die Funde aus dem Thorsberger Moor, wo der Flensburger Lehrer Conrad Engelhardt (1858–1961) eine große Ausgrabung durchgeführt hatte. Petersen präsentierte seine Figuren mit der Thorsberger Bekleidung und Bewaffnung aus dem Textilmuseum Neumünster. Dort hatte der Textilforscher Karl Schlabow (1891–1984) um 1935 sechs lebensgroße Trachtenfiguren mit „fadengenauen Nachbildungen" zur Bronzezeit und zu den Thorsberger Moorfunden geschaffen. Der Künstler gibt die Funde relativ exakt wieder, die Haarfarbe stimmt mit der vorherrschenden von Tacitus geprägten Meinung über die blonden Germanen überein. Mit der Datierung „um 400 n. d. Zr." übernahm Petersen nicht die an den Trachtenfiguren befindlichen Informationen, die für die Frau „200 n. d. Zr." und für den Mann „300 n. d. Zr." vorgaben, sondern die damals bekannte Schlussdatierung des Thorsberger Moorfundes.

Von großer Bedeutung ist auch das Schulwandbild einer angeblich germanischen Sonnenwendfeier des Malers Fritz Koch-Gotha (1877–1956) aus den 1920er-Jahren, das ab 1935 für den Schulunterricht eingesetzt wurde. Es zeigt in einer fjordähnlichen Landschaft ein Sonnenwendfeuer auf einem Felsrücken. Auf der Felsfläche im Vordergrund stehen zwei Musiker und spielen auf Luren. Von diesen bronzenen Musikinstrumenten der Bronzezeit waren bis dahin etliche Exemplare in Nordeuropa gefunden worden, zumeist als Depotfunde. Ihr paarweises Auffinden führte zu der Interpretation, dass sie auch paarweise gespielt wurden. Auf einer weiteren Felsnase ist ein hölzernes, mit Laub umwundenes Radkreuz aufgestellt. Dieses Symbol erinnert an das Questenfest im Harz, für das eine nicht zu beweisende historische Kontinuität seit vorgeschichtlichen Zeiten unterstellt wird. Hinter dem Feuer ist eine bewaffnete Kriegergruppe zu Pferd, seitlich daneben eine gleichfalls bewaffnete Fußkriegergruppe dargestellt. Im Vordergrund stehen und sitzen weitere Menschen, ein Hund mit gespitzten Ohren liegt mitten zwischen ihnen, mehrere kleine Kinder mit Blumenkränzen im Haar

Schulwandbild „Germanische Tracht zur Eisenzeit um 400 n. d. Zr.",
Wilhelm Petersen.

Schulwandbild Sonnenwende. Es stammt zwar schon aus den 1920er-Jahren, entsprach aber der NS-Ideologie und konnte weiter genutzt werden.

sitzen auf den Schultern von Männern. Dieses Schulwandbild wurde auch auf den Stundenplänen wiedergegeben, die die Firma Erdal als Werbegeschenk verteilte. Der Maler, der als bekannter Pressezeichner und Illustrator für die namhafte *Berliner Illustrierte Zeitung* arbeitete und dem mit den Zeichnungen für die „Häschenschule. Ein lustiges Bilderbuch" (1924) ein bis heute beliebter Kinderbuchklassiker gelungen war, zeigt in diesem Bild eine nicht nachweisbare Kontinuität angeblich germanischer Feste, in diesem Fall von Sonnenwendfeier und Harzer Questenfest.

Zusätzliche Schulung erhielten die Lehrer durch die verpflichtende Teilnahme an den Geschichtstagungen des „Nationalsozialistischen Lehrerbundes", die parallel zu den Tagungen des „Reichsbundes für Deutsche Vorgeschichte" stattfanden. Erstmals wurde diese Kombination zweier NS-Organisationen bei der Reichsbundtagung 1935 in Bremen erprobt und für die folgenden Tagungen in Ulm (1936), Elbing (1937) und Hannover (1938) beibehalten.[4] Auf diese Weise vorbereitete Lehrer nutzten Wandertage und Schulausflüge, um mit den Klassen in die Landes- und Provinzialmuseen, aber auch in Sonderausstellungen wie „Lebendige Vorzeit" zu gehen. Bekannt sind ebenso Schulausflüge zum angeblich germanischen Heiligtum Externsteine.

Im Schulunterricht wurden Modelle urgeschichtlicher Siedlungen gebastelt und zur Schau gestellt. Ferner arbeitete man in den Schulen verstärkt mit dem damals noch neuen Medium der Diareihe. Es gab Diareihen mit dem Titel „Deutsche Vor- und Frühgeschichte in Lichtbildern", die in drei Gruppen zehn Serien mit je 12 bis 58 Lichtbildern enthielten. Diese umfassten alle Zeitabschnitte zwischen Altsteinzeit und Wikingerzeit und präsentierten die germanischen Funde der Archäologie.[5] Die Vorlagen wurden von Archäologen ausgewählt, die die Dias auch in abendlichen Diavorträgen, die ohnehin als ein wichtiges Medium zur Vermittlung angesehen wurden, einsetzten. Wie viele Menschen damals diese Vorträge der Archäologen besuchten, ist bislang unbekannt.

Die Lehrer führten ihre Schüler aber auch unmittelbar an die Vorgeschichtsforschung heran, indem sie sie zu Ausgrabungen mitnahmen und sie dort mitarbeiten ließen. So unternahm der Bremer Studienrat

Friedrich Walburg zwei Wochen vor Ausbruch des Zweiten Weltkrieges mit Schülern der Oberklasse 6 eine Notgrabung bei Wildeshausen. Mit der Teilnahme an dieser Ausgrabung lernten die Kinder die praktische Arbeit der Archäologen kennen, und alle, die vom Schaufeln bei der Freilegung eines germanischen Fundplatzes Blasen an den Händen bekamen, hatten damit Vorgeschichte mit allen Sinnen erlebt.

Medien

Um ein politisch vorprogrammiertes Geschichtsbild weit in die Geschichte zurückreichen zu lassen, konnten die neuen Medien der ersten Hälfte des 20. Jahrhunderts verstärkt mit ur- und frühgeschichtlichen Themen arbeiten. Der Rundfunk war in der NS-Zeit ein sehr junges Medium, denn erst 1923 liefen regelmäßig Rundfunksendungen in Deutschland. Dieses neue Medium eignete sich allerdings weniger zur Vermittlung archäologischer Inhalte, weil hierfür Bilder benötigt wurden. Außerdem besaßen vor 1938 weniger als 50 Prozent aller Haushalte ein Radio. Bislang sind nur wenige Rundfunksendungen zur Archäologie bekannt geworden und diese zumeist nur als Ankündigung und nicht durch Sendemitschnitte. So besprach der Archäologe Bolko von Richthofen (1899–1983) 1932 im Rundfunk die Bücher der völkischen Laienforscher Teudt und Wirth sowie die Arbeit „Vorgeschichte Europas" des Fachwissenschaftlers Carl Schuchhardt. Den Hörern empfahl er die Schuchhardtsche Veröffentlichung, die Bücher der Laienforscher dagegen lehnte er entschieden ab.[6]

Anders sah es hingegen mit dem neuen Medium Film aus. Mit ca. 30 Filmen, von denen heute allerdings nur noch ein Drittel in Teilen erhalten ist, wurde versucht, archäologische Arbeit und ihre Ergebnisse filmisch umzusetzen.[7] Auch in diesem Bereich knüpfte die gleichgeschaltete Medienproduktion an ältere Vorbilder an, zum Beispiel an den Stummfilm „Pfahlbausiedlungen in Unteruhldingen" aus dem Jahr 1926. Bereits 1933 brachte die NSDAP-Reichspropagandaleitung den 15-minütigen Schwarzweißtonfilm „Flammen der Vorzeit" heraus, der grabungstechnische Erklärungen zu jüngerbronzezeitlichen Brandbestattungen mit populärwissenschaftlichen Begleitkommentaren versah. Die wissenschaftliche Bearbeitung des Films hatten die Breslauer Archäologen Lothar Zotz (1899–1967) und Hans Seger (1864–1945) übernommen. Dabei sollten über die Deutung archäologischer Sachverhalte nationalsozialistische Ideale und Ziele untermauert werden, obwohl der Film selber noch nicht propagandistisch bearbeitet war, sondern dem ursprünglichen Konzept des Archäologen Lothar Zotz entsprach.[8] Weitere Filme folgten. Zotz hatte schon 1932 eine Ausgrabung auf einem eisenzeitlichen Gräberfeld in Schlesien filmen lassen. Dieses Material wurde 1934 in dem Film „Wir wandern mit den Ostgermanen" verwandt. Zwar gab es erneut eine wissenschaftliche Beratung der Archäologen Zotz und Seger, im Gegensatz zum ersten Streifen erfolgte hier jedoch eine Nachbearbeitung durch die NS-Propagandaabteilung. Fertig gestellt kam der Film in die Wochenschauen. „Wir wandern mit den Ostgermanen" galt als für „die jugendliche Zielgruppe" gemachter Dokumentarfilm, der jedoch heute durch den Archäologen Tom Stern als „offene Propaganda" bewertet wird.[9] Er wurde nach der Besetzung Frankreichs als Vorfilm in dortigen Kinos eingesetzt, „um die aus der Geschichte heraus gewachsene Überlegenheit der Besatzungsmacht den Besiegten eindrucksvoll vor Augen zu führen"[10].

Auch innerhalb der SS wurde die Ur- und Frühgeschichtsforschung mit dem modernen Medium verknüpft. Die SS-Ausgrabung in Nauen-Bärhorst in der Nähe von Berlin lieferte das Umfeld für den Film „Deutsche Vergangenheit", bei dem auch Himmlers Grabungsbesuch dokumentiert wurde und an dem die Archäologen Alexander Langsdorff und Wilhelm Unverzagt mitarbeiteten. Im Gegensatz zu den früheren Archäologiefilmen wirken alle Szenen gestellt, aller-

Ausflug einer Schulklasse aus Oerlinghausen zu den Externsteinen.

dings zeigen die eingebauten Trickszenen durchaus innovative Ansätze.[11]

Ein besonderer Film entstand mit „Germanen gegen Pharaonen", den Anton Kutter 1939 drehte. Hier trat allerdings kein Archäologe auf, sondern ein Pangermanist, der durch den Schauspieler Walter Holten (1897–1972) verkörpert wurde. Von diesem Film – ursprünglich 25 Minuten lang – sind heute nur noch 16 Minuten erhalten. Er galt „als jugendfrei und volksbildend, als Lehrfilm" und er war auch für Aufführungen an Feiertagen einsetzbar.[12] Es ist dem Archäologen Tom Stern gelungen, die wissenschaftlichen Unkorrektheiten im gesprochenen Text und in der filmischen Darstellung aufzuzeigen und die enthaltenen politischen Aspekte herauszuarbeiten. Stern weist nach, dass in diesem Film durch „ein Sammelsurium von Pseudofakten aus den unterschiedlichsten Jahrtausenden" versucht wird, „die eigene Vergangenheit" zu erhöhen und gleichzeitig die so genannte „Barbarenlüge" einer niedrigen germanischen Kultur zu widerlegen. Dass dafür mit Stonehenge ein Kulturdenkmal Großbritanniens genutzt und „im Sinne des Nationalsozialismus eingedeutscht wird", lässt erkennen, dass hier auch ein Anspruch auf diese mehrphasige Anlage erhoben wurde.[13]

1934 baute die Werft Abeking & Rasmussen (Lemwerder) im Auftrag der NS-Kulturgemeinde und des NS-Gauleiters Weser-Ems, Carl Röver, ein Modell des Nydam-Bootes in Originalgröße nach. Das Boot mit seinen 23 Metern Länge und 3,2 Metern Breite war 1863 im Nydam-Moor in der Nähe von Sonderborg auf der jütländischen Halbinsel ausgegraben worden. Das Original stand als archäologisches Highlight des Museums vaterländischer Altertümer in Kiel, der Nachbau mit dem Namen „Stedingsehre" wurde für Aufnahmen für die Filme „Deutscher Wald – deutsches Schicksal" (heute verschollen) und „Ewiger Wald" (1936) eingesetzt. Letzterer, gedreht im Auftrag der NS-Kulturgemeinde, zeigt in abendfüllender Länge mit Dokumentar- und Spielszenen die Geschichte des deutschen Volkes von der Bronzezeit bis in die Gegenwart als Geschichte des deutschen Waldes.[14]

Mit diesen Abzeichen angeblich germanischer Waffen sammelte das Winterhilfswerk.

Nahezu alle Archäologen verfassten neben ihren wissenschaftlichen Arbeiten auch populärwissenschaftliche Schriften für volkstümliche Zeitschriften wie *Germanien* (seit Ende 1936 vom „SS-Ahnenerbe" kontrolliert und ab 1938 von diesem herausgegeben) oder *Germanen-Erbe* (seit 1936 vom „Amt Rosenberg" herausgegeben), aber auch für *Das Schwarze Korps*, die Zeitschrift der SS. Der *Illustrierte Beobachter* druckte verschiedene Artikel der Autorin Charlotte Köhn-Behrens unter der Überschrift „Wer kennt Germanien?" ab, und diejenigen, die nicht alle Artikel der Serie in der Zeitschrift gelesen hatten, konnten wenig später den Sammelband als Buch kaufen. In dieser Serie wurde die mittelalterliche Siedlung Haithabu, von ihrem Ausgräber Herbert Jankuhn als „Germanische Stadt" gekennzeichnet, als das „nordische Korinth" charakterisiert und so versucht, auch die klassischen Bildungsbürger mit ihrem althistorischen Wissen anzusprechen.[15]

Der SS-Archäologe Werner Buttler (1907–1940) schrieb das sehr populäre und reich bebilderte „Merkheft zum Schutz der Bodenaltertümer", das 1937 in einer hohen Auflage vom „Reichserziehungsministerium" herausgegeben wurde. Der Stil der Texte war „meistens gefühlsbetont" und weckte damit „Emotionen [...], die auch sonst im Mittelpunkt des demagogischen Interesses der Nationalsozialisten" standen. Buttlers Darstellung appellierte an unterdrückte Triebe und spirituell-mystische Bedürfnisse, sprach die „Ingroup" an, zeigte noch weitere charakteristische Kennzeichen autoritärer oder manipulativer Texte und wird deshalb heute als

Julleuchter für die SS-Angehörigen.

„regimenahe Schreiberei, die den Machtinteressen einer rassistischen Diktatur diente," klassifiziert.[16]

Ideologische Überformung des Alltags

Auch das alltägliche Leben sowohl im Frieden als auch im Krieg wurde mit der germanischen Propaganda durchdrungen, was sich besonders stark in den Druckerzeugnissen der NS-Zeit bemerkbar machte. So wurden in den ersten Jahren der NS-Herrschaft nicht nur viele Terminkalender mit germanischen Monatsnamen versehen, sondern es erschienen auch unzählige Bücher mit germanischen Titeln zur Erziehung der „Volksgemeinschaft" oder der Soldaten der Wehrmacht. Als Beispiel sei hier das Buch des Dozenten an der Goslarer Bauernschule, Fritz Wüllenweber (1906–?), „Altgermanische Erziehung dargestellt auf Grund der Islandsagas und anderer Quellen zum Frühgermanentum" genannt. Wehrmachtssoldaten erhielten 1943 als Frontbuchhandelsausgabe „Geist der Germanen" von Wilhelm Grönbech (1873–1948). Mit diesen Büchern wurden die NS-Parolen von „Blut und Boden" oder vom heldenhaften Soldatentum der Germanen in der Pädagogik und unter den Frontsoldaten des Zweiten Weltkrieges verbreitet.

Feste und Feiern spielten im Nationalsozialismus eine bedeutende Rolle. Es entstanden nicht nur germanische Feiertage, wie die Sonnenwendfeiern im Sommer und Winter, sondern es wurde zudem versucht, christliche Feiertage zu germanisieren. Am stärksten machte sich dies in der Adventszeit und beim christlichen Weihnachtsfest bemerkbar. Der traditionelle Adventskranz erhielt Konkurrenz durch den Sonnenwendkranz, geschmückt mit Wikinger- oder Hakenkreuzformen. Das Weihnachtsfest wurde über die Wintersonnenwende am 21. Dezember zu einem „Fest der völkischen Gemeinschaft unterm Lichterbaum" oder zum „Fest des werdenden Lebens" umgeformt. Anstelle eines Weihnachtsbaums konnte ein Julbaum geschmückt werden.

Viele Bastelhefte und populäre Frauenzeitschriften enthielten konkrete Ideen für selbst gebastelten Baumschmuck oder Backrezepte für die hausgemachte Keksproduktion in germanisierenden Formen. In den traditionellen Glashütten in Lauscha im Thüringer Wald wurden neu gestaltete Glaskugeln mit Hakenkreuzen oder germanischen Schriftzeichen, den Runen, produziert und verkauft, so dass der geschmückte Julbaum dem traditionellen Weihnachtsbaum mit seinem Glasschmuck entsprach.

Ab 1938 versandte Heinrich Himmler an seine SS-Mitglieder Julleuchter, die mit angeblich germanischen Symbolen verziert waren und in der SS-eigenen Porzellanmanufaktur Allach im Konzentrationslager Dachau hergestellt wurden. Mit diesen Leuchtern sollten sie ihr Zuhause festlich schmücken. Zahlreiche Dankschreiben bestätigten ihm, dass der Julleuchter als Sinn bringendes Geschenk gut angenommen wurde.

Das Jugendherbergswerk verkaufte zum Reichsopfertag am 15./16. Juni Plaketten mit Runenzeichen, unter denen die Begriffe „Blut-Boden, Leben, Sieg, Kampf, Heil und Erntesegen" standen. Diese Begriffe sind zum Teil einer unwissenschaftlichen Fantasiedeutung der völkischen Bewegung entnommen. Für diese Abzeichen wurde Werbung in der Zeitschrift der Hitlerjugend *Hilf mit* gemacht. In Köln sollte mit dem Gewinn des Reichsopfertages 1933 die gefährdete Ju-

Werbeanzeige des Deutschen Jugendherbergswerks für die Runenabzeichen zum Reichsopfertag.

Erdal-Sammelbilder mit der angeblich germanischen Stadt Haithabu, dem Übersetzen der „Rauhtopfmänner" über den Rhein und einer Gruppe „Germanen" (von oben).

logischer Funde. Vorzugsweise handelte es sich dabei nach 1939 um Waffen, wie Streitäxte und Schilde. Die germanischen Abzeichen standen in Konkurrenz zu über 8000 anderen Abzeichen, wie Blumen, Trachten oder NS-Sprüchen, aus verschieden Materialien. Da diese millionenfach produziert wurden, prägten sie den Alltag der Menschen in der NS-Zeit.

Die bedeutende Mainzer Chemiefirma Erdal, die mit Beginn des 20. Jahrhunderts eine innovative Schuhcreme auf Wachsbasis entwickelt hatte, bot ihre Verkaufsprodukte zur Schuhpflege mit verschiedenen Werbemitteln an. Zur Schuhputzcreme gab es Sammelbildchen mit vorgeschichtlichen Motiven und dazu offerierte die Firma die dazugehörigen Sammelalben „Aus Deutschlands Vorzeit", in die die Bildchen eingeklebt werden konnten. Der Wunsch, das Sammelalbum zu füllen, führte gleichzeitig zu einer starken Kundenbindung. Durch die Texte, die den germanischen Charakter vorgeschichtlicher Menschen hervorhoben, erfolgte gleichzeitig eine verstärkte Ideologisierung, die überwiegend Kinder und Jugendliche betraf. Verstärkt wurde die Kundenbindung und Ideologisierung durch zusätzliche Werbeartikel, wie Stundenpläne und Lesezeichen.

Die bekannte Württemberger Metallwarenfabrik (WMF) zielte mit ihrer Werbung auf eine andere Kundengruppe. Die Firma warb in der populären Zeitschrift *Germanen-Erbe* mit ihren materialechten Repliken archäologischer Funde. Hierfür ließ WMF einen

gendherberge in Köln-Deutz finanziell unterstützt werden.[17] Damit wurden die Runen mit ihrer angeblichen Bedeutung in weiten Teilen der Bevölkerung bekannt.

Krankenschwestern trugen im Dienst an der Schwesterntracht Armbinden mit der Mann-Rune, die im Nationalsozialismus mit der Fantasiedeutung „Lebens-Rune" versehen wurde. Das Winterhilfswerk der „NS-Volkswohlfahrt" verkaufte in den angeordneten Sammelaktionen, die in den Wintermonaten zwischen Oktober 1933 und März 1942 monatlich durchgeführt wurden, massenhaft kleine Anstecker in Form archäo-

Werbegeschenk für Schulkinder mit charakteristischen Darstellungen vom Steinbohren, eines Großsteingrabes und der Völkerwanderung.

auf einer Nachbildung der antiken Betenden-Germanen-Figur römischen Ursprungs aus Bronze, die im 19. Jahrhundert in der Französischen Nationalbibliothek in Paris aufgefunden wurde. Die Figurreplik hielt jetzt zwischen den Knien einen Wecker und kam zur Olympiade 1936 in den Verkauf. Die Archäologen des „Reichsbundes für Deutsche Vorgeschichte" fanden dieses Produkt wie einige andere nicht gut und brandmarkten es unter der Überschrift „Ich wecke die Jugend der Welt!" als „Germanenkitsch".[18] Die gleichnamige unregelmäßig erscheinende Rubrik der Zeitschrift *Germanen-Erbe* zeigte zahlreiche Produkte, die der „Reichsbund" als nicht germanisch empfand.

Allen Teilen der Bevölkerung wurde damit im Alltag, im Schulunterricht, über alle verfügbaren Medien und durch eine Vielzahl von Werbeprodukten auf ganz offene Art und Weise das Wissen der Vorgeschichtsforschung zu Germanien und seinen Bewohnern vermittelt. Vermutlich konnte man dem Einfluss dieser starken und umfassenden Germanenbilder kaum entgehen.

Germanenwecker, angefertigt zur Olympiade 1936, in der Zeitschrift *Germanen-Erbe* als „Germanenkitsch" charakterisiert.

Werbeanzeige der Firma Greifen-Mühle für Germanen Kraft-Brot, in der Zeitschrift *Germanen-Erbe* als „Germanenkitsch" gekennzeichnet.

Katalog drucken, der Abbildungen der Funde und Angaben zum Fundort enthielt. Zumeist handelte es sich bei den angebotenen Objekten um Nachbildungen von Funden, die aus frühmittelalterlichen Reihengräberfriedhöfen in Süddeutschland geborgen worden waren.

In Zeitschriften gab es Werbung für einen „Germanenofen" und für das „Germanenbrot", für das auch Werbeplakate überliefert sind. Ein merkwürdiges Produkt bildete der „Germanenwecker". Dieser beruhte

Germanien im NS-Alltag 117

Germanien – Eroberung von Europa und der Welt

Das Siedlungsgebiet der germanischen Völker hat sich in der Vorstellung der Nationalsozialisten weit über die deutschen Reichsgrenzen ausgedehnt. Daraus leiten sie weit reichende Gebiets- und Machtansprüche ab. Die Archäologen unterstützen die Idee eines europäischen Großgermaniens. Seit Kriegsbeginn 1939 nutzen sie jede Gelegenheit, um hinter der Front vermeintlich Germanisches auszugraben. Dabei setzen sie sogar Zwangsarbeiter und KZ-Häftlinge ein. In Osteuropa plündern die Archäologen Museen und drängen einheimische Wissenschaftler aus ihren Ämtern. Nord- und Westeuropäer versuchen sie dagegen als Kollaborateure zu gewinnen, indem sie sich auf gemeinsame germanische Vorfahren berufen. Mit ihren Aktivitäten unterstützen die NS-Archäologen den Ausgrenzungs- und Vernichtungskrieg.

Zwangsarbeit – NS-Terror in der Prähistorischen Archäologie?

Judith Schachtmann und Thomas Widera

Konstitutiv war die Androhung von Gewalt und die Anwendung von Terror. Mit der Zwangsarbeit entstand im Nationalsozialismus ein „durchorganisiertes, die kriegswirtschaftlichen Erfordernisse" ebenso wie die „Maximen der rassistischen Ideologie berücksichtigendes System".[1] Zum Zweck der exzessiven Ausbeutung menschlicher Ressourcen mobilisierten die Nationalsozialisten Millionen Arbeitskräfte, neben Deutschen vorrangig Personen, die außerhalb der Reichsgrenzen lebten. Es verbietet sich, bei angeworbenen ausländischen Zivilarbeitern von Freiwilligkeit zu sprechen. Die Mehrzahl von ihnen wurde im Zweiten Weltkrieg und unter Anwendung von Zwangsmaßnahmen rekrutiert. Der Höhepunkt war 1944 mit etwa 8 Millionen ausländischen Zivilarbeitern, Kriegsgefangenen und Häftlingen; insgesamt wurden 9,5 Millionen Menschen im Zweiten Weltkrieg zur Zwangsarbeit in das Deutsche Reich verbracht.[2]

Aus dem Instrument Zwangsarbeit, mit dem die Nationalsozialisten ihre politischen, rassischen und sonstigen Feinde bekämpften, entwickelte sich in der Kopplung an die Vernichtungspolitik die „Formel, hinter der sich die Endlösung verbarg".[3] Als Mittel der Bestrafung und Erziehung in den Konzentrationslagern hatte Zwangsarbeit keinen oder nur geringen ökonomischen Mehrwert. Das Lager diente der kollektiven Isolierung. Die von den Verschleppten und Inhaftierten erzwungene Arbeit bezweckte Disziplinierung und Erziehung. Die menschenverachtende Prägung ergab sich aus dem zentralen Ziel, dem sich alles andere unterordnen musste: dem Umbau der deutschen Gesellschaft nach rassebiologischen Grundsätzen.[4] Infolge dieses unauflösbaren Zusammenhangs mit der nationalsozialistischen Politik prägten sich in der Zwangsarbeit jene unverwechselbaren Kennzeichen des Zivilisationsbruchs aus, der die Verbrechen des Nationalsozialismus einzigartig macht.

Stets galt in den Lagern der Primat der Ideologie vor ökonomischen Erwägungen – beim Einsatz in SS-Wirtschaftsunternehmen ebenso wie in der Industrie, in gewerblichen Betrieben und in der Landwirtschaft. Lange Zeit ersetzten die in den besetzten Gebieten immer wieder neu rekrutierten Menschen die ermordeten oder zu Tode gekommenen Arbeitskräfte. Keine kriegswirtschaftlich wichtige Qualifikation oder Tätigkeit gewährte den Verfolgten ausreichend Schutz.

Trotz der quer durch Europa minutiös organisierten Transporte lag dem System der Zwangsarbeit kein Plan zugrunde – es gab nur diese situations- und kalkülabhängige Praxis. Gerechtfertigt als Folge kriegsbedingten Arbeitskräftemangels, wurde dabei billigend in Kauf genommen, dass die Zwangsarbeiter unter lebensbedrohlichen und menschenverachtenden Bedingungen existierten.

Der folgende Beitrag kann nur eine erste Annäherung an die bisher nicht thematisierten Zwangsarbeiter in der Geschichte der vor- und frühgeschichtlichen Archäologie sein. Da die Artefakte vergangener Kulturen in mühevoller Handarbeit ergraben werden müssen, waren Grabungsaktivitäten immer von der Bereitstellung kostenloser oder kostengünstiger Arbeitskräfte abhängig. Deswegen muss danach gefragt werden, wie und mit welchem Erfolg sich Archäologen im Nationalsozialismus um Zwangsarbeiter bemühten. In welchem

Umfang konnten Prähistoriker bei der Ausbeutung von Zwangsarbeitern an nationalsozialistischen Verbrechen partizipieren und davon profitieren? Dabei sind die Umstände von Interesse; Zeitpunkt, Situation und Wissen um die Tatsache, es könne sich bei einem Antrag auf Bereitstellung von Arbeitskräften nicht um einen normalen Vorgang der Arbeitskräftebeschaffung handeln. Zur Einordnung des Themas in den historischen Kontext wird zunächst skizziert, wie das bei Kriegsbeginn in den Strukturen der Konzentrationslager vorliegende nationalsozialistische System der Zwangsarbeit weiter entwickelt wurde, ehe anhand einiger ausgewählter Beispiele die Möglichkeiten der Archäologen dargestellt werden.

Zwangsarbeit im nationalsozialistischen Deutschland

Infolge der Kriegsvorbereitungen herrschte in Deutschland bereits bei Beginn des Zweiten Weltkrieges ein eklatanter Arbeitskräftemangel, der sich zu einem Dilemma auswuchs. Die verlustreicher werdenden Feldzüge verlangten immer weitere Soldaten und noch mehr Kriegsgerät; zur Steigerung der Produktion fehlten die Arbeitskräfte, die sich als Soldaten an der Front befanden. Die Betriebe griffen anfangs zögernd auf das Arbeitskräftereservoir der Kriegsgefangenen zurück, sie erwarteten wegen der fehlenden fachlichen Qualifikation einen Verlust an Effizienz. Doch entgegen ihren Befürchtungen ermöglichte der Zwangsarbeitereinsatz vielen Unternehmen erhebliche Gewinne.[5]

Zwangsarbeiter bei der Ausgrabung eines wikingerzeitlichen Friedhofes in Polen.

Ursprünglich sollten sowjetische Kriegsgefangene und Zivilarbeiter, anders als die von diskriminierenden Maßnahmen weitgehend ausgenommenen Bürger skandinavischer und westeuropäischer Staaten, generell vom Arbeitseinsatz im Deutschen Reich ausgeschlossen werden. Die von der nationalsozialistischen Bevölkerungspolitik anvisierte „Endlösung" kalkulierte den möglichen Hungertod der 3,5 Millionen sowjetischen Kriegsgefangenen in deutschem Gewahrsam und den von Millionen Zivilisten im Besatzungsgebiet ebenso ein wie die Ermordung der europäischen Juden.[6] Zuerst fiel die Entscheidung zum Einsatz der etwa 300 000 polnischen Kriegsgefangenen in der Landwirtschaft. Sie und Angehörige anderer osteuropäischer Völker standen noch über den am unteren Ende der rassistischen Werteskala befindlichen Sinti und Roma, den Juden und den als „Russen" geschmähten Bürgern der Sowjetunion.

Ab Spätsommer 1941 wandelte sich mit der militärischen auch die kriegswirtschaftliche Lage Deutschlands und der Druck zur Beschäftigung der sowjetischen Gefangenen und Zivilarbeiter nahm zu. Im deutschen Machtbereich wurde mit einem abgestuften System repressiver Bestimmungen über die Rekrutierung, Separierung und Internierung der Ausländer eine Zwei-Klassen-Gesellschaft errichtet. An unterster Stelle der Rangordnung befanden sich die KZ-Häftlinge.[7] Die sowjetischen Kriegsgefangenen wiederum unterlagen erheblich schlechteren Bedingungen als Gefangene anderer Staaten. Ihr Arbeitseinsatz war wegen gravierender Mangelernährung, fehlender Hygiene und körperlicher Entkräftung wenig effizient und endete für viele bereits nach wenigen Wochen mit dem frühzeitigen Tod. Die Beschaffung weiterer Arbeitskräfte organisierten die deutschen Arbeitsämter. Unter Leitung des am 21. März 1942 zum „Generalbevollmächtigten für den Arbeitseinsatz" ernannten Fritz Sauckel deportierten sie in Zusammenarbeit mit der Wehrmacht und der Reichsbahn 2,5 Millionen sowjetische Zivilisten nach Deutschland, durchschnittlich 20 000 Menschen pro Woche.[8]

Unterschiedlichste Bedingungsfaktoren hatten Anteil an der Gestaltung des Schicksals eines Zwangsarbeiters. Nach der deutschen Niederlage von Stalingrad

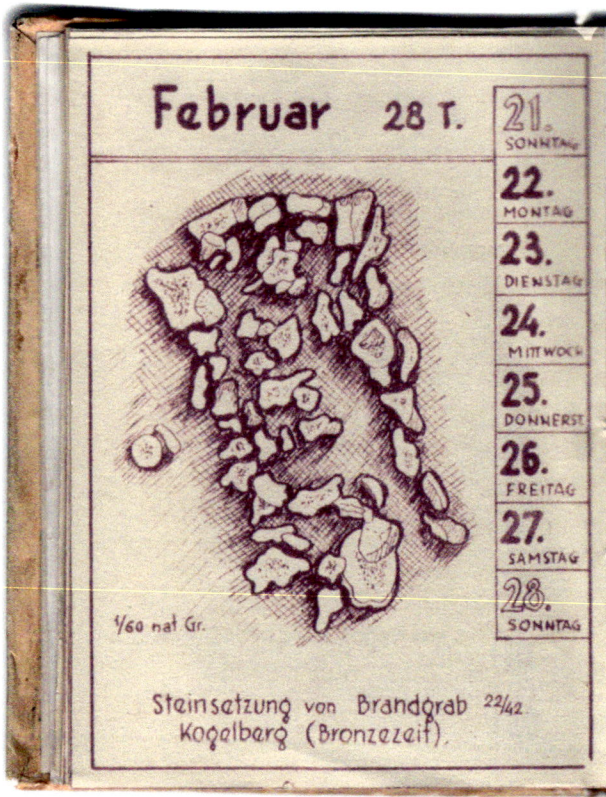

1942 und 1943 fertigen Häftlinge des Konzentrationslagers Gusen, Österreich, mit den Grabungszeichnungen Kalender für die Lagerleitung und andere Dienststellen an.

Anfang 1943 erzwang der rückläufige Nachschub neuer Zivilarbeiter eine gewisse Verbesserung der Lebensverhältnisse, dennoch bestanden gravierende einsatzort- und branchenabhängige Unterschiede. Die schlimmsten Wohnverhältnisse und die schwersten Arbeitsbedingungen herrschten im Bergbau. In der Landwirtschaft hingegen war generell die Ernährung besser und auf den individuell geführten Bauernhöfen das Interesse am Erhalt der Leistungsfähigkeit der Arbeitskräfte auch größer als bei den Ausländergruppen in der Industrie. Die Anordnungen der Behörden beabsichtigten zwar die einheitliche Behandlung, doch Betriebsleiter, Vorarbeiter und Wachpersonal hatten Spielräume bei der Gestaltung von Arbeits- und Lebensbedingungen.[9] Mit der Abgabe von Arbeitskräften an Betriebe, kommunale Einrichtungen und private Haushalte wurden Zuständigkeiten für die funktionale Lebenserhaltung der Menschen abgegeben. Die dezentralisierte Verfügungs- und Entscheidungskompetenz verhinderte die Einheitlichkeit der Zwangsarbeiterpolitik.[10]

So waren Bemühungen zur Erhaltung der Arbeitskraft von zivilen Zwangsarbeitern, Kriegsgefangenen und Häftlingen sowie der Verbesserung ihrer Wohn- und Lebensbedingungen jederzeit möglich. Mehrheitlich bezweckten sie letztendlich eine Steigerung der kriegswirtschaftlichen Effizienz. Abgesehen davon wurden ab 1942 die Wohnverhältnisse fühlbar schlechter. Einerseits benötigten die im Luftkrieg geschädigten Deutschen selbst Notunterkünfte, jetzt wurden auch für sie Barackenlager errichtet. Andererseits verdoppelte sich innerhalb des laufenden Jahres die Zahl der ausländischen Zivilarbeiter im Deutschen Reich auf nahezu vier Millionen. Die Unterbringung dieser Menschenmassen überforderte die örtlichen Verwaltungen.[11] Zudem blieben trotz einer Kampagne, die mit gewissen Lockerungen und einer Korrektur an den Lebensverhältnissen eine Steigerung der Arbeitsleistungen herbeiführen sollte, die diskriminierenden Vorschriften der Behörden gültig und das Strafsystem wurde sogar verschärft. Die rassische Hierarchie in der Praxis der

Zwangsarbeit offenbarte, dass es keinen politischen Kurswechsel gab.[12]

Brutale Ausbeutung und ökonomische „Verwertung", die auf das Leben der Menschen keine Rücksicht nahm, wurde zum Ziel der Politik. Zahlreiche Äußerungen gegenüber Ausländern verweisen auf die tiefe Verwurzelung rassistischer Grundeinstellungen im Verhalten vieler Deutscher. Im Bericht einer Kommission aus dem Ruhrgebiet 1943 ist die zynische Aussage eines Betriebsführers überliefert, dessen Worte eine grundsätzlich inhumane Einstellung und die Zustimmung zur nationalsozialistischen Vernichtungspolitik zeigen: „Der Ostarbeiter sei sehr zäh. Er arbeite, bis er an dem Arbeitsplatz mit dem Gesicht in den Dreck falle und der Arzt nur noch den Totenschein ausstellen könne."[13]

Zwangsarbeit in der Archäologie

Das Thema Zwangsarbeit spielte in der Fachgeschichte der Prähistorischen Archäologie bislang kaum eine Rolle. Während andere Bereiche seit Langem systematisch aufgearbeitet werden, steht hier die Forschung noch am Anfang. Einsätze von Zwangsarbeitern, insbesondere KZ-Häftlingen, Strafgefangenen und Kriegsgefangenen, wurden mitunter in zeitgenössischen Fachzeitschriften erwähnt. Schaut man jedoch in die jeweilige Grabungsdokumentation, sind bis auf wenige Ausnahmen ausführliche Unterlagen nicht erhalten. Die schlechte Quellenlage und eine fehlende Sensibilisierung für dieses Thema innerhalb des Faches können daher als Gründe für den derzeitigen Forschungsstand angesehen werden.[14] Obwohl sich die nachfolgenden Beispiele mehrheitlich auf archäologische Ausgrabungen beziehen, muss davon ausgegangen werden, dass Zwangsarbeiter auch in anderen Bereichen der Bodendenkmalpflege und des archäologischen Museumswesens beschäftigt waren, wie beispielsweise bei Instandsetzungsarbeiten der Wallanlagen auf der Erdenburg bei Bensberg (Nordrhein-Westfalen) im Frühjahr 1940.[15]

Über Einsätze von Häftlingen aus Konzentrationslagern liegen bisher nur wenige Informationen vor. Als frühestes bekanntes Beispiel gelten die Ausgrabungen auf einem bronzezeitlichen Gräberfeld in Colditz (Sachsen) im Jahr der „Machtergreifung" der Nationalsozialisten. Hier nahmen fünf Häftlinge aus dem gleichnamigen so genannten „frühen Konzentrationslager" im September und Oktober 1933 Fundbergungen vor. Sie legten dabei eine Fläche von 125 Quadratmetern frei, die 14 Gräber enthielten. Dass sie überhaupt für die Grabung eingesetzt wurden, ist auf den Gauinspektor und Kreisleiter der NSDAP für Grimma, Otto Naumann (1895 bis nach 1945?), zurückzuführen. Bewacht wurden die Häftlinge, bei denen es sich mit großer Wahrscheinlichkeit um politische Gefangene gehandelt haben dürfte, von der SA. Da es zu diesem Zeitpunkt noch kein Ausgrabungsgesetz in Sachsen gab, wurden die Ausgrabungen von einem interessierten Laien, dem Lehrer und Kreisvolkstumswart Rudolf Irmscher, geleitet. Nach Abschluss der Grabungsarbeiten nahmen die Häftlinge die Sortierung, Zusammensetzung und museumsgerechte Ergänzung der Scherben vor und restaurierten etwa 40

Abgesperrtes Grabungsgelände in Gusen.

H. Ladenbauer-Orel und O. Menghin auf der Ausgrabung.

Gefäße, die im Heimatmuseum Colditz ausgestellt werden sollten.

Naumann wollte sich bei den Aufsichtsbehörden dafür einsetzen „[…] daß künftig Gefangene mit Wiederherstellung urgeschichtlicher und volkskundlicher Gegenstände oder deren Nachbildung beschäftigt werden".[16] Noch vor Einführung des sächsischen Heimatschutzgesetzes[17] war den Behörden bewusst, dass „[…] auch der neue Staat nie über genügend Mittel verfügen wird, Fundpflege dieser Art etwa im Stundenlohn zu vergüten und das technische Museumspersonal nicht im entferntesten ausreicht, den bereits magazinierten und noch künftig zu bergenden Fundstoff zu bewältigen […]"[18]. Inwieweit diese Ideen in der Praxis umgesetzt wurden, ließ sich bislang noch nicht nachweisen.

Ein weiteres Beispiel ist vom Konzentrationslager Gusen in Österreich bekannt, über das die Grabungsleiterin Hertha Ladenbauer-Orel (1912–2009) 1992 selbst berichtete[19]. Bei der Anlage einer Bahnstrecke für das SS-Unternehmen „Deutsche Erden und Stein GmbH" vom Bahnhof St. Georgen zum Steinbruch Gusen wurden 1941 archäologische Funde freigelegt, denen später Grabungen unter der Leitung von Ladenbauer-Orel vom Wiener Institut für Denkmalpflege in den Jahren 1942 bis 1943 in Absprache mit dem „Ahnenerbe der SS" folgten. Die Ausgrabung der Funde nahmen polnische Häftlinge vor. Daneben fertigten die Häftlinge für die Lagerleitung und für verschiedene Dienststellen Fundkalender für die Jahre 1942 und 1943 an. Für die Reichsleitung der SS erstellten sie 1942 einen eigenen Kalender mit 85 beschrifteten Zeichnungen und Fotos.[20] Trotz des Beitrages von Ladenbauer-Orel bleiben viele Fragen unbeantwortet. So ist beispielsweise nichts über die Lagerbedingungen der Häftlinge und ihre Behandlung auf der Grabung und in der Fundbearbeitung bekannt.

Noch weniger weiß man über den Einsatz von Strafgefangenen, der in einigen Quellen erwähnt wird. Sie wurden beispielsweise auf Ausgrabungen in Königswusterhausen (Brandenburg) 1938 und beim Bau eines Artilleriegeländes im Hümmling (Niedersachsen) 1942/1943 erwähnt. Weiterführende Informationen fehlen jedoch auch hier, so dass eine Einordnung der Informationen schwerfällt.

Im Gegensatz zu den vorangegangenen Beispielen sind die Einsätze von Kriegsgefangenen derzeit am ausführlichsten und zahlenmäßig stärksten belegt. Nach den bisherigen Recherchen wurden Kriegsgefangene überwiegend in kriegswichtigen Bereichen wie beispielsweise dem Straßen- und Gleisbau, in Kiesgruben, Steinbruchbetrieben und ähnlichen eingesetzt. Dort nahmen sie dann neben ihren eigentlichen Arbeiten für die jeweilige archäologische Denkmalpflege, die während des Krieges über wenig Personal verfügte, auch die Fundbergung vor. So etwa in Schönburg 1940 (Sachsen-Anhalt) und Ichtershausen 1941 (Thüringen), wo französische Kriegsgefangene arbeiteten.[21] Da es sich in den meisten Fällen um kleinere und kurzzeitige Notbergungen handelte, wurde auf die Kriegsgefangenen in den Grabungsberichten nur am Rande eingegangen, so wenn etwa die Ausgrabungsleiter sie für den schlechten Erhaltungszustand der Funde verantwortlich machten. Lediglich zu den Arbeiten auf der Heidenschanze in Dresden-Coschütz (Sachsen) 1940/1941 liegen detaillierte Aufzeichnungen vor. Auf einem Syenitplateau gelegen, gehört die mehrperiodische Siedlungsanlage auf der Heidenschanze zu einem der fundreichsten Denkmäler Dresdens. Obwohl 1936 in die Denkmalliste aufgenommen und unter Schutz gestellt, wurde mit Beginn des Zweiten Weltkrieges erneut mit dem Gesteinsabbau begonnen. In Absprache zwischen dem Steinbruchbetreiber und dem Landespfleger für Bodenaltertümer wurden zwischen Dezember 1940 und Mai 1941 bis zu zwölf französische Kriegsgefangene beschäftigt, die den Oberboden im Vorfeld der Sprengungen im Handbetrieb abfuhren.

Während dieses Zeitraumes legten sie eine Fläche von 1600 Quadratmetern frei, nahmen Vermessungen vor und bargen zahlreiche Funde, darunter auch ca. 130 Sonderfunde. Anhand der Quellen ließ sich nachweisen, dass ihre Arbeit häufig unter extremen Witterungsverhältnissen und unter Lebensgefahr erfolgte.

Neben Notbergungen gab es auch Forschungsgrabungen, bei denen Kriegsgefangene gezielt eingesetzt wurden, so etwa bei den Grabungen Hans Reinerths am Dümmer (Niedersachsen) 1940[22] und 1941[23].

Aber nicht nur in Deutschland wurden während des Krieges Ausgrabungen durchgeführt, sondern auch

Gruppenfoto der zwölf französischen Kriegsgefangenen am 2. Januar 1941 auf der Heidenschanze in Dresden-Coschütz.

Die Kriegsgefangenen bei der Arbeit unmittelbar an der Steinbruchkante der Heidenschanze, 2. Januar 1941.

in den von Deutschland besetzten Gebieten. Bei Arbeiten des „Reichsamtes für deutsche Vorgeschichte" in der Bretagne (Frankreich) beispielsweise setzten die deutschen Archäologen zwischen September und Dezember 1940 französische Kriegsgefangene zu Vermessungsarbeiten an den berühmten Steinreihen und Megalithgräbern ein.[24]

Anhand des derzeitigen Forschungsstandes lässt sich nur ein ungenaues Bild über den Einsatz von Zwangsarbeitern in der Prähistorischen Archäologie während des Nationalsozialismus zeichnen. Die hier kurz vorgestellten Beispiele verdeutlichen, dass sie vor allem bei der Fundbergung eingesetzt wurden. Ob es auch zivile Zwangsarbeiter gab, ist bisher nicht bekannt. Möglicherweise werden sich nach Auswertung von Quellen vor allem in Osteuropa zu dieser Fragestellung Beispiele finden lassen.

Von der Arbeitskraft der Zwangsarbeiter profitierten nicht nur Einrichtungen wie das „Ahnenerbe der SS" oder der „Reichsbund für Deutsche Vorgeschichte", sondern vor allem die archäologischen Landesdenkmalämter. Ohne sie wären Dokumentationen und Funde, wie die kurz erwähnten, heute für das Fach und deren wissenschaftliche Forschung nicht vorhanden.

Die Urgeschichte in Österreich vor und während der NS-Zeit

Otto H. Urban

Die Urgeschichtsforschung Österreichs wurde in den zwei Jahrzehnten der Ersten Republik und der anschließenden NS-Zeit von einer Person geprägt: Oswald Menghin.[1] Er übernahm 1918 an der Universität Wien den Lehrstuhl seines Doktorvaters Moritz Hoernes und behielt ihn über mehr als ein Vierteljahrhundert bis ins Jahr 1945. Die Zeit nach dem Zweiten Weltkrieg wurde dagegen von Richard Pittioni bestimmt, einem Schüler Menghins, der seine 1932 erworbene Lehrberechtigung nach dem Anschluss Österreichs 1938 verloren und sie 1946 wieder zurückerhalten hatte. Er übernahm noch im selben Jahr, als Menghin nach Argentinien flüchtete, den vakant gewordenen Lehrstuhl, zuerst als Extraordinarius, seit 1951 bis zu seiner Emeritierung 1976 als ordentlicher Professor. Die Urgeschichte in Österreich ist daher, nicht nur an den Universitäten Wien und Innsbruck, durch starke personelle Kontinuitäten geprägt; diese verbinden nicht nur die Zeit des austrofaschistischen Ständestaates mit der nationalsozialistischen Ära, sondern setzten bereits in den frühen Jahren der Ersten Republik ein.

Oswald Menghins Lehrjahre, Arbeitsweise und politische Positionierung

Oswald Menghin (1888–1973), ein gebürtiger Meraner und Sohn eines Bürgerschuldirektors, kam nach seiner Matura 1906, ebenso wie Adolf Hitler, nach Wien – eine Stadt, die sowohl durch einen antisemitischen Bürgermeister, Dr. Karl Lueger (1844–1910), aber auch durch große Persönlichkeiten, wie die Schriftsteller Peter Altenberg (1859–1919), Arthur Schnitzler (1862–1931) und Robert Musil (1880–1942), die Künstler Gustav Klimt (1862–1918) und Egon Schiele (1890–1918), den Arzt und Psychoanalytiker Siegmund Freud, den Komponisten Gustav Mahler (1860–1911) und Arnold Schönberg (1874–1951) oder den Philosophen Ludwig Wittgenstein (1889–1951) geprägt war. Diese Jahre waren zugleich Endzeitalter wie Aufbruch in die Moderne. Antisemitismus wie Psychoanalyse, Jugendstil wie Tuberkulose, die so genannte Wiener Krankheit, prägten das Stadtbild.

Der aus der Provinz kommende Menghin stellt seine Erfahrungen in der Großstadt Wien in einem 1924 erschienenen autobiografischen Roman „Zerrissene Fahnen" dar.[2] Menghin studierte an der Universität Wien von 1906 bis 1910 bei Moritz Hoernes (1852–1917), dem ersten Ordinarius für Urgeschichte, einem weltoffenen und aus einer alteingesessenen Wissenschaftsfamilie stammenden Mann. Hoernes war einer der ersten Absolventen der Klassischen Archäologie in Wien, in Berlin hatte er Vorlesungen von Theodor Mommsen gehört.

1914 gründete Menghin gemeinsam mit seinem Lehrer Moritz Hoernes und Georg Kyrle die Wiener Prähistorische Gesellschaft. Die von ihr herausgegebene *Wiener Prähistorische Zeitschrift* war bis 1945 das Sprachrohr dieser jungen anthropologischen Wissenschaft, die anfänglich ihren Platz zwischen Geografie und Ethnografie, Geschichte und Archäologie, Geologie und Anthropologie suchte.[3] Im Vergleich zu Deutschland, wo die Vorgeschichte seit Gustaf Kossinna als nationale Wissenschaft verstanden wurde,[4] positionierte sich die Urgeschichte in Wien unter Hoernes zuerst als geografisch-anthropologische Disziplin.[5] Hoernes stand dem Evolutionismus sehr aufgeschlossen gegenüber. Doch kurz nach der Gründung des Prähistorischen Instituts an der Wiener Universität verstarb er im Juni 1917.

Menghin setzte dann 1918, als junger Ordinarius, neue Akzente. Er versuchte im Einklang mit der Universität Wien, die einzelnen Fachdisziplinen in der neu entstandenen Republik zu popularisieren.[6] Neben öffentlichen interdisziplinären Universitätskursen gründete Menghin 1923 eine neue Reihe: die „Urgeschichtliche(n) Volksbücher". Es ist allerdings bezeichnend, dass der erste Band dieser von Menghin herausgegebenen Volksbücher der „Rassenkunde" gewidmet wurde.[7]

Die Urgeschichte setzt sich seiner Meinung nach aus einer Reihe von Einzeldisziplinen zusammen, unter anderem der Prähistorischen Archäologie, der linguistischen Archäologie, der Paläoethnologie und der Paläoanthropologie. Die letzten beiden haben nach Menghin die „urgeschichtliche Stammeskunde" und „die Rassengeschichte" zum Ziel. In seinen diversen methodischen Exkursen werden auch seine „Feindbilder" deutlich, der Positivismus, der materialistische Evolutionismus oder auch Einzelpersönlichkeiten, wie der Gründungsdirektor des Berliner Völkerkundemuseums Adolf Bastian (1826–1905) und der Geschichtsphilosoph Oswald Spengler (1880–1936).[8]

Wichtiger für Menghins weiteren Werdegang war die Mitgliedschaft in der „Deutschen Gemeinschaft" (DG), eine Vereinigung, die den Geheimbund „Die Burg" decken sollte.[9] Die Bekanntschaft zwischen Menghin und dem NS-Politiker Arthur Seyß-Inquart (1892–1946) dürfte auf deren Burgbrüderschaft zurückreichen.[10] Bereits 1923 hielt Menghin in der Ortsgruppe Währing der NSDAP einen Vortrag über die im Nazijargon so genannte „Judenfrage". Es überrascht daher wenig, dass Menghin in einer Pressekonferenz von Josef Bayer (1882–1931), einem der Entdecker der Venus von Willendorf und Abteilungsdirektor im Naturhistorischen Museum in Wien, 1924 als „Hakenkreuzprofessor" bezeichnet worden ist – zumindest titelt ein Bericht über die Pressekonferenz in der *Abend* vom 26. Juli 1924 mit dieser Schlagzeile. *Das Neue 8 Uhr Blatt* berichtete ähnlich lautend am selben Tag unter dem Titel „Hakenkreuzhetze in der Wissenschaft".[11]

Nach Geehr war Menghins „politisches und kulturelles Verhalten von einem romantischen Nationalismus, Kulturpessimismus und einer allgemeinen politischen Unwirklichkeit charakterisiert".[12] Es mögen hier unterschiedliche Mentalitäten zum Ausdruck kommen, aber romantische Züge kann ich nicht erkennen; vielmehr kämpfte er sehr egoistisch um seine Karriere, zeigte wenig Mitgefühl für seine Kollegenschaft und war geprägt durch eine elitäre, rassistische und antisemitische Grundeinstellung.

Oswald Menghin als Professor

Menghin war trotz (oder wegen) der Auseinandersetzungen mit Josef Bayer in den 1920er-Jahren in der Philosophischen Fakultät der Universität Wien gut integriert. In der Zeit, als er Dekan der dortigen Philosophischen Fakultät war, begann nicht nur sein späterer Nachfolger Richard Pittioni sein Studium bei ihm, als Gaststudenten waren auch der spätere langjährige Präsident des Deutschen Archäologischen Institutes Kurt

Oswald Menghin 1935 im Ornat des Rektors der Universität Wien.

Bittel und der Direktor des Schweizerischen Landesmuseums Emil Vogt in Wien. 1931 erschien sein Opus magnum, die „Weltgeschichte der Steinzeit", eine „Völkergeschichte in grandiosem Ausmaße", so wortwörtlich Menghins Selbstdarstellung. Neben Rudolf Much (1862–1936), dem er in sprachwissenschaftlichen und stammeskundlichen Fragen Grundlegendes verdankte, und Pater Wilhelm Schmidt (1868–1956), der ihm die Ideen der sogenannten „Kulturkreislehre" nahebrachte, stand er auch mit dem Pädagogen Rudolf Meister (1881–1964) im regen Gedankenaustausch. Die „Wesensforschung" des Kunsthistorikers Josef Strzygowski (1862–1941) nahm Menghin „zur Grundlage der urgeschichtlichen Verfahren", so schreibt er im Vorwort seiner „Weltgeschichte".[13]

Danach erweiterte er seinen Horizont und arbeitete gemeinsam mit den Ägyptologen Hermann Junker (1877–1962) und Mustapha Amer in Ägypten. Neben Vorlesungen an der Ägyptischen Universität hielt Menghin 1933 auch in der Ortsgruppe der NSDAP in Kairo einen Vortrag, wie immer über die so genannte „Judenfrage".[14] Im gleichen Jahr erschien in Wien eine Sammlung seiner politischen Vorträge unter dem Titel „Geist und Blut" – eine Publikation, die aber trotz oder wegen ihres Titels (man beachte das Primat des Geistes vor dem Blut) in Berlin vom Amt der NSDAP „nicht empfohlen" wurde.[15]

An der Universität Wien arbeiteten während der Zeit des Ständestaats Ethnologie und Urgeschichte eng zusammen. Neben später bekannten deutschen Professoren, wie Walter Dehn, Joachim Werner und Vladimir Milojčić, wählten auch zahlreiche Mitbrüder von Pater Wilhelm Schmidt und Pater Wilhelm Koppers aus Korea und Japan als Nebenfach Urgeschichte. Nicht wenige Studierende kamen als Humboldt-Stipendiaten, darunter auch der letzte Doktorand, welcher im Februar 1944 die Doktorprüfung ablegte: Adam Graf Orssich von Slavetich, aus Varasdin, Kroatien.[16]

Oswald Menghin in der Öffentlichkeit und als Politiker

Im Jahr 1935/1936 wurde Menghin Rektor der Universität Wien und wirkliches Mitglied der Österreichischen Akademie der Wissenschaften. In diesen Jahren dürften auch enge Beziehungen zum damaligen Unterrichtsminister Dr. Hans Pernter bestanden haben.

1936 wurde Menghin als Vertreter der nationalen Opposition in den Führerrat der Wiener Vaterländischen Front berufen, danach in den so genannten „Siebener-Ausschuss"; außerdem bemühte er sich um die Gründung eines Deutsch-Sozialen Volksbundes. In all diesen Funktionen kämpfte er für die Wiederzulassung der NSDAP in Österreich.[17] Nach Geehr bemühte sich Menghin um „die Erhaltung einer eher vagen österreichischen Unabhängigkeit unter mächtiger deutscher Protektion."[18] Er gilt als Vertreter einer großdeutsch eingestellten national-katholischen Richtung und hatte bereits durch die Mitgliedschaft in der „Deutschen Gemeinschaft" seit den 1920er-Jahren gute Beziehungen zu Arthur Seyß-Inquart.[19]

Auf Grund der immer intensiveren politischen Auftritte, die Menghin im Ständestaat übernahm, überrascht es nicht, dass in der Regierung Seyß-Inquart Oswald Menghin als Unterrichtsminister aufgenommen und entsprechend der austrofaschistischen Verfassung aus dem Jahre 1934 am 12. März 1938 vom Bundespräsidenten Wilhelm Miklas ernannt wurde.[20] „Alle Männer, die neu in die Regierung eintreten, sind bewährte nationale Vorkämpfer", schrieb 1938 die NS-Propaganda.[21]

Am 13. März 1938 beschloss der Ministerrat ein Gesetz, durch das der Anschluss an das Deutsche Reich vollzogen wurde. Die österreichische Bundesregierung Seyß-Inquart I hat durch ihre Selbstauflösung nur drei Tage bestanden.[22] Seyß-Inquart wurde aber bereits am 17. März 1938 von Hitler mit der Führung der Österreichischen Landesregierung beauftragt, und diese trat mit nur geringen personellen Veränderungen ihr Amt wieder an.

Menghin war nur wenige Wochen Unterrichtsminister, aber in diese Zeit fiel auch die im NS-Jargon so genannte „Säuberung der Universitäten".[23] Dabei wurde jüdischen Studierenden der Zutritt zur Universität verwehrt und rund 40 Prozent des Lehrkörpers wegen „jüdischer Abstammung" oder aus „politischen Gründen" entlassen. Einen Großteil der davon betroffenen Professoren, zumindest der Universität Wien, kannte Menghin persönlich; hatten sie ihn doch drei Jahre zuvor zum Rektor der Universität gewählt. Wer damals wirklich das Sagen gehabt hatte, ist heute kaum mehr festzustellen. Der der NSDAP angehörende, aus Wien stammende und in München lehrende Germanist Otto Höfler (1901–1987) dürfte Wolfram Sievers (1905–1948), dem Geschäftsführer des „SS-Ahnenerbes", als Informant bezüglich der Universität Wien gedient haben.[24]

Menghin war nach allen vorliegenden Unterlagen kein illegales Parteimitglied der NSDAP. Er war seit dem 1. Mai 1938 Parteianwärter, der Antrag wurde aber wegen seiner starken katholischen Bindung am 8. September 1939 abgelehnt.[25] Später dann, am 1. Juli 1940, wurde er doch mit der Nummer 8.123.303 einfaches Mitglied der NSDAP.

Sein Ansuchen um Rücktritt als Minister vom 28. April 1938 wurde erst am 31. Mai 1938 von Seyß-Inquart nach Berlin weitergeleitet, und am 5. August 1938 trat Menghin wieder seinen Dienst als Universitätsprofessor an. Oswald Menghin kann als Beispiel für einen „willfährigen Wissenschaftler" gelten, dessen Gesinnung es ihm ermöglichte, sich den Nationalsozialisten zur Verfügung zu stellen.[26] Menghin verfügte in den frühen 1940er-Jahren über ein weit ausgedehntes Netzwerk und war einigen hochrangigen NS-Funktionären gut bekannt bzw. mit ihnen „eng befreundet", wie mit Gauleiter Hugo Jury (1887–1945).

Eduard Beninger, Landesleiter im „Reichsbund für Deutsche Vorgeschichte"

Von 1938 bis 1945 beherrschten neben Oswald Menghin zwei weitere Männer die Urgeschichtsforschung in Wien: Eduard Beninger (1897–1963) und Kurt Willvonseder (1903–1968).

Plakat bzw. Titelseite des Ausstellungsführers „Die Ostmark – altes Germanenland, Schau frühdeutscher Kulturhöhe", welche E. Beninger 1939 im Wiener Messepalast gestaltete.

Anlässlich des Anschlusses wurde das *Germanen-Erbe* mit dem Titelbild „Das deutsche Wien" der „Ostmark" gewidmet. Den Hauptbeitrag verfasste E. Beninger, „Wie die Ostmark deutscher Volksboden wurde". In den Mitteilungen wird festgehalten, dass E. Beninger bereits am 11. August 1934 zum Landesleiter Österreich im Reichsbund ernannt und am 21. März 1938 bestätigt wurde.

Die Urgeschichte in Österreich vor und während der NS-Zeit

Große Wandkarte in der Ausstellung „Die Ostmark – altes Germanenland". Die Karte „versucht, die Einheitlichkeit der Kräfte des in der Ostmark wirkenden germanischen Lebenswillens, losgelöst von allen störenden Beiwerk, zu erfassen" (Zitat Eduard Beninger).

Eduard Beninger war ein so genannter „Illegaler", das heißt ein Mitglied der seit Mai 1933 in Österreich verbotenen NSDAP. Er war zudem Landesleiter im „Reichsbund für Deutsche Vorgeschichte", der von Hans Reinerth (1900–1990) geleitet wurde und dem „Amt Rosenberg" unterstand. Beninger wurde 1940 zum „Dozenten für germanische Ur- und Frühgeschichte" ernannt,[27] hielt aber niemals eine Vorlesung, da er bereits im gleichen Jahr als Hauptmann zur Wehrkreiskommandatur Wien einberufen wurde. Er war Adjutant des damaligen Stadthauptmannes von Wien, General Heinrich Stümpfl.[28] Nach dem Krieg wurde der Archäologe wegen „Verletzung der Menschenwürde" zu drei Jahren Haft verurteilt. Er starb 1963 in Wien, eine Anstellung hat er nicht mehr erhalten. Der Großteil seiner Hauptwerke ist den Germanen gewidmet. In einem 1939 erschienenen Beitrag zur Urgeschichte im Schulunterricht offenbart Beninger im Unterschied zu seinen archäologischen Arbeiten deutlich seine weltanschaulichen und germanophilen Ansichten.[29]

Kurt Willvonseder, SS-Obersturmführer im Persönlichen Stab des „Reichsführers der SS"

Kurt Willvonseder erscheint in diesem Dreigestirn als der Ehrgeizigste. Er habilitierte sich bereits 1937 und hielt regelmäßig bis zu seiner Einberufung 1943 Vorlesungen. Er war Leiter der Abteilung für Bodenaltertümer am Institut für Denkmalpflege und daneben seit September 1943 außerplanmäßiger Professor in Wien.

Eduard Beninger (Mitte mit Zigarre) bei der Besichtigung einer Fundstelle.

Er trat 1938 der SS bei und galt als einer der wichtigsten österreichischen Informanten für Wolfram Sievers, dem 1946 in Nürnberg zum Tode verurteilten Geschäftsführer des „SS-Ahnenerbes". Nach Willvonseder wurde auch Menghin 1940 so genanntes teilnehmendes Mitglied im „Ahnenerbe".[30] Im Februar 1941 verfasste er für das „SS-Ahnenerbe" einen ausführlichen Bericht über die personelle, museale und politische Situation der Archäologie in Österreich, in dem er zusammenfassend schrieb:[31]

> *„Um die Bedeutung der vor- und frühgeschichtlichen Forschung in der Ostmark zu ermessen, genügt es, sich die besondere Lage dieses Gebietes in Mitteleuropa zu vergegenwärtigen. Hier kreuzen sich viele naturgegebene Wege zwischen Nord und Süd, West und Ost und umgekehrt. Es ist daher verständlich, dass die heutige Ostmark von jeher ein Schauplatz wesentlicher Begebenheiten war. Um die vielfältigen Kulturbeziehungen in den verschiedenen Zeiten, über die wir keine schriftliche Quellen besitzen, ergründen zu können, bedarf es einer umfassenden Aufnahme der Bodenfunde, die noch viel Zeit und Arbeit erfordern wird. […] Wien fällt in dieser Hinsicht als Universitätsstadt an der Südostgrenze des Deutschen Reiches eine hervorragende Rolle zu."*

Kurt Willvonseder in SS-Uniform an seinem Schreibtisch im Institut für Denkmalpflege in Wien. Der Winkel an seinem rechten Oberarm weist ihn als „Alten Kämpfer" aus, das heißt, er war bereits vor dem 30. Januar 1933 Mitglied der NSDAP.

Dieser Bericht zeigt deutlich, wie in einem totalitären System durch persönliche Stellungnahmen die eigene Bedeutung (in indirekter Form) besonders hervorgehoben und anderseits Konkurrenten (wie Pittoni beispielsweise) geschadet werden konnte. Er zeigt aber auch, wie stark die damals in Österreich tätigen Archäologen mit der NSDAP verbunden waren. Willvonseder selber wollte sich verstärkt auch im Südosten profilieren. Einem eigentlichen Kriegseinsatz konnte er sich auf Grund seiner guten Beziehungen innerhalb der SS weitgehend entziehen. Nachdem er durch Menghin von den archäologischen Funden im Bereich des Außenlagers Gusen des Konzentrationslagers Mauthausen erfahren hatte, führte Willvonseder als SS-Offizier mit Hilfe der dort Inhaftierten Ausgrabungen durch.[32]

Die beiden bedeutendsten Grabungen nach dem Anschluss, die so genannte „Führergrabung" in Carnuntum[33] und die im Auftrag des „Reichsführers der SS" Heinrich Himmler durchgeführte Grabung auf der Karnburg (Kärnten),[34] wurden ebenso wie die wegen des geplanten Autobahnbaues begonnenen Rettungsgrabungen[35] nach dem Kriegsbeginn eingestellt. Bei anderen linearen Bauprojekten, wie dem Bau des Südostwalles, bei dem ebenfalls KZ-Gefangene Zwangsarbeit verrichten mussten, wurden kaum mehr reguläre Rettungsgrabungen durchgeführt.[36]

Friedrich Wimmer, Kunsthistoriker, Archäologe und NS-Politiker

Ein besonderes Beispiel ist Friedrich Wimmer (1897–1965). Er wurde nach seinem Kunstgeschichtestudium bei Josef Strzygowski am Niederösterreichischen Landesmuseum Archäologe und Mitglied im Ausschuss der Wiener Prähistorischen Gesellschaft. Nachdem Wimmer sein Zweitstudium Jura absolviert hatte, wechselte er vom Niederösterreichischen Landesmuseum in das Amt der Niederösterreichischen Landesregierung und wurde später Sekretär des Landesrates Josef Leopold (1889–1941), der bereits 1926 NSDAP-Mitglied und Gauleiter wurde. 1934 wechselte er in das Bundeskanzleramt, Abteilung 1, Verfassungsangelegenheiten, wohl um für die Nazis Spitzeldienste zu leisten. Im März 1938 wirkte Wimmer bei der Ausformulierung des so genannten Anschlussgesetzes mit. Er war – neben

Unterrichtsminister Menghin – als Staatssekretär Mitglied der Österreichischen Landesregierung von Seyß-Inquart. 1939 wurde er Regierungspräsident der Oberpfalz, dann folgte Wimmer Seyß-Inquart in die Niederlande und wurde Generalkommissar für Verwaltung und Justiz. Dort beauftragte Wimmer den Kölner Archäologen Walter von Stokar (1901–1959) in Leiden die erste „germanische Universität" aufzubauen.[37]

Richard Pittionis Verlust der Venia legendi

Für den Bereich der Urgeschichte steht natürlich der Verlust der Venia legendi (Lehrberechtigung) von Richard Pittioni (1906–1985) im Vordergrund. Hier dürfte Eduard Beninger eine nicht unbedeutende Rolle gespielt haben. So findet sich in der umfangreichen Urteilsschrift des LGSt Wien gegen Dr. Eduard Beninger vom 6. Januar 1948 folgender Absatz:

> *„Den Vorgeschichtsprofessor Dr. Pittioni veranlasste Dr. Beninger Mitte März 1938 zum Verzicht seiner Ausübung der Venia legendi mit dem Hinweis auf seine Untragbarkeit für die Universität, sodass Dr. Pittioni eine ihm von Dr. Beninger diktierte Erklärung im vorstehenden Sinne unterschrieb, wodurch die wissenschaftliche Laufbahn des Dr. Pittioni abgeschnitten war. In einem Schreiben … an Professor H. Reinerth in Berlin fragte er an … und erbat er sich Weisung [sic!], ob ein weiteres Vorgehen gegen Pittioni verlangt werde."*[38]

Es entsteht der Eindruck, dass durch die Angriffe auf Pittioni auch Menghin geschadet werden sollte, der sich ja ebenso wie Reinerth 1933/1934 um die Professur für Deutsche Archäologie in Berlin bemüht hatte und Rosenberg wegen seines Katholizismus zuwider war. Beninger, der Menghin hasste, sich aber nach dem Anschluss Österreichs mit ihm aussprach, hatte im Auftrag von Reinerth (bzw. Rosenberg?) Pittioni zum Verzicht seiner Venia legendi gezwungen – ihm aber andererseits ein gesichertes Weiterkommen in der Provinz zugesagt. Beninger konnte so seine neu gewonnene Macht Menghin gegenüber demonstrieren. Pittioni wiederum schied damit als potenzieller Kandidat für die Nachfolge der Professur aus, sollte Menghin länger

Professor Richard Pittioni.

in der Politik verbleiben. Damit brachte Beninger auch Menghin in eine Zwickmühle: Wie würde sich der Politiker Menghin gegenüber seinem ehemaligen Assistenten verhalten? Pittioni wurde zum Bauernopfer. „Den Sack schlägt man, den Esel meint man."[39] Beninger, wie Reinerth und Rosenberg, konnte im Frühjahr 1938 Menghin nicht direkt angreifen, Pittioni jedoch schon. Vielleicht war dies auch einer der Gründe, warum sich Pittioni nach der NS-Zeit niemals negativ zu Menghin äußerte, mit Beninger dagegen keinen weiteren privaten wie fachlichen Kontakt pflegte, ja nicht einmal einen Nachruf schrieb.

Richard Pittionis Jugend und Studium

Richard Pittioni wurde 1906 geboren, in dem Jahr, als Menghin nach Wien zog. Er lernte bereits in seinen Jugendjahren urgeschichtliche Fundstätten kennen und trat als Mittelschüler der Wiener Prähistorischen Gesellschaft bei.[40] 1925 legte Richard Pittioni die Reifeprüfung in Wien mit Auszeichnung ab; er wählte als

Thema die „Urgeschichte Wiens und Niederösterreichs". 1926 hörte er erstmals Vorlesungen zur Urgeschichte an der Universität Wien und beendete bereits im Juni 1929 das Studium der Urgeschichte erfolgreich; daneben studierte er bei Arthur Haberlandt (1889–1964) Volkskunde und bei Wilhelm Koppers (1886–1961) Völkerkunde. Seine Sommeraufenthalte 1927 und 1928 verbrachte Pittioni im Raum Hartberg; Zeugnis davon sind die von ihm als cand. phil. veröffentlichten „prähistorischen Funde". Er folgte dabei einer „Anregung von Prof. Menghin".[41]

Richard Pittionis Assistentenzeit

1929, im Jahr seiner Dissertation, wurde der damals 23-Jährige Assistent am Urgeschichtlichen Institut der Universität Wien bei Prof. Menghin. 1932, nur drei Jahre später, habilitierte sich Richard Pittioni an der Universität Wien mit der Lehrberechtigung für „Prähistorische Archäologie".[42] Seine Studie über die La-Tène-Kultur in Niederösterreich erschien als Monografie. Danach begannen seine Tiroler Bergwerksforschungen; daneben führte er die Redaktion der *Wiener Prähistorischen Zeitschrift*. Ende 1937 verließ Pittioni das Institut und wechselte in das Römische Museum der Stadt Wien. Im März 1938, nach dem Anschluss Österreichs an das Deutsche Reich, musste er unter der Ministerschaft seines Lehrers Menghin seine Dozentur zurückgeben.[43]

Pittioni während der NS-Zeit

Doch wie erging es Pittioni in den Jahren des Naziregimes? In der Folge wurde ihm nahegelegt, auch Wien zu verlassen, und er trat als Nachfolger von Alphons Barb, der wegen seiner jüdischen Abstammung nach Großbritannien emigrieren musste, im Dezember 1938 in das Burgenländische Landschaftsmuseum Eisenstadt ein. Das Museum gehörte damals zu den Museen des Reichsgaues Niederdonau. Pittioni war, soweit in den Unterlagen ersichtlich, niemals im Widerstand tätig und er versuchte trotz seiner Abschiebung in die Provinz und des Verlusts seiner Dozentur weiterhin urgeschichtliche Forschungen durchzuführen.[44]

1942/1943 führte der Militärdienst Pittioni nach Südfrankreich und 1943 in die Ukraine; nach einem Lazarettaufenthalt schloss er die Ehe mit Erika Gräfin zu Hardegg. Anschließend wurde er als Schreiber und ab Mai 1945 als Dolmetscher in Tirol eingesetzt. Diese Zeit in Tirol nützte Pittioni, um einen Roman zu schreiben: „Der Bergfürst". Er spielt im Ostalpenraum zur Zeit der Bronzezeit.[45]

Resümee

Folgende Punkte bleiben festzuhalten: Der Großteil der während der Ersten Republik, des Ständestaats bzw. der NS-Zeit an der Universität Wien Ur- und Frühgeschichte lehrenden Männer war nationalkatholisch. Bei einigen durchaus prominenten Vertretern finden sich Hinweise auf rassistische Weltanschauungen, andere (wenige) dagegen können der katholischen Weltanschauung zugerechnet werden. Sozialisten bzw. sozialdemokratische Ideen fehlen weitgehend, so finden sich auch kaum Ansätze für evolutionistische oder soziologische Überlegungen – sie werden vielmehr deutlich bekämpft. Dies soll zeigen, mit welcher „Brille" bzw. durch welchen „Filter" die Werke dieser nationalkatholischen und rassistisch/antisemitischen, aber nicht dezidiert nationalsozialistischen „Wiener Schule" gelesen werden müssen.

Archäologie in der besetzten Tschechoslowakei
Uta Halle und Dirk Mahsarski

Seit 1924 hatte Adolf Hitler (1889–1945) immer wieder in öffentlichen Reden und Schriften betont, dass das Deutsche Reich für seine Zukunft Lebensraum im Osten gewinnen müsste. Auf lange Sicht schwebte ihm die globale Herrschaft einer germanischen Elite vor. Damit würde die Weltgeschichte „ihr rassisch begründetes Ende" erreichen.[1]

Auch Alfred Rosenberg (1893–1946) hatte schon Mitte der 1920er-Jahre geäußert, dass „der Kampf gegen Versailles im Zeichen ewig-germanischer Charakterwerte" stünde, und prophezeite den Aufbau eines „völkisch nationalsozialistischen germanischen Staates in Mitteleuropa"[2]. Vor etlichen Archäologen betonte er 1936, dass sich die Archäologie nicht allein mit deutschen, sondern mit europäischen Fragen beschäftige. Er forderte deshalb dazu auf, eine neue „große europäische Vorgeschichte" zu schreiben, damit „in 10–15 Jahren das Ausland in Deutschland Vorgeschichte" lernen könnte.[3] Entsprechend begleiteten Archäologen die Expansion des Dritten Reichs auf Schritt und Tritt mit Forschungsprojekten und Veröffentlichungen.

Weil der Versailler Vertrag den Beitritt Österreichs zum Deutschen Reich untersagte, wurden die deutschsprachigen Gebiete Böhmens und Mährens endgültig von Österreich getrennt und Teil der Tschechoslowakei. Im Laufe der folgenden Jahre setzte sich für sie der Ausdruck Sudetenland durch. Gleichzeitig politisierte sich die Bevölkerung immer stärker. Spätestens ab 1935 unterstützten mehr als zwei Drittel der Sudetendeutschen die „Sudetendeutsche Partei" (SdP) Konrad Henleins (1898–1945). Die SdP arbeitete eng mit der NSDAP zusammen und startete im September 1938 Aufstände in den Grenzregionen, die von der tschechoslowakischen Regierung niedergeschlagen wurden und zur so genannten Sudetenkrise führten. Da England und Frankreich zu diesem Zeitpunkt einen Krieg mit dem Deutschen Reich vermeiden wollten, wurde auf der Münchener Konferenz unter italienischer Vermittlung am 29. September 1938 ein Abkommen getroffen, das die Krise lösen und das Selbstbestimmungsrecht der Völker achten sollte. Dabei wurden die sudetendeutschen Gebiete von der Tschechoslowakei abgespalten und dem Deutschen Reich eingegliedert, der größte Teil bildete den Reichsgau Sudetenland, weitere Gebiete wurden dem Gau Bayerische Ostmark und den Reichsgauen Ober- und Niederdonau zugeschlagen. Am 14. März 1939 überfielen deutsche Truppen die Rest-Tschechoslowakei. Am folgenden Tag proklamierte Hitler in Prag das „Reichsprotektorat Böhmen und Mähren", das die überwiegend tschechisch besiedelten Gebiete umfasste, als Teil des Großdeutschen Reichs. Die volksdeutschen Bewohner wurden zu Bürgern des Deutschen Reichs erklärt, die übrigen zu Protektoratsangehörigen. Laut Hitler sollte sich das „Protektorat" „im Einklang mit den politischen, militärischen und wirtschaftlichen Belangen des Reiches"[4] selbst verwalten. Der slowakische Teil des Landes wurde als Erste Slowakische Republik zwar selbstständig, war aber faktisch ein Satellitenstaat des Deutschen Reichs. Weitere Gebiete wurden von Ungarn und Polen annektiert. Im „Protektorat" blieb der bisherige Staatspräsident Emil Hácha (1872–1945) im Amt, seine Verwaltung unterstand aber deutscher Aufsicht. Auch eine eigene Armee blieb unter deutscher Kontrolle bestehen.

Langfristiges Ziel der deutschen Besatzungspolitik aber war die „Endlösung der Tschechenfrage" in Gestalt einer totalen Germanisierung der Region, der „Vernichtung der tschechischen Nation", und die Ermordung aller Juden der Region. Dazu wurde unter dem Reichsprotektor Konstantin von Neurath (1873–1956) ein hartes Besatzungsregime eingesetzt. Da dessen Politik von der SS immer noch als zu zahm empfunden wurde, beurlaubte man ihn im September 1941. Sein geschäftsführender Stellvertreter wurde Reinhard Heydrich (1904–1942), Chef des „Reichssicherheitshauptamtes" der SS (RSHA). Als Heydrich im Mai 1942 durch ein Attentat des tschechischen Widerstandes getötet wurde, verwüstete die SS als Vergeltungsmaßnahme ganze Landstriche und tötete über 1300 Tschechen. Heydrichs Nachfolge trat Kurt Dalague (1897–1946) an, Chef der Ordnungspolizei, der im August 1943 aus gesundheitlichen Gründen aus dem Amt schied. Neuer Reichsprotektor wurde nun Wilhelm Frick (1877–1946), der kurz zuvor von Heinrich Himmler (1900–1945) als Reichsinnenminister abgelöst worden war. Unter Frick lag die tatsächliche Macht jedoch bei Staatsminister Karl Hermann Frank (1898–1946), dem ranghöchsten sudetendeutschen SS-Offizier.[5]

Prager Uni

Im Oktober und November 1939 kam es im ganzen „Protektorat" zu Massendemonstrationen und Streiks gegen die deutsche Besatzung, bei deren Niederschlagung mehrere Personen getötet wurden. Danach wurden alle tschechischen Universitäten geschlossen und über 1200 Studenten in Konzentrationslagern interniert. Nur die drei deutschen Universitäten im „Protektorat" existierten weiter. Sie wurden konsequent nationalsozialistisch ausgerichtet, wobei direkt an die sudetendeutsche Zeit angeknüpft werden konnte. Schon seit 1929 bestand an der Deutschen Universität in Prag ein Lehrstuhl für Urgeschichte, den der aus Wien stammende Leonhard Franz (1895–1974) innehatte. Er versuchte, die „Fortdauer der germanischen Besiedlung der Sudetenländer"[6] mit archäologischen Funden nachzuweisen. Im September 1939 wurde im Rahmen der stärkeren nationalsozialistischen Ausrichtung der Universität Lothar Zotz (1899–1967) auf den

Die SS-Zeitschrift brachte im November 1938 mit „Deutsches Sudetenland" eine Sonderausgabe.

Lehrstuhl berufen. Zotz hatte sich schon in den vorangegangenen Jahren in Auseinandersetzungen mit der polnischen und tschechischen Forschung profiliert. Er vertrat die Auffassung, dass die Germanen zu den ältesten Kulturvölkern Europas gehörten, während die Tschechen erst während des Mittelalters in Mitteleuropa eingewandert wären und Kultur erst von einer germanischen Herrenschicht vermittelt bekommen hätten. Allerdings war der Lehrstuhl anfangs nur unzulänglich ausgestattet, obwohl er von der Beschlagnahme der tschechischen Universitäten profitiert hatte und direkt durch die Protektoratsregierung finanziert wurde. Daher arbeitete Zotz – wie auch einige Wissenschaftler des „Ahnenerbes" – notgedrungen mit den tschechischen Archäologen zusammen. Dieses Vorgehen stand durchaus im Einklang mit der offiziellen Politik der Germanisierung, wurden doch so die beteiligten Wissenschaftler zu Kollaborateuren und gleichzeitig die Ergebnisse der tschechischen Forschung vereinnahmt. Zu den von ihm fortgeführten Projekten gehörten auch die berühmten Ausgrabungen von Moravany. Erst nach 1945 wurde Zotz diese Taktik positiv als „Tschechenfreundlichkeit" ausgelegt.[7]

Die Ausgrabungen von Dolní Věstonice

Der altsteinzeitliche Fundplatz von Dolní Věstonice (dt.: Unterwisternitz) wurde 1922 entdeckt und in den folgenden Jahren systematisch untersucht. 1925 fand man die mindestens 25 000 Jahre alte, weltberühmte Venus von Dolní Věstonice, eines der ältesten Keramikobjekte der Welt. Leiter der Ausgrabungen war der international hoch angesehene tschechische Archäologe Karel Absolon (1887–1960). Absolon war Mitglied eines weit entwickelten Forschungssystems, unterrichtete Archäologie an der Prager Universität und leitete das Mährische Landesmuseum in Brno (dt.: Brünn). Er erkannte die Bedeutung des altsteinzeitlichen Lagerplatzes und barg Zehntausende Funde, darunter riesige Abfallhaufen von Mammutknochen. 1937 entdeckte Absolon mit der 30 000 Jahre alten „Mona Lisa" eine weitere Sensation. Das aus Elfenbein geschnitzte Menschenköpfchen wurde im Oktober des Jahres in der Zeitung *The Illustrated London News* der Öffentlichkeit vorgestellt. Damit gelangte die Fundstelle endgültig zu Weltruhm. Schon zuvor hatte Absolon eine überaus erfolgreiche moderne Öffentlichkeitsarbeit betrieben. Die dort ausgegrabenen menschlichen Bestattungen wurden von ihm nicht rassisch definiert, sondern er bezeichnete sie in englischer Sprache als „diluvial man" oder „ice-age man". Um das Publikum über die Ausgrabungsergebnisse zu informieren, richtete er im großen Messegelände von Brno eine Ausstellung ein. Seit 1936 gab es dort den so genannten „Anthropos-Pavillon", der von einem großen, in Mähren ansässigen Schuhproduzenten finanziert wurde. Die Besucher wurden darin mittels lebensgroßer Mammut-Rekonstruktionen über das Leben der Mammutjäger informiert.[8]

Kurz nach dem Münchener Abkommen übernahm die deutsche Wissenschaft die Kontrolle über den Fundplatz von Unterwisternitz, das jetzt zum Reichsgau Niederdonau gehörte. Allerdings gab es anfangs Personalprobleme, denn alle geeigneten Archäologen waren in Deutschland mit Ausgrabungen und Forschungsprojekten beschäftigt. Ein vom „Reichsbund" für das Projekt ins Auge gefasster sudetendeutscher Lehrer kam nicht in Frage, weil er sich weigerte, sich von seiner jüdischen Ehefrau scheiden zu lassen. Außerdem hatte er in den Jahren zuvor zwei tschechischsprachige Aufsätze in einer streng nationalistischen Zeitschrift veröffentlicht.[9]

Das „Ahnenerbe" verfügte dagegen mit dem Niederländer Assien Bohmers (1912–1988) über einen ambitionierten Wissenschaftler, der selbst die Initiative ergriff. Bohmers hatte Geologie und Paläontologie an der Universität Amsterdam studiert und wurde 1936 promoviert. Er war friesischer Nationalist und Anhänger pangermanischer Ideen. Seit 1937 arbeitete er für das „Ahnenerbe" und stieg 1939 zum Leiter von dessen Forschungsabteilung für Urgeschichte auf. Bohmers wurde SS-Mitglied, setzte sich aktiv für den Nationalsozialismus ein und hielt es für wichtig, die französische Forschung zur Altsteinzeit zu übertreffen. Er war der Meinung, mit den Ausgrabungen in den Weinberg-Höhlen in Mauern beweisen zu können, dass die „Cro-Magnon-Rasse", der anatomisch moderne Mensch der Altsteinzeit, nicht aus dem Nahen Osten eingewandert war, sondern in „Gross-Deutschland entstanden" sei. 1938 und 1939 konnte er dazu zwei persönliche Gespräche mit Himmler führen.[10]

Am 16. März 1939, nur einen Tag nach der Bildung des „Reichsprotektorats", wandte sich Bohmers mit einem Brief an Wolfram Sievers (1905–1948), den Reichsgeschäftsführer des „Ahnenerbes". Darin machte Bohmers darauf aufmerksam, dass sich in Mähren die

Die weltberühmte Venus von Dolní Věstonice wurde 1925 von dem tschechischen Archäologen Karel Absolon neben etlichen nur roh geformten Klumpen gefunden. Sie besteht aus einer knetbaren Tonmasse mit pulverisiertem, verkohltem Elfenbein und Knochen. Ab 1939 war der Fundplatz unter der Kontrolle von SS-Archäologen.

wichtigste altsteinzeitliche Fundstelle Europas befände. Gleichzeitig behauptete er, dass Unterwisternitz nur „schlecht" von „dem Juden" Absolon ausgegraben worden wäre, der zudem die Ausgrabungsergebnisse nie ernsthaft publiziert habe. Damit benutzte er gängige antisemitische Stereotype, um den tschechischen Wissenschaftler aus dem Amt zu drängen. Bohmers versicherte zudem, dass er gleich mit der Arbeit anfangen könne. Einige Monate später war die Ausgrabung für das „Ahnenerbe" „gesichert" und Bohmers konnte am 10. Juli 1939 beginnen. Am 30. August 1939 entdeckte er eine Wisent-Skulptur mit Fingerabdrücken, die das „Ahnenerbe" zusammen mit anderen Funden – vermutlich ohne Bohmers' Einverständnis – am 7. Oktober 1939 Himmler zum Geburtstag schenkte. Im März 1940 schlug Bohmers vor, die Funde Absolons, die Teil der Sammlung des Mährischen Landesmuseums waren und daher formell dem „Protektorat" gehörten, ins Deutsche Reich bringen zu lassen. Im April 1940 sorgte Sievers dafür, dass Absolon keinen Zutritt mehr zur Anthropos-Sammlung im Mährischen Landesmuseum bekam und dass die Funde aus Unterwisternitz, die nicht zur ständigen Ausstellung gehörten, nach Nikolsburg überführt wurden. Damit wurde Absolon sein ganzes wissenschaftliches Lebenswerk entzogen.[11]

Nur wenige Monate später publizierte Bohmers seinen ersten Ausgrabungsbericht in der SS-Zeitschrift *Germanien*[12] und einen zweiten in *Forschungen und Fortschritte*[13]. Darin betonte er besonders, dass er der Erste gewesen sei, der in Unterwisternitz naturwissenschaftliche Methoden genutzt hätte, um sich von der tschechoslowakischen Forschungstradition abzugrenzen. Für das „Ahnenerbe" war die Unterwisternitz-Ausgrabung von großer Bedeutung, weil die Funde mit dem Ursprung und dem Aufstieg der nordischen Rasse in Verbindung gebracht wurden. Bohmers beschrieb die Skelette als die „langgesichtige Brünner Abart" der „Cro-Magnon-Rasse". Diese Rasse war, laut Bohmers, „im allgemeinen groß, schlank, und kräftig gebaut" und konnte seiner Ansicht nach als „die unmittelbaren Ahnen des indo-germanischen Volkes" angesehen werden. Sie unterschied sich von anderen Rassen durch ihre „Wurf- und Schießwaffen" und ihre „außerordentlich hohen Kunstfähigkeiten".[14]

Im Februar 1942 beauftragte Himmler das „Ahnenerbe" mit Forschungen zu den altsteinzeitlichen Venusfiguren insgesamt. Er glaubte, dass Europa in frühen Zeiten von „Völkern ähnlich wie die Hottentotten" besiedelt gewesen sei, und stellte sich die Frage, wie diese ausgestorben wären: War ein „Klimawechsel" der Grund oder waren sie von den „Cromagnon-Menschen" „vertrieben und vernichtet" worden? Dabei spiegelten seine Frage wie Bohmers' Antwort den Forschungsstand der Zeit wider. Die Ähnlichkeiten zwischen diesen Figuren und Frauen der so genannten Hottentotten mit Steatopygie (Fettsteiß) wurden häufig von Wissenschaftlern hervorgehoben. Bohmers antwortete Himmler über das „Ahnenerbe", dass diese Venusfiguren eher einen Fruchtbarkeitskultus bezeugten. Nur in Italien könnten sie mit „negroiden Stämmen" in Verbindung gebracht werden. Beispielhaft für die Entgrenzung der Wissenschaft im „Ahnenerbe" – in finanzieller wie auch in geografischer und moralischer Hinsicht – war der Vorschlag Walther Wüsts (1901–1993), des wissenschaftlichen Leiters des „Ahnenerbes", in diesem Zusammenhang Untersuchungen in „Ghettos und Kriegsgefangenenlagern (Neger!)" durchzuführen.[15]

Gleichzeitig bekam das „Ahnenerbe" Konkurrenz durch Zotz, dessen Doktorandin Gisela Freund (*1920) zur Altsteinzeit der Region forschte. Ihr Schwerpunkt lag auf der ähnlich bedeutenden Fundstelle Pschedmost, weshalb sie auch die Funde aus Unterwisternitz zur Auswertung bekommen wollte. Unter noch nicht geklärten Umständen verschaffte Hermann Schwabedissen (1911–1996), seit 1942 Direktor des Anthropos-Instituts in Brünn und eigentlich ein Mitarbeiter des „Ahnenerbes", ihr die Funde aus den tschechischen Grabungskampagnen der Jahre 1924 bis 1938. Bohmers erfuhr davon im Juni 1942 und sah darin eine grundlegende Gefahr für sein eigenes Projekt. Nach seiner Beschwerde beim „Ahnenerbe" erging deshalb von dort die Anordnung, dass Freund die Funde an Bohmers übergeben und sich zukünftig auf die Funde aus Pschedmost konzentrieren sollte. Noch in ihrer Doktorarbeit, die sie im Februar 1944 an der deutschen Universität in Prag verteidigte, erwähnte Freund mit zurückhaltender Wut, dass sie nach monatelanger Auswertungsarbeit die Funde an Bohmers abgeben musste.[16]

Wegen des sich für Deutschland verschlechternden Kriegsverlaufes weigerte sich der SS-Führer des Kreises Nikolsburg 1943, die Ausgrabung weiter zu unterstützen. Es gab seiner Ansicht nach zu diesem Zeitpunkt wichtigere Aufgaben. Bohmers bat daraufhin erneut das „Ahnenerbe" um Hilfe. Sofort schrieb Sievers einen Brief an den Höheren SS- und Polizeiführer von Niederdonau, Rudolf Querner (1893–1945), in dem er behauptete, dass die Ausgrabung eine „politische Bedeutung" besäße. Es sei die wichtigste prähistorische Ausgrabungsstätte Europas, weil sie die Anwesenheit der „nordischen Rasse" in dieser Gegend beweisen könnte. Außerdem könnte man mit der Grabung die tschechische Forschung an Genauigkeit und Gründlichkeit übertreffen. Laut Sievers hatte sich Himmler gerade deswegen bei Kriegsausbruch dazu entschlossen, die Ausgrabung nicht einzustellen, obwohl alle anderen gestoppt werden sollten. Querner hatte die Bedeutung der Ausgrabungen bis zu diesem Zeitpunkt noch nicht wahrgenommen, ließ sich jedoch überzeugen und antwortete Sievers: „Ich muss gestehen, dass ich außerordentlich überrascht war über die große und wertvolle Zahl der vorhandenen Zeugnisse ältester nordischer Kultur in dieser Gegend des großdeutschen Reiches. Die politische wie wissenschaftliche Bedeutung der Funde ist außerordentlich (…)"[17]. Damit konnten die vorgesehenen Bohrungen an der Fundstelle doch noch durchgeführt werden.[18]

Im August 1943 wurde Bohmers auf einem Abteilungsleitertreffen des „Ahnenerbes" in Salzburg aufgefordert, möglichst schnell die Ergebnisse seiner Ausgrabung in Unterwisternitz zu publizieren. Er nahm daher einen Teil der Funde mit in die Niederlande, um sie dort auszuwerten. Dabei kam es jedoch zu Verzögerungen. Wegen des kalten Wetters und des Brennstoffmangels arbeitete er in demselben Zimmer, in dem sich auch seine Frau und seine Kinder aufhielten. Zudem fehlte ihm ein Korrektor, der sein Deutsch verbessern konnte. Vor allem aber hatte er die Himmler geschenkten Funde noch immer nicht zurückerhalten. Diese waren sehr wichtig und konnten in der Publikation nicht übergangen werden.[19]

Mittlerweile besaß Bohmers aber gute Kontakte zu Schwabedissen. Bis November 1944 korrespondierten beide über die Publikation des Ausgrabungsberichts, der als erster Band der so genannten „Anthropos-Forschungen" erscheinen sollte; die ausführliche Auswertung war als dritter Band der neuen Reihe geplant.[20]

Im Oktober 1944 entstand ein weiteres Problem. Bohmers hatte vergessen, Kurt Willvonseder (1903–1968) von der Wiener Zentralstelle für Denkmalschutz, ebenfalls ein Mitarbeiter des „Ahnenerbes", über den neuen Aufenthaltsort der Funde aus Unterwisternitz zu informieren, wozu er laut Denkmalschutzgesetz des Reichsgaus Niederdonau verpflichtet war. Sievers versuchte in Reaktion auf eine entsprechende Frage von Willvonseder, einen Transport der Funde nach Waischenfeld bei Bayreuth zu arrangieren. Dorthin hatte das „Ahnenerbe" aus Luftschutzgründen seine Geschäftsführung und einen Teil seiner Sammlungen verlegt. Im Dezember 1944 erreichte Sievers eine Nachricht des SD in Groningen, den er um Unterstützung gebeten hatte, dass Bohmers „eine größere Sendung Fundmaterial" zur Beförderung nach Deutschland aufgegeben hatte. Dabei kann es sich jedoch nur um einen kleinen Teil gehandelt haben. Nach der deutschen Kapitulation in den Niederlanden stellte sich heraus, dass der größte Teil der Dokumentation und der Funde aus Mauern und Unterwisternitz noch immer in Groningen war. Ein Teil der Sammlung befand sich in der Wohnung von Bohmers in Buitenpost, weitere Teile wurden an anderen Orten in Friesland aufbewahrt. Die Verschickung der Fundstücke nach Deutschland geschah zu einer Zeit, in der die Chancen für einen Sieg des nationalsozialistischen Deutschlands rapide abnahmen. Bohmers zog sich währenddessen mehr und mehr aus dem „Ahnenerbe" zurück. Nach 1945 sollte er sich selbst zu einem Opfer des Nationalsozialismus stilisieren.

Die Prager Burg

Als Heydrich am 27. September 1941 in Prag eintraf, verschärfte er augenblicklich die deutsche Besatzungspolitik; seine brutale Verfolgung des Widerstandes brachte ihm den Ruf als „Schlächter von Prag" ein.[21] Gleichzeitig ließ er auch die tschechischen Verwaltungen überprüfen. Zu den dafür herangezogenen Experten gehörte Herbert Jankuhn (1905–1990), der führende Archäologe des „Ahnenerbes". Im November 1941 erreichte das „Ahnenerbe" Heydrichs Anfrage, ob Jankuhn die bisher von der Kanzlei des tschechischen Staatspräsidenten beaufsichtigten Ausgrabungen auf der Prager Burg begutachten könne. Jankuhn besichtigte die Burg am 11. und 12. Dezember und inspizierte die dortige Ausgrabung mitsamt Magazin und Werkstatt. Da Heydrich dienstlich verhindert war, fuhr Jankuhn anschließend nach Berlin, wo er mit Sievers die zukünftige Behandlung der Grabungen besprach. Eine Woche später reichte Jankuhn einen umfangreichen Bericht beim „Ahnenerbe" ein, der im Januar 1942 mit seinen zusammenfassenden Vorschlägen an Heydrich weitergeleitet wurde. In seinem Gutachten bescheinigte Jankuhn den Ausgrabungen zwar eine technisch gute Umsetzung, aber an der Art und Weise, wie die ergrabenen Bauten dem Publikum zugänglich gemacht werden sollten, hatte er einiges auszusetzen. Auch die Konservierung der Funde bemängelte er. Vor allem jedoch kritisierte er ihre wissenschaftliche Bearbeitung heftig. Denn im Gegensatz zu seinen tschechischen Kollegen stellte Jankuhn die große Bedeutung der Germanen sowohl für den Bau der Prager Burg als auch für die Gründung des tschechischen und des polnischen Königreichs heraus, was sich in Prag ebenso in der Bauweise wie auch an einem Gräberfeld zeige. Er unterstellte den Ausgrabungen auf der Prager Burg eine unwissenschaftliche Bearbeitung bei gleichzeitig deutlich zu hohen Kosten, obwohl sie „neben ihrem Wert als Anschauungsmittel eine beträchtliche politische Bedeutung" besäßen. Dieses Verhalten der tschechischen Forschung wäre durch „unsachliche", das heißt politische Gründe, verursacht worden. Zur Lösung schlug er vor, die bisherigen Funde und eventuell notwendige Nachgrabungen dem „Ahnenerbe" zu übertragen. Da eine umfassende wissenschaftliche Bearbeitung mehrere Jahre in Anspruch nehmen werde, solle zunächst ein umfangreicher Führer erstellt werden, damit schnell eine der wissenschaftlichen und politischen Bedeutung angemessene Dokumentation zur Verfügung stünde. Neben den Experten des „Ahnenerbes" müssten auch die beteiligten tschechischen Forscher unter deutscher Leitung herangezogen werden. Mit der weiteren Bearbeitung sollten Zotz und Karl Hucke (1911–1989) beauftragt werden.[22]

Nur wenige Tage nach dem Eingang des Gutachtens antwortete Heydrich, dass Jankuhn sein „Dank für seine wertvolle Arbeit" mitgeteilt werden sollte. Jankuhns Einschätzung der tschechischen Forschung decke sich mit der des SD-Büros in Prag. Heydrich entzog die Burgbauverwaltung und die Ausgrabungen der Kanzlei des tschechischen Staatspräsidenten und unterstellte sie seinem eigenen Büro. Allerdings entstand aus Jankuhns Gutachten das Missverständnis, dass auch Zotz Mitarbeiter des „Ahnenerbes" sei. Jankuhn hatte ihn aber nur deswegen notgedrungen berücksichtigt, weil er vor Ort tätig war. Weil Hucke versuchte, Zotz entsprechend der Taktik des „Ahnenerbes" weitestgehend „außen vor" zu lassen, entstanden schnell große Schwierigkeiten. Schließlich legte das „Ahnenerbe" die Forschungen an der Prager Burg erst einmal auf Eis.[23]

Machtkampf um die Vorherrschaft im „Reichsprotektorat"

Ab 1942 versuchten Jankuhn und Sievers, Zotz, dessen genaues Verhältnis zur SS und dem „Ahnenerbe" noch ungeklärt ist, zu verdrängen. Mit Schwabedissen, Hucke und der Anthropologin Gisela Asmus (1905–?) hatten sie gleich drei Mitarbeiter aus Jankuhns unmittelbarem Umfeld in der Region. Dort entfalteten sie umfangreiche Tätigkeiten, die allerdings noch näher untersucht werden müssen. Vor allem sollten sie wohl die Vorgeschichtsforschung auf dem Gebiet der ehemaligen Tschechoslowakei unter die Kontrolle des „Ahnenerbes" bringen. Das ließ sich Zotz anscheinend nicht gefallen und es kam zu größeren Querelen. Im November 1944 hatte der davon entnervte Jankuhn, der zu diesem Zeitpunkt bei dem „Abwehrkampf um Warschau", das heißt bei der Niederschlagung des zweiten Warschauer Aufstands, als Stabsoffizier in der Waffen-SS Dienst tat, daher nur noch einen zynischen Rat für Sievers: Er empfahl, alle drei beteiligten männlichen Kollegen zur kämpfenden Truppe an die Ostfront zu versetzen, damit sie sich darüber klar würden, worum es ginge.[24]

Archäologen im besetzten Osteuropa
Dirk Mahsarski und Gunter Schöbel

Schon lange vor Ausbruch des Zweiten Weltkrieges beschäftigen sich die Archäologen des „Reichsbundes" wie die des „Ahnenerbes" mit der Frage der so genannten Restgermanen. Sie glauben, dass während der Völkerwanderung eine germanische Bevölkerung in den Ländern östlich der Oder und um die Weichsel verblieben wäre. Zusammen mit einer später in diese Gebiete und in Russland eingewanderten germanischen Herrenschicht sollten diese angeblich die slawischen Völker überhaupt dazu in die Lage versetzt haben, Staaten auszubilden. Die Theorien von den Restgermanen und der germanischen Herrenschicht legitimierten nicht nur die Angriffs- und Vernichtungskriege gegen Polen und die Sowjetunion, sie dienten zugleich als wissenschaftliche Begründung für die rassenbiologischen Untersuchungen, die die Bevölkerung der eroberten Gebiete in so genannte wieder eindeutschungsfähige und minderwertige Individuen einteilte.[1]

Neben der Revision des Versailler Vertrages gehörte die Eroberung von Osteuropa, unter dem Schlagwort der Gewinnung von Lebensraum im Osten, zu den wichtigsten Zielen der nationalsozialistischen Außenpolitik. Diese Gebiete sollten das Deutsche Reich langfristig mit Nahrungsmitteln, Siedlungsland und Rohstoffen versorgen. Nachdem die so genannte Sudetenkrise nicht den von Adolf Hitler (1889–1945) erwünschten Ausbruch des Krieges gebracht hatte, wurde Polen das nächste Ziel. Der deutsch-sowjetische Nichtangriffspakt verschaffte den notwendigen Handlungsspielraum und am 1. September 1939 überfiel die deutsche Wehrmacht Polen. Der Krieg wurde von Anfang an rücksichtslos gegen die polnische Zivilbevölkerung geführt. Langfristiges Ziel war die Vernichtung der polnischen Nation und die Ermordung der europäischen Juden. Dazu brachten „Einsatzgruppen der SS" allein bis Ende 1939 über 60 000 polnische Zivilisten um. Danach wurde Polen aufgeteilt: Aus den Gebieten, die von den polnischen Teilungen bis 1918 bereits einmal unter deutscher Herrschaft gestanden hatten, wurden die „Reichsgaue Wartheland und Danzig-Westpreußen" gebildet und die Preußischen Provinzen Ostpreußen und Schlesien vergrößert. Der Rest wurde als „Generalgouvernement" unter der Befehlsgewalt von Hans Frank (1900–1946) zusammengefasst. Die polnische Bevölkerung wurde ins Generalgouvernement umgesiedelt, langfristig sollten die slawischstämmigen Polen zu Sklaven gemacht oder umgebracht werden, während die vermeintlich eindeutschungsfähigen Polen zur vollständigen Assimilation bestimmt waren. Nach dem deutschen Sieg über Frankreich begann die zweite Phase der Eroberung Osteuropas: Unter dem Decknamen „Unternehmen Barbarossa" überfiel das Deutsche Reich am 22. Juni 1941 die Sowjetunion. Damit sollte der gesamte europäische Teil der Sowjetunion erobert, die politische und militärische Elite ermordet werden. Dass große Teile der Zivilbevölkerung dabei verhungern würden, nahm man billigend in Kauf, kalkulierte es teilweise sogar bewusst ein. Der von Heinrich Himmlers (1900–1945) Experten vorbereitete Generalplan Ost bereitete die anschließende Germanisierung der eroberten Gebiete vor. Außerdem stellte die SS erneut Einsatzgruppen auf, um die jüdische Bevölkerung zu ermorden. Die eroberten sowjetischen Gebiete wurden in drei „Reichskommissariate", unter der Aufsicht des im Juli

1941 gegründeten „Reichsministeriums für die besetzten Ostgebiete" (RMO), eingeteilt. Es wurde von Alfred Rosenberg (1893–1946) geleitet und war mit für die systematische Ausplünderung der besetzten Gebiete verantwortlich. Erst die deutsche Niederlage im Kessel von Stalingrad und die gescheiterten Offensiven des Frühsommers 1943 brachten die Wende. Ab August 1943 befand sich die Wehrmacht praktisch nur noch in der Defensive und die Rote Armee rückte unaufhörlich vor. Im August 1944 erreichte sie die Weichsel und am 19. Januar 1945 überquerten die ersten sowjetischen Truppen die Grenzen des Deutschen Reichs. Bis dahin waren allein mindestens 30 Millionen Polen und Sowjetbürger gestorben, davon zwei Drittel Zivilisten.[2]

Die Besetzung Polens

Schon beim Überfall auf Polen bedauerte eine ganze Reihe von Archäologen, insbesondere aus dem Umfeld der SS, nicht aktiv an den Kämpfen teilgenommen zu haben. Besonders heraus stechen dabei Herbert Jankuhn (1905–1990), der führende Archäologe der SS, und Werner Buttler (1907–1940), Referent für Bodendenkmalpflege im „Reichserziehungsministerium" und ebenfalls SS-Mann. Beide brachten in Briefen zum Ausdruck, dass sie es ihr ganzes weiteres Leben bedauern würden, nicht mit in Polen einmarschiert zu sein. Jankuhn meldete sich in der Folge wiederholt freiwillig zur Wehrmacht und zur Waffen-SS, wurde aber auf Befehl Himmlers immer wieder zurückgestellt. Buttler dagegen durfte zur Waffen-SS einrücken und starb 1940 beim Frankreichfeldzug. Die beiden waren dabei keine Einzelfälle, unter anderem meldeten sich auch Bolko von Richthofen (1899–1983) und Ernst Petersen (1905–1944) freiwillig zur Wehrmacht.[3]

Zusätzlich zu dieser Kriegsbegeisterung suchten die Archäologen neue Betätigungsfelder, weil die Ausgrabungen im Reichsgebiet nach und nach kriegsbedingt eingestellt werden mussten. Neben dem Denkmalschutz

Das „Ahnenerbe der SS" übernahm 1940 die Kontrolle über die Ausgrabungen von Biskupin. Leiter der Ausgrabungen wurde Hans Schleif.

engagierten sie sich dabei ganz besonders in den Bereichen Propaganda und Kunst- und Kulturgutraub, in die sie ihr Expertenwissen mit einbringen konnten. Bereits der erste dieser Raubzüge wurde von einem Archäologen durchgeführt. Nur wenige Tage nach dem Beginn des Zweiten Weltkrieges korrespondierte Wolfram Sievers (1905–1948), der Reichsgeschäftsführer des „Ahnenerbes der SS", mit Himmler wegen der Frage nach vermeintlich germanischen Artefakten in polnischen Museen. Weitgehende Pläne von Jankuhn, Peter Paulsen (1902–1985) und Petersen folgten. Nachdem Himmler zugestimmt hatte, wurde Paulsen für eine erste Sondierung der Lage vorgeschickt. Dabei gelang es ihm, den von Veit Stoß (1447–1533) gefertigten Hochaltar der Krakauer Marienkirche, den die polnische Regierung im Umland der Stadt vor Bombenangriffen in Sicherheit gebracht hatte, zu beschlagnahmen. Nachdem Paulsen bei Reinhard Heydrich (1904–1942), dem Chef des „Reichssicherheitshauptamtes" der SS (RSHA), Bericht erstattet hatte, wurde das Sonderkommando Paulsen um Sievers und mehrere Wissenschaftler des „Ahnenerbes", darunter Petersen und Hans Schleif (1902–1945), verstärkt und in der zweiten Oktoberhälfte erneut nach Polen entsandt. Dort war mittlerweile auch Hermann Göring (1893–1946) aktiv geworden. Neben einem eigenen Sonderkommando, das für ihn vor allem Gemälde plünderte, baute Göring hauptsächlich die „Haupttreuhandstelle Ost" (HTO) auf. Die HTO gehörte zu Görings Dienststelle des „Beauftragten für den Vier-Jahres-Plan", verwaltete die Besitzungen des zerschlagenen polnischen Staates, konfiszierte polnischen Privatbesitz zum Wohle des Dritten Reichs und war für die „Arisierung" der polnischen Wirtschaft verantwortlich. Doch dem „Ahnenerbe" gelang es, mit Göring einen Handel abzuschließen, der ihm erlaubte, in der ersten Phase der Besatzungsherrschaft archäologische und naturkundliche Sammlungen zu plündern. Vor allem aber übernahm das „Ahnenerbe" nach der Gründung des Generalgouvernements wichtige Schlüsselstellungen in der HTO, indem Sievers geschäftsführender Generaltreuhänder wurde und die Wissenschaftler ihre Expertise zur Verfügung stellten. Schleif wurde zudem als Treuhänder für den Warthegau eingesetzt. Bis Ende 1941 beschlagnahmte die HTO insgesamt Besitz im Wert von drei Millionen Reichsmark, von denen zehn Prozent an das „Ahnenerbe" gehen sollten.[4]

Auch die wichtigsten Ausgrabungen auf polnischem Territorium konnte das „Ahnenerbe" sich auf Jankuhns Initiative hin sichern. Die bedeutenden polnischen Ausgrabungen in Biskupin wurden übernommen, fortgesetzt und dauerten von Schleif betreut bis zum Sommer 1942 an. Schleif wurde zwar 1940 als Abteilungsleiter im „Ahnenerbe" von Jankuhn abgelöst, arbeitete aber weiterhin eng mit der Organisation zusammen. Auch die Landesämter für Bodendenkmalpflege in den neu gebildeten „Reichsgauen" und der Lehrstuhl an der Universität Posen wurden mit Archäologen aus dem Umfeld des „Ahnenerbes" besetzt.[5]

Die Archäologen des „Amtes Rosenberg" unter Hans Reinerth (1900–1990) waren dagegen nur im Generalgouvernement erfolgreich. In Krakau wurde Werner Radig (1903–1985) 1941 Abteilungsleiter für Vorgeschichte am „Institut für Deutsche Ostarbeit" (IDO). Das IDO gehörte zu Rosenbergs „Hoher Schule der NSDAP"; hier organisierte Radig unter anderem 1941 die Propagandaausstellung „Germanenerbe im Weichselraum" mit Exponaten der Modellwerkstatt des „Reichsbundes für Deutsche Vorgeschichte".[6]

Schon im besetzten Polen nahmen Archäologen auf vielfältige Weise die Ermordung der europäischen Juden und die Vernichtung der polnischen Nation wahr. So arbeitete Thea Haevernick (1899–1981), eine der wenigen Archäologinnen der Zeit, ab April 1942 am „Landesamt für Vorgeschichte in Posen". Nach einer Ausbildung als Krankenschwester hatte sie die Abendschule besucht und von 1932 an Archäologie in Marburg studiert, wo sie 1939 promoviert wurde. In Litzmannstadt wurde sie Augenzeuge, wie Juden Opfer der „Vernichtung durch Arbeit" wurden. Im Mai 1942 beschrieb sie ihrem Doktorvater Gero von Merhart (1886–1959) in einem Brief ihre Beobachtungen:[7] „Um das Ghetto wird ein breiter Streifen abgerissen. Durch darf man nicht gehen, nur mit der Elektrischen fahren. Die wichtigen Querstraßen sind auf Holzbrücken drüber weggeführt. Die Eisenbahn von hier wird zweigleisig ausgebaut. Das machen die Juden. Wenn die Bahn fertig ist, werden sie es auch sein."[8]

Rosenbergs Männer in der besetzten Sowjetunion

Anders als in Polen oder Skandinavien hatten die Archäologen um Reinerth in der besetzten Sowjetunion praktisch freie Hand, weil Rosenberg als „Reichsminister für die besetzten Ostgebiete" die Zivilverwaltung kontrollierte. Selbst die „Höheren SS- und Polizeiführer" der Region kooperierten teilweise eher mit ihnen als mit dem „Ahnenerbe", um sich Rosenbergs Wohlwollen zu sichern. So konnte Reinerth in den „Reichskommissariaten Ostland und Ukraine" Landesinstitute für Vorgeschichte unter Carl Engel (1895–1947) bzw. Rudolf Stampfuß (1904–1978) aufbauen. Zudem war als Teil des „Einsatzstabes Reichsleiter Rosenberg" (ERR), der für Rosenberg Plünderungen in Frankreich und der Sowjetunion durchführte, auch ein „Sonderstab Vorgeschichte" unter Reinerth gegründet worden. Anders als das „Ahnenerbe" beließ Reinerth aber die Sammlungen und Museen, die er unter seine Kontrolle gebracht hatte, im Wesentlichen vor Ort. Neben der Sicherung von Museen gegen weitere Kriegsschäden und der Durchführung von Ausgrabungen beschäftigte sich der Sonderstab Vorgeschichte vor allem mit der Neuordnung der Museen. Damit sollte das kommunistische Geschichts- und Wissenschaftsverständnis der meisten Ausstellungen durch ein spezifisch nationalsozialistisches ersetzt werden. Bis zum Sommer 1943 waren so mehr als 100 Museen bearbeitet worden, wobei auch eine große Zahl an Kollaborateuren eingesetzt wurde. Für das Museum in Charkow wurde nach der Neuaufstellung sogar ein auf Deutsch verfasster Führer herausgegeben; das Haus wurde besonders auf die Betreuung und Indoktrinierung der deutschen Besatzungstruppen ausgerichtet. Zusätzlich bereitete Reinerth im Frühjahr 1942 die Gründung eines großen „Ostinstitutes" in Kiew vor, dass zumindest teilweise als Ersatz für das heftig umstrittene Reichsinstitut für Deutsche Vorgeschichte dienen sollte. Um die Forschungsvorhaben des Ostinstitutes auf der Krim nach Möglichkeit zu hintertreiben, verbündete sich das „Ahnenerbe" eigens mit dem Archäologischen Institut des Deutschen Reichs, das Grabungsgenehmigungen für die gotischen Städte auf der Krim aus der Vorkriegszeit geltend machte. Außerdem transportierte auch der ERR in geringem Umfang geraubte Funde und Bücher aus der Sowjetunion in das Deutsche Reich. Davon konnte ein Teil in der Nachkriegszeit wiedergefunden und zurückgegeben werden.[9]

Das Sonderkommando Jankuhn

Durch seine guten Kontakte zum SD erfuhr Jankuhn bereits über einen Monat vor der breiten Öffentlichkeit von dem bevorstehenden „Unternehmen Barbarossa". Umgehend informierte er die Führung des „Ahnen-

Werner Hülle führte 1943 Ausgrabungen am Dnepr-Bogen durch.

Ausschilderung zum neu aufgestellten Museum in Charkow.

erbes" und schlug weitgehende Operationen in den noch zu erobernden Gebieten vor. Dazu sollte den Einsatzgruppen je ein Sonderkommando aus Archäologen angeschlossen werden. Ziel war es erneut, möglichst viele vermeintlich germanische Funde und Unterlagen zu entsprechenden Ausgrabungen und Sammlungen unter die eigene Kontrolle zu bringen. Obwohl der SD und Himmler rasch ihre Zustimmung signalisierten, ließen sich diese Pläne aber nicht mehr schnell genug umsetzen. In der Folge wurde die Ausgangslage wesentlich komplizierter, weil Reinerth in den Reichskommissariaten, die unter der Zivilverwaltung von Rosenbergs RMO standen, frei operieren konnte, während Jankuhns Handlungsspielraum begrenzt war. Das zeigte sich deutlich, als Jankuhn im Januar 1942 zu einem ersten Einsatz nach Kiew reiste.[10]

Die Lösung für dieses Problem war jedoch denkbar einfach. Auf Rat des „Ahnenerbes" entschied Himmler, dass Jankuhn im Zuständigkeitsbereich der Feldkommandeure der Waffen-SS arbeiten sollte. Daher wurde das Sonderkommando Jankuhn, bestehend aus Jankuhn, seinem engsten Mitarbeiter Karl Kersten (1909–1992) und einem weiteren jungen Archäologen, der Polnisch und etwas Russisch sprach, im Sommer 1942 der fünften Waffen-SS-Panzergrenadierdivision „Wiking" unterstellt. Jankuhn hatte sich bereits vier Monate zuvor freiwillig zur Waffen-SS gemeldet, die anderen beiden wurden während der Vorbereitungen des Sonderkommandos eingezogen. Außer Kersten, dessen Aufnahmeantrag noch lief, waren alle Beteiligten zudem schon länger Mitglieder der Allgemeinen SS. Das Sonderkommando arbeitete von August bis Dezember 1942 im Kaukasusvorland im Bereich der Zuständigkeit von Wehrmacht und Waffen-SS, das heißt auf dem Schlachtfeld und direkt dahinter. Sievers versuchte dabei vergeblich, Jankuhn von allzu waghalsigen Aktionen abzuhalten. Auf diese Weise konnten Auseinandersetzungen mit dem ERR weitestgehend vermieden werden, zumal man in der Regel vor Reinerths Leuten in den neu eroberten Städten war. Tatkräftige Unterstützung für die praktische Arbeit in Form von bewaffneten Männern und Fahrzeugen bekam das Sonderkommando Jankuhn nicht nur von der Waffen-SS, sondern auch von den Einsatzgruppen. Wiederholt rückte man gemeinsam in die Städte ein, um die lokale jüdische Bevölkerung zu ermorden bzw. gleichzeitig die lokalen Museen zu plündern. Dabei suchte Jankuhn unter anderem auch nach den Beständen des Museums von Kertsch, unter denen man reichhaltige Funde der völkerwanderungszeitlichen Goten, die zu den Germanen gerechnet wurden, erwartete. Gleichzeitig wurde Kersten auf die Krim abkommandiert, um dort Feldforschung zu betreiben und den Besuch Himmlers dort mit vorzubereiten. Zudem sammelte das Sonderkommando geheimdienstlich verwertbare Informationen von der lokalen Bevölkerung.[11]

Auch im Sommer 1943 kam das zum Einsatzkommando (EK) aufgewertete SK Jankuhn wieder zum Einsatz. Neben Jankuhn und Kersten gehörten dieses Mal auch Alfred Rust (1900–1983), der Däne Søren Telling (1895–1968) und Joseph Wiesner (1913–1975) zum Kommando. Wiesner und ein weiterer Kollege waren eigens vom Archäologischen Institut des Deutschen Reichs abgestellt worden, um sich auf die Funde aus griechisch-römischer Zeit zu konzentrieren. Zusätzlich wurde das EK durch „einige befreundete Forscher aus germanischen Ländern"[12] verstärkt, die für

Im Sommer 1942 bereisten Hans Reinerth (zweiter von links), Rudolf Stampfuß (rechts) und weitere Mitarbeiter des ERR die Gotenburgen auf der Krim. Die Archäologen des „Reichsbundes" und des „Ahnenerbes" stritten sich um die dort geplanten Ausgrabungen.

Die Gotenkrone von Kertsch ist seit Mitte der 1930er-Jahre im Besitz des Kölner Museums für Vorgeschichte. Das Sonderkommando Jankuhn interessierte sich besonders für vergleichbare Funde. Im Zweiten Weltkrieg wurde das Museum von Kertsch zerstört, aber das SK Jankuhn erbeutete einen Teil der von der Sowjetunion in Sicherheit gebrachten Bestände. Sie sind bis heute verschollen.

die praktische Umsetzung der Ausgrabungen vorgesehen waren. Auf diesem Weg kam der Merhart-Schüler Frans Christiaan Bursch (1903–1981) zur Gruppe. Damit erfüllten sie gleich eine mehrfache Funktion, weil sie einerseits die Bewegungsbeschränkungen der zur Waffen-SS eingerückten Mitglieder des EK, die sich im Gebiet der Militärverwaltung nicht frei bewegen durften, umgingen und andererseits das konzeptionelle Bedürfnis nach Mitarbeit nicht deutscher Wissenschaftler am pangermanischen Konzept unter Führung und Leitung der Deutschen ausübten. Darüber hinaus erlaubten sie die ganz pragmatische Umgehung und Täuschung des ERR, indem sie Ausgrabungen in Solonje und am Dnepr-Bogen durchführten. Diese wurden offiziell durch die lokalen Stellen der SS beauftragt, so dass das „Ahnenerbe" selbst nicht in Erscheinung treten musste. Zusätzlich wollte Kersten Ausgrabungen auf der Krim an Orten durchführen, die der ERR bereits mit Schildern als sein Forschungsobjekt markiert hatte; dazu kam es aber kriegsbedingt nicht mehr. Das eigentliche EK teilte sich auf und arbeite von Anfang Juni bis Ende August 1943 im Windschatten des I. und des III. SS-Panzerkorps.[13]

Bereits im Vorfeld hatten sich Jankuhn und Sievers um die spätere Auswertung der erbeuteten Materialien gekümmert. Gegenüber dem ERR hatten sie zwar beteuert, dass nicht die Absicht bestünde, die zusammengerafften Funde für sich und die eigenen Kollegen zurückzuhalten. Die Realität sah anders aus, wobei berücksichtigt werden muss, dass das „Ahnenerbe" die Mitarbeiter des ERR nicht für verantwortungsvoll hielt. Und Rosenbergs Leute verhielten sich nicht anders. Dabei ging es jedoch nicht nur um die Fundstücke, sondern auch um Kollaborateure, die entsprechend an- und abgeworben wurden. Es zeigte sich, dass das „Ahnenerbe" dabei, wie schon in den vorangegangenen Jahren innerhalb des Reichs, erfolgreicher war. Zusätzlich ging das „Ahnenerbe" gegen Wissenschaftler vor, die mit dem „Amt Rosenberg" kollaborierten. Die vom EK Jankuhn geraubten Funde wurden zunächst alle zum „Ahnenerbe" nach Berlin gebracht. Von dort gelangte ein Teil der Objekte ins Ausweichquartier des „Ahnenerbes" nach Waischenfeld, ein weiterer Teil wurde, zusammen mit der Berliner Bibliothek des „Ahnenerbes", nach Salzburg und nach Schloss Oberkirchberg bei Neu-Ulm evakuiert. Weitere Bestände wurden auf die Universitäten der beteiligten Wissenschaftler aufgeteilt. Neben einer Reihe von Büchern konnten nur 82 Objekte, die das Berliner Museum für Vor- und Frühgeschichte in den 1980er-Jahren aus einer Privatsammlung erworben hatte, zurückgegeben werden. Von den mindestens 27 Kisten und einer LKW-Ladung, die insgesamt vom EK Jankuhn in Zusammenarbeit mit dem SD geplündert und abtransportiert worden waren, muss der größte Teil auch heute noch als verschollen gelten.[14]

Da die Waffen-SS einen Mangel an ausgebildeten Offizieren hatte, setzte Felix Steiner (1896–1966), der Kommandeur der Division „Wiking", Jankuhn als Stabsoffizier ein. Zwar verfügte dieser nicht über die formal dafür notwendige Ausbildung, aber seine wissenschaftliche Arbeit, unter anderem im Bereich der Luftbildarchäologie, und seine Sprachkenntnisse gli-

chen das mehr als aus. So vertrat Jankuhn bereits im Herbst 1942 den Leiter der Abteilung VI des Stabs der Division, der für die Betreuung und politische Indoktrination der Divisionsangehörigen zuständig war. Letztere bestanden zu großen Teilen aus Freiwilligen, die die „Germanische Leitstelle" angeworben hatte. Ab September 1943 diente Jankuhn dann als Dritter Generalstabsoffizier, erst bei der Division, von August 1944 bis zum Kriegsende dann beim IV. SS-Panzerkorps. In dieser Funktion war er für den militärischen Geheimdienst genauso zuständig wie für die Bekämpfung von Partisanen und die Zusammenarbeit mit den Einsatzgruppen. Für seinen Dienst bei der Waffen-SS wurde Jankuhn hoch ausgezeichnet und befördert. Zuletzt war er SS-Obersturmbannführer der Allgemeinen SS und Sturmbannführer (F) der Waffen-SS, eine weitere Beförderung war kurz vor der Deutschen Kapitulation vorgesehen.[15]

Der Skythenhelm von Maikop gehört zu den Funden, die das Sonderkommando Jankuhn geraubt hat. Er ist bis heute verschollen.

Skandinavien und die „Germanische Leitstelle"

Dirk Mahsarski

Die völkische Bewegung und die völkisch geprägten Archäologen hatten sich schon lange vor dem Ausbruch des Zweiten Weltkrieges für Skandinavien interessiert, weil sie die Wikinger für Arier und Nordgermanen, das heißt enge nördliche Verwandte, hielten, mit denen die Deutschen Blut und kulturelle Wurzeln teilten. Bereits seit 1938 hatte das „Ahnenerbe" für die SS geplant, wie sie diese vermeintliche Blutsgemeinschaft der Skandinavier und auch der Engländer mit den Deutschen für das Deutsche Reich nutzen konnte. Früh entstand die Idee, eine „Germanische Leitstelle" einzurichten, die die Bemühungen koordinieren sollte. Das Ziel war, Skandinavien und darüber hinaus die Benelux-Länder, schließlich auch die angelsächsischen Länder politisch wie kulturell im Sinne des nationalsozialistischen Deutschlands zu beeinflussen. Dazu sollte die Arbeit von Archäologen, Historikern und Volkskundlern beitragen, die die gemeinsamen germanischen Wurzeln der einzelnen Länder erforschen und aufzeigen sollten. Gleichzeitig wollte man damit auch demonstrieren, wie leistungsfähig und modern die deutschen Wissenschaften waren:[1] In einem Aktenvermerk wurden die grundsätzlichen Ziele dieser „Leitstelle" umschrieben: „Es soll keine unmittelbare politische Beeinflussung im engeren Sinne stattfinden, vielmehr sollten die grossen Gedanken der gemeinsamen germanischen Kultur (Vorgeschichte, Volkskunde und verwandte Zweige) gefördert und gepflegt werden."[2]

Bis zum Kriegsausbruch lagen erst grobe Planungen vor, aber nach und nach wurden die Vorbereitungen vorangetrieben und unterschiedliche Partner gesucht. 1941 genehmigte Himmler schließlich die Einrichtung einer „Germanischen Leitstelle" als gemeinsames Projekt des „Ahnenerbes" und des „SS-Hauptamtes" (SS-HA). Ziel dieser „Leitstelle" war neben der Kulturpolitik auch die Rekrutierung von Freiwilligen für die Waffen-SS. Beim „Ahnenerbe" waren vor allem Joseph Otto Plassmann (1895–1964), Hans Ernst Schneider (1909–1999), Herbert Jankuhn (1905–1990), der einflussreichste Archäologe des „Ahnenerbes", und der Reichsgeschäftsführer Wolfram Sievers (1905–1948) für die „Leitstelle" verantwortlich. Gemeinsam mit dem SS-HA bauten sie Niederlassungen in Oslo, Kopenhagen, Brüssel und Den Haag auf, die als Rekrutierungsbüros und Koordinationsstellen für die Propaganda dienten. Unterstützung leistete neben verschiedenen Dienststellen der Allgemeinen SS insbesondere die Waffen-SS. Dort interessierte sich vor allem der General der Waffen-SS Felix Steiner (1896–1966) für das Projekt. Steiner, unter dem Jankuhn zwischenzeitlich als Generalstabsoffizier diente, versuchte die fünfte Waffen-SS-Division „Wiking" zum Kern einer zukünftigen pangermanischen Armee auszubauen. Dabei hatte man nicht geringe Erfolge. Insgesamt meldeten sich immerhin ungefähr 8000 Dänen, 6000 Norweger und 300 Schweden freiwillig zur Waffen-SS.[3]

Das war angesichts der Umstände ein gutes Ergebnis, denn im Winter 1939/1940 hatte sich die Führung des Dritten Reichs dafür entschieden, Dänemark und Norwegen zu erobern. Damit sollte die Versorgung der deutschen Rüstungsindustrie mit schwedischem Eisenerz sichergestellt werden, das über den norwegischen Hafen von Tromsø verschifft wurde. Gleichzeitig befürchtete man, dass Großbritannien die beiden skandinavischen Länder aus sicherheitspolitischen Gründen vorübergehend annektieren könnte. Daher wollte die Führung des Dritten Reichs einem entsprechenden Angriff der Briten zuvorkommen, um die deutschen Küsten zu sichern. Der deutsche Angriff erfolgte im Mai 1940 unter dem Codenamen „Unternehmen Weserübung". In Norwegen zogen sich die Kampfhandlungen bis zur Kapitulation am 10. Juni hin. Dänemark wurde dagegen praktisch überrumpelt und überrollt.

Entsprechend der Bewertung der Skandinavier als Nordgermanen unterschieden sich Praxis und Ziele der deutschen Besatzung in Skandinavien grundsätzlich von der in Osteuropa, weil die Skandinavier für die eigene Seite gewonnen werden sollten. Zum Reichskommissar für das besetzte Norwegen wurde der Essener Gauleiter Josef Terboven (1898–1945) ernannt. Terboven setzte anstelle der ins Exil geflohenen Regierung eine Übergangsregierung ein, die er kurz darauf wieder auflösen musste, weil das norwegische Parlament dem geflohenen König weiterhin die Treue hielt. Stattdessen ernannte Terboven im September 1940 Kommissarische Staatsräte, die die Regierungsgeschäfte bis 1942 führten. Ihre überwiegende Mehrheit gehörte der Nasjonal Samling an. Diese norwegische nationalsozialistische Partei war 1933 unter anderem von dem ehemaligen Verteidigungsminister Vidkun Quisling (1887–1945) gegründet worden. Bis 1940 spielte sie in Norwegen nur eine untergeordnete Rolle und erreichte nie mehr als 2,5 Prozent der Stimmen bei den Wahlen. Nach Beginn der deutschen Invasion rief sich Quisling zum Ministerpräsidenten aus, wurde aber kurz darauf von der von Terboven eingesetzten Übergangsregierung verdrängt. Erst im Februar 1942 wurde Quisling zum Ministerpräsidenten ernannt, hatte aber weder großen Rückhalt in der Bevölkerung noch bei den Deutschen. Vielmehr arbeitete Terboven bevorzugt mit Jonas Lie (1899–1945), Polizeiminister und Chef der Germanischen SS in Norwegen, zusammen. Bei Kriegsende hatte die Nasjonal Samling etwa 50 000 Mitglieder. Während der Besatzungszeit wurde norwegisches Recht in großem Umfang durch deutsches Recht ersetzt, rund 44 000 Norweger wurden verhaftet, viele Widerstandskämpfer in Konzentrationslager nach Deutschland gebracht. Ungefähr die Hälfte der ursprünglich 2200 Personen umfassenden jüdischen Bevölkerung Norwegens konnte fliehen, während 767 nach Auschwitz-Birkenau deportiert wurden. Von diesen überlebten nur 26.

Nach der dänischen Kapitulation verpflichtete sich Deutschland zur Wahrung der Integrität Dänemarks und dazu, sich nicht in die Innenpolitik einzumischen. Im Gegenzug verfolgte die dänische Regierung eine Politik der Beschwichtigung und Zugeständnisse gegenüber den Besatzern. Die dänischen Nationalsozialisten wurden allerdings nicht an der Regierung beteiligt. Damit war Dänemark ein Sonderfall unter den besetzten Gebieten. Dennoch wurde nach und nach die dänische Souveränität ausgehöhlt. Jedoch erst 1943 verschärfte sich die Situation nach einer Welle von Streiks und Sabotageakten deutlich. Werner Best (1903–1989), Reichsbevollmächtigter in Dänemark und SS-Obergruppenführer, setzte die Minister ab und rief das Kriegsrecht aus. Auch das Parlament hörte auf zu tagen. Im Laufe der Zeit wurden ungefähr 6000 Dänen in deutschen

Auf den von der „Germanischen Leitstelle" produzierten Werbeplakaten standen Antikommunismus und Archäologie im Vordergrund.

Auch die dänischen Nationalsozialisten bedienten sich des Mythos' Germanien, trotzdem blieben sie politisch weitestgehend unbedeutend.

Konzentrationslagern interniert. Von den 7500 bis 8000 dänischen Juden wurden insgesamt 481 verhaftet und deportiert. Von diesen starben wiederum nur 52, was auch auf den nachdrücklichen Einsatz der dänischen Regierung für ihre Staatsbürger zurückzuführen ist. Der Großteil der jüdischen Bevölkerung aber konnte durch den dänischen Widerstand, unterstützt von der dänischen Verwaltung, dem deutschen Botschaftsangehörigen Georg Ferdinand Duckwitz (1904–1973) und dem dänischen Physiker Nils Bohr (1885–1962), nach Schweden in Sicherheit gebracht werden. Die Dänische NSDAP und die NSDAP der deutschen Minderheit in Dänemark spielten während der ganzen Besatzungszeit nur eine untergeordnete Rolle.

Jankuhn in Norwegen

Noch während im nördlichen Norwegen gekämpft wurde, entsandten Heinrich Himmler (1900–1945) und Reinhard Heydrich (1904–1942), Chef des Reichssicherheitshauptamtes der SS (RSHA), ein 200 Mann starkes Kommando aus Männern der Sicherheitspolizei, des SD und der Waffen-SS nach Oslo, um den norwegischen Widerstand auszuschalten. Teil dieses Sonderkommandos war auch Herbert Jankuhn[4]. Unmittelbar nach dem Eintreffen in Norwegen nahm er die Arbeit auf. Vom SD-Büro Oslo im ehemaligen norwegischen Außenministerium aus untersuchte er die Lage der Archäologie und des Denkmalschutzes in Norwegen. Seine Berichte lieferten nicht nur Expertisen zum Schutz der Denkmäler und zur Kooperation mit der norwegischen Forschung, vielmehr sammelte er auch Informationen über die politische und ideologische Einstellung der Norweger im Allgemeinen und der norwegischen Archäologen im Besonderen.[5] Erster Anlaufpunkt für Jankuhn war die Oldsaksamling, das zur Universität Oslo gehörende Kulturhistorische Museum im Stadtzentrum. An den Geschäftsführer des „Ahnenerbes", Wolfram Sievers, berichtete Jankuhn hinterher seine persönliche Einschätzung der Lage:

> *„Ich halte die Durchfuehrung wirklich wirkungsvoller Massnahmen fuer notwendig. Damit wuerden wir auch vor der norwegischen Øffentlichkeit, die ja mit den Funden eng verbunden ist, einen gewissen Erfolg haben. Diese Massnahme kønnte durch Pressenotizen in Deutschland und in der norwegischen Presse wirkungsvoll in dieser Richtung ausgenutzt werden. Die Møglichkeit einer Einschaltung des Ahnenerbes in die wissenschaftliche Arbeit Norwegens scheint mir vorzuliegen. Grundsætzlich von Bedeutung ist natuerlich die Frage, wie sich die deutsche Zivilverwaltung gegenueber den kulturellen Organisationen der Norweger einstellt. Ich persönlich halte es fuer zweckmæssig, møglichst wenig in die norwegische Kulturarbeit einzugreifen, sondern sich lediglich gewisse Schluesselstellungen zu schaffen, von denen man aus jederzeit eingreifen kann, d. h. die norwegischen Institutionen als Træger der Arbeit zu belassen und nur an einer zentralen Stelle sich Einflussmøglichkeiten zu verschaffen. Damit wuerde man auch die Abneigung oder zumindest starke Zuruckhaltung der Norweger gegenueber Deutschland am ehesten abbauen können."*[6]

Jankuhns Auffassung zufolge war vor allem der norwegische Reichsantiquar im Weg:

> *„Eine weitere Frage, die sich hier gleich zu Anfang ergeben hat, ist die Besetzung des norwegischen Reichsantiquaramts durch den juedischen Kunsthistoriker und Architekten Harry Per Fett. Sie können alles Wichtige darueber der durchschriftlich beigefuegten Aktennotiz entnehmen. Eine Neubesetzung dieser Stelle mit einem zuverlæssigen Norweger, der allerdings erst noch zu suchen wære, wuerde m.E. uns die notwendige Schluesselstellung fuer die Leitung auf dem uns hauptsæchlich interessierenden Gebiet verschaffen."*[7]

Dabei verbanden sich in Jankuhns Argumentation Denkmalschutz und Unterstützung der deutschen Besatzungspolitik mit antisemitischer Verleumdung, obwohl Fett nicht jüdischer Herkunft war. Diese potenziell sehr gefährliche Denunziation blieb erstaunlicherweise für Fett ohne Folgen. Das lag vermutlich daran, dass er mit dem Reichserziehungsminister Bernhard Rust (1883–1945) zusammen studiert hatte, eventuell auch an einer persönlichen Bekanntschaft mit Hitler aus dem Jahr 1933.

Die Mitarbeiter der Oldsaksamling dagegen versuchte Jankuhn schrittweise für das Dritte Reich zu gewinnen. Hier waren Anton Wilhelm Brøgger (1884–1951) und Sigurd Grieg (1894–1973) als Direktoren tätig. Beide standen dem Dritten Reich ablehnend gegenüber, Brøgger hatte auch indirekt mit zum Scheitern einer geplanten Island-Expedition des „Ahnenerbes" beigetragen. Grieg und Jankuhn kannten sich persönlich, weil der Norweger 1930 an den Ausgrabungen in Haithabu teilgenommen hatte. Um sie von den seiner Meinung nach guten Absichten des Dritten Reichs zu überzeugen und den Fuß in die norwegische Forschung zu bekommen, plante Jankuhn die Förderung der prestigeträchtigen Ausgrabungen des Raknehaugen. Diese

Der Raknehaugen ist der größte Grabhügel Norwegens. Die Ausgrabungen dort wurden 1940 von der SS unterstützt, weil man die norwegischen Archäologen für sich gewinnen wollte.

1939 begonnene Grabung stand im Frühjahr 1940 wegen Geldmangels still, für den Abschluss der Arbeiten am größten Grabhügel Norwegens benötigte die Oldsaksamling umgerechnet ungefähr 12 000 RM. Diese Summe ließ Jankuhn binnen weniger Wochen über das „Ahnenerbe" und über den Reichskommissar beschaffen. Die Zusage für die Gelder kam direkt von Himmler, der sich von Sievers ständig über Jankuhns Tätigkeit auf dem Laufenden halten ließ. Dadurch stieg Jankuhn in der Achtung der übrigen SD-Mitarbeiter so weit, dass SS-Obergruppenführer Fritz Weitzel (1904–1940), der Höhere SS- und Polizeiführer „Nord" mit Sitz in Oslo, versprach, ihn jederzeit durch Männer und Fahrzeuge zu unterstützen. Vorher hatte es kleinere Spannungen innerhalb der SD-Einsatzgruppe Oslo gegeben, denn dort war man anscheinend nicht ganz damit einverstanden gewesen, dass Jankuhn die Vorschläge zum Raknehaugen direkt an Sievers weitergeleitet hatte, ohne die Dienststellen vor Ort einzubeziehen.[8]

Zusätzlich zum Raknehaugen veranlasste Jankuhn an drei weiteren Stellen Ausgrabungen; darüber hinaus stellte er eine Liste mit schützenswerten Denkmälern zusammen und übergab sie der Wehrmacht. Bei all seinen Bemühungen stieß er auf großes Interesse und erhielt Unterstützung, insbesondere bei der Luftwaffe, die die nachgeordneten Bauämter anwies, entsprechend Rücksicht zu nehmen. Außerdem setzte Jankuhn zwei deutsche Archäologen zur Überwachung der Bauarbeiten ein. Weiterhin schlug er Sievers vor, dass das „Ahnenerbe" ein Handbuch über Norwegen für deutsche Reisende und Soldaten herausgeben solle. Gleichzeitig leistete er dabei auch die grundlegende Vorarbeit für die spätere Arbeit des „Ahnenerbes" in Norwegen. Zuletzt drängte Jankuhn, der am 12. August wieder in Kiel eintraf, noch darauf, dass Himmler Norwegen besuchen möge, damit dieser sich selbst einen Eindruck von dem Land verschaffen könne.[9]

Für seinen Einsatz in Norwegen wurde Jankuhn auf Vorschlag des Befehlshabers der Sicherheitspolizei und des SD in Oslo mit dem Kriegsverdienstkreuz Zweiter Klasse mit Schwertern ausgezeichnet. Grundlage für diesen Vorschlag waren primär seine geheimdienstlichen und nicht seine kulturpolitischen Tätigkeiten. Zudem war Jankuhns Einsatz im August 1940 Gegenstand einer einstündigen Besprechung Himmlers mit Heydrichs Adjutanten, der zur selben Zeit mit einem Sonderauftrag und in Zivil in Norwegen unterwegs gewesen war.[10]

Auch nach seiner Abreise aus Norwegen blieb Jankuhn noch in alle wichtigen Entscheidungen des „Ahnenerbes" zu Norwegen involviert. So besprach Sievers beispielsweise im Mai 1943 neue Fundgebiete mit ihm. Dazu notierte Sievers:

> „Aufgrund des Vermerks von Prof. Schwalm über das wikingerzeitliche Gräberfeld im KL Berg-Süd bei Tönsberg sprach ich mit SS-Hauptsturmführer Prof. Dr. Jankuhn. SS-Hstuf. Jankuhn ist der Meinung, dass wir unsere Auffassung über die Tätigkeit in den germanischen Ländern immer wieder den germanischen Völkern gegenüber zum Ausdruck bringen müssen: wir betrachten es als unsere Pflicht, alle die Wege zu ebnen, die von der Militärverwaltung nicht geebnet werden können. Wir leisten unsere Hilfe, gefährdete Denkmäler zu sichern, Funde zu bergen, sollen aber stets die zuständigen Stellen der Länder einschalten. Erst dann, wenn z. B. die Norweger dem ablehnend gegenüberstehen, haben wir die Möglichkeit, frei zu handeln und brauchen uns später nicht den Vorwurf machen zu lassen, dass wir den Krieg benutzt hätten, um Funde ausser Landes zu bringen."[11]

Zu diesem Zeitpunkt hielt Jankuhn es bereits für angebracht, die norwegische Forschung über das Unterrichtsdepartment und nicht mehr über die Oldsaksamling der Universität Oslo zu kontrollieren. Zudem waren sich Jankuhn und Sievers darin einig, dass im Notfall eigene Mitarbeiter die Grabungen in Norwegen betreuen könnten.[12]

Denn Jankuhns Hoffnung, dass sich Brøgger und Grieg kaufen ließen, hatte sich nicht erfüllt. Sie hatten zwar notgedrungen mit Jankuhn zusammengearbeitet und auch Geld angenommen, änderten aber ihre Einstellung gegenüber der deutschen Besatzung und dem Nationalsozialismus nicht. Zudem gelang es ihnen, mit Hilfe des Rektors der Universität Oslo, Didrik Arup Seip (1884–1963), zusätzliche Mittel aus dem Unterrichtsdepartment zu bekommen und so unabhängiger von der deutschen Besatzung zu bleiben.[13]

Das erste Mal wurde Brøgger im Juni 1941 wegen Auseinandersetzungen um das Nationaltheater, in dessen Vorstand er war, verhaftet, aber kurz darauf wieder auf freien Fuß gesetzt. Am 11. September 1941 kam der Erste Direktor der Oldsaksamling schließlich wieder in Haft, wozu auch die Affäre um das Snartemo-Schwert beitrug. Brøgger wurde in Oslo interniert, auch wenn Sievers vorschlug, dass er nach Breslau geschickt werden könnte. Auch Grieg wurde am 11. Mai 1944 inhaftiert, nachdem sich immer mehr Spannungen in seinem Verhältnis zum „Ahnenerbe" und der „Germanischen Leitstelle" entwickelt hatten. Dabei wurden die Anzeigen bei der deutschen Sicherheitspolizei auch auf der Basis von Aktenvermerken bewertet, die Jankuhn während seiner Zeit beim SD in Oslo angelegt hatte. Direkt verantwortlich soll Jankuhn zudem für die Verhaftung des Archäologen Martin Blindheim gewesen sein, der 1940 in der Oldsaksamling tätig war.[14]

Das Snartemo-Schwert

Bezeichnend für die deutsche Besatzungsherrschaft in Norwegen sind auch die Bemühungen, die Kontrolle über das Snartemo-Schwert zu bekommen. Dieses völkerwanderungszeitliche Prunkschwert war 1933 in der Landschaft Vest-Agder gefunden und 1935 erstmals wissenschaftlich behandelt worden. Auf dem zweiten Internationalen Kongress zur Vor- und Frühgeschichte 1936 in Oslo, an dem auch Jankuhn teilgenommen hatte, wurde es diskutiert und ausgestellt. Das Snartemo-Schwert war bereits im September 1939 zusammen mit anderen wertvollen Objekten der Oldsaksamling in einem Tresor in Fagernes sicher eingelagert worden, so dass es nicht ohne den Einsatz von Zwang oder Gewalt verfügbar war. Erst Ende Januar 1941 verlangte der geschäftsführende Minister für Kirche und Erziehung, Ragnar Skancke (1890–1948), von der Oldsaksamling die sofortige Herausgabe dreier Objekte, von denen eines für besondere Zwecke verwendet werden sollte. Die Forschung geht davon aus, dass es sich bei einem dieser nicht näher genannten Objekte um das Snartemo-Schwert handelte. Da sich Himmler Anfang 1941 – auch auf Vorschlag Jankuhns – in Norwegen aufhielt, wird vermutet, dass es ihm überreicht werden sollte. Die Initiative dazu soll vom „Ahnenerbe" ausgegangen sein, auch wenn sich dazu noch keine ausreichenden Belege gefunden haben. Brøgger ignorierte diese Anweisung jedoch. Im September 1941 wurde Brøgger ausdrücklich aufgefordert, das Schwert für die Propaganda-Ausstellung „Nordmannafolket" (Nordmänner) herauszugeben. Aber auch dieses Mal weigerte er sich, wobei ihm der Senat der Universität Oslo den Rücken stärkte. Nach der Verhaftung Brøggers und Griegs wurden dann immerhin ein Schwert, eine Speerspitze, eine Axt und ein Schildbuckel aus der Wikingerzeit für die Ausstellung verliehen. Aber das Snartemo-Schwert blieb im Tresor. Dementsprechend stand es auch für

Vom Snartemo-Schwert wurden 1942 drei Repliken auf der Grundlage von Fotos angefertigt, um sie Himmler, Terboven und Quisling zu überreichen.

die Anfertigung von drei Repliken nicht zur Verfügung. Stattdessen mussten Fotografien als Vorlage verwendet werden. Eine der Repliken wurde im Februar 1943 Quisling überreicht, die übrigen waren für Himmler und Terboven vorgesehen.[15]

Kersten in Dänemark

Für den Einsatz in Dänemark schlug das „Ahnenerbe" Jankuhns engen Mitarbeiter Karl Kersten (1909–1992) vor. Kersten, der längst seinen Eintritt in die Allgemeine SS vorbereitete und fließend Dänisch sprach, stand sofort zur Verfügung, obwohl er sich Sorgen um die daraus resultierende Arbeitsbelastung machte, war er doch der einzige in Schleswig-Holstein verbliebene Prähistoriker im Außendienst. Sein Einsatz in Dänemark wurde daher so organisiert, dass er ihn in regelmäßigen Abständen für die Wahrnehmung seiner Dienstgeschäfte in Schleswig-Holstein unterbrechen konnte. Zusätzlich arrangierte Sievers für Kersten einen Flug von der Vorbesprechung in Berlin beim RSHA direkt nach Kopenhagen.

Außerdem bekam Kersten ein Begleitschreiben an SS-Oberführer Paul Kanstein (1899–1981), den Vertreter des RSHA in Dänemark. Darin bat Himmlers persönlicher Referent diesen im Auftrage Sievers und Himmlers um Unterstützung. Dabei umriss er Kerstens Aufgabe und schränkte sie schließlich auf rein administrative Arbeiten ein. Dementsprechend war Kerstens Spielraum wesentlich geringer als der von Jankuhn in Norwegen. Verstärkt wurde dieser Umstand noch dadurch, dass es auf Grund von Problemen im Verwaltungsgang und Kerstens noch nicht erfolgter Aufnahme in die SS immer wieder Schwierigkeiten gab. So fehlte Kersten vor seinem ersten Aufbruch nach Dänemark beispielsweise ein entsprechender Dienstausweis, ein anderes Mal ging sein Reisepass im Auswärtigen Amt verloren. Auch die Finanzierung der Reise war schwierig, so dass Kersten auf Zuschüsse des Einsatzkommandos Kopenhagen der Sicherheitspolizei und des SD angewiesen war, auch wenn das RSHA versuchte, die Finanzierung möglichst dem „Ahnenerbe" zu überlassen. Insgesamt reiste Kersten 1940 zu drei Einsätzen nach Dänemark, auch in den folgenden Jahren war er noch mehrfach in Dänemark.[16]

Über die Reisen, bei denen er auch die Stimmung der dänischen Zivilbevölkerung ausführlich dokumentierte, informierte er Kanstein in Kopenhagen sowie Sievers und Jankuhn ausführlich schriftlich und mündlich. Insgesamt verlief Kerstens Zusammenarbeit sowohl mit den deutschen als auch mit den dänischen Behörden trotz der besonderen Situation in Dänemark für ihn weitestgehend erfolgreich. Dabei dürfte ihm zugute gekommen sein, dass er in Zivil unterwegs war. Anscheinend gab es nur seitens des Nationalmuseums in Kopenhagen, das in dieser Hinsicht zumindest behauptete, vom zuständigen Ministerium unter Druck gesetzt zu werden, Bedenken wegen der weiteren Zusammenarbeit nach dem Krieg. Im Gegensatz dazu wurde Kersten in Jütland wesentlich freundlicher empfangen; dort gelang es ihm sogar, einen Kollaborateur anzuwerben, der gegen Erstattung seiner Fahrtkosten in Kerstens Auftrag den Schutz der Bodendenkmäler in seiner Region übernahm. Darüber hinaus konnte er mehrere Heimatforscher für die Sammlung von Rechtsaltertümern zusammen mit dem „Ahnenerbe" gewinnen. Ob auch sein Vorhaben, Arbeitskräfte für die SS-Ausgrabungen am Thorsberger Moor anzuwerben, erfolgreich war, ist dagegen noch nicht geklärt.

Der „Germanische Wissenschaftseinsatz"

Als Teil der Propaganda für die „Germanische Leitstelle" wurde 1943 der „Germanische Wissenschaftseinsatz" begründet, in dem das „Ahnenerbe" viele seiner laufenden Forschungsprojekte bündelte und versuchte, sie mit Kollaborateuren gemeinsam zu bearbeiten. Zusätzlich wurden Ausstellungen veranstaltet und Zeitschriften in den Landessprachen veröffentlicht. Neben den bereits etablierten Akademikern und interessierten Laien bemühte man sich besonders um Studenten. Sogar das Studium in Deutschland wurde ermöglicht. Wo die unterschwellige Propaganda nicht ausreichte, versuchte es die SS ab 1943 aber auch direkt mit mehr oder weniger offener Umerziehung. Viele der Studenten – darunter große Teile der Universität Oslo – wurden mit Gewalt nach Deutschland gebracht und im Konzentrationslager Buchenwald von den Wissenschaftlern des „Ahnenerbes" unterrichtet.[17]

Archäologie und Propaganda in Frankreich (1940–1944)

Jean-Pierre Legendre und Uta Halle

Nach der Besetzung Belgiens und der Niederlande, in denen sehr zügig deutsche Verwaltungsstrukturen eingeführt werden sollten und wo die deutschen Archäologen durchaus mit den örtlichen Wissenschaftlern zusammenarbeiten wollten[1], erfolgte am 5. Juni 1940 der Angriff der Deutschen Wehrmacht auf Frankreich. Dabei erlebte die französische Armee eine fürchterliche militärische Niederlage. Das Land wurde zu großen Teilen von deutschen Truppen besetzt. In den besetzten Gebieten wurde die Archäologie dem „Militärischen Kunstschutz" untergeordnet. Nach Abschluss des Waffenstillstandes formulierte der NS-Politiker Werner Best (1903–1989), der Planer der nationalsozialistischen Neuordnung Europas, 1941 die Vorschläge für Frankreich. Diese sahen vor, Frankreich bis an die Loire ins Deutsche Reich einzugliedern, für die Bretagne plante Best die Einrichtung eines Schutzstaates.[2] Zunächst war angedacht, Südtiroler ins Burgund umzusiedeln, ein Plan, der aber ab Ende 1940 nicht weiter verfolgt wurde.

Anders sah es hingegen in den seit Ende des Ersten Weltkrieges umstrittenen Gebieten Elsass und Lothringen aus. Hier wurden unter völliger Missachtung des abgeschlossenen Waffenstillstandes Mitte Juni 1940 die französischen Behörden der deutschen Zivilverwaltung unterstellt und damit de facto annektiert. Das Elsass wurde dem Gau Baden unter Gauleiter Robert Wagner (1895–1946) zugeschlagen, Lothringen kam zum Gau Saarpfalz mit dem Gauleiter Josef Bürkel (1895–1944). Die französischen Verwaltungsbeamten wurden ihres Amtes enthoben und die deutschen Verwaltungssysteme eingeführt. Die Einrichtung des Naziapparates verfolgte ein Hauptziel: in kürzester Zeit die Germanisierung und Nazifizierung der gesamten Bevölkerung des annektierten Gebietes zu erreichen, und das betraf auch die dortige Archäologie.

Archäologie in Lothringen vor 1940

Zahlreiche archäologische Forschungen waren in Lothringen zwischen 1888 und 1918 durchgeführt worden. Deshalb machten Berichte über Ausgrabungen rund 15 Prozent der Veröffentlichungen der Gesellschaft für Geschichte und Archäologie Lothringens aus.[3] Nach Ende des Ersten Weltkrieges erlebte die Archäologie einen erheblichen Rückgang ihrer Aktivitäten, was nicht nur an der verringerten Zahl der durchgeführten Ausgrabungen, sondern auch an der Zahl der Veröffentlichungen spürbar ist, die zwischen 1920 und 1939 auf zwei Prozent sank: Der Ausschluss des deutschen Direktors des Museums Metz, Johann Baptist Keune (1858–1937), 1920 und der Tod von T. Welter 1937 schwächten diese Disziplin erheblich, so dass Emile Delort (1880–1958) 1940 der einzig aktive Archäologe war.[4]

Personal, Ziele und Forschung ab 1940

Ab Herbst 1940 wurde in der Zivilverwaltung das Landesdenkmalamt Metz[5] geschaffen mit einer Abteilung Denkmalpflege und Naturschutz und einer Abteilung Vor- und Frühgeschichte[6]. Dies war eine völlige Neueinrichtung, denn es gab bis dato weder eine archäologische Abteilung noch einen professionellen Archäologen, Ausgrabungen wurden von freiwilligen Forschern oder Museumskonservatoren durchgeführt. Der Auftrag dieser Abteilung Vor- und Frühgeschichte war nicht ausschließlich wissenschaftlicher Natur: Die Archäologie sollte der Nazipropaganda ebenso „Beweise" liefern, dass sich in der Vergangenheit germanische Bevölkerungsgruppen in dem Gebiet niedergelassen hatten, um die illegale Annektierung durch das Dritte Reich zu rechtfertigen.

Das Personal

Das neu gegründete Landesdenkmalamt Metz verfügte rasch über wissenschaftliches und technisches Personal. Es unterstand während des gesamten Krieges dem Landeskonservator für Bau- und Kunstdenkmalpflege und Museen des Saarlandes Hermann Keuth (1888–1974).[7] Die Abteilung Vor- und Frühgeschichte wurde von Oktober 1940 bis März 1941 zunächst von Paul-Hans Stemmermann (1909–1977) geleitet,[8] dann vom 18. März 1941 bis Oktober 1944 von Wilhelm Reusch (1908–1995)[9]. Diese drei deutschen Beamten wurden von der Naziverwaltung ganz offensichtlich als politisch „sicher" angesehen, denn sie gehörten der NSDAP an.[10] Die technische Arbeit vertraute man einem Team von aus Rheinland-Pfalz stammenden Deutschen und vor Ort eingestellten Lothringern an.[11] Die französischen Archäologen Emile Delort (1880–1958) und Marcel Lutz (1908–2000) wurden reguläre Mitarbeiter der Abteilung Vor- und Frühgeschichte, denn sie verfügten über ausgezeichnete Kenntnisse der regionalen Archäologie. Delort nahm an den Ausgrabungen von Ennery (1941) und Saint-Pierre-aux-Nonnains (1942) teil, während Lutz zum Kreispfleger der Region Sarrebourg (damals Saarburg) ernannt wurde.[12]

Das Personal des Landesdenkmalamtes Metz und der Abteilung Vor- und Frühgeschichte verfügte über gut ausgestattete Räumlichkeiten in einem Gebäude neben der Kathedrale von Metz mit Büros, einer Bibliothek, einer Restaurierungswerkstatt und einem Fotolabor.

Die Ziele

Eine erste Aufgabenbeschreibung dieser Abteilung veröffentlichte Stemmermann schon kurz nach seiner Ernennung.[13] Er betonte die Notwendigkeit der Einrichtung eines Netzes lokaler Berichterstatter, das die Bestandsaufnahme und Kontrolle der Privatsammlungen gewährleisten würde. Ein detailliertes Programm legte 1943 Reusch vor.[14] Der Schwerpunkt dieses Programms sah Forschung zur merowingischen (= germanischen) Archäologie vor. Die grobe Zielsetzung der deutschen Behörde lässt sich wie folgt zusammenfassen:

- Betreuung aller nicht staatlichen Museen und Privatsammlungen.
- Ermittlung vor- und frühgeschichtlicher Fundstellen sowie deren Sicherung bzw. planmäßige Erforschung durch eigene Ausgrabungen.
- Aufbau einer Organisation interessierter Heimatfreunde, die es übernehmen sollten, Funde oder sonstige Beobachtungen im Gelände sofort dem Amt zu melden.
- Fachgerechte Konservierung der Bodenfunde.
- Wissenschaftliche Veröffentlichung der Forschungsergebnisse und Mitarbeit des Amtes in Presse, Schrifttum und Rundfunk.

Im annektierten Gebiet wollten Stemmermann und Reusch also ein organisatorisches und wissenschaftliches Programm durchführen, das sich an den offiziellen Theorien der Nazis orientierte. Ein Großteil dieses Programms wurde zumindest in den Anfängen umgesetzt, was eine wahre Meisterleistung darstellt, angesichts der durch den Krieg verursachten Schwierigkeiten.

Ein Leitmotiv: die Abwertung der französischen Forschung

Eines der bevorzugten Themen der Nazipropaganda in den annektierten Gebieten bestand in der systematischen Kritik der Aktionen der französischen Archäologie in diesem Gebiet zwischen 1918 und 1940. Daher ist es nicht weiter erstaunlich, dass P.-H. Stemmermann in dem oben genannten Artikel Frankreich auf das Heftigste angriff.[15] Er untermalt seine Kritik mit der Entdeckungsgeschichte der Schnabelkannen von Basse-Yutz mit ihren Emailverzierungen am Schnabel und Kannenfuß, die 1927 bei Straßenbauarbeiten gefunden worden waren. Sowohl das Museum in Metz als auch der Pariser Louvre lehnten es ab, die Objekte anzukaufen, so dass sie an das Britische Museum in London verkauft worden waren. Stemmermann stellte an diesem Beispiel fest, dass in Lothringen vor 1940 „die Vorgeschichtsforschung […], wenn man es kurz sagen

Die Ausgrabung auf dem Reihengräberfeld in Ennery.

will, auf dem früheren, rein antiquarischen Standpunkt stehen geblieben [war], während sie sich in Deutschland geschichtliche Gesichtspunkte und entsprechende Arbeitsmethoden zu eigen gemacht hat". Er unterstrich im Gegenzug die Wichtigkeit, die der Archäologie im NS-Staat zukommt: „In Anerkennung der Bedeutung unseres Faches für die Wiedererweckung unseres Volksbewusstseins wurde sie 1933 […] in Deutschland neben Volks- und Rassenkunde in die Reihe der volkspolitischen wichtigen Wissenschaften gestellt."[16]

Dieses Thema wurde in sehr ähnlicher Weise etwas später von Reusch aufgegriffen:[17] „Verhängnisvoll war die Entwicklung der Bodendenkmalpflege in Lothringen nach Beendigung des Weltkrieges. Einen staatlichen Konservator für die Bodenaltertümer gab es nicht, ebenso wenig ein Ausgrabungsschutzgesetz. Infolgedessen blieb das Ausgraben und Sammeln von Bodenaltertümern 25 Jahre lang fast ausschließlich der Initiative interessierter Privatkreise überlassen […] Vor allem aber wurden bedeutende Funde außer Landes geschleppt und in alle Winde zerstreut […] So ging in den letzten zweieinhalb Jahrzehnten hervorragendes Kulturgut aus der Zeit der germanischen Besiedlung der lothringischen Heimat verloren. […] Als im Sommer 1940 Lothringen ins Reich zurückkehrte und dem Gau Westmark eingegliedert wurde, konnte im Rahmen des kulturellen Aufbaus auch die Pflege der einheimischen Bodenaltertümer endlich einer staatlichen Behörde übertragen werden." Ebenso wie Stemmermann vor ihm, benutzt Reusch das typische ideologische Vokabular („germanische Besiedlung der lothringischen Heimat", „Als Lothringen ins Reich zurückkehrte") der NS-Zeit.

Die Ausgrabungen der Merowinger-Grabstätte in Ennery (Hochschloss) 1941

In diesem politischen Rahmen ist es offensichtlich, dass die von der Abteilung Vor- und Frühgeschichte unternommenen Forschungen nicht nur zu rein wissenschaftlichen Zwecken erfolgten. Stemmermann blieb nicht lange genug vor Ort, um Ausgrabungen durchzuführen. Er erstellte aber eine erste Synthese der regionalen Archäologie, in der er versuchte, das rein germanische Wesen der Bevölkerung der Region zu beweisen. Er stellte vor allem das Vorhandensein von archäologischen Objekten in den lokalen Museen fest, die die Anwesenheit von „Streitaxtleuten" belegen, denn „der Nachweis der Streitaxtleute in Lothringen ist aber von besonderer Bedeutung, da diese nach unserem heutigen Wissen Träger der sog. Indogermanisierung der süddeutschen Steinzeitvölker waren, d. h. dass unsere Heimat ihrer Zuwanderung im wesentlichen ihren nordischen Blutsanteil verdankt".[18] Reusch führte 1941 die erste archäologische Ausgrabung durch. Die Tatsache, dass diese auf dem frühmittelalterlichen Gräberfeld von Ennery (damals Hochschloss) stattfand, begründete er damit, dass ein Teil der Gräber vor 1940 ohne ein Eingreifen der französischen Behörden zerstört werden konnte. Der Leiter des Landesdenkmalamtes führte also eine beispielhafte Ausgrabung durch, die zwei Zielen dienen sollte: Zum einen sollte sie die Überlegenheit der Nazis in Sachen Archäologie beweisen. Zum anderen galt es, „das Dunkel zu lichten, das sich über die Geschichte der germanischen Frühzeit unseres Landes ausbreitet".[19] Darüber hinaus liegt das Gelände von Ennery innerhalb der romanischen Sprachzone, aber in der Nähe der Sprachgrenze zwischen romanischem und germanischem Dialekt, die die Region in zwei Teile spaltet. Es bot sich für die deutschen Besatzer damit die Gelegenheit, die ehemalige germanische Besiedlung dieses Sektors archäologisch zu beweisen, was die Annektierung eines rein frankophonen Gebietes, das zunächst nichts mit Deutschland verband, rechtfertigen konnte.[20]

Mit der örtlichen Grabungsleitung wurde Delort beauftragt, die Arbeitsgruppe bestand zum Teil aus Männern des „Reichsarbeitsdienstes". Außerdem bat das Landesdenkmalamt Metz die SS darum, ihnen einige Spezialisten auszuleihen, aber dem „SS-Ahnenerbe" fehlte es an Personal, denn alle SS-Archäologen waren im Einsatz im gesamten besetzten Europa.[21] Eine Lösung fand sich, als die SS den Archäologen SS-Unterscharführer Wolfgang Dehn (1909–2001) zur Verfügung stellte, der einerseits Mitarbeiter im Museum Trier und andererseits mit der Archäologie im „Rasse- und Siedlungshauptamt" der SS beauftragt war.[22] Dehn unternahm deshalb mehrere Reisen nach Ennery und schickte anschließend einen ausführlichen Bericht an den Reichsgeschäftsführer des „Ahnenerbes", Wolfram Sievers (1905–1948).[23]

Zwischen Juli und Oktober 1941 legten die in Ennery unternommenen Ausgrabungen insgesamt 82 Gräber frei, die größtenteils in ost-westlicher Ausrichtung liegen und aus dem 6. Jahrhundert stammen.[24] Unter ihnen ist vor allem ein Doppelgrab (Nr. 6–8) erwähnenswert, sowie ein weiteres Grab (Nr. 57), außergewöhnlich reich an Schmuckstücken (Bronzearmband, Bronzespange, Silberring, Perlenkette aus Bernstein und Glas), weshalb ihm Delort den Spitznamen „die Prinzessin" gab. Reusch deutete diese Gräber als zu einer germanischstämmigen Bevölkerung zugehörig:[25] „Bei den Bestatteten handelt sich offenbar um Gefolgsmannen der Gründerzeit des austrasischen Reiches, dessen Könige in Metz residierten." Diese Entdeckung wurde natürlich von der NS-Propaganda zu ihren Zwecken genutzt. Im Februar 1942 erschien ein reich bebilderter Artikel in der *Metzer Zeitung am Abend* unter dem Titel „Waffen und Schmuck aus lothringischer Erde"[26]. Der Autor des Artikels beschrieb zunächst die Hauptfunde der Gräber, besonders die beiden reichen Bestattungen. Der weitere Text ist deutlich ideologischer geprägt, denn die Gräber wurden als „wichtiges Zeugnis germanischer Landnahme in Lothringen" bezeichnet. Gleichzeitig bedauerte der Journalist die Zerstörung des Geländes während der „französischen Zeit", und er äußerte, wie schon Reusch, seine Freude darüber, bei lothringischen „Volksgenossen" Unterstützung für die archäologische Arbeit zu finden. Der Verfasser des Artikels hat sie nicht namentlich erwähnt, aber es ist leicht zu erschließen, dass es sich um Delort und Lutz handelt.

Die Kontrolle der Museen und Privatsammlungen

Wie in ihrem Arbeitsprogramm vorgesehen, unternahm die Abteilung Vor- und Frühgeschichte zwischen 1940 und 1944 die systematische Kontrolle und Inventarisierung der nicht staatlichen archäologischen Sammlungen in Lothringen, so in den kleinen lokalen Museen (Sarrebourg, Thionville) oder bei Privatsammlern. Als Beispiel wird das Museum Sarrebourg vorgestellt.

Aquarell einer Doppelbestattung auf dem Reihengräberfeld von Ennery.

Das Museum Sarrebourg

Seit 1927 war das Museum Sarrebourg in der ehemaligen Franziskanerkapelle aus dem 13. Jahrhundert untergebracht. Obwohl die Räumlichkeiten der Gemeinde gehörten, waren die dort ausgestellten Stücke das Eigentum der Ortsgruppe der Gesellschaft für Lothringische Altertumskunde (Société d'Histoire et d'Archéologie de la Lorraine). Die Sammlungen wurden 1939 in Sicherheit gebracht und vor den Kämpfen 1940 geschützt, aber das Inventarverzeichnis ging leider verloren. Da die Société d'Histoire et d'Archéologie de la Lorraine 1940 aufgelöst wurde, fiel die Museumsführung unter die Kontrolle der Abteilung Vor- und Frühgeschichte Metz. Sie begann 1943 mit der Durchführung einer neuen Bestandsaufnahme, wahrscheinlich unter Mithilfe des Kreispflegers Lutz. Reusch schrieb anlässlich dieser Arbeiten im Mai 1943 dem deutschen Stadtkommissar von Sarrebourg, um ihn über den schlechten Zustand der Sammlungen und ihrer Beschädigung zu unterrichten: „Gelegentlich meines Besuches am 10.5. im Museum stellte ich fest, das die Ausstellungsgegenstände nach wie vor bedroht sind und von Unbefugten beschädigt und sogar zerstört werden. Hauptschuld daran ist der Umstand, dass ein großer Teil der Zugänge zum Museum nicht verschlossen ist, da die Schlüssel fehlen, bzw. die Schlösser nicht funktionieren. So zum Beispiel ist es Außenstehenden jederzeit möglich Zugang in den Speicher zu erhalten. Tatsächlich haben Unbefugte schon die Gewölbeklappen zum Speicher erklettert und durch die Luftlöcher des Gewölbes Steine in den Ausstellungsraum geworfen, wodurch Vitrinen mit Inhalt zertrümmert wurden. Beispielsweise haben auch die Ostarbeiterinnen im angrenzenden Grundstück jederzeit Gelegenheit den Speicher und andere Räume zu betreten (…)." Reusch verlangte daraufhin von den Städtischen Behörden geeignete Maßnahmen zur Sicherung des Museums zu ergreifen, was allerdings nicht recht wirksam zu sein schien, denn im Laufe des Winters 1944–1945 benutzten die Ostarbeiterinnen, die augenscheinlich noch immer Zutritt zu den Räumlichkeiten hatten, Regale und einen Teil der Bibliotheksbestände des Museums, um zu heizen.[27]

Die Privatsammlungen

Ein weiteres Hauptziel lag in der Bestandsaufnahme und Kontrolle archäologischer Sammlungen, die sich in Privatbesitz befanden. So stellte die Abteilung Vor-

Aquarell der Steinreihen von Carnac, angefertigt von Heinz Küsthardt bei seinem Einsatz mit dem Archäologen Werner Hülle in der Bretagne (1940).

und Frühgeschichte 1941 bei den Ausgrabungen in Ennery bei der Dorfbevölkerung mehrere in der Sandgrube Barbé gefundene Stücke sicher, hauptsächlich frühmittelalterliche Waffen, darunter ein „Scramasax, in dessen Klinge eine Tierhatz eingraviert ist".[28] Ein Bewohner aus Florange (damals Flörchingen) gab eine in Terville entdeckte Bronzegürtelschnalle ab, die aus einem 1932–1933 bei Arbeiten entdeckten Grab stammte. Diese Schnalle erweckte bei Reusch ganz besonders Interesse, da er in ihrer Verzierung „das Zeichen der Man-Rune, die auch als Lebensbaum gedeutet wird", sah.[29] Heute unterliegt diese Sichtweise, die in völligem Einklang mit den damals von der Propaganda aufgestellten Theorien einer germanischen Besiedlung Lohringens steht, natürlich den größten Vorbehalten, denn die in Frage kommende „Rune" kann ebenso gut ein einfaches geometrisches Motiv darstellen.

Das bedeutendste von der Abteilung Vor- und Frühgeschichte sichergestellte Stück bleibt allerdings das berühmte merowingische Glas, ein „Kuttrolf", der im Juli 1936 im Steinbruch Noirel von Boulange-Bassompierre (damals Bollingen-Bettstein) entdeckt worden war. Dieses außergewöhnliche aus dem 6. Jahrhundert stammende Stück erhielten Reusch und Delort im Oktober 1941 vom Landwirt Pierre Weber Junior. Er hatte es bei der Auffindung 1936 von einem italienischen Arbeiter des Steinbruches im Tausch gegen zwei Liter Rotwein erworben.[30] Neben seinem wissenschaftlichen Wert gab der Kuttrolf von Boulange Anlass zu einem besonders bitteren Streit in der schwierigen unmittelbaren Nachkriegszeit.

Bislang wenig erforscht ist der Hintergrund einer einwöchigen Grabung 1942 auf dem Michelsberg bei St. Johann im Elsass. Sie wurde von der Osningmark-Gesellschaft (Nachfolgeorganisation der „Freunde der germanischen Vorgeschichte" um Teudt) unter Leitung von August Meier-Böke (1901–1956) durchgeführt.

Burgund

„Die Pflicht des siegreichen Deutschlands ist, das burgundische Land zu befreien und es der germanischen Gemeinschaft zurückzugeben. [...] Wir können vielleicht bald einem größeren Reich zugehören, nicht als Besiegte, sondern als Befreite." Mit diesen Worten beschrieb der Archäologe Jean-Jacques Thommasset vor dem „SS-Ahnenerbe" in Berlin im Juli 1942 auch die deutschen Aufgaben in diesem Teil Frankreichs. Er vertrat die Separationsbestrebungen Burgunds. Archäologisch wurde die Idee durch die Forschung des Münchner Archäologen Hans Zeiss (1895–1944) unterstützt, der sich in seinen Arbeiten „Germanen in Mitteleuropa", „Germanische Grabfunde zwischen mittlerer Seine und Loiremündung" bzw. „Germanen in Burgund" durchaus für eine frühmittelalterliche germanische Besiedlung des Gebietes anhand der Grabfunde aussprach und daraus „Anrecht und Verpflichtung für unser Volk für alle Zeit" forderte.[31]

Bretagne

In der Bretagne wurden alle im Krieg eingesetzten Forschungsorganisationen tätig. Ihr Ziel war die jungsteinzeitliche Megalithkultur mit den bekannten Steinreihen von Carnac oder die dortigen Großsteingräber. Zwischen den Archäologen des „Reichsbundes" und den SS-Archäologen kam es dabei quasi zu einem Wettlauf, den auf Grund der besseren Vorbereitung – man hatte 1937 eine Studienfahrt in die Bretagne unternommen – der „Reichsbund" für sich entscheiden konnte. Unter Leitung des Archäologen Werner Hülle (1903–1974) und Mitarbeit der Archäologin Gerta Schneider (1908–1999) wurden Vermessungsarbeiten an den Steinreihen von Carnac durchgeführt. Zum Teil wurden umgestürzte Steine aufgerichtet und kleine Untersuchungsflächen aufgedeckt. Wenige Wochen später kam auch das „SS-Ahnenerbe", vertreten durch Herbert Jankuhn (1905–1990), in die Bretagne. Er wollte nicht nur die Steinreihen erforschen, sondern hatte gleichzeitig den Auftrag des Sicherheitsdienstes der SS (SD), die politische Stimmung in der Bretagne auszuhorchen, denn dort gab es ähnlich wie in Burgund Separationsbestrebungen. Da der „Einsatzstab Rosenberg" mit seiner Untersuchung schon fortgeschritten war, wechselte Jankuhn zu einem der nächsten Forschungsziele in Frankreich, zum mittelalterlichen Wandteppich von Bayeux, für den sich das „SS-Ahnenerbe" stark interessierte. Der „Reichsbund" hingegen nutzte die in der Bretagne gewonnenen Ergebnisse zu Vorträgen im Rahmen der Schulungsarbeit und einer Publikation.[32]

Bayeux

Jankuhn hatte im November 1940 den Teppich von Bayeux, den er auch zur Illustration seines Haithabu-Buches eingesetzt hatte, besichtigt. Nur wenige Tage später, am 27. November, besprach er noch in Paris mit dem Oberkommando der Wehrmacht die Möglichkeiten einer wissenschaftlichen Untersuchung. Hier galt es, den „Teppich von Bayeux neu zu bearbeiten und in einem gründlichen Quellenwerk zu veröffentlichen. Die Bearbeitung wird sich hauptsächlich auf die drei Gebiete – Geschichte, Vorgeschichte, Germanenkunde – erstrecken." Jankuhn nahm Stoffproben zur Analyse und ließ den Teppich vollständig fotografieren. Damit legte er den Grundstock für eine grundlegende Dokumentation des Teppichs.

Der „Militärische Kunstschutz"

Eine andere Rolle übernahm der „Militärische Kunstschutz" in Frankreich. Er setzte im Herbst 1943 die als Rot-Kreuz-Schwester in Frankreich tätige Archäologin Thea Haevernick (1899–1981) ein. Als Schwester war sie eine der über 600 000 überwiegend weiblichen Kräfte, die während des Zweiten Weltkrieges im Einsatz waren. Dann bekam Thea Haevernick einen Auftrag von Hans Möbius (1895–1977), dem Leiter des Bereichs „Kunstschutz der Militärverwaltung".[33] Sie berichtete über ihren Einsatz an ihren Doktorvater Gero von Merhart (1886–1959) in Marburg: „Zu meinem größten Glück zog sich aber Prof. Mö. [Möbius] eine Fußverletzung zu u. da eine eilige Meldung kam, erhielt ich den Marschbefehl. Mit welcher Wonne ich mich in den Zug Richtung Bretagne setzte, können Sie sich vorstellen. […] bei Sonnenaufgang passieren wir bereits den ersten Dolmen. Mit Kerionet [Dolmen de Mane Kerioned] u. Keriaval [Dolmen de Mane Keriaval] fing es an u. in endloser Reihenfolge ging es den ganzen Tag durch blühenden Stachelginster u. große rote Glockenheide vervollständigte den Eindruck. […] Nun ging es an den eigentlichen Auftrag. Bei militärischen Arbeiten war ein Hügelgrab angeschnitten. Sie haben wahrscheinlich dort das Buch von Hülle […][34] Taf. 8 zeigt St. Michel, der ja genug bekannt ist. Sonst ist er oft von der anderen Seite aufgenommen. Auf dieser Tafel sieht man unten ein Steinmäuerchen entlang ziehen. Dieses umzieht vollständig als Feldgrenze, den jetzt angeschnittenen Hügel, der offenbar auch Herrn Hülle entgangen ist. […] Da ich den Eindruck hatte, daß es diese Art Hügel nur recht selten in der Gegend gibt u. nach meiner Vorstellung die milit. Anlagen genau 100 m weiter lag, ließ ich die Arbeiten einstellen. Die Soldaten machten natürlich erstaunlich intelligente Gesichter, als plötzlich eine Schwester erschien u. sie aufhören mußten. Natürlich hätte ich das Ding gerne gegraben, aber unter 8 Monaten kommt man sicher nicht davon. […] Aber er [Möbius] meint abgesehen von allen anderen Schwierigkeiten würde es doch Reichsbunddomäne sein. So was gibt's!"[35] Haevernick hat hiernach als diejenige zu gelten, die verhindern konnte, dass dieser Grabhügel durch die militärischen Bauarbeiten zerstört wurde. Trotzdem kann beim gegenwärtigen Forschungsstand nicht geklärt werden, wie ihr archäologischer Einsatz im Rot-Kreuz-Dienst zu Stande kam. Sie stand nach ihren Briefen in direkter Verbindung mit dem Leiter des Referats „Vorgeschichte und Archäologie" in der Militärverwaltung Frankreich, Hans Möbius, wurde aber in dessen zeitgenössischen Berichten über den Einsatz nicht erwähnt.[36]

Versuch einer Bilanz

In dem annektierten Bereich Lothringen haben die bedeutenden dem Landesdenkmalamt Metz zu Propagandazwecken zur Verfügung gestellten Personal- und Sachmittel die Entwicklung der regionalen Archäologie beeinflusst und letztendlich zu einer Professionalisierung geführt: von der ehrenamtlichen und schlecht ausgestatteten Forschung vor 1940 zu einer sehr gut ausgestatteten professionellen Archäologie mit modernen Ausgrabungs- und Auswertungsmethoden. Ein wichtiger Teil der Forschungen dieser Zeit in Frankreich ist jedoch „infiziert" und teilweise durch „germanische" Interpretationen nicht objektiv, da sie dazu bestimmt waren, der erzwungenen Germanisierungspolitik dienlich zu sein. Vergleichbares gilt auch für die Archäologie der deutschen Wissenschaftler für die anderen besetzten westeuropäischen Länder. Die Wahl der archäologischen Ausgrabungsorte war nicht vom wissenschaftlichen Interesse (selbst wenn dieses unbestreitbar ist), sondern vom Nutzen für die Nazipropaganda geleitet.

Gustav Riek und Soldaten der Luxemburger Freiwilligen-Kompanie bei der Ausgrabung der Aleburg in Luxemburg.

Dieses ideologische Abdriften während der Annexion begründet nach dem Krieg das vollständige Verschweigen der Arbeit des Landesdenkmalamtes Metz. Zweifelsohne aus Schuldgefühlen, Kollaboration mit dem Naziregime begangen zu haben, übertrafen sich Delort und Lutz darin, Hinweise auf die Existenz der Abteilung Vor- und Frühgeschichte auszulöschen, obgleich sie nahezu vier Jahre dafür tätig gewesen waren. So beteuerte Delort, dass er die Ausgrabungen der gesamten Grabstätte Ennery selbst durchgeführt habe, nur von zwei lothringischen Bauarbeitern unterstützt![37] Erst im Jahre 2001 konnte mit der Straßburger und Metzer Ausstellung „L'archéologie en Alsace et en Moselle au temps de l'Annexion (1940–1944)" der dichte Schleier gehoben werden, der seit mehr als einem halben Jahrhundert diese dunkle Zeit der Archäologie in Lothringen verhüllt hatte.[38] Weitere Ergebnisse zur Archäologie in Westeuropa kamen in der Zusammenarbeit mit deutschen und anderen westeuropäischen Archäologen in neuen Forschungen zu Tage.[39]

Germanien – Der Mythos lebt weiter

Fast alle deutschen Archäologen haben sich an der Verbreitung nationalsozialistischer Ideen und der Plünderung von Kulturgütern beteiligt. Nach dem Zweiten Weltkrieg können die meisten von ihnen ihre Karrieren dennoch weiterverfolgen. Ebenso sind die in der NS-Zeit von den Archäologen verfestigten Germanenbilder noch lange Jahre in Schulbüchern und Ausstellungen zu finden. Bis heute halten sie sich in der Alltagskultur und werden werbewirksam eingesetzt.

Eine stärkere Rolle spielt der Mythos Germanien für Rechtsextreme. Ihre Verbundenheit damit demonstrieren sie durch den bewussten Einsatz vermeintlich germanischer Zeichen und Traditionen. Das Internet erleichtert und beschleunigt die weltweite Verbreitung und Vermarktung ihrer rassistischen Ideologien immens.

Die Fortsetzung der archäologischen Karrieren

Martijn Eickhoff, Uta Halle, Jean-Pierre Legendre und Otto H. Urban

Mit dem Ende des Zweiten Weltkrieges stellte sich die Frage: Wie sah es mit den Archäologen der SS oder des „Amtes Rosenberg" und wie mit den Archäologen in den ehemals besetzten Ländern aus, die in der NS-Zeit mit den Deutschen zusammengearbeitet hatten?

Etliche Archäologen waren bei Kampfhandlungen im Krieg an allen Fronten gefallen. Vor allem die Marburger Schule von Gero von Merhart (1886–1959) war durch den Tod mehrerer Absolventen betroffen. Die politisch Verantwortlichen Adolf Hitler (1889–1945) und Heinrich Himmler (1900–1945) hatten sich im April bzw. Mai 1945 das Leben genommen. Diesem Schritt folgte ein Archäologe aus der SS, Hans Schleiff (1902–1945), der seinem Leben und dem seiner Familie am 27. April 1945 ein Ende setzte.[1] Alfred Rosenberg wurde inhaftiert und im Nürnberger Prozess zum Tode verurteilt.

Die deutschen Archäologen

Auf der Potsdamer Konferenz im Sommer 1945 beschlossen die Alliierten die Entnazifizierung. Danach sollten „alle Mitglieder der nazistischen Partei, welche mehr als nominell an ihrer Tätigkeit teilgenommen haben […] aus den öffentlichen oder halböffentlichen Ämtern" entfernt werden.[2] Die Grundlage für die Entnazifizierung bildete der so genannte „Fragebogen" mit 131 Fragen, der, vom jeweiligen Belasteten selbst ausgefüllt, die lückenlose Aufklärung über dessen individuelle Vergangenheit gewähren sollte. In ihm wurde nach Mitgliedschaft in NS-Organisationen, Veröffentlichungen, Auslandsreisen und Vortragstätigkeit gefragt. Alle Archäologen konnten eigentlich als belastetet gelten, denn im NS-Staat hatten sie eine aktive Teilnahme gezeigt. Sie hatten vom Ausbau des Faches auf 24 Lehrstühle an allen wichtigen Universitäten, von mehreren neuen Landesämtern für Archäologie und von zusätzlich geschaffenen Stellen in Museen profitiert. Sie hatten Ausgrabungsergebnisse verfälscht und ideologische Geschichtsbilder in die breite Öffentlichkeit gebracht. Wie würden die Archäologen, die sich mit der menschenverachtenden Verbrecherorganisation SS eingelassen hatten, die mit dem „Einsatzstab Rosenberg" an Plünderungen in Osteuropa teilgenommen hatten, die die „Vernichtung durch Arbeit" gesehen hatten und selbst oftmals mit dem „Reichsarbeitsdienst", aber auch mit KZ-Häftlingen und Kriegsgefangenen gearbeitet hatten, die von den Alliierten geplante Entnazifizierung durchlaufen? Die Fachwissenschaftler hatten in einem „Geschäft auf Gegenseitigkeit […] wissenschaftliches Kapital" und das NS-Regime „politisches und vor allem ökonomisches Kapital" für Forschungsarbeiten und Ausgrabungen zur Verfügung gestellt.[3] Durch ihre Zusammenarbeit mit dem „Amt Rosenberg" und der SS haben sie sich in die nationalsozialistische Herrschaft eingefügt, sie nach außen vertreten (auch international) und fachlich unterstützt. Der Wissenschaftshistoriker Herbert Mehrtens (*1946) nannte dieses Verhalten Kollaboration.[4] Den Wissenschaftlern gelang allerdings, was der Auschwitz-Überlebende und italienische Chemiker Primo Levi (1919–1987) wie folgt formuliert hat: „Sie empfinden Abscheu vor Handlungen, die sie begangen haben, und neigen deshalb dazu, etwas anderes an ihre Stelle zu setzen. Das kann einsetzen mit einem erfundenen, verlogenen, wiederhergestellten Handlungsablauf, der aber weniger schmerzvoll ist als der wirkliche. Beschreibt man diesen Ablauf oft genug gegenüber anderen und sich selbst, verliert die Unterscheidung zwischen Wahrheit und Lüge allmählich ihre Konturen, und der Mensch glaubt schließlich mit voller Überzeugung an seine Geschichte. […] Der lautlose Übergang von der Lüge zum Selbstbetrug ist nützlich: wer auf Treu-und-Glauben lügt, lügt besser, spielt seine Rolle besser, findet leichter Glauben beim Richter, beim Historiker, beim Leser, bei seiner Frau und seinen Kindern [und bei seinen Studierenden und Doktoranden U. H.]"[5] Ob einer der Archäologen tatsächlich „Abscheu" empfand, kann nicht entschieden werden, aber sie logen und verschoben ihre NS-Handlungsabläufe, bis sie sich quasi als Widerständler definieren konnten. Besonders deutlich wird dies am Verhalten der SS-Archäologen gegen Hans Reinerth (1900–1990) aus dem „Amt Rosenberg".

Ihr Netzwerk, das bis Februar 1945 versucht hatte, den seit 1930 unbeliebten „Arrivisten" Reinerth aus dem Fach zu vertreiben, entwickelte schon in der Entnazifizierung ein einseitiges Bild mit einem Sündenbock: Es hätte nur einen Schuldigen – den bedeutendsten Archäologen im „Amt Rosenberg", Hans Reinerth, gegeben, der das Fach an die NS-Ideologie verraten habe. Besonders deutlich wird dies auch in der einzigen Publikation, die „Wissenschaft und Weltanschauung in der Urgeschichtsforschung" thematisierte.[6] Karl Hermann Jacob-Friesen (1886–1960) liefert mit dieser Schrift die Erklärung, dass der Vorwurf, „die Vorgeschichte sei in der Hitlerzeit belastet worden", nur richtig wäre, „wenn man damit die Ära Reinerth meint".

Die SS-Archäologen hätten nur „Schutz" vor Reinerth bei Heinrich Himmler und der SS gesucht, sie stellten sich als Opfer und als „missbrauchte Deutsche" des NS-Staates dar.[7]

Reinerths Karriere nach 1945

Hans Reinerth war noch Ende Februar 1945 unter anderem wegen „judenfreundlichen Verhaltens" aus der NSDAP ausgeschlossen worden und zog sich auf die Insel Reichenau im Bodensee zurück. Wenige Monate

Hans Reinerth blieb bis ins hohe Alter Direktor des Pfahlbaumuseums Unteruhldingen und kam noch täglich ins Büro.

Die Prähistoriker tagten
Distanzierung von der NS-„Wissenschaft"

Regensburg (NZ). — Die in Regensburg auf einer Arbeitstagung versammelten west- und süddeutschen Prähistoriker haben sich in einer Resolution von der unsachlichen und tendenziösen Vorgeschichtswissenschaft distanziert, wie sie von dem ehemaligen Führer des „Reichsbundes für deutsche Vorgeschichte" und „Reichsamtsleiter" der NSDAP, Professor Dr. Hans *Reinerth*, propagiert wurde, der seine Lehrtätigkeit in der französischen Zone nunmehr als angeblich politisch Verfolgter erneut aufgenommen habe. In der Entschließung wird vor allem auf die Schädigung des deutschen Ansehens im In- und Ausland durch die von Professor Reinerth vertretende Lehrmeinung hingewiesen.

Mit der in Regensburg abgehaltenen Arbeitstagung war zugleich die Gründungsversammlung des west- und süddeutschen Verbandes für Altertumskunde verbunden. Zum Vorsitzenden wählten die etwa achtzig Tagungsteilnehmer den Direktor des Wiesbadener Museums, Dr. Ferdinand *Kutsch*. Der im Jahre 1904 gegründete Verband stellte nach seiner letzten Arbeitstagung 1936 seine Tätigkeit ein, da er nicht gewillt war, sich dem „Reichsbund für deutsche Vorgeschichte" anzuschließen. Die Referate der in nichtöffentlicher Sitzung abgehaltenen Arbeitstagung behandelten unter anderem die neuesten Forschungsergebnisse über die jungsteinzeitliche Erdfestung von Urmitz (Freiburg in Breisgau) und die im Jahre 1940 entdeckte Höhle von Lascaux (Dordogne) aus der älteren Steinzeit, in der sich Tausende von interessanten Wandmalereien erhalten haben.

Durch einen Artikel in verschiedenen Zeitungen wurde 1949 der Ausschluss von Hans Reinerth aus der Wissenschaft auch der Öffentlichkeit bekannt gegeben.

später wurde er wieder aus der Archäologie angezigt. Als die Reichenau Ende Mai 1945 geräumt wurde, um Platz zu schaffen für die geschundenen KZ-Überlebenden aus Dachau, ging er nach Unteruhldingen, wo schon einen Monat nach Kriegsende das Freilichtmuseum wiedereröffnet wurde. Reinerth hatte sich dort vertragliche Rechte zugesichert und konnte deshalb sofort wieder Führungen veranstalten. Erst im November 1945 kam es zu einer ersten Überprüfung seiner Person. Der zuständige Landrat vertrat im Februar 1946 die Meinung, dass Reinerth zu den 100 höchsten Funktionären der NSDAP gehört hätte und dass die Schwierigkeiten mit der SS nicht als Verfolgung gedeutet werden dürften. Im März 1946 wurde Reinerth verhaftet und für drei Monate im Gefängnis in Überlingen festgesetzt. Auf Grund eines Herzleidens, das er schon im Jahr 1944 hatte, erfolgte eine Verlegung und Arrestierung im Überlinger Krankenhaus. Im November 1946 vertrat SS-Archäologe Wolfgang Kimmig (1910–2001) – in der NS-Zeit im besetzten Westeuropa tätig – die

Meinung: „Herr Reinerth als politisierender Wissenschaftler ... ist erledigt und steht heute außerhalb jeder Erörterung." Im Rahmen des Entnazifizierungsverfahrens meldete sich aus Youngstown, Ohio/USA der Nazi-Verfolgte Moritz Vierfelder (1877–1961) und bescheinigte Reinerth sein tatsächlich „judenfreundliches Verhalten bis zum 9. November 1938", dem Tag, als in Deutschland die Synagogen brannten. Im April 1948 ordnete das Justizministerium, die französische Delegation für die Untersuchung von Kriegsverbrechen in Deutschland, die Freilassung Reinerths an, weil die Anschuldigungen gegen ihn nicht ausreichten. Er wurde auf freien Fuß gesetzt, unterstand aber gewissen Auflagen, so durfte er seinen Wohnort Überlingen nicht verlassen. Als seine Freilassung abzusehen war, trat das Deutsche Archäologische Institut (DAI) in Aktion. In einem Schreiben vom 17. September 1948 wies das DAI auf die seiner Ansicht nach Unmöglichkeit hin, Reinerth wieder ins Fach zurückzulassen. Das DAI begründet seinen Ausschluss wie folgt:

„diese von Reinerth geführte und von der NSDAP mit weitgehenden Vollmachten ausgestattete Organisation (innerhalb des Amtes Rosenberg) hat dem Ansehen der deutschen Wissenschaft im Ausland aufs stärkste geschadet, aber auch nicht wenige Institute und Gelehrte in Deutschland selbst, die sich nicht zu dieser Richtung bekannten, in schwierige Situationen gebracht. Während des Krieges hat die Tätigkeit (Reinerths) in Griechenland und in Südrussland unser Ansehen schwer geschädigt und harte Maßnahmen gegen den Kulturbesitz des deutschen Volkes zur Folge gehabt. Herr Reinerth hat es verstanden, sich bei diesen Aktionen im Hintergrunde zu halten und andere mit der eigentlichen Ausführung zu betrauen."

Nicht nur im Verfahren gegen Reinerth nahm der Lehrstuhlinhaber aus Marburg, Gero von Merhart, eine wichtige Schlüsselfunktion in den Spruchkammerverfahren zur Entnazifizierung ein, denn die von ihm erteilten Gutachten stützten das vor den Spruchgerichten vertretene Bild, NS-Archäologie sei nur von dem Kreis um Reinerth betrieben worden.

Reinerth erhielt im Entnazifizierungsverfahren eine Einstufung in die Reihe der Schuldigen, verlor für fünf

Jahre die bürgerlichen Ehrenrechte, durfte kein öffentliches Amt bekleiden und durfte sich nicht schriftstellerisch oder rednerisch betätigen.[8] In den Akten fand sich ein Schreiben des SS-Archäologen Joachim Werner (1909–1994) an Kimmig, in dem dieser noch vor dem Urteil der Spruchkammer schrieb:[9]

„Ich sehe, …, Herrn Reinerth schon als Märtyrer einer geheimen Widerstandsbewegung und warte nur darauf, daß im nächsten Akt wir ‚Römlinge' als die eigentlichen ‚Faschisten' … entlarvt werden. Wir haben in den letzten Jahren allerhand erlebt an überraschenden Alibibeweisen, aber eine derartige Unverfrorenheit, offenkundige Tatsachen in ihr Gegenteil zu verkehren, ist mir denn noch nicht vorgekommen."

Und so beurteilte Kimmig selber die Situation:[10]

„um ein Haar wäre es Herrn R(einerth), gestützt auf 83(!) Entlastungsschreiben aller Art, gelungen, sich klammheimlich in Überlingen entnazifizieren zu lassen. Als SS-Verfolgter und mit dem Tode bedrohter plädierte er natürlich auf völlige Entlastung. Durch einen Zufall bekamen wir Wind von der Komödie, das Verfahren konnte gestoppt werden, und nun liegen Gutachten von allen Seiten, darunter von den Herren … Bersu, v. Merhart, Reinecke, Unverzagt, Sprockhoff, Goessler, Jakob-Friesen … vor."

Das Urteil gegen Reinerth wurde allerdings 1953 durch das Baden-Württembergische Justizministerium aufgehoben. Dort kamen die Richter richtigerweise zu der Auffassung, es hätte sich bei den Auseinandersetzungen um die Archäologie um einen „Rivalitätskampf" gehandelt, der „lediglich das Endziel, die Ausschaltung des wissenschaftlichen Gegners um jeden Preis" hatte.[11] 1953 nützte dieses Urteil Reinerth nichts mehr, denn er war mittlerweile von den großen Altertumsverbänden, in denen die ehemaligen SS-Archäologen wichtige Positionen innehatten, auch öffentlich geächtet worden. Schon auf der ersten gemeinsamen Tagung 1949 einigten sich die Altertumsverbände darauf, in aller Form zu erklären, „daß sie sich […] von einer Forschungsrichtung distanzieren, wie sie […] von Reinerth propagiert" wurde.[12] Er blieb im Freilichtmuseum Unteruhldingen und baute in den 1960er-Jahren das „Germanengehöft" in Oerlinghausen wieder auf, verzichtete allerdings auf die in der NS-Zeit vorhandenen Hakenkreuzverzierungen.

Auch anderen Archäologen des „Amtes Rosenberg" haftete ein Makel an und nur wenige kamen im Fach unter.[13] Es gelang beispielsweise Walther Matthes (1901–1997), seine Professur in Hamburg zu halten, und Rudolf Stampfuß (1904–1978) konnte seine Karriere in der Duisburger Forschung fortsetzen. Walter Stokar (1901–1959), der als erster Doktorand Reinerths 1936/1937 zum „SS-Ahnenerbe" gewechselt hatte, kam nicht mehr ins Fach zurück, sondern kehrte in seinen ursprünglichen Beruf als Apotheker zurück.[14] Bolko von Richthofen (1899–1983), der zunächst 1933 mit Reinerth sympathisierte, sich dann der SS annäherte und 1937 mit dem Parteigerichtsverfahren gegen sich selbst den Sturz Reinerths bis 1945 forcierte, kam nach Kriegsende nicht wieder im Fach unter. Er engagierte sich im Schlesischen Vertriebenenverband.[15]

In der DDR setzten einige der belasteten Wissenschaftler aus dem Kreis um Reinerth ihre Karrieren fort. Ernst Nickel (1902–1989) zum Beispiel grub erfolgreich im kriegszerstörten Magdeburg aus, dort stand er unter der Leitung von Wilhelm Unverzagt (1892–1971), der mit Wohnsitz Westberlin seine Karriere in Ostberlin an der sich formierenden Akademie der Wissenschaften fortführen konnte. Hatte Unverzagt noch seit Mitte der 1920er-Jahre im Rahmen der politisch motivierten Ostforschung die „germanischen Burgwälle" erforscht, so galt es nun die Slawen auszugraben, deren Kultur er in der NS-Zeit – stärker als zeitgenössisch üblich – als „primitiv" gekennzeichnet hatte.[16]

Auch Gotthard Neumann (1902–1972), der 1935 behauptet hatte, dass die Deutschen „nach germanischer Sitte" Hitler zur Macht verholfen hätten, hatte in der NS-Zeit eng mit dem „Amt Rosenberg" zusammengearbeitet.[17] Er wurde 1945 entlassen. Aus untergeordneten Positionen arbeitete er sich aber erneut hoch und war zwischen 1953 bis 1967 wieder Professor an der Universität Jena.

Ehemalige SS-Wissenschaftler

Deutlich glatter verlief die Entnazifizierung der SS-Archäologen, die hier am Beispiel von Herbert Jankuhn (1905–1990) dargestellt wird. Er geriet am 8. Mai 1945 in amerikanische Kriegsgefangenschaft, die im Laufe des Jahres 1946 in eine Internierung umgewandelt wurde.[18] Auf Grund der Aussagen etlicher ehemaliger Arbeitskollegen und Mitarbeiter, sowohl aus der Kieler Universität als auch aus dem „Ahnenerbe", wurde er im Februar 1948 aus der Internierung entlassen. Im Verlauf der weiteren Entnazifizierung befragten ihn die deutschen Ermittlungsbehörden. Hierbei versuchte Jankuhn seine Kenntnisse der Judenverfolgung, Kriegsvorbereitung und des Völkermordes herunterzuspielen oder komplett zu negieren. Zunächst zu einer Geldstrafe verurteilt, legte er Revision ein, die 1949 in Hamm verhandelt wurde.[19] Dort gewann „der Senat den Eindruck", dass der Archäologe „unter Zwang handelnd in die SS eingetreten" war, um sein „für die abendländische Kultur unersetzliches Lebenswerk vor den Eingriffen Unbefugter zu retten". Daraufhin wurde er in die Gruppe V (Entlastete) eingestuft. Im Wintersemester 1951/1952 war er als Gastprofessor an der Universität Hamburg und seit dem nachfolgenden Sommersemester in Kiel. Im Gegensatz zu Reinerth war Jankuhn 1952 in den Personenkreis der Hochschullehrer zur Wiederverwendung aufgenommen worden und bekam die Professur in Göttingen. Dort blieb er bis zu seiner Emeritierung und wurde für seine Verdienste um die Prähistorische Archäologie mit dem Großen Niedersächsischen Verdienstkreuz ausgezeichnet.

Gustav Schwantes (1881–1960), selbst seit 1933 Mitglied einer NS-Organisation, mit an der Übergabe der Haithabu-Ausgrabung an das „SS-Ahnenerbe" beteiligt, Jankuhns Mentor in Haithabu und ihm durchaus mit Persilscheinen in Sachen Entnazifizierung behilflich, indem er „bewusst und wider besseres Wissen"[20] Fakten verschleierte, konnte nach 1945 seine Lehrtätigkeit in Kiel fortführen. Allerdings wurde er mit Erreichen des Pensionsalters 1946 in den Ruhestand verabschiedet.[21]

Herbert Jankuhn blieb noch lange als Professor in der Archäologie aktiv, hier rechts zusammen mit dem Direktor des Göttinger Stadtmuseums, Waldemar Röhrbein, und dem Archäologen Ralf Busch 1973/74.

Gero von Merhart (1886–1959), 1928 als erster ordentlicher Lehrstuhlinhaber an die Universität Marburg berufen, hatte zwar sofort 1933 seine Studenten in die Schulungsarbeit der NSDAP geschickt, ab der zweiten Hälfte der NS-Herrschaft war er aber heftigen Angriffen von Mitgliedern des „Amtes Rosenberg" ausgesetzt. Er wurde 1942 pensioniert, blieb allerdings in Marburg. Nach Kriegsende wurde er 1946 von den Alliierten als Vertretung für den in Haft befindlichen Wolfgang Dehn erneut als Professor nach Marburg berufen, bis dieser 1949 den Lehrstuhl übernahm.[22]

Auch selbst Archäologen, die direkt Anteil am NS-Terror, ausgeübt im Kontext KZ-Lager, genommen hatten, wurden großzügig neue wissenschaftliche Chancen und Möglichkeiten geboten. Im SS-Sonderlager Hinzert bei Hermeskeil im Hunsrück, einem Lager, in dem zwischen 1939 und 1945 ca. 20 000 Häftlinge litten, war der SS-Archäologe Gustav Riek (1900–1976) als Schulungsoffizier eingesetzt. Riek selber schrieb über die Häftlinge an Weihnachten 1940, dass sie „unfähig [wären], mit den zur Zeit gültigen Gesetzen zu leben", skizzierte die Haftbedingungen im Lager als „erschwerte Freiheitsbedingungen" und beschrieb ungerechtfertigte und willkürliche Strafmaßnahmen als „Platzen der dicksten eisernen Reifen der Geduld".[23] Auch dieser SS-Wissenschaftler wurde entnazifiziert und erhielt den Tübinger Lehrstuhl, den er bis zu seiner Emeritierung innehatte.

Ernst Wahle (1889–1981), als außerordentlicher Professor an der Universität Heidelberg und als solcher auch an der „Konstruktion eines Germanen-Mythos aus bäuerlicher Bodenständigkeit […] und kriegerischen Volksnatur" beteiligt, wurde im November 1945 aus dem Hochschuldienst entlassen.[24] Genau ein Jahr später wurde er nach einer Eingabe seiner Schüler als Entlasteter wieder auf seinem Posten eingesetzt und blieb dort bis zu seiner Pensionierung 1958.[25]

Ernst Sprockhoff (1892–1967) war 1935 unter bislang noch nicht geklärten Umständen Nachfolger des entlassenen Gerhard Bersu geworden.[26] Seine damalige Berufung kam für einen Teil der Wissenschaftler sehr überraschend.[27] Sprockhoff, dessen noch 1945 erschienene Veröffentlichung „und zeugten von einem starken Geschlecht" das Lob des „SS-Ahnenerbes" gefunden hatte,[28] geriet mit Kriegsende in Gefangenschaft. Er wurde 1947 daraus entlassen und erhielt noch im gleichen Jahr den Ruf als Nachfolger Schwantes an die Universität Kiel, wo er 1958 pensioniert wurde.

Joachim Werner (1909–1994) wurde 1942 Professor an der Reichsuniversität Straßburg. Durch den Kriegsverlauf musste er 1944 seinen Lehrstuhl aufgeben. Er floh in die neutrale Schweiz und äußerte sich von dort schon 1946 in einem ersten Aufsatz zur NS-Vergangenheit des Faches. Dieser Beitrag enthält noch antisemitisches Vokabular und typische Vorurteile des Nationalsozialismus. Trotzdem wurde er noch 1946 Professor an der Universität in München, wo er bis zu seiner Pensionierung 1974 lehrte.

Die Rückkehr des vertriebenen Archäologen

Gerhard Bersu (1889–1964), bis 1935 Erster Direktor der Römisch-Germanischen Kommission, dann von den Nationalsozialisten entlassen, ging danach ins Ausland, denn die meisten der deutschen Wissenschaftler gingen „auf Distanz" zu ihm.[29] Dadurch war er vor den nationalsozialistischen Verfolgungsmaßnahmen geschützt, an denen sich übrigens ein Teil seiner deutschen Kollegen indirekt durch antisemitisches Verhalten beteiligte.[30] Er kehrte 1950 nach Deutschland zurück, übernahm wieder seinen alten Posten und fing damit nicht bei null an. Sein altes Netzwerk wurde neu geknüpft, und es ist wohl bittere Ironie der Geschichte, dass er nach seiner Rückkehr auf Grund eines fehlenden Elitenumbaus der Archäologie mit zahlreichen Wissenschaftlern zusammenarbeitete, die sich in der NS-Zeit ab 1935 mit der SS arrangiert hatten.

Das Beispiel Assien Bohmers, Niederlande

In den Niederlanden wurden nach Abzug der Deutschen 150 000 bis 200 000 Menschen als Kollaborateure interniert.[31] Auch der niederländische Geo- und Archäologe Assien Bohmers (1912–1988), der für die SS in Unterwisternitz gegraben hatte, kam in ein Internierungslager. Aber das Jahr 1945 bedeutete trotz seiner Zusammenarbeit mit dem „SS-Ahnenerbe" nicht das Ende für seine wissenschaftliche Laufbahn, im Gegenteil. Während seiner Gefangenschaft wurde er mehrmals verhört,[32] erklärte aber wiederholt, dass das „Ahnenerbe" ihn seit 1942 gezwungen hätte, archäologische Propaganda – einhergehend mit einer klaren rassischen Interpretation seiner Funde – zu betreiben.[33] Die Grabungen in Unterwisternitz (Dolní Věstonice) unterstanden damals SS-Obersturmbannführer K. Willvonseder, Gaupfleger der Bodenaltertümer im Reichsgau Niederdonau. Bohmers erklärte seine früher beginnende Zusammenarbeit mit der NS-Organisation als einen Widerstandsakt, wobei er auf die von F. Hielscher geleitete Gruppe verwies, der er sich 1938 angenähert hatte.[34] Diese elitäre Verbindung mit sektiererischem Charakter vertrat die Idee eines föderalistischen, nach Stämmen gegliederten „Reichs" oder Europas; das Auftreten dieser Gruppe ist jedoch eher als ein interner Machtkampf im NS-Staat denn als Widerstand zu betrachten. Nach neun Monaten Internierung in den Niederlanden wurde er im November 1947 freigesprochen[35] und kehrte als Kurator, spezialisiert auf die Erforschung der Alt- und der Mittelsteinzeit, an das „Biologisch Archaeologisch Instituut" (BAI) der Universität Groningen zurück.[36]

Die Karrieren der österreichischen Archäologen

Auch die österreichischen Archäologen hatten sich überwiegend schon vor, aber vor allem nach dem Anschluss Österreichs mit den Nationalsozialisten eingelassen, deshalb soll hier ihr Karriereverlauf nach 1945 vorgestellt werden.

Richard Pittioni

Richard Pittioni (1906–1985) hatte nach dem Anschluss Österreichs seine Stelle an der Universität Wien verloren. Nach Kriegsende erhielt er seine Dozentur wieder zurück und wurde 1946 zum außerordentlichen Professor für die Urgeschichte des Menschen ernannt. Als einer der wenigen Prähistoriker Österreichs, der politisch nicht belastet, sondern dem auf Grund der politischen Veränderungen nach 1938 schwerer Schaden zugefügt worden war, wurde er zum Vorstand des Urgeschichtlichen Instituts in Wien bestellt. Er begann mit dem Aufbau des durch Bomben schwer beschädigten Instituts und gründete bereits 1948 die Fachzeitschrift *Archaeologia Austriaca*; sie kann als Fortsetzung der *Wiener Prähistorischen Zeitschrift* gelten, die nach dem Krieg eingestellt werden musste. 1951 wurde Pittioni zum ordentlichen Universitätsprofessor ernannt und 1954 erschien sein Hauptwerk: „Urgeschichte des österreichischen Raumes". Unter der Leitung von Pittioni erhielt das Institut wieder seinen untadeligen Ruf zurück – frei von nationalistischen, rassistischen und großdeutschen Ideen –, den es zur Zeit der Gründung unter Moritz Hoernes (1852–1917) innegehabt hatte. Erst in den letzten Jahren wurde bekannt, dass Pittioni in der NS-Zeit als Museumsarchäologe von Eisenstadt Raubgut „sicherte" und Ausgrabungen auf jüdischen Friedhöfen Burgenlands und Wiens anregte, nicht nur aus kulturhistorisch-denkmalpflegerischen, sondern auch aus „rassenkundlichen" Gründen.[37]

Eduard Beninger

Anders hingegen Eduard Beninger (1897–1963), der nach dem Krieg 1948 wegen „Verletzung der Menschenwürde" zu drei Jahren Haft verurteilt wurde. 1957 wurde Beninger wieder sein Doktorgrad zugestanden und seit 1958 bezog er auch eine Pension. Er starb 1963 in Wien.

Kurt Willvonseder

Der SS-Obersturmführer Kurt Willvonseder (1903–1968) galt zu Kriegsende als „politisch belastet". Nach vielen Bettelbriefen wurde er vom Bundespräsidenten begnadigt und konnte so 1954 zum Direktor des Salzburger Museums Carolinum Augusteum bestellt werden. Er habilitierte sich erneut und lehrte an der Universität Salzburg. 1968, anlässlich seines Todes, hielt die Salzburger Landesregierung eine Gedenkminute ab.

Oswald Menghin

Das Ende des Krieges erwartete Oswald Menghin (1888–1973) in seinem Haus in Mattsee. Später kam er in amerikanische Kriegsgefangenschaft, währenddessen er in Wien auf der Ersten Kriegsverbrecherliste stand. 1947 gelang ihm die Flucht nach Argentinien, wo er an der Universität von Buenos Aires ein Extraordinariat erhielt. 1956 wurde das Verfahren gegen Menghin in Österreich eingestellt, 1957 erfolgte seine Pensionierung als österreichischer Beamter, 1958 erhielt er eine Festschrift als Festgabe zu seinem 70. Geburtstag. In dieser wurde sein wissenschaftliches Werk von dem deutschen Archäologen Karl J. Narr (1921–2009), Lehrstuhlinhaber in Münster, eingehend gewürdigt. Menghin starb, hoch betagt, in Argentinien.[38]

Kriegsende und Karrieren in Frankreich

In den westlichen Teilen Frankreichs mussten beim Einmarsch der Alliierten keine Archäologen mehr abgezogen werden, anders sah es hingegen in Lothringen aus. Wie die übrige Naziverwaltung in Lothringen, beendete das Personal des Landesdenkmalamtes Metz seine Arbeit im November 1944 angesichts des raschen Vormarsches der alliierten Truppen. Die Evakuierung dieser Abteilung scheint überstürzt erfolgt zu sein, denn ein Großteil der Archive (vor allem die wissenschaftlichen Archive und die Funde der Ausgrabungen der Abteilung Vor- und Frühgeschichte) blieben an Ort und Stelle in den Verwaltungsräumen und Magazinen. Ein Jahr später übernahm diese Archive Emile Delort (1880–1958), der im November 1946 offiziell zum Direktor des archäologischen Bezirks Lothringen ernannt wurde. Auf Grund seiner Mitarbeit in der Abteilung Vor- und Frühgeschichte während des Krieges galt er aber in den Augen mancher Leute als „Kollaborateur".

Archäologische Arbeit, damals wie heute, erfordert es, die Befunde und Funde sorgfältig zu dokumentieren und auszuwerten, eine langwierige Aufgabe, die dazu führt, dass Ausgrabungsergebnisse und -interpretationen in der Regel erst nach mehreren Jahren veröffentlicht werden. Für einen aus archäologischer Perspektive kurzen Zeitraum von nur zwölf Jahren während der NS-Zeit bedeutet dies, dass sich die Publikationen aus der Zeit zwischen 1933 und 1939 überwiegend mit den Ergebnissen aus den 1920er-Jahren beschäftigen und dort auch schon die völkische Ausrichtung erkennen lassen. Veröffentlichungen aus der Spätphase der nationalsozialistischen Diktatur sind kaum vorhanden. Die Wissenschaftler konnten aber trotzdem nach 1945 auf die in der NS-Zeit gemachten Funde zurückgreifen und sie veröffentlichen, nun angepasst an die demokratischen Bedingungen der Bundesrepublik.

Die fortgesetzten Karrieren der Archäologen sind ein deutliches Beispiel für einen fehlenden Elitenumbau in den Museen, Universitäten und Landesämtern nach der NS-Zeit. Erst rund 50 Jahre nach Kriegsende begann eine wissenschaftliche Diskussion um das Verhalten der Archäologie in der NS-Zeit.

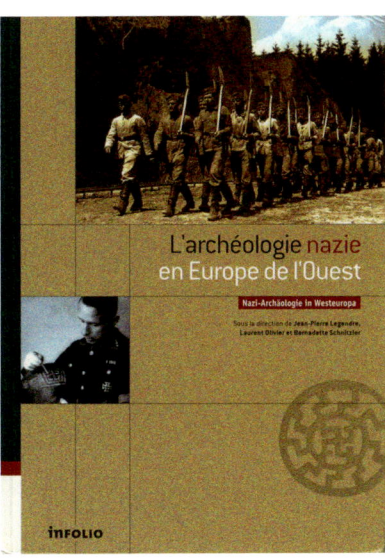

Wissenschaftsgeschichtliche Aufarbeitungen werden seit 2001 veröffentlicht.

Die rezente extreme Rechte und das Germanentum

Jan Raabe und Dana Schlegelmilch

Unter dem Oberbegriff „extreme Rechte" werden heute Gruppierungen zusammengefasst, die lebensweltlich sehr unterschiedliche Prägungen haben: So gibt es zwar bei einigen die Tendenz, ein traditionelles Erscheinungsbild zu pflegen und sich schon rein äußerlich an den historischen Nationalsozialismus anzulehnen. Extreme Rechte können heute jedoch auch sehr modern auftreten und sowohl „Normalbürger" als auch Anhänger jugendkultureller Szenen sein. Obwohl sich die verschiedenen Gruppen hinsichtlich politischer Strategien, bestimmter inhaltlicher Positionen, sozialer Praktiken oder soziologischer Hintergründe unterscheiden, teilen sie doch in Grundzügen ein gemeinsames Weltbild, zu dessen Konstanten der Bezug auf die „deutsche Volksgemeinschaft" und deren angebliche „germanische Ahnen" gehört. Denn ebenso wie der historische Nationalsozialismus konstituiert sich auch die heutige extreme Rechte in einer permanenten Rückschau – der Bezug auf ein rassisch definiertes Germanentum ist die legitimatorische Grundlage für die Konstruktion der Blut-und-Boden-Ideologie der Völkischen. Dieser Zugriff auf die Vergangenheit orientiert sich nicht an aktuellen wissenschaftlichen Fragestellungen und Ergebnissen, sondern konstruiert einen „Germanenmythos",[1] in den archäologische oder historische Erkenntnisse nicht oder nur selektiv einfließen: „Weil der Mythos komplexe Ereignisse entflechtet und in einfache Vorgänge auflöst, erhält er durch seine sinnstiftende Erzählung eine politisch-soziale Orientierungsfunktion."[2]

Politische Mythen wirken in erster Linie emotional – die germanischen Vorfahren sind Projektionsfläche für eine antizivilisatorische Sehnsucht nach dem „edlen Wilden" in einem vermeintlich natürlichen Zustand der „rassischen Unvermischtheit".[3] Der „Germanenmythos" dient so der Bildung einer kollektiven Identität und ermöglicht damit sowohl Inklusion – die Einigung der eigenen Gruppe nach innen über das Einschwören auf eine gemeinsame Herkunft und Kultur – als auch Exklusion – die Abgrenzung der eigenen Gruppe von anderen.

Durch die Verbindung einer intentionalen Verwendung des Germanenbilds – also der „Instrumentalisierung aus politischen Motiven bzw. für politische Zwecke"[4] – mit einem auf die Zukunft gerichteten Fokus wird der „Germanenmythos" zu einer „Germanenideologie" der extremen Rechten. Diese ist „Eckstein der auf dem Primat der Rasse aufbauenden völkischen Weltanschauung mit ihrem antidemokratischen, ständisch-autoritären Gesellschaftskonzept, mit ihrem anti-egalitären Menschenbild und mit ihrem Ziel ‚Deutschlands Wiedergeburt' ins Werk zu setzen".[5] Der Bezug auf das Germanentum legitimiert also eine Gesellschaftsutopie der Ungleichheit, in der die einen zu Führern, die anderen zu Sklaven oder gar zur Ausrottung bestimmt sind.

Inhaltlich greifbar wird das völkische Germanenbild hauptsächlich über Rassestereotypen: „Wikinger", „Nordmänner", „Germanen" oder „Arier"; „Chatten", „Kimbern" oder „Cherusker" – sie alle erscheinen als blond und blauäugig, kämpferisch, ehrlich, edelmütig, naturverbunden – als Heroen im Kampf gegen die (römische) Unterjochung. Das konstruierte Gegenbild dazu sind die „semitischen Wüstenvölker", die einem dunklen Typus angehörig und naturfern, verkopft, hinterlistig und verschlagen seien. Diese im Grunde seit den Anfängen der völkischen Bewegung Ende des 19. Jahrhunderts aufgebauten und im Nationalsozialismus verfestigten Bilder haben umso mehr Wirkmächtigkeit, als sie im gesamtgesellschaftlichen Kontext ohne explizit rassistische Aufladung oft noch vorhanden sind und damit an sie angeknüpft werden kann – wer hätte nicht schon gehört, dass die Deutschen die Nachfahren der blonden Germanen seien?[6]

In Bezug auf ihre Erscheinungsform und Trägermedien variieren die Germanendarstellungen entsprechend der unterschiedlichen Lebenswelten. So publiziert die eher intellektuell auftretende so genannte „Neue Rechte" eine Reihe von Buchtiteln und Zeitschriften mit programmatischen Texten, während innerhalb der extrem rechten Jugendkulturen Musik-CDs verbreitet werden. Im Bereich der germanophil-religiösen Gruppen wie etwa der „Artgemeinschaft" hingegen haben Kult- und Alltagsgegenstände mit angeblich germanischem Hintergrund Konjunktur. Im Folgenden sollen die wichtigsten Bezugnahmen der extrem Rechten auf die Germanen beispielhaft illustriert werden.

Kapuzenjacke der Marke Thor Steinar mit dem Motiv „Adler fängt Fisch", aufgenommen auf einer Demonstration in Halbe/Brandenburg 2005.

Moderne Erscheinungsform, alte Inhalte

Die Art der Ideologievermittlung in der extremen Rechten hat sich in den vergangenen Jahren entscheidend verändert: Nicht mehr Seminare oder Vortragsabende sind zentrale Träger der Vermittlung, sondern jugendkulturelle Elemente und Accessoires. Diese Modernisierung ermöglicht es, extrem rechte subkulturelle Lebenswelten aufzubauen, in denen Politik Teil des Alltags ist. Ideologie vermittelt sich hier nicht durch Parteiprogramme oder politische Schulungsvorträge, sondern über Musik, Style und Aktion. Politische Inhalte werden dabei über Songtexte, Plattencover, T-Shirts oder Poster transportiert. Dabei sind die Identifikationsangebote diversifiziert: Junge Menschen mit extrem rechtem Gedankengut gehören heute nicht mehr nur der Skinheadkultur an, wie dies noch in den 1980er- und 1990er-Jahren der Fall war; sie können ebenso gut Rock-, Metal-, Hip-Hop- oder Gothic-Fans sein. Jugendkulturen haben im Allgemeinen ein eigenes, von den Anhängern in Grundzügen geteiltes Weltbild; dieses beeinflusst auch die Art der Bezugnahme auf die Germanen. So steht bei der neonazistischen Skinheadkultur der Wikinger als Kämpfer und Eroberer im Vordergrund, in der extrem rechten Black-Metal-Szene haben antichristliche und naturreligiöse Elemente eine größere Bedeutung.

Ihre politische Überzeugung kommunizieren Jugendliche durch Musik und Bekleidung nach außen. In der extremen Rechten dienen bestimmte Bekleidungsmarken als Erkennungsmerkmal, etwa „Thor Steinar", „Erik & Sons" oder „Ansgar Aryan". Diese in der Szene bekannten Marken verwenden rechte Motive oder versuchen, sich ein nordisch-heidnisches Image zuzulegen. So bezeichnet sich die Modemarke „Erik and Sons" selbst als „Viking Brand". Auch „Thor Steinar" nennt sich selbst „Nordic Company" oder „Viking Company". Hier dienen Runenschrift, Wikingerbootmotive oder aufgestickte Begriffe, die der nordischen Mythologie zugeordnet werden – etwa „Ultima Thule", „Asgard" oder „Nordmark" – als Chiffren, die für andere Szeneangehörige entschlüsselbar sind. Auch der Markenname selbst verweist auf den politischen Hintergrund, er kann als Bezug auf den Gott „Thor" und den General der Waffen-SS Felix Steiner (1896–1966) gedeutet werden. Als Emblem wurde bei Gründung der Marke 2002 eine Kombination der Tiwaz- mit der Sig-Rune verwendet, die an die in Deutschland verbotene Wolfsangel erinnerte; nach juristischen Auseinandersetzungen wurde es 2004 durch eine Gebo-Rune mit zwei Punkten ersetzt. Heute werden wieder beide Embleme verwendet.

Neben Bekleidung ist Musik für Jugendliche von besonderer Bedeutung – sie unterhält, aber sie vermittelt auch Inhalte. Circa 100 CDs mit extrem rechten Inhalten veröffentlichen deutsche Rechtsrock-Bands jedes Jahr – in der Gewissheit, dafür auch ein interessiertes, für die Inhalte offenes Publikum zu finden. Auf die Frage: „Welche klare Aussage möchtest du den Hörern mit deiner Musik vermitteln?" antwortete der neonazistische Liedermacher Skalde: „Vorwiegend soll die Musik natürlich Menschen vom germanischen Schlag ansprechen. Sie sollen ihre germanischen Wurzeln wieder finden. Und wer seine Wurzeln und damit sich selbst findet, muss automatisch ein Feind des aktuellen Systems werden."[7]

Auch ein Blick auf die Texte und die Covermotive der CDs belegt die Bedeutung des Germanenbezugs für die extrem rechten Jugendszenen: Viele zeigen Zeichnungen von Germanen im Kampf;[8] aber auch prähistorische Motive, etwa Megalithgräber[9] oder herausragende Funde wie der Goldschmuck von Hiddensee[10], finden sich. Die Lieder haben Titel wie „Germanensturm", „Germanenland", „Legionen des Thor", „Hammergottes Geschlecht" oder „Gott der Germanen",[11] ihre Texte heroisieren zumeist den germanischen Kämpfer oder die germanische Götterwelt. So heißt es in einem Lied der Berliner Band „Landser", die bis zu ihrer Verurteilung als „Kriminelle Vereinigung" zu den bekanntesten und beliebtesten Rechtsrock-Bands gehörte: „Herr der Magie und der Runen/Führer der wilden Jagd/Wotan, Lenker der Schlachten/Heil dir!"[12]

Neben dem reinen Bezug auf vor- und frühgeschichtliche Zeiten wird gerade im Bereich der Jugendkulturen eine besondere Spielart der Germanenrezeption augenfällig: die Verklammerung des Germanentums mit dem historischen Nationalsozialismus und der Gegenwart. Im Unterschied zu auch in Teilen der Gesellschaft bestehenden Bildern einer Kontinuität von den Germanen zu den Deutschen existiert im Neonazismus das Bild einer „Ahnenreihe", die über eine Blutslinie vom germanischen Kämpfer über den SS-Mann bis zum heutigen Aktivisten konstruiert wird. Idealtypisch sind diese drei Ikonen auf dem Cover der 1988 beim französischen Label „Rebelles Européens" erschienenen Langspielplatte „This Time the world" der englischen Rechtsrock-Band „No Remorse" aufgereiht.[13] Am rechten Bild-

Vorder- und Rückseite der CD „Asgardrei" der „National Socialist Black Metal"-Band „Absurd".

Kombination prähistorischer Elemente mit Symbolen des Deutschen Reiches auf dem Cover der CD „Odins Helden" der Rechtsrockband „Freikorps".

Konstruierte Blutslinie vom germanischen Kämpfer über den SS-Mann bis zum heutigen Aktivisten auf dem Cover der LP „This Time The World" der Skinheadband „No Remorse".

rand steht ein Wikinger mit blondem Haar und Bart, gerüstet mit Helm und Schild, am Mantel eine Ringfibel. Ihm folgt in der Bildmitte ein Angehöriger der Waffen-SS, erkennbar an seiner Uniform, mit einer Maschinenpistole in der Hand.[14] Am rechten Bildrand steht ein Skinhead, der eine Fahne mit einem so genannten „Keltenkreuz" trägt, die vergemeinschaftend über den dreien weht. Das Symbol des „Keltenkreuzes" – ein Balkenkreuz mit einem Kreis um den Schnittpunkt – gilt im Neonazismus als Zeichen der Vormachtstellung der „weißen Rasse".[15] Die drei Männer bilden eine Reihe, die sich vom Skinhead über den Soldaten der Waffen-SS zu dem Nordmann erstreckt; dies kann als Sinnbild der Blutslinie gedeutet werden, die sie verbinden soll. Gemeinsames Merkmal der als Kämpfer in Erscheinung tretenden Männer sind ihre blauen Augen und ihre Ausrichtung nach Osten. Hier wird vermittelt, dass das kämpferische Germanentum durch die Zeiten hindurch kampfbereit dem bolschewistischen Feind entgegenstehe.

Das Motiv dieses Covers ist kein Einzelfall, sondern wird in unterschiedlichen Abwandlungen immer wieder verwendet, so auf T-Shirts, als Titelbild von Fanzines oder als Plakat. Auch textlich hat diese Verkoppelung von Germanentum, Nationalsozialismus und gegenwärtigem Aktivismus ihren Niederschlag gefunden. In dem Lied „Germanien über alles" der neonazistischen Black-Metal-Band „Absurd" etwa heißt es: „Ein feurig dräuend Sonnenrad/weist den Weg uns in die Schlacht/die Raben eilen uns voraus/durch die dunkle Heidennacht/In den Divisionen ‚Wiking' und ‚Nordland' waren geeint/uns're Ahnen unerschütterlich, für das Reich gegen den Feind/Ihre Ehre, die hieß Treue, in den Adern floss ein arisch Blut/und ihr Heldentum soll leiten uns und stets härten unsren Mut […]/Ein Volk, ein Glaube, uraltes Heidentum/Germanien über alles, für alle Zeiten nun!"[16] Durch den Bezug auf die Waffen-SS-Divisionen „Wiking" und „Nordland" – so genannte „germanische" Divisionen mit Freiwilligen vor allem aus Skandinavien – und auf den heute in Deutschland verbotenen Wahlspruch der SS „Meine Ehre heißt Treue" entpuppt sich auch hier das heroisch-kämpferische Germanenbild bei genauerem Hinsehen als Neonazismus.

Neuheidnisches Germanentum in der extremen Rechten: Treffpunkt alter und neuer Nazis

Das Feuerzeug mit Runen, der Thorshammer um den Hals, der Aufnäher mit der allgegenwärtigen „Odin statt Jesus"-Aufschrift, der Autoaufkleber mit dem beliebten Motiv „Adler fängt Fisch", das den Sieg des germanischen Heidentums über das Christentum signalisieren soll, oder der Kalender, der als „Germanischer Jahrweiser" über dem Schreibtisch hängt – es gibt kaum einen Alltagsgegenstand, auf den nicht germanische Motive aufgedruckt werden können, um Inhalte nach außen zu tragen. Diese sind nicht immer ausschließlich politisch, sondern verdeutlichen häufig auch eine zusätzliche religiöse Bezugnahme. So hat der Sozialwissenschaftler Stefan von Hoyningen-Huene festgestellt, dass bei Jugendlichen aus der Skinheadszene oder aus dem Bereich der so genannten „Freien Kameradschaften" die „religiöse Orientierung […] nach einer grundlegenden jugendkulturell-politischen Zuordnung" erfolgt: „Sie ist relativ unabhängig von der religiösen Sozialisation in Familie und Milieu und ergibt sich erst aus einer intensiveren Auseinandersetzung mit der eigenen jugendkulturellen Identität." Jugendkulturell orientierte Anhänger der extremen Rechten orientieren sich demnach im Rahmen ihrer Identitätsfindung an der germanischen Religiosität, diese „dient damit der Absicherung des rechtsextremen Weltbildes".[17] Dass sehr viele Teilnehmer neonazistischer Aufmärsche einen Thorshammer um den Hals tragen, ist somit Folge und Ausdruck einer religiösen Orientierung am vermeintlich Germanischen und zeugt von einem in sich stimmigen Weltbild.

Auch in weiten Teilen der extremen Rechten jenseits der Jugendkulturen verbindet sich in der Germanenrezeption der antisemitische Rassegedanke mit einer religiösen Sinnsuche: Die Völkischen lehnen das „Judäo-Christentum" ab und stellen ihm die Idee einer angeblich „arteigenen" heidnischen Religiosität gegenüber. Schon in der völkischen Bewegung zu Beginn des 20. Jahrhunderts war der Bezug auf die Germanen in sehr großen Teilen geprägt von der Suche nach einem „arteigenen Glauben"; und so lassen sich trotz vieler Brüche besonders im Bereich der religiös-heidnischen Gruppierungen personelle und inhaltliche Kontinuitäten nachzeichnen, die von der völkischen Bewegung über den Nationalsozialismus bis in die Nachkriegszeit reichen. Noch heute propagieren einige Gruppen die Ideen völkischer Religionsstifter wie Herman Wirth (1885–1981), Wilhelm Teudt (1860–1942) oder Otto Sigfrid Reuter (1876–1945); sie stehen damit in direkter Kontinuität zum Nationalsozialismus und rezipieren bzw. verbreiten die damaligen Deutungen. Sie agieren jedoch in einem veränderten gesellschaftlichen Umfeld und finden auch Zugang zu einem esoterisch interessierten, „unpolitischen" Publikum, zum Beispiel „Ur-Europa" (früher „Gesellschaft für europäische Urgemeinschaftskunde e.V./Herman-Wirth-Gesellschaft") oder der Verein „Parsifal" (ehemals „Trojaburg e.V."). Letzterer gibt auch *Trojaburg. Zeitschrift für europäische Frühgeschichte und Mythologie* heraus, die alte Artikel der 1930er-Jahre zur „Germanenkunde" und zum „Rassewesen" ungeniert als Wiederabdruck präsentiert und lange Zeit an vielen Bahnhofskiosken erhältlich war.

Neben diesen Vereinen, die ein breiteres Spektrum an Mitgliedern gewinnen möchten, gibt es neuheidnisch-religiöse Organisationen, die nur Anhängern ex-

Germanischer Jahrweiser des Jahres 2009; angegeben wird auch die Zeitrechnung „nach Atlantis" und „nach Stonehenge".

trem rechter Ideologien offen stehen, etwa die „Artgemeinschaft" oder der „Armanenorden". Diese tragen zu einer Stabilisierung der extremen Rechten bei, indem sie als Sammelbecken und Begegnungsort wichtiger Kader und langjähriger Aktivisten dienen. Diese Vereinigungen wurden häufig schon bald nach dem Krieg durch ehemalige aktive Nationalsozialisten gegründet und haben die Funktion, durch „germanentümelnde" Rituale und Praktiken gemeinschafts- und sinnstiftend zu wirken.

Basierend auf der Vorstellung, durch die Christianisierung sei eine uralte Religion, die sich im „freien Germanien" nördlich des Limes erhalten habe, zerstört worden, beziehen sich die Mitglieder auf Odin, Thor und Freya, verwenden Runen und germanisierte Monatsnamen oder entwickeln eine kultische Praxis durch das Abhalten von „Sonnwendfeiern", „Jul-" und „Ostarafesten" etc. Germanenbilder werden in diesem Kontext über Schriften wie die *Nordische Zeitung* oder die *Irminsul* und über angeblich germanische Kultgegenstände wie Trinkhörner, Thorshämmer oder Julleuchter lebendig. Im Erscheinen wirken diese Gruppen rückwärtsgewandt, bei den Treffen tragen die Frauen Röcke und lange Kleider, die Männer oftmals Wanderschuhe und Lederhosen. Was im Auftreten an einen Trachtenverein erinnert, ist der Versuch, der Moderne auch auf der Bekleidungsebene entgegenzutreten. Das hier gepflegte „Brauchtum" greift auf Gepflogenheiten zurück, die maßgeblich durch die Germanenverehrung der Nationalsozialisten geformt wurden – es gibt aber vor, größtenteils „echt germanisch" zu sein. So heißt es im „Artbekenntnis" der „Artgemeinschaft": „Wir bekennen uns zum germanischen Kulturerbe und dessen Weiterentwicklung."[18]

Die germanophil-religiösen Gruppen haben den Effekt, über die hier „gelebte Gemeinschaft" teilweise eine Einigung der Szene zu erreichen. Gleichzeitig erhält das politische Handeln der Aktivisten so einen tieferen Sinn. Der Bezug auf die Germanen ist Teil des gesamten ideologischen Überbaus; er ist konstitutiv und beschränkt sich nicht nur auf deren angebliche Religion, sondern umfasst ein ganzes Gesellschaftsbild. So versteht sich beispielsweise die Artgemeinschaft als „Sippengemeinschaft", was bedeutet, dass in das Vereins-

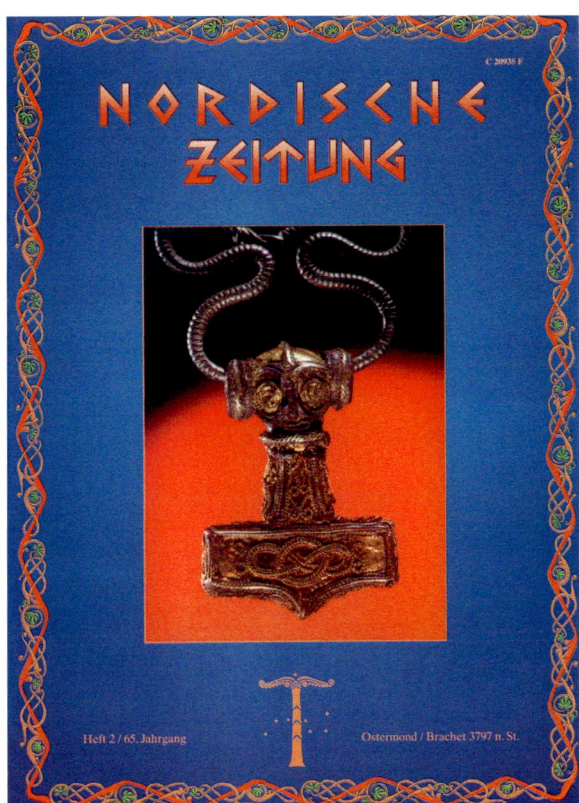

Titelbild der *Nordischen Zeitung* mit Thorshammer.

geschehen alle Mitglieder einer Familie einbezogen werden, auch die Kinder. Allerdings wird hierbei selbstverständlich die Einhaltung rassischer Prinzipien gefordert: „Das Sittengesetz in uns gebietet gleichgeartete Gattenwahl, die Gewähr für gleichgeartete Kinder."[19] Auf diese spezielle Weise werden in der Gemeinschaft Kontinuitäten sichergestellt: Aus der Analyse der „Sippennachrichten" in der vierteljährlich erscheinenden Vereinspublikation *Nordische Zeitung* ergibt sich, dass in der „Artgemeinschaft" oftmals Familien agieren, die schon in der zweiten oder gar der dritten Generation ein völkisches Gesellschaftsbild vertreten.[20]

Germanenbilder für eine Ideologie der Ungleichheit

Das in der heutigen extremen Rechten gezeichnete Bild der germanischen Gesellschaft entspricht dem, das schon im Nationalsozialismus als Vorbild für die Gesellschaftsordnung propagiert worden ist. So wird der germanische Mann fast ausschließlich als Kämpfer

Aufruf zum Handeln aus dem Politfanzine „Germanenbriefe".

dargestellt, die germanische Frau hingegen wird – wenn sie überhaupt erwähnt wird – als Mutter und Hüterin des Hauses charakterisiert. Ein kämpferischer Lebensstil erscheint als überindividuelles Charaktermerkmal der Germanen: „In dieser Todesbereitschaft lag für den kriegsbereiten Germanen die höchste Steigerung des Lebens", heißt es etwa in einem Artikel der neonazistischen Zeitschrift *Landser*.[21]

Der Kampf wird darüber hinaus als Lebenskampf zu einem Prinzip erhoben, sozialdarwinistische Prinzipien des „survival of the fittest" und auch eugenische Einstellungen werden mit Verweis auf die Germanen als ewige Gesetze festgeschrieben. So berichtet das *Risaer Zündblättl* in einem Artikel zum Thema „Artglaube", dass Säuglinge nach der Geburt dem Vater gereicht wurden: „War es missgestaltet oder schwach, konnte der Vater es zurückweisen, es wurde dann ausgesetzt. […] Das Aussetzen war ein fester Bestandteil der germanischen Lebensordnung."[22]

Die Projektionen einer germanischen Gesellschaft, die auf Sozialdarwinismus beruhte, sich gegen äußere Einflüsse abschottete, deren Männer vor allem als Kämpfer gesehen werden und in denen die Frauen für Haus, Herd und Kinder zuständig waren, decken sich mit den politischen Vorstellungen vieler Neonazis. Einen Autor des aus Ostwestfalen stammenden Fanzines *Herrlich Hermannsland* animierte dies zu einem Vergleich „Nationaler Sozialismus/germanisches Heidentum" mit dem Fazit: „Die Gemeinsamkeiten der heidnisch-germanischen Sache und der sozialistisch nationalen Bewegung in Europa und einigen anderen Teilen der Welt […] lassen sich schon bei einer kurzen Erläuterung einiger Begriffe aus diesen beiden Weltanschauungen erkennen."[23]

Das Gestern als Legitimation der Taten von heute

Die heutige extreme Rechte stellt sich auf viele Arten und Weisen in die Tradition der vermeintlichen germanischen Urahnen, ob dies nun durch das Veranstalten „germanischer Kampfspiele"[24] oder eines „germanischen Frühlingsfestes"[25] oder durch die Bezugnahme auf germanische Mythologie in Liedern und Publikationen geschieht. Doch es geht um weit mehr als nur um Zeitvertreib und Kräftemessen: Neben dem Bild eines Vermummten mit Maschinengewehr fordern etwa die neonazistischen „Germanenbriefe": „Todesstrafe für alle Kindermörder, Vergewaltiger und Drogenhändler! Keinen Fußbreit dem Abschaum!!! Germanen – Wehrt Euch!"[26] Solche Beiträge verdeutlichen, dass der extrem rechten Germanenideologie ein menschenverachtendes Weltbild zugrunde liegt; die Vergangenheit dient der Legitimation des heutigen Handelns. Nicht eine romantisierende Rückschau wird hier praktiziert, sondern die Zurichtung zum vermeintlichen „Rassenkrieg", zur angeblichen Verteidigung von „arteigenem Glauben", „eigener Rasse" und „angestammtem Boden". So bieten die Germanenbilder den Stoff, mit dem – heute wie früher – Ausgrenzung und Vernichtung begründet werden.

Alltägliche Germanenbilder
Sandra Geringer

Die Germanen sind los! Die in der Zeit des Nationalsozialismus stark forcierten Bilder der kriegerischen, hünenhaften, blonden und blauäugigen Germanen sind noch heute in unseren Vorstellungen vorhanden – und das ist auch kein Wunder. Es hat zum Beispiel bis in die 1980er-Jahre hinein gedauert, bis in dieser Weise abgebildete Germanen aus den Schulbüchern verschwunden sind. In der Nachkriegsgeneration wurden die eindrucksvollen, großformatigen und bunten Schulwandbilder, die zum Teil schon vor der NS-Zeit entstanden waren, noch im Unterricht genutzt. Gegenwärtig tauchen die Germanen auf Zeitschriftentiteln, in der Werbung, beim Kinderspielzeug und in der Populärliteratur auf. Die dargestellten Germanenbilder ähneln oftmals, wenn auch unbeabsichtigt oder aus Unkenntnis, jenen aus der NS-Zeit.[1]

Zurück in die Bronzezeit

Die angebliche Herkunft und Abstammung der Germanen sind auch in der jüngsten Vergangenheit beliebte Themeneinführungen in Schulbüchern. In drei Ausgaben der Jahre 1992/1994, 1995 und 1999 werden die Ursprünge der Germanen in die Bronzezeit, in einem Beispiel gar in die Jungsteinzeit verlegt.[2]

Ein weiteres bekanntes und viel kritisiertes Beispiel ist der SPIEGEL-Titel: „Der Sternenkult der Ur-Germanen" aus dem Jahre 2002, in dem ebenfalls, ausgehend von der bronzezeitlichen Scheibe von Nebra, in die Steinzeit zurück- und auf die Germanen vorgegriffen wird. Die ca. 3600 Jahre alte Bronzescheibe wird vom Landesmuseum Halle/Saale als die „weltweit älteste konkrete Darstellung astronomischer Phänomene"[3] gedeutet. Allerdings zeigt der SPIEGEL die Scheibe zusammen mit dem steinzeitlichen Stonehenge, einer aus mehreren Bauphasen bestehenden Großsteinanlage. Deren Deutung als Observatorium ist umstritten. Mit der Bildkomposition auf dem SPIEGEL wird bereits ein zeitlich wie auch räumlich unhaltbarer Zusammen-

Auf dem Spiegel-Titel vom 25. November 2002 werden zeitlich und räumlich unhaltbare Zusammenhänge dargestellt.

hang suggeriert. Der Text verknüpft diese Bilder wiederum mit den Germanen, deren Ursprung demnach in der Stein- und Bronzezeit zu suchen ist. Im Artikel selbst wird dieses Konstrukt wiederholt. Hier heißt es: „Die ‚Himmelsscheibe von Nebra' beweist: Die Ur-Germanen trieben Astronomie."[4] Einige Seiten weiter lesen wir: „Nun treten jäh auch aus dem nordischen Hain Mathematiker und gewiefte Kosmologen. Nebra beweist: In Ur-Germanien lebten kleine Einsteins."[5] Schließlich wird eine Gleichzeitigkeit der Scheibe von Nebra mit den angeblich als germanische Kultstätte genutzten Externsteinen bei Detmold[6] hergestellt: „Keine Frage, den Archäologen bietet sich ein abenteuerliches Panorama. Während Schmiede bei Nebra Mondatlanten dengelten, betrieben 230 Kilometer entfernt germanische Priester bei Detmold eine Sternwarte […]. Was da genau in der kalten Urheimat der Deutschen ablief, ist längst nicht geklärt."[7]

Dass solche Zusammenstellungen heute noch genau so wie in der NS-Zeit funktionieren, zeigt, dass die Sehnsucht der Menschen nach kontinuierlich zurückzuverfolgenden Ahnen bis in älteste Zeiten immer noch wirksam ist. Mit stark emotionalen Begriffen wie „Urheimat" wird dieses Bedürfnis weiter geschürt. Ausdrücke wie „Astronomie", „Mathematiker", „Kosmologen" und „Einsteins" können außerdem den Stolz auf die intellektuell herausragenden vermeintlichen Ahnen wecken.

Die Mannheimer Eichbaum-Brauerei wirbt mit dem Klischee vom Germanen = Deutschen als Biertrinker.

Grundsätzlich muss sowohl das Konstrukt eines angeblich ethnisch einheitlichen Volkes der Germanen, das bereits lange vor der NS-Zeit geprägt wurde, als auch die angenommene kulturelle und ethnische Kontinuität von der Jungsteinzeit bis zu den Germanen oder gar bis heute in Frage gestellt werden.

Das Aussehen

Das konstruierte Bild der blonden und helläugigen Germanen lebt heute weniger in den Schulbüchern, dafür aber umso mehr in der Kinder- und Jugendliteratur fort. Zum Teil werden die Germanen mit Fellkleidung und gar mit Hörnerhelmen als betont wild dargestellt.[8] Dass die Bekleidung vor 2000 Jahren nicht nur aus Fellen bestand, ist durch Moorfunde jedoch eindeutig nachgewiesen. „Hörnerhelme sind weder archäologisch […] nachgewiesen, noch werden sie von antiken Autoren beschrieben. Sie haben eine lange, unwissenschaftliche Tradition."[9] Die fortbestehende große Beliebtheit der Hörnerhelme kann daran liegen, dass positiv angesehene tierische Eigenschaften wie Wildheit, Kraft, Potenz und Ungezähmtheit auf die Träger übertragen werden.

Zahlreiche Zeitschriftencover werden von ähnlichen Bildern geziert. Der STERN 4/2009 titelt „Die Germanen – Archäologen entwerfen ein neues Bild unserer kriegerischen Vorfahren" und zeigt im oberen Bildbereich einen blonden Germanen, darunter ein nachgebautes germanisches Dorf. *P. M. Perspektive* 39/1995 trägt ein Foto eines langhaarigen, blonden Germanendarstellers mit freiem Oberkörper, Schwert und Schild. Angeknüpft wird hier an das in der NS-Zeit geprägte, jedoch bis heute gängige Schönheitsideal des muskulösen, kraftvollen Mannes.

Germanen = Deutsche und Wikinger = Nordgermanen

Die Nationalsozialisten versuchten nicht nur, den Ursprung der Germanen bis in die Jungsteinzeit zu verfolgen. Sie vereinnahmten auch andere Völker und Gegenden als germanisch, wie zum Beispiel Skandinavien und die Wikinger. Somit setzten sie eine Kontinuität bis ins frühe Mittelalter und im Grunde bis in die Gegenwart voraus. Es ist daher kaum überraschend, dass die Schulbücher in der NS-Zeit die Germanen mit den Deutschen und die Wikinger mit den Nordgermanen gleichsetzten.[10] In aktuellen Schulbüchern finden sich davon noch immer Rudimente. In ihnen werden Götter- und Heldensagen der altnordischen Überlieferung aus der Zeit ab dem 9. Jahrhundert als germanisch bezeichnet. Die Götter und Helden des frühen und hohen Mittelalters auf das 1. Jahrhundert nach Christus zu übertragen, in dem die vermeintlichen Germanen lebten, ist aber nicht haltbar.[11]

Auf dem Zeitschriftentitel von *P.M. Perspektive* (4/2005) „Das geheimnisvolle Leben der Germanen" ist ein (blonder, hünenhafter) Thor auf einem Streitwagen dargestellt, der seinen Hammer schwingt. Auch hier werden mit Text und Bild die Germanen mit der frühmittelalterlichen nordischen Mythologie verknüpft. Einer der Untertitel lautet denn auch: „Angst und Schrecken über Europa: Warum die Wikinger alle besiegten". Des Weiteren wird gefragt: „Wie viel Germanisches steckt in uns?"

Der Verknüpfung von Germanen- und Wikingerbild bedient sich auch eine große Mannheimer Brauerei, die 2012 als „Bier des Jahres" den „Goldenen Germanen" herausbringt. Auf der Flasche prangt ein rotblonder bärtiger und langhaariger Mann mit goldenem Hörnerhelm, Trinkhorn und Schild. Davon abgesehen, dass die Wikinger natürlich keine Hörnerhelme trugen, werden sie dennoch sofort damit assoziiert.

Die gegenwärtigen Verknüpfungen von Germanen mit Deutschen und Wikingern mit Nordgermanen lassen sich nur mit dem immer noch aktuellen Drang nach Abenteuern, Eroberungen, Entdecker- und Heldentum, Macht und der „Faszination des Schreckens" erklären. Die Vereinnahmung der Mythologie entspricht der Sehnsucht nach „Ursprünglichkeit" und „Reinheit". Vielleicht machen Germanen = Wikinger in der Bierwerbung Karriere, weil es zum Bild des „richtigen Kerls" dazugehört, viel Alkohol zu vertragen. Möglicherweise ist diese Vorstellung aus Schriften des Geschichtsschreibers Tacitus (um 58 bis um 120 n. Chr.) abgeleitet, der den Germanen übermäßigen Alkoholgenuss nachsagte. Da Tacitus die vermeintlichen Germanen aber auch nur vom Hörensagen kannte, sollten seine Ausführungen nicht wörtlich genommen werden.

2012 brachte der Spielzeug-Hersteller Schleich den „gefürchteten Nordmann" in der Reihe „neue Helden" heraus.

Diese wenigen Beispiele machen bereits deutlich, dass die vermeintlichen Germanen in unserem heutigen Alltag sehr ähnlich wie in der NS-Bilderwelt dargestellt werden. Die mit ihnen verbundenen Eigenschaften werden immer noch positiv wahrgenommen. Aber nun werden die Germanen nicht mehr mit politischen Ideen und Deutungen verknüpft; „die Helden […] dienen […] nicht mehr als Vorbilder zur Schaffung einer nationalen Identität".[12] Die Autoren sind sich vermutlich der Herkunft dieser Bilder und ihrer ehemaligen Verwendung nicht bewusst.[13]

Leitgedanken der Ausstellung – ein imaginärer Rundgang

Karin Walter

Inhaltliche Leitlinien

Von der Ausstellungsidee bis zu deren Realisierung ist es ein weiter Weg: Der Entwicklung eines schlüssigen Konzeptes folgen langwierige Objekt- und Bildrecherchen, das Schreiben verständlicher Texte sowie viele andere Arbeiten. Erst der Aufbau der Exponate zeigt, ob sich das Geplante zusammenfügt. Die Ausstellung „Graben für Germanien. Archäologie unterm Hakenkreuz" ist ein solches Langzeitprojekt. Ein Team von Archäologinnen, Volkskundlerinnen und einem Historiker erarbeitete in zweieinhalb Jahren eine Ausstellung, die die Rolle der Archäologie in der NS-Zeit allgemein verständlich darstellt, informiert, ohne belehrend zu sein, unterhaltsam, aber dennoch der Ernsthaftigkeit des Themas angemessen ist. Bei der Konzeptentwicklung wurde schnell deutlich, dass sich das Thema weder rein chronologisch noch rein thematisch darstellen lässt und dass die Komplexität der Inhalte Beschränkungen und Schwerpunktbildungen erforderlich macht. Der Fokus liegt auf der Zeit des Nationalsozialismus. Thematische Vor- und Rückblenden liefern Erklärungen, zeigen Entwicklungen, schaffen Zusammenhänge und decken Synergien auf. Die bei den Wurzeln beginnende Analyse vermittelt, wie der Mythos von Germanien überhaupt entstand, sich über die Jahrhunderte weiterentwickelte, wie er zu fatalen Fehlinterpretationen in der NS-Zeit führte und wie er auch nach Kriegsende nicht gänzlich bedeutungslos wurde, sondern seit der Wende und dem Aufkommen des Internets in der rechtsextremen Szene, aber nicht nur dort, neuen Auftrieb erhielt. Die Ausstellung will hier einen Beitrag zur Aufklärungsarbeit leisten und frei nach dem Motto „Man sieht nur, was man weiß" dafür sensibilisieren, heute noch bestehende Vorstellungen, Zeichen und Bilder von Germanien und den Germanen kritisch zu hinterfragen.

Als Ausstellungsfläche stehen 800 Quadratmeter zur Verfügung, aufgeteilt in zwei durch einen Glasgang verbundene Räume. Auf Grund der Lage des Treppenaufgangs muss beim Rundgang der erste Raum gleich zweimal durchquert werden. Das mit der Ausstellungsgestaltung betraute Gestalterbüro SPACE4 aus Stuttgart löste diese Herausforderung, indem es die Reihenfolge der fünf Themen änderte. Anders als im vorliegenden Katalog folgt dem ersten Kapitel, „Germanien – Funde und Erfindung", bereits das dritte, „Germanien – Propagierung einer Idee". Kapitel zwei, „Germanien – Auf der Suche nach Belegen", folgen dann unverändert die beiden letzten Themenblöcke. Die Ausstellungsgestaltung kompensiert diesen Tausch, für den Katalog wurde die ursprüngliche Reihenfolge aber beibehalten.

Gestalterische Leitlinien

Die Ausstellungsgestaltung bedient sich zweier Grundelemente: Vitrinen und Raum-im-Raum-Installationen. Die wechselnde Abfolge dieser Gestaltungselemente gliedert die fünf Themen und schafft bewusst Akzente. Verstärkt werden diese durch einen Schwarz-Weiß-Kontrast, der sich in der Wandfarbe der Räume wie auch als Leitlinie für die grafische Gestaltung der Vitrinen durchzieht und so die Farbigkeit der Originalobjekte deutlich zum Tragen bringt. Jede der Vitrinen ist jeweils nur einem Aspekt gewidmet, wobei sich bei ähnlichen Inhalten Gestaltungselemente wiederholen und dadurch auch visuell Zusammenhänge entstehen. Die drei in Vitrinen präsentierten Themen wechseln sich mit den zwei in Räumen inszenierten Themenbereichen ab. Ein vorwiegend weiß gehaltener Raum im ersten Ausstellungsteil zeigt eine Objektfülle, wie sie an keiner anderen Stelle zu finden ist. Das hier umgesetzte Kapitel „Germanien – Propagierung einer Idee" wird so auch sinnlich für die Besucher erfahrbar. Gezeigt wird, wie das Thema Germanien auf vielfältige Weise im NS-Alltag, in Ausstellungen und in der Bildungsarbeit präsent war. Im deutlichen Kontrast dazu steht die vornehmlich schwarz gehaltene Rauminstallation im zweiten Ausstellungsraum. Beim darin präsentierten Thema „Germanien – Eroberung von Europa und der Welt" wurde bewusst auf Objekte verzichtet. Wechselnde Projektionen und Bilder informieren hier über die Rolle der Archäologen während des Zweiten Weltkrieges und decken die enge Verzahnung zwischen Kriegsverlauf und Ausgrabungskampagnen in den eroberten Gebieten auf.

Germanien – Funde und Erfindung
Den Auftakt der Ausstellung bildet eine Vitrine zur Schrift „De origine et situ Germanorum" des römischen Autors Publius Cornelius Tacitus (um 58 bis um 120). Die 98 n. Chr. erschienene länderkundliche Monografie über Germanien und deren Bewohner ist – da diese selbst nichts Schriftliches hinterlassen haben – die entscheidende Quelle für alle späteren Interpretationen. Textstellen in Latein und deutscher Übersetzung vermitteln den römischen Blickwinkel auf Germanien und entlarven in erster Linie eigene Laster der Römer: „So leben sie denn in den Schranken des Anstandes und sind weder durch pornographische Darbietungen, noch durch Fressorgien verdorben."[1] Die Zitate schweben auf wolkenartigen Tafeln über einer Europakarte, die den genauen Kenntnisstand der Römer über das eigene Gebiet südlich des Limes und ihre dagegen nebulösen Vorstellungen von dem Gebiet nördlich dieser Grenze wiedergibt. Weder Tacitus noch vor ihm Gaius Julius Cäsar (100–44 v. Chr.) äußerten sich zu den nördlichen Grenzen von Germanien, auch ließen beide unerwähnt, dass hier unterschiedliche Völker siedelten. Bislang haben keine archäologischen Funde die römische Sichtweise bestätigt, dass die hier lebenden Volksstämme eine Gemeinschaft bildeten und sich selbst als Germanen bezeichneten. Die auf der Vitrine schemenhaft angedeutete Silhouette der bekannten Römerstatue des Augustus aus den vatikanischen Museen in Rom unterstreicht den römischen Blickwinkel auf Germanien.

Der Wiederentdeckung der Schrift des Tacitus Ende des 15. Jahrhunderts ist die nächste Vitrine gewidmet. Hier wird ein Nachdruck von 1602, der älteste der Bremer Universitätsbibliothek, in einer Box präsentiert, deren rote, einen hochwertigen Stoff simulierende Oberfläche die Wertigkeit des Objektes steigert. Die rote Farbe ist zugleich gestalterischer Anknüpfungspunkt für die Präsentation eines weiteren Tacitus-Nachdrucks von 1944 in einem späteren Themenbereich der Ausstellung. Die rote Farbe taucht nun in der NS-Fahne wieder auf, die den Hintergrund für Zitate aus dem Vorwort des Herausgebers bildet. Darin vermittelt der NS-Volkskundler Eugen Fehrle (1880–1957) eindrücklich seine, der allgemeinen NS-Ideologie entsprechende Wertschätzung: „In Zeiten tiefster Not des deutschen Volkes wirkt dies ‚goldige Büchlein' wie eine Erbauungsschrift."[2]

In Anlehnung an eine Schaufenstergestaltung des 19. Jahrhunderts zeigt eine weitere Vitrine, wie Germanien bereits vor der Zeit des Nationalsozialismus zum Mythos geworden war. Die Beispiele konzentrieren sich auf drei Themenbereiche: zum einen die Identifikationsfigur der Germania, eine heroische Frauenfigur, die staatlich initiierte Briefmarken und Geldscheine zierte. Zum anderen den zum Helden stilisierten Hermann, dessen noch heute beeindruckendes Denkmal im Teutoburger Wald zu einem frühen Marketingmotiv auf Souvenirs wie Bierkrügen und Keksdosen wurde; sowie die in hoher Auflage erschienenen „Germani-

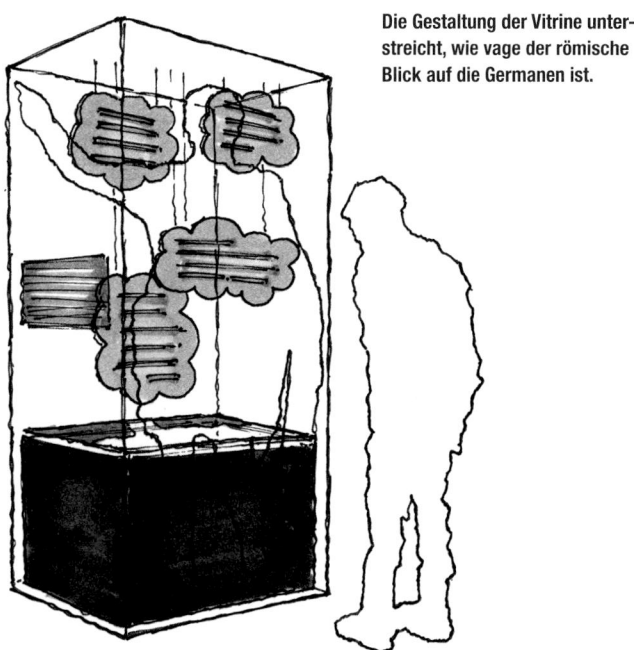

Die Gestaltung der Vitrine unterstreicht, wie vage der römische Blick auf die Germanen ist.

Das Thema „Germanien – Propagierung einer Idee" wird mit einer Objektfülle in einer Rauminstallation gezeigt.

schen Heldensagen", die auch viele spätere NS-Begeisterte in ihrer Jugend prägten und beeinflussten.

Mehrere Vitrinen der Ausstellung sind spektakulären archäologischen Funden gewidmet. Die beiden ersten Beispiele liegen deutlich vor der NS-Zeit, aber ihre Interpretationen wirkten noch lange nach. Bereits 1848 publizierten die Gebrüder Lindenschmit (Wilhelm 1806–1848, Ludwig 1809–1893) ihre Ausgrabungsergebnisse von einem Gräberfeld in Selzen. Es ist ein beredtes Zeugnis dafür, wie schon zu diesem frühen Zeitpunkt namhafte Archäologen – immerhin geht die Gründung des Römisch-Germanischen Zentralmuseums in Mainz auf ihre Initiative zurück – anhand fehlgedeuteter Funde den Mythos Germanien wissenschaftlich zu untermauern begannen. Aus ihren anthropologischen Messungen zogen sie die Erkenntnis, dass alle Germanen langschädelig gewesen sein müssten. Dies beeinflusste weitere Forschungen der Anthropologie und führte zum fatalen Zirkelschluss, dass Nachkommen der Germanen an ihren Schädelmaßen erkennbar seien – eine in der NS-Zeit auf die Spitze getriebene Untersuchungsmethode, um Ausgrenzungen vermeintlich wissenschaftlich zu begründen. Das zweite Beispiel zeigt den 1913 zufällig bei Ausschachtungsarbeiten für ein Gebäude entdeckten sensationellen Goldschatz von Eberswalde: 81 Gegenstände aus fast drei Kilogramm reinem Gold. Es handelt sich dabei um Repliken, da die Originale als Teil der russischen Kriegsbeute seit Ende des Zweiten Weltkrieges in Moskau lagern. Die Einordnung dieses Goldschatzes löste einen erbitterten Wissenschaftlerstreit zwischen zwei in der Vorkriegszeit bedeutenden Archäologen aus: Gustaf Kossinna (1858–1931), Professor an der Berliner Universität, und Carl Schuchhardt (1859–1943), Direktor der Vorgeschichtlichen Abteilung der Königlichen Museen in Berlin. Während Letzterer durch Vergleiche den Fund zeitlich und in seiner Bedeutung wissenschaftlich einordnete, sah Kossinna hier einen Nachweis für Reichtum und Kulturhöhe eines in der Bronzezeit lebenden Volkes. Er setzte dieses direkt mit den Germanen in Beziehung und ließ unberücksichtigt, dass Tacitus erst mehr als 1000 Jahre später seine Schrift über Germanien verfasste. Der Eberswalder Fund wurde für Kossinna ein wichtiger Beleg für seine abstrusen Gedankengebilde, die ihn nach heutiger Einschätzung zum „Wegbereiter der nationalsozialistischen Ideologie"[3] werden ließen.

Germanien – Propagierung einer Idee

Die Rauminstallation zeigt in drei Themen zahlreiche Beispiele zur Verbreitung der Idee von Germanien während der NS-Zeit. In der Raummitte sind Modelle von Häusern und Personen sowie Repliken bedeutender Funde konzentriert, die in Ausstellungen zu sehen waren. Diese Art der Informations- und Wissensvermittlung in Museen entsprach dabei damals neuesten didaktischen Gesichtspunkten. Das vielfältige Angebot an Repliken und Modellen konnte per Warenkatalog bestellt werden. Anbieter waren die heute noch bestehende Firma WMF sowie eine vom „Reichsbund für

Deutsche Vorgeschichte" eigens zu diesen Zwecken unterhaltene Modellwerkstatt in Unteruhldingen. Die Museen nutzten diese Angebote vermutlich reichlich, denn trotz späterer Kriegsverluste und Geringschätzung der Nachkriegsgeneration haben sich erstaunlich viele Objekte erhalten. Die ausgewählten Beispiele stammen ursprünglich aus Bremer Einrichtungen, dem Museum „Väterkunde" in der Böttcherstraße, dem Focke-Museum (Abb. S. 87) oder dem Heimatmuseum in Brinkum (Abb. S. 93), aber auch die Landesmuseen in Braunschweig (Abb. S. 96) und Hannover (Abb. S. 86) sowie das Römisch-Germanische Zentralmuseum in Mainz verfügen noch heute über entsprechende Exponate. Die Gestaltung spielt auf die einstige Präsentation dieser Objekte in NS-Ausstellungen (Abb. S. 90) an, bricht sie aber zugleich, indem die martialischen Zitate, die einst die Wände schmückten und die Kulturhöhe der Germanen, ihre Tapferkeit und Tugend priesen, nun durch einen Beamer als flüchtige Schriftzüge auf die Wände projiziert werden.

Die weite Verbreitung des Mythos Germanien spiegelt sich in vielen Bereichen des NS-Alltags wider. Bereits Schulkinder wurden gezielt mit Hilfe von Schulbüchern und -wandbildern (Abb. S. 110–112), aber auch mit Werbemitteln der Firma Erdal wie Stundenplänen (Abb. S. 116), Lesezeichen und Sammelbildern (Abb. S. 116) mit dem angeblichen Aussehen der Germanen, ihrem Lebensstil, den tugendhaften Sitten und Bräuchen sowie ihrer vermeintlichen Tapferkeit und ihrem Heldenmut vertraut gemacht. Eher kurios wirken auf uns heute die Versuche, in der NS-Zeit Weihnachten durch das Julfest zu ersetzen. Als Baumschmuck sollten Julkugeln, Glaskugeln mit germanischen Runenzeichen, dienen, und in Kalendern wurden germanische Motive für jahreszeitliche Backwaren vorgeschlagen. Selbst bei Nahrungsmitteln fand die Begeisterung für die Germanen ihren Widerhall, Plakate und Anzeigen (Abb. S. 117) warben für „Germanenbrot" oder „-bier". Verblüffend ist dabei die Ähnlichkeit mit der Werbefigur für den 2012 von der Mannheimer Eichbaum-Brauerei zum Bier des Jahres kreierten „Goldenen Germanen". Während Bilder eher unterschwellig den Mythos Germanien zu verbreiten halfen, wurde dies in der Bildungsarbeit, dem dritten Teilaspekt dieses Themenbereichs, sehr offensiv betrieben. Archäologen selbst waren an der Schulung beteiligt oder lieferten Anschauungsmaterial für die Führerschulungskurse, für das vor- und frühgeschichtliche Schulungslager oder andere gezielt dazu stattfindende Veranstaltungen.

Germanien – Auf der Suche nach Belegen

Der dritte Ausstellungsbereich beginnt mit vier Vitrinen zu den wichtigsten Akteuren und Parteiorganisationen der Vorgeschichtsforschung in der NSDAP: zum Chefideologen der NSDAP, Alfred Rosenberg (1892–1946), zum „Reichsführer der SS", Heinrich Himmler (1900–1945), sowie zu den beiden mit ihnen in Beziehung stehenden Organisationen, dem „Reichsbund für Deutsche Vorgeschichte", der unmittelbar dem „Amt Rosenberg" unterstellt war, sowie dem „SS-Ahnenerbe". Im Blickpunkt der beiden letztgenannten Vitrinen stehen Zeitschriften, die auf Grund ihrer hohen Auflagen ein wichtiges Medium für die Arbeit und die Verbreitung des Gedankenguts waren. Das optisch attraktivere Blatt *Germanen-Erbe*, herausgegeben vom „Reichsbund", wählte häufig archäologische Objekte als Titelbild. Einige dieser Beispiele sind in der Ausstellung als Repliken oder sogar im Original zu sehen. Die Titelblätter des Pendants des „SS-Ahnenerbes", *Germanien. Monatshefte für Vorgeschichte zur Erkenntnis deutschen Wesens*, waren dagegen deutlich sachlicher gestaltet.

Bei den Akteuren Rosenberg und Himmler war eine Fotografie, die ihre Einstellung zur Vor- und Frühgeschichte vermittelt, Ausgangspunkt für die Vitrinengestaltung: Rosenberg vor einem Modell des Wikingerschiffs in der Ausstellung „Lebendige Vorzeit" (Abb. S. 46) und Himmler beim Besuch der Ausgrabung Böddeken nahe der Wewelsburg (Abb. S. 46). Die Wirkung der Bilder unterstreichen verbriefte Zitate der beiden, die deutlich ihre jeweilige Geisteshaltung widerspiegeln: „Die Vor- und Frühgeschichte ist das Alte Testament des Deutsches Volkes"[4] (Rosenberg) und „Ein Volk lebt so lange glücklich in Gegenwart und Zukunft, als es sich seiner Vergangenheit und der Größe seiner Ahnen bewußt ist", ein Himmler-Zitat, das als Geleitwort in vielen Publikationen des „Ahnenerbes" zu finden ist. Auch die deutlich abseits stehende

Personenvitrine zu Adolf Hitler (1889–1945) greift diese Gestaltungsidee auf. Bild und Zitat machen seine negative Einstellung zum Thema kenntlich, denn nicht Germanen waren sein Vorbild, sondern Griechen und Römer. Das Foto zeigt Hitler beim Besuch der Ausstellung „Deutsches Volk – Deutsche Arbeit", vor der Nachbildung einer Baumsargbestattung stehend (Abb. S. 48). Seine Gesichtszüge und die zu Fäusten verkrampften Hände drücken deutlich sein Desinteresse aus. Diesen Eindruck verstärken weitere, frei in der Vitrine hängende und als Gedankenblasen gestaltete Bilder, die zeigen, was Hitler mehr interessierte: der Umbau Berlins zur Welthauptstadt Germania oder der Bau der Tribüne des Zeppelinfeldes in Nürnberg nach dem Vorbild des in Berlin befindlichen Pergamonaltars. Passend dazu belegt ein Zitat aus einem Tischgespräch vom 18. Januar 1942 seine tiefe Abneigung: „Da wird irgendwo ein Schädel gefunden und alle Welt sagt: So haben unsere Vorfahren ausgesehen. Wer weiß, ob der Neandertaler nicht ein Affe war."

Von diesen auch in der Gestaltung gezielt auf einzelne Personen ausgerichteten Vitrinen setzen sich andere zu Förderern und wichtigen Protagonisten ab, bei denen das Werk und nicht die Person im Vordergrund steht. Ausschnitte aus der Fassade der expressionistischen Architektur seiner Bremer Böttcherstraße bilden

Adolf Hitlers Desinteresse an der Vor- und Frühgeschichte steht im Blickpunkt dieser Vitrineninszenierung.

den gestalterischen Hintergrund für die verschiedenen Facetten des nachhaltigen Wirkens von Ludwig Roselius (1874–1943). Er wird als einflussreicher Bremer Industrieller vorgestellt, als Gastgeber der beiden Forschungstagungen „Nordisches Thing" sowie als Sammler, als Finanzier und Initiator des Museums „Väterkunde" in der Böttcherstraße. Auch hier charakterisiert das von ihm anlässlich der Begrüßungsansprache zur Eröffnung des Ersten Nordischen Things am 2. Juni 1933 verbürgte Zitat seine Geisteshaltung: „Machen wir doch endlich einmal Schluß mit dem Ammenmärchen, daß wir vor 2000 Jahren noch Barbaren waren und unsere Kultur den Südländern verdanken." In einer gemeinsamen Vitrine wird das Wirken von drei völkischen Laienforschern vorgestellt: dem niederländischen Privatgelehrten Herman Wirth (1885–1981), dem ehemaligen Pfarrer Wilhelm Teudt (1860–1942) und dem Architekten Hermann Wille (1881–?). Ihre fantastischen, wissenschaftlich unhaltbaren Ideen, die sie in mehreren Publikationen veröffentlichten, beeinflussten nachhaltig die völkische Bewegung.

Der Boom der Vor- und Frühgeschichte in der NS-Zeit hinterließ deutliche Spuren an deutschsprachigen Universitäten. Die Zahl der Lehrstühle und der Habilitationen stieg sprunghaft an, Lehrveranstaltungen rund um das Thema Germanien und Germanen erfreuten sich großer Beliebtheit. Eine repräsentative Auswahl aus den Vorlesungsverzeichnissen der Zeit begleitet die Besucher durch den Glasgang, der den ersten und zweiten Ausstellungsraum verbindet. Deutlich spiegelt sich in den Veranstaltungstiteln die NS-Ideologie wider: Die Anfänge der Germanen sollten möglichst weit zurückdatiert werden: „Die Germanen der Bronze- und Eisenzeit" (Tübingen, Sommersemester 1934), aber auch die größenwahnsinnigen territorialen Ansprüche fanden ihren Niederschlag: „Germanen in Europa" (Tübingen Wintersemester 1936/1937).

Während der NS-Zeit etablierte sich auch die Landesdenkmalpflege. Um ein allgemeines Bewusstsein für die Bedeutung von Bodenfunden zu schaffen, richteten die vielerorts neu eingerichteten Ämter für Bodendenkmalpflege Lehrsammlungen ein und ließen im Stil der damals gerade neu entstandenen Comics Merkblätter zeichnen. Die Vitrinengestaltung orientiert sich an diesen Zeichnungen, da sie anschaulich die moderne Anmutung damaliger Methoden zeigt. Dieses Phänomen lässt sich auch bei NS-Ausgrabungen verfolgen: Die neuesten, sehr fortschrittlichen wissenschaftlichen Untersuchungsmethoden brachten zwar erstaunliche Ergebnisse, aber die ideologisch fehlgeleitete Interpretation diente vor allem dazu, vermeintlich weitere Belege für das konstruierte Germanienbild zu liefern. Ein beredtes Zeugnis dafür ist die vom „Reichsbund für Deutsche Vorgeschichte" durchgeführte Ausgrabung einer jungsteinzeitlichen Siedlung am Dümmer unter der Leitung des Archäologen Hans Reinerth (1900–1990). Einblick in seine Deutung der Funde gibt sein im Augustheft 1939 der Zeitschrift *Germanen-Erbe* erschienener Aufsatz.

Zum Thema Ausgrabungen in der NS-Zeit kann das Focke-Museum ein Beispiel aus der eigenen Museumsgeschichte beitragen. Der damalige Museumsdirektor Ernst Grohne (1888–1957) war seit 1933 auch erster Bremer Bodendenkmalpfleger und leitete in dieser Funktion viele Ausgrabungen, bei denen er hoffte, frühe Hinweise auf eine Besiedlung durch Chauken und Sachsen zu finden, die in seiner Vorstellung mit den Germanen gleichzusetzen waren. Seine wichtigste Grabung war jene zwischen 1936 und 1939 in Mahndorf, die Ergebnisse publizierte er 1940 unter anderem in der Zeitschrift *Germanen-Erbe* und 1953 ausführlich in einer Monografie. Das Titelbild dieser Ausgabe des *Germanen-Erbes* zeigte eine der drei in Mahndorf entdeckten Urnen mit Hakenkreuzmotiven (Abb. S. 10). Ausgangspunkt für die Gestaltung der Vitrine ist hier der sandige Ausgrabungsort, die Düne in Mahndorf. Sie gibt den Rahmen für die Präsentation der Funde, der Grabungsunterlagen und der Aufnahmen, die bei der Grabung selbst entstanden sind. Dieses Gestaltungsprinzip findet sich auch bei der Präsentation der jungsteinzeitlichen Funde aus dem baden-württembergischen Lonetal wieder, wo der Fundort, eine Felsenhöhle, die Vitrinengestaltung bestimmt. Ebenso gab die markant in der Landschaft nahe Detmold stehende Felsformation der Externsteine den Impuls für die Inszenierung der entsprechenden Vitrine, in der unter anderem ihre ominöse Umdeutung zum heidnischen Kultort in der NS-Zeit erläutert wird. Auch beim Thema „Moorleichen" ist der Fokus der Gestaltung auf den Ort, das Moor, gerichtet und damit auf die Tatsache, dass es sich hier um einen fernab der Gemeinschaft gewählten Begräbnisort handelt. In der NS-Zeit gab diese Ortswahl Anlass für absurde Ausgrenzungstheorien. Der einflussreichste Archäologe der SS, SS-Obersturmbannführer Herbert Jankuhn (1905–1990), deutete dies als Bestrafung von Homosexualität, einen Beleg für den hohen Stellenwert der Sitten bei den Germanen. Dies war zugleich eine pseudowissenschaftliche Grundlage, um diese Personengruppe in der NS-Zeit zu verfolgen.

Eine andere Blüte der Fehlinterpretationen zeigt die Vitrine zur Öffnung der Grabstätte Heinrichs des Löwen im Braunschweiger Dom im Mai 1935. Bei diesem Anlass wurde ein Schmuckband entnommen und dem gut erhaltenen Leichnam eine Locke vom Haupthaar abgeschnitten. Beide Objekte wurden anschließend wie Reliquien christlicher Heiliger in aufwendig gestaltete Kästchen gelegt. Das gesamte Ereignis der Graböffnung dokumentiert eine Fotoserie, die in einem Prachtband zusammengestellt ist. Die hohe Wertschätzung dieser drei Objekte steht völlig konträr zu ihrer eigentlichen Bedeutung, denn Heinrich der Löwe ließ sich nicht, wie einige NS-Größen, insbesondere der Braunschweiger NSDAP-Ministerpräsi-

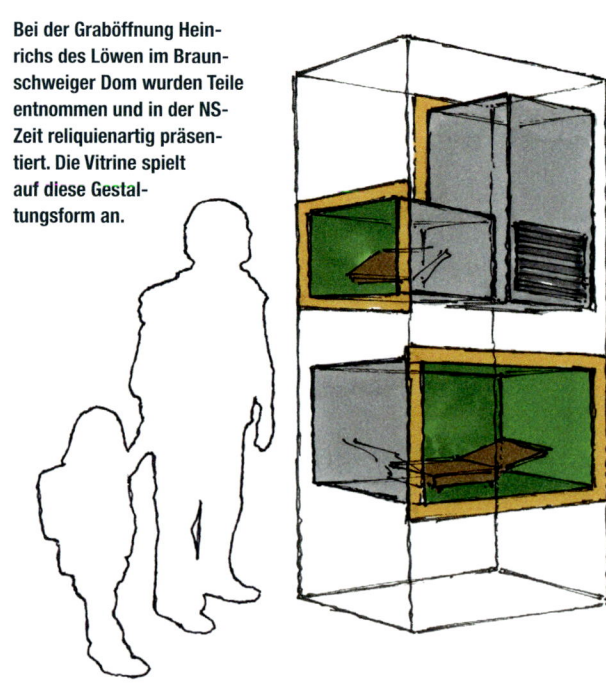

Bei der Graböffnung Heinrichs des Löwen im Braunschweiger Dom wurden Teile entnommen und in der NS-Zeit reliquienartig präsentiert. Die Vitrine spielt auf diese Gestaltungsform an.

dent Dietrich Klagges (1891–1971), gehofft hatten, zum heldenhaften Germanen stilisieren. Die Gestaltung der Vitrine zeigt diesen Konflikt, indem sie den Stil der Objektpräsentation aufgreift, dabei aber absurd überhöht (Abb. S. 188).

Germanien – Eroberung von Europa und der Welt

Der Besucher betritt eine in schwarz gehaltene Rauminstallation, in der sich als zentrales Ausstellungsmedium ein Tisch mit einer Europakarte befindet. Wechselnde Projektionen darauf zeigen die Verschiebungen der territorialen Grenzen während des Krieges. Miniaturfiguren markieren viel versprechende Fund- oder Standorte von Kunstobjekten im europäischen Ausland, für die sich NS-Archäologen interessierten. Dazu gehören in Frankreich der Teppich von Bayeux und die Megalithkultur in Carnac, in Skandinavien das Snartemo-Schwert und die Wikingerschiffe aus Oseberg und Gokstad sowie in Polen der Veit-Stoß-Altar in Krakau. Nähere Informationen dazu finden die Besucher am Rand des Tisches. Ein Bilder- und Dokumentenfries entlang der Wände zeigt ausgewählte Beispiele für das Wirken der NS-Archäologen während des Zweiten Weltkrieges und ihre aktive Rolle beim Kunst- und Kulturgutraub im europäischen Ausland. Begleitend sollen die folgenden Begriffe ihre Handlungen charakterisieren: bestechen, begeistern, beeinflussen, bewegen sowie ausgraben, ausplündern, aushorchen, ausbeuten und ausrotten.

Ein zentrales Zitat im Raum lässt einen NS-Archäologen selbst zu Wort kommen und spiegelt so eindeutig die Geisteshaltung der Zeit wider, dass diesem nichts mehr hinzuzufügen ist: „Vom Nordkap bis zur Biskaya stand … unsere Front und der größte Teil des Heimat- und Ausbreitungsraumes der Germanen war damit unter den Schutz der deutschen Waffen gestellt" (Werner Hülle [1903–1974], 1940).

Germanien – Der Mythos lebt weiter

Der letzte Themenblock widmet sich der Entwicklung nach 1945, zunächst der Tatsache, dass es auch Archäologen wie anderen Berufsgruppen gelang, in den Nachkriegsjahren meist nahtlos ihre Karrieren fortzusetzen. Zu den ausgewählten Beispielen gehören die

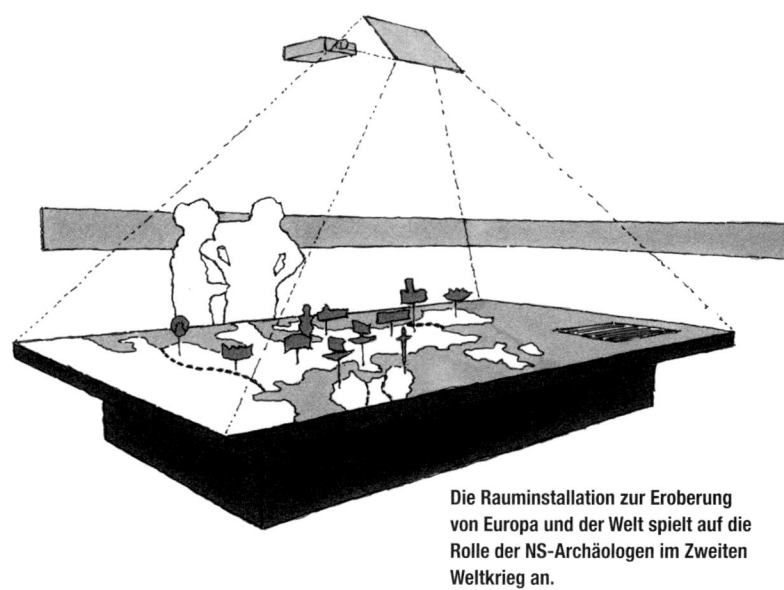

Die Rauminstallation zur Eroberung von Europa und der Welt spielt auf die Rolle der NS-Archäologen im Zweiten Weltkrieg an.

beiden Hauptakteure Herbert Jankuhn und Hans Reinerth, deren Wirken in der NS-Zeit schon zuvor in der Ausstellung zu sehen war. Dem Thema Rechtsextremismus sind gleich zwei Vitrinen gewidmet, um die entscheidenden Veränderungen um das Jahr 1990 durch eine gegensätzliche Präsentation auch optisch vermitteln zu können. Das Erstarken nationaler Gefühle im Zuge der Wiedervereinigung der beiden deutschen Teilstaaten förderte rassistische Ideen, aber vor allem das Aufkommen des Internets bot neue Möglichkeiten der nationalen und internationalen Vernetzung. Das Angebot an rechtsradikalen Merchandisingprodukten stieg sprunghaft an.

Die Gestaltung der letzten beiden Vitrinen greift gezielt Ideen aus dem ersten Themenblock wieder auf. Die Schaufenster-Vitrine lebt nun in moderner Ausstattung fort und zeigt Aktuelles zum Thema Germanen, vom Zeitschriftencover über Kinderspielzeug bis hin zur Bierwerbung. Gerade diese Doppelung ist ein Gestaltungsprinzip, mit dem nicht nur durch Texte, sondern auch auf sinnlicher Ebene teils erschreckende Parallelen bei den Objekten deutlich werden sollen. Der Besuch endet an einer Vitrine mit gängigen Statements zum Thema Germanen. Geschrieben stehen sie auf frei im Raum hängenden Sprechblasen, deren Gestaltung sich an den Wolken der ersten Vitrine zu Tacitus orientiert. Einige Kommentare wie: „Alle Germanen sind blond und blauäugig" sind bereits abgestürzt – bleibt zu hoffen, dass weitere mit Hilfe der Ausstellung fallen werden.

Anhang

Anmerkungen

„Germanen" und römische Politik
(Tassilo Schmitt) – S. 16 ff.

1 Gute allgemeine Überblicke bei Beck et al. 1998; ²Pohl 2004; Wolters 2008; Bleckmann 2009. Die neueste Forschung erschließt Timpe 2012.
2 Tacitus, *Germania* XXXVII 2–5.
3 Timpe 1995.
4 Schallmayer 2006. Pietzner 2009.
5 Timpe 1995, 61–92.
6 Cäsar, *Bellum Gallicum* II 4,2.
7 FGrHist 87 F 22 = Fr 73 Edelstein-Kidd. Vgl. Malitz 1983, 204.
8 Cäsar, *Bellum Gallicum* II 4,3.
9 Cäsar, *Bellum Gallicum* I 47,4.
10 Vgl. Cäsar, *Bellum Gallicum* I 33,4.
11 Plinius, *Naturalis historia* VII 98.
12 Quellen und Diskussion bei Bleckmann 2009, 48–54, der die Bastarner als die am frühesten bezeugten „Germanen vor den Germanen" ansieht.
13 Tacitus, *Germania* I.
14 Vgl. Timpe 1994/2006.
15 Tacitus, *Annales* II 10,3.
16 Vgl. Timpe 2005/2006.
17 Zum römischen Köln umfassend Eck 2004.
18 Velleius Paterculus, *Historia Romana* II XCVII 1. Sueton, *Augustus* XXIII 1. Cassius Dio LIV 20,4–6.
19 Aufidius Bassus F 3 Peter: *inter Albim et Rhenum Germani omnes Tiberio Neroni dediti*.
20 Grote 2006.
21 Becker/Rasbach 2006.
22 Rothenhöfer/Hanel 2005.
23 Velleius Paterculus, *Historia Romana* II 104,2. Zur Diskussion vgl. Wolters 2008, 56–59.
24 Tacitus, *Annales* II 26.

Germanien zwischen Renaissance und Moderne
(Uta Halle) – S. 25 ff.

1 Mertens 2004, 72.
2 Mertens 2004, 40.
3 Hutter 2009, 164.
4 Mertens 2004, 61.
5 Schimpff 1990, 70–73.
6 Heß von Wichdorff 1909, 125.
7 Kühn 1976, 18.
8 Gummel 1938, 101. Kühn 1976, 18.
9 Kühn 1976, 22.
10 Gummel 1938, 104 Anm. 1.
11 Köster 2009, 344.
12 Bach 2009.
13 Tacke 1995, 34.
14 Hakelberg 2003, 20.
15 Hakelberg 2003, 18.
16 Weingart/Kroll/Bayertz 1992, 94.
17 Tacke 1995, 209.
18 Hohenschwert 1985, 140.
19 Tacke 1995, 216.
20 Scharte 2010, 163.
21 Mellies 2009, 263.
22 Brandt 2010, 36.
23 Brandt 2010, 34.
24 Brandt 2010, 34.

Von Gustaf Kossinna zur NS-Archäologie
(Dirk Mahsarski, Gunter Schöbel) – S. 31 ff.

1 Grünert 2002a. Grünert 2002b.
2 Grünert 2002a, 19–50.
3 Zitiert nach Grünert 2002a, 64.
4 Grünert 2002a, 47–66.
5 Grünert 2002a, 66–70 und 125–163.
6 Fetten 2000, 159–169. Mahsarski 2011a, 22 ff.
7 Fetten 2000, 151–159 und 170–174. Veit 2000, 44–47. Grünert 2002a, 71–101 und 229–248. Mahsarski 2011a, 22–26.
8 Kossinna 1911, 3.
9 Kossinna 1921.
10 Bernbeck 1997, 26–31. Fetten 2000, 151–159 und 170–174. Veit 2000, 44–47. Grünert 2002a, 71–124, 164–173, 229–248 und 310–319. Trigger 2006, 235–261. Mahsarski 2011a, 22–26.
11 Kossinna 1911.
12 Kossinna 1921.
13 Bernbeck 1997, 26–31. Fetten 2000, 151–159 und 170–174. Veit 2000, 44–47. Grünert 2002a, 71–101 und 229–248. Trigger 2006, 235–261.
14 Grünert 2002a, 201–228.
15 Puschner 2001. Puschner 2002. Wiwjorra 2002. Wiwjorra 2006a.
16 Fetten 2000, 170–174. Veit 2000, 44–47. Grünert 2002a, 164–173, 229–248 und 304–319. Puschner 2002. Wiwjorra 2002. Wiwjorra 2004.
17 Fetten 2000, 151–159 und 170–174. Veit 2000, 44–47. Grünert 2002a, 164–173 und 229–248. Puschner 2002. Wiwjorra 2002. Wiwjorra 2004.
18 Kossinna 1913.
19 Schuchhardt 1914.
20 Grünert 2002a, 179–184.
21 Bollmus 1970. Giersch 1985, 169 ff. Grünert 2002a, 311. Grünert 2002b, 307 ff. Schöbel 2002, 334, 392. Piper 2005, 386–399. Schöbel in Vorb.
22 Pape 2001, 70. Pape 2002a, 163 ff. Schöbel 2002, 334, 392. Strobel 2010, 321–333. Schöbel in Vorb.

Die Professionalisierung der Spatenwissenschaft
(Susanne Grunwald) – S. 37 ff.

1 Schwantes 2000, 186.
2 Pape 2002a, 168, 205.
3 Schuchhardt an die Generaldirektion der Staatlichen Museen zu Berlin am 15. Januar 1925 (Beilke-Voigt 2010, 33).
4 Aßkamp 1989.
5 Soldan 1901.
6 Schuchhardt 1909, 213.
7 Kiekebusch 1923, 13.
8 Böhner 1985.
9 Kiekebusch 1923, 25.
10 Kiekebusch 1923, 27, 30.
11 Schöbel 2002a, 325.
12 Kiekebusch 1923, 13.
13 Leube 2010, 56–59.
14 Jahn 1930, 153.
15 Dokument Nr. 57, Wahlvorschlag für Carl Schuchhardt (1859–1943) zum OM von Gustav Roethe (Kirsten 1985, 157).

Nationalsozialisten und Archäologie
(Uta Halle) – S. 44 ff.

1 Reichel 2009, 24.
2 Reichel 2009, 24.
3 Müller 2003, 166.
4 Schlegelmilch, 2006, 1.
5 Halle 2002, 66.
6 Denkschrift 1939, 3.
7 Halle 2002, 55–57.

8 Rosenberg 1930 (1943), 24 ff.
9 Rosenberg 1930 (1943), 385.
10 Rosenberg 1943, 383. Wahrscheinlich zitiert er hier auch C. Schuchhardt, „Vorgeschichte von Deutschland", 60–61 und Abb. 51.
11 Halle 2002, 56 Anm. 18.
12 Rede vor dem „Kampfbund für Deutsche Kultur" in der Berliner Philharmonie am 6. September 1932.
13 Rosenberg 1930 (1943), 23.
14 Rosenberg 1936, 198.
15 Rosenberg 1938, 322 und 326.
16 Rosenberg, ohne nähere Quellenangabe. Hier zitiert nach *Nordische Welt* 3, Heft 7, 1935, 384.
17 Halle 2002a, 72.
18 Pringle 2006, 19.
19 Himmler in seiner Rede anlässlich der sechsten Reichstagung der Auslandsdeutschen in der Stuttgarter Gewerbehalle am 2. September 1938.
20 Himmler in seiner Ansprache vor der Berliner Polizeiführerschaft in der Krolloper am 7. März 1939.
21 Halle 2002, 62–65.
22 Hamann 1996, 299.
23 Reichsparteitag der NSDAP in Nürnberg am 5. September 1934. Deutsches Rundfunkarchiv Nr. 2590268.
24 Halle 2002, 57–60.
25 Hitler in einer Rede am 5. Dezember 1934 in Karlsruhe. Hier zitiert nach Hülle, Vorwort zur siebten Auflage der Arbeit Kosinnas.
26 Die Ausgrabung der Burganlage am Kyffhäuser. Titelbild *Spatenforscher* 1, 1936. Besichtigung der Ausgrabungen im Braunschweiger Dom im Juli 1935. Heske 2005, 483.
27 Kroll 1998, S. 65 f.
28 Kroll 1998, 66.
29 Thamer 1998, 315.
30 Losemann 1977, 11.
31 Halle 2002a, 59.

„Schwarmgeister und Phantasten" – die völkische Laienforschung
(Dirk Mahsarski) – S. 50 ff.

1 Kater 1974, 11–16, 41 ff. und 58–65. Wiwjorra 1995. Wiwjorra 2002. Pringle 2006, 53–75. Löw 2007, 368 ff. Löw 2009, 182–186.
2 Kater 1974, 11–16, 41 ff. und 58–65. Wiwjorra 1995. Wiwjorra 2002. Simon 2005b. Pringle 2006, 53–75. Löw 2007, 368 ff. Löw 2009, 182–186.
3 Wirth 1928.
4 Wirth 1931–1936.
5 Für eine umfassende Aufstellung siehe Baumann 1995.
6 Wirth 1933a.
7 Kater 1974, 11–16, 41 ff. und 58–65. Wiwjorra 1995. Wiwjorra 2002. Simon 2005a. Simon 2005b. Pringle 2006, 53–75. Löw 2007. Löw 2009. Zur Fälschung der Ura-Linda-Chronik: Mulot 1996. Jensma 2004.
8 Wiegers 1932a, 5.
9 Schultz SS-Karriere: Ab März 1932 Referent für Rassenkunde im „Rasse- und Siedlungsamt"; bis 1941 Aufstieg bis zum Leiter des Rasseamtes des RuSHA; von 1935 bis zur Auflösung 1937 als Vertreter Darrés Mitglied der Schrifttumskommission des „Ahnenerbes". Heinemann 2003, 56, 88 ff. 162 f. und 634 f.
10 Plischke: Mitglied der DNVP, Beitritt 1933 zur NSDAP, Unterzeichner des Bekenntnisses der Professoren an den deutschen Universitäten und Hochschulen zu Adolf Hitler und dem nationalsozialistischen Staat.
11 Bork 1932. Plischke 1932. Schultz 1932. Wiegers 1932a. Wiegers 1932b Wiegers 1932 c. Wolff 1932.
12 Wirth ging im Sommer 1933 davon aus, dass seine Professur in die Philosophische Fakultät transferiert werden würde. Mahsarski 2012 a.
13 Pringle 2006, 58–62. Löw 2007, 368 ff. Löw 2009.
14 Mahsarski 2012a.
15 Mahsarski 2011b, 98 ff.
16 Kater 1974, 15. Lerchenmüller/Simon 1999, 116–123. Löw 2007, 320 f. Mahsarski 2012a. Mahsarski 2012b.
17 Naumann 1934, 13.
18 Mahsarski 2011b, 99 f.
19 Mahsarski 2012a. Mahsarski 2012b.
20 Kater 1974, 11–15. Pringle 2006, 58–62. Löw 2007, 368 ff. Löw 2009.
21 Teudt 1929.
22 So beispielsweise Wirth 1933b.
23 Schäferjohann-Bursian 2007, 446, nennt den 1. Mai 1933 als Datum des Eintritts in die Partei, während Halle 2002, 72, unter Berücksichtigung der erhaltenen Briefwechsel, davon ausgeht, dass es sich bei dem früheren Datum um eine Rückdatierung des Eintritts auf Grund des Aufnahmestopps handelt.
24 Halle 2002, 139–345, Schöning 2012, 242–257.
25 Mahsarski 2012a. Mahsarski 2012b.
26 Mahsarski 2011b, 98.
27 Wille 1933.
28 Eintrag Dr. Hermann von Hase, Verzeichnis der Auswärtigen Teilnehmer des Ersten Nordischen Things, in: Archiv der Bremer Landesarchäologie.
29 Jacob-Friesen 1934, 1 f.
30 Mahsarski 2012a.
31 Halle 2004. Eckert 2010, 108–111. Fuhrmeister 2010, 121. Eckert 2011, 199 f. Mahsarski 2012a.
32 Mahsarski 2012a.
33 Mahsarski 2012a.
34 Fuhrmeister 2010, 117 ff.
35 Kater 1974, 11–28 und 37–41. Lerchenmüller/Simon 1999, 116 und 123 ff. Heinemann 2003, 88 ff. Pringle 2006, 50–55. Löw 2007, 371 f.
36 Wirth 1931–1936.
37 Mahsarski 2012a. Mahsarski 2012b.
38 Hitlers Rede wurde abgedruckt in: *Völkischer Beobachter* 255, (11.09.1936), 4–6.
39 Lerchenmüller/Simon 1999, 136 und Anm. 80.
40 Lerchenmüller/Simon 1999, 136.
41 Lerchenmüller/Simon 1999, 136 und Anm. 80. Kershaw 2000, 39 ff. Pringle 2006, 91 und Anm. 2.
42 Mahsarski 2012a. Mahsarski 2012b.

Forschungsstrukturen
(Uta Halle, Dirk Mahsarski) – S. 57 ff.

1 Pape 2002a.
2 Pape 2002a. Schöbel 2002a, 324–333. Halle 2006. Halle 2008.
3 V. Richthofen 1937, 29. Pape 2002a, 167–170. Pape 2002b, 329 ff. Halle 2008, 112–116 und 145. Mahsarski 2011a, 30 f., 53 f.
4 Pape 2002a, 166. Halle 2002a, 393 f., 427 f. und 447 ff.
5 Schöbel 2012 in Vorb.
6 Halle 2002a. Pape 2002a. Pape 2002b. Schöbel 2002. Schöbel 2007a.
7 Götze/Reinerth/Lechler 1934, 175.
8 Götze/Reinerth/Lechler 1934, 173.
9 Götze/Reinerth/Lechler 1934, 173.
10 Halle 2002a. Schöbel 2002. Halle 2005 c. Schöbel 2007a. Mahsarski 2011b.
11 Schöbel 2002. Schöbel 2007a.
12 Kater 1974, 67. Halle 2002, 345–358. Mahsarski 2011a, 172–182.
13 Zitiert nach Halle 2002a, 355 und 357.
14 Kater 1974, 67. Halle 2002a, 355–358. Mahsarski 2011a, 172–182. Mahsarski 2012 c.
15 Kater 1974, 67. Halle 2002a, 345–358. Mahsarski 2011a, 172–182. Mahsarski 2012 c.
16 Kater 1974, 58–66. Lerchenmüller/Simon 1999, 134–152. Halle 2002, 73–79 und 434–445. Heinemann 2003, 88–91 und 112–

125. Pringle 2006, 91–98. Löw 2007, 376. Schreiber 2008, 205 ff. Mahsarski 2011a, 144 und 175–178. Mahsarski 2012a. Mahsarski 2012b.

17 Kater 1974, 37–41, 59 ff. 66 und 91. Heinemann 2003, 88–112. Pringle 2006, 139 ff. Wenzel 2009, 21 f., 24 ff. und 31 f. Mahsarski 2012a. Mahsarski 2012b.

18 Kater 1974, 43–47, 68 ff., 170–190 und 338–352. Wegner 1997, 291–294 und 303–317. Lerchenmüller/Simon 1999, 196–229. Heinemann 2003, 341–356. Pringle 2006, 93–98. Mahsarski 2011a, 232 ff. Mahsarski 2012a. Mahsarski 2012b.

19 Die tatsächliche Auflage von *Germanien* konnte bisher noch nicht bestimmt werden. Mahsarski 2012a. Mahsarski 2012b.

20 Mahsarski 2011a, 89 und 183–191. Mahsarski 2011b, 102–105. Mahsarski 2012a. Mahsarski 2012b.

21 Kater 1974, 81 f. Pringle 2006, 306 f. Mahsarski 2011a, 176–183. Mahsarski 2012a. Mahsarski 2012b.

22 Kater 1974, 72–90 und 95–122. Lerchenmüller/Simon 1999, 123–152. Rusinek 2000. Pringle 2006, 141 ff. Mahsarski 2011a, 176–183. Mahsarski 2012a. Mahsarski 2012b.

23 Halle 2002, 500.

Wichtige Ausgrabungen der NS-Zeit
(Uta Halle) – S. 65 ff.

1 *Illustrierter Beobachter*, Sonderheft. München 1936.
2 Reinerth 1940, 226.
3 Kossian 2011, 215.
4 Reinerth 1940, 241–242.
5 Kossian 2011, 222.
6 Hahn/Müller-Beck/Taute 1973, 36.
7 Hahn/Müller-Beck/Taute 1973, 42.
8 Vgl. dazu Heiber 1968, 47 und Anm. 18 und 62 f.
9 Vgl. Adam 1977, 76 Anm. 195.
10 Müller-Beck 2011, 132 Anm. 35.
11 Müller-Beck 2011, 131 Anm. 33.
12 Müller-Beck 2011, 132 Anm. 35.
13 Merhart 1934. Hier zitiert nach Schlegelmilch 2006, 58.
14 Merhart 1937. Hier zitiert nach Schlegelmilch 2006, 118.
15 Halle 2002, 219–223.
16 Strobel 2000, 226.
17 Schöbel 2011, 101 Anm. 56.
18 Schreiben Rieks an Langsdorff vom 9. Dezember 1936. BA BDC Materialien Riek. Strobel 2002, 283 Anm. 18.
19 Bericht Merharts an Sievers vom 16. August 1944. Hier zitiert nach Schlegelmilch 2006, 165.
20 Biel 1985.
21 Schöbel 2011, 101 Anm. 56.
22 Mestorf 1907, 44. Hahne 1911, 19.
23 Steuer 2001, 421 und Mahsarski 2011a, 42–72 u. 172–200.
24 Freundlicher Hinweis ehemaliger Göttinger Studenten.
25 Vgl. Keefer 1992, 43 und 73 Abb. 96. Fehr 2005, 209.
26 Schreiben Oelmanns 1934.
27 Halle 2003, 398.
28 Apffelstaedt in seiner Eröffnungsrede vom 26. April 1936. Bouresh 1996, 118.
29 Bundesarchiv Berlin R 153 1264 Aktennotiz der Publikationsstelle Dahlem vom 22. Juni 1936.
30 Halle im Dr.
31 Vgl. hierzu die Beispiele bei Pape 2002a, 182–184.

Ernst Grohne und seine Ausgrabungen – ein Bremer Beispiel
(Sandra Geringer, Dirk Mahsarski) – S. 74 ff.

1 Zitiert nach Halle 2011a, 26.
2 Halle 2002, 107–108. Halle 2011a, 26–25.
3 Ernennung Ernst Grohnes zum Mitglied der Kommission zur Erhaltung kunsthistorischer Denkmale vom 4. Dezember 1928. Erneute Ernennung Ernst Grohnes zum Mitglied der Kommission zur Erhaltung kunsthistorischer Denkmale vom 29. Dezember 1931, in: Staatsarchiv Bremen, 4,111 Pers.–1868.
4 Wendland 1999.
5 Rosenau 1931.
6 E. Grohne, „Der seltsame Streit um das Erzbischofsgrab im Dom (Eingesandt als Entgegnung)", *Bremer Nachrichten* vom 17. November 1931.
7 Zitiert nach Halle 2011a, 26 f.
8 Stein 1962, 114.
9 Elmshäuser 2007, 98.
10 Klee 2007, 258. Lehmann/Mahsarski, in Vorb.
11 Frenzel 1957, 17.
12 Morawski 2001, 61.
13 Mahsarski in Vorb.
14 Grohne 1929, 84.
15 Grohne 1938. Grohne 1939a–c.
16 Mahsarski 2011b, 102.
17 Grohne 1938.
18 Mahsarski u. Schütze in Vorb.
19 Regelung für die Behandlung der kulturgeschichtlichen Bodenaltertümer, die beim Bau der Reichsautobahnen gefunden werden, erlassen vom Reichs- und preußische Minister für Wissenschaft, Erziehung und Volksbildung vom 15. Januar 1935 mit Anmerkungen von E. Grohne vom 19. Januar 1935, in: Staatsarchiv Bremen.
20 Grohne 1939a, 14.
21 Grohne 1938, 86.
22 Grohne 1939a, 14.
23 Grohne 1939b.
24 Elmshäuser 2007, 98.
25 Halle 2011b, 183–184.
26 K. H. Jacob-Friesen an den Stader Regierungspräsidenten vom 07. November 1935, in: Archiv der Bremer Landesarchäologie, Akten Mahndorf.
27 Der Ortsheimatpfleger an den Regierungspräsidenten vom 18. November 1935, in: Archiv der Bremer Landesarchäologie, Akten Mahndorf.
28 Der Landrat von Verden und Grohne an den Regierungspräsidenten vom 28. November 1935, in: Archiv der Bremer Landesarchäologie, Akten Mahndorf.
29 Halle 2011b, 185–186.
30 Das Schreiben des Ortsheimatpflegers an Grohne vom 19. Juni 1936, in: Archiv der Landesarchäologie Bremen, Akte Mahndorf.
31 Regierungspräsident Stade an Grohne vom 25. Mai 1937, in: Archiv der Landesarchäologie Bremen, Akte Mahndorf.
32 F. Crull, Artikel über Grohnes am 14. März 1937 gehaltenen Vortrag im Focke-Museum, in den *Bremer Nachrichten* vom 16. März 1937.
33 Halle 2011, 186. Mahsarski in Vorb.
34 E. Grohne, „Weitere Funde auf der Mahndorfer Düne", vom 12. Juni 1937.
35 Halle/Mahsarski in Vorb.
36 Halle 2011, 187–190. Mahsarski in Vorb. (Mahsarski/Perschke in Vorb.)
37 Entwurf zu einem Bericht von E. Grohne an den Reichsinnenminister Dr. Frick vom 15. November 1938, in: Archiv des Focke-Museums Bremen, Akte Mahndorf.
38 Der Hauptpfleger für kulturgeschichtliche Bodenaltertümer des Bezirks Stade-Süd, Regierungsbauoberinspektor Biere an Hr. Bischoff, Lehrer und Kreispfleger vom 31. März 1938, in: Archiv der Landesarchäologie Bremen, Akte Mahndorf.
39 E. Grohne, „Bewegtes Formenspiel der Vossberg-Düne", *Bremer Nachrichten* vom 5./6. Juni 1938.
40 Der Ortsheimatpfleger an den Regierungspräsidenten, Ende 1938, in: Archiv der Bremer Landesarchäologie, Akten Mahndorf.
41 Artikel von Ernst Grohne in *Die Kogge. Blätter für Heimat und Volkstum/Unterhaltung/Kunst und Wissen*, Februar 1939.

42 Halle 2002, 447.
43 Grabungsbericht für die Zeit 14.3.–15.4.1939 von E. Grohne, in: Archiv der Landesarchäologie Bremen, Akten Mahndorf.
44 E. Grohne: „Neue Ausgrabungs-Ergebnisse auf der Mahndorfer Düne", *Bremer Nachrichten* vom 20. November 1938.
45 Krogh 1938. Krogh 1940. Halle 2011, 185 f.
46 E. Grohne: „Neue Ausgrabungs-Ergebnisse auf der Mahndorfer Düne", *Bremer Nachrichten* vom 20. November 1938.
47 Grohne 1939c, 96.
48 Grohne 1938, 110.
49 Grohne 1940b.
50 Grohne 1940a.
51 Grohne 1940a, 21.
52 Grohne 1940a, 27 ff. Zum Kanon vgl. Mahsarski 2011a, 171 f.
53 Grohne 1940a, 46.
54 Grohne 1953.
55 Halle 2011b, 190.

Von der musealen Leichenkammer zur NS-Großveranstaltung
(Uta Halle) – S. 84 ff.

1 Griepentrog 1991, 153–173.
2 Rust 1935, 1.
3 Roth 1990, 95–97.
4 Roth 1990, 95–97.
5 Bausinger 2000, 119 f.
6 Bericht Lippisches Landesmuseum 1934.
7 Halle 1998, 536–537.
8 Halle 1998, 539.
9 Plassmann 1936, 331.
10 Bouresh 1996, 62.
11 Griepentrog 1991, 153–173.
12 Bouresh 1996, 91 f.
13 Unruh 2002, 139.
14 Halle 2012.
15 Unruh 2002, 140.
16 Unruh 2002, 141.
17 Grünberg 1939, 155.
18 Tode 1943, hier zitiert nach Heske 2005, 484.
19 Heske 2005, 490.
20 Schmidt 2002, 151.
21 Schatzrat der Provinzialregierung Rudolf Hartmann 1935. Hier zitiert nach Hoffmann 2005, 237.
22 Menghin 2005, 124.
23 Kiekebusch 1933, 39–40.
24 Hoffmann 2005, 240.
25 Schreiben des Textilarchäologen K. Schlabow an das SS-Ahnerbe. 9. Mai 1939. BArch Berlin NS 21/2321.
26 Schreiben des Textilarchäologen K. Schlabow an das SS-Ahnerbe. 9. Mai 1939. BArch Berlin NS 21/2321.
27 Schreiben des Textilarchäologen K. Schlabow an das SS-Ahnerbe. 9. Mai 1939. BArch Berlin NS 21/2321.
28 Ströbel 1938.
29 Schöbel 2002, 353–354. Geplant war zusätzlich der Ausstellungsort Wien für Ende September 1939. Das wurde aber durch den Kriegsausbruch verhindert.
30 Schöbel 2002, S. 353.
31 Vahrenkamp 2001, 36.
32 Krüger 1936, 487.
33 Hoffmann 2005, 240.
34 Halle 2002, 461.
35 Fiehler 1941.
36 Benecke 1938, 246.
37 Benecke 1938, 247.
38 Schöbel 2002, 355.
39 Roth 1990, 168.
40 Halle 2002, 469.
41 Roth 1990, 98.
42 Grohne 1953.
43 Nagel 2012, 205.
44 Roth 1990, 256.

Museum „Väterkunde" und Focke-Museum – zwei Bremer Beispiele
(Dirk Mahsarski und Sabrina Schütze) – S. 94 ff.

1 Vetter 2002.
2 Hartog 2002, 352. Klee 2007, 497. Mahsarski 2012a. Mahsarski 2012b. Mahsarski/Schütze in Vorb.
3 Besichtigungs-Programm für die Teilnehmer am Zweiten Nordischen Thing in der Böttcherstraße zu Bremen (undatiert), in: Archiv Böttcherstraße Bremen, C–2. Nordisches Thing 1934. Mahsarski/Schütze in Vorb.
4 Del Testa 1990, 38. Mahsarski 2012b. Schütze 2012. Mahsarski/Schütze in Vorb.
5 Schreiben von Roselius an Müller-Brauel vom 8. Juni 1926, in: Kloster Museum Zeven, HMB1–337.
6 Aufstellung über Käufe des Museums „Väterkunde" o. D., in: Archiv Böttcherstraße Bremen, C – Väterkunde.
7 Plan von Müller-Brauel zur Ausgestaltung des Roselius-Museums (ca. 1927), in: Kloster Museum Zeven, HMB1–344.
8 Schreiben von R. Roselius an H. Müller-Brauel vom 12. Juli 1926, in: Kloster Museum Zeven, HMB1–344. Schreibfehler im Original.
9 Schütze 2013. Mahsarski/Schütze in Vorb.
10 Mahsarski 2012b. Mahsarski/Schütze in Vorb.
11 Müller-Brauel 1933. Mahsarski 2011b. Schütze 2013. Mahsarski/Schütze in Vorb.
12 Wirth 1928.
13 Schreiben von L. Roselius an H. Wirth vom 12. Juni 1933, H. Wirth an L. Roselius vom 27. November 1933, in: BArch (ehem. BDC), DS, Lehr- und Forschungsamt Ahnenerbe, Roselius, Ludwig (02.07.1874).
14 Schreiben von Ludwig Roselius an Herman Wirth vom 15. Juni 1934, in: BArch, NS 21/406.
15 Roselius 1933b, 8.
16 Kater 1974, 15. Pringle 2006, 61, 91. Löw 2007, 370 f. Mahsarski 2012a. Mahsarski 2012b. Mahsarski/Schütze in Vorb.
17 Mahsarski 2011b. Mahsarski 2012a. Mahsarski 2012b.
18 Mahsarski 2011b. Mahsarski 2012a. Mahsarski 2012b.
19 Kopie eines Rundschreibens von Bürgermeister K. H. O. Heider an die Bremer Senatoren vom 12. Juni 1936, in: Staatsarchiv Bremen, 3-S. 8.b. Böttcherstraße Nr. 9. Hartog 2002, 351 f. Pringle 2006, 91. Schmidle 2006, 188. Mahsarski 2011b. Mahsarski 2012a. Mahsarski 2012b.
20 Christiansen 1998. Mahsarski/Schütze in Vorb.
21 Mahsarski/Schütze in Vorb.
22 Schreiben von E. Grohne an den Senator für das Bildungswesen vom 11. November 1944. Schreiben des Senators für die Finanzen an den Senator für das Bildungswesen vom 24. November 1944, in: Staatsarchiv Bremen, 3-N5, Nr. 170 [19].
23 Das Zitat ist auf einem Foto in den Beständen des Focke-Museums überliefert. Das ursprüngliche Goethe-Zitat bezieht sich auf das so genannte Kopieren von Pferden und Hunden und nicht auf Tacitus.
24 Müller-Brauel 1933. Mahsarski/Schütze in Vorb.

Archäologie in der politischen Schulung
(Uta Halle, Bianca und Dirk Mahsarski) – S. 101 ff.

1 Peters 2009
2 Tagebucheintrag von Goebbels am 15. März 1933, hier zitiert nach Benz/Graml/Weiss 1997, 42.
3 Kahrstedt 1935, 129.
4 Herbert Kühn, Denkschrift zur Hebung der vorgeschichtlichen Forschung in der Rheinprovinz vom 18. November 1932. Hier zitiert nach Bouresh 1996, 56.
5 Reinerth 1932, 248–249.

6 Gummel 1938, 388.
7 Gummel 1938, 387.
8 Schreiben Merharts an Jordan vom 11. November 1933. Museum Wewelsburg, Nachlaß Jordan 223 Nr. 8.
9 Schlegelmilch 2006, 48.
10 Thamer 1998, 400; Kater 2005.
11 Schreiben Rusts an die „Vertrauensmänner" vom 13. Februar 1939.
12 Haßmann 2002, 119.
13 Buttler 1938, 378.
14 Mork 2004. http://www.dhm.de/lemo/forum/kollektives_gedaechtnis/329/index.html.
15 Agde 1934, 160.
16 Kraas 2004, 255.
17 *Nachrichtenblatt* 1933, 160. Vgl. Pape 2002, 175.
18 *Bautzener Geschichtshefte* XIII, 1935, 24.
19 Kraas 2004, 103.
20 Janssen 1935, Abb. 4.
21 Janssen 1935, 74–75.
22 Kraas 2004, 169.
23 Heinemann 2003.
24 Heinemann 2003, insbes. 612 f.
25 24. August 1935, Rosenberg an Himmler. APM Unteruhldingen Akte SS.
26 Halle 2003, 398.
27 Buttler 1936, 173 Anm. 1.
28 Bericht 1935 „Der Reichsführer SS besichtigt".
29 Schreiben Sievers' an Pohl vom 1. April 1938. Vgl. Kater 1974, 70.
30 Kater 2006, 343.
31 Protokoll des Kreisleiters Wedderwilles über die Sitzung von 5. Dezember 1941 in Detmold. StA DT D 110 BX Nr. 1.
32 Hoffmann 2005, 239.
33 Pape 2002, 166.
34 Hoffmann 2005, 240.

Germanien im NS-Alltag
(Uta Halle) – S. 109 ff.

1 Geschwendt 1935, 73.
2 Kluger 2000, 128.
3 Kluger 2000, 128.
4 Schöbel 2002, 353 Anm. 137.
5 Hassmann 2002, 116.
6 Hansen 1932, 202.
7 Stern 2003, 106.
8 Stern 1992, 68. Stern 2002, 214.
9 Hassmann 2002, 127.
10 Stern 2003, 106
11 Stern 2002, 226.
12 Stern 2003, 97.
13 Stern 2003, 106.
14 Zechner 2009, 186–188.

15 *Illustrierter Beobachter* 1933.
16 Schäfer 2003.
17 Diesen Hinweis verdanken wir B. Kastens, Bremen.
18 Vacano 1936, 183.

Zwangsarbeit – NS-Terror in der Prähistorischen Archäologie?
(Judith Schachtmann, Thomas Widera) – S. 120 ff.

1 Herbert 2003, 185.
2 Herbert 2003, 7.
3 Mommsen 1983, 414.
4 Herbert 1991, 398.
5 Grieger 2010.
6 Herbert 1991, 388 ff.
7 Vgl. Spoerer 2001, 107–115.
8 Herbert 1991, 11.
9 Herbert 2003, 153–159.
10 Grieger 2010, 99.
11 Spoerer 2001, 117.
12 Herbert 2003, 143–147.
13 Herbert 2003, 158.
14 Hierzu und im Folgenden, soweit nicht anders erwähnt: Schachtmann/Widera in Vorb.
15 Mecking in Vorb.
16 Moschkau 1934, 5.
17 Das sächsische Denkmalschutzgesetz (Gesetz zum Schutz von Kunst-, Kultur- und Naturdenkmalen) wurde am 13. Januar 1934 eingeführt.
18 Moschkau 1934, 5.
19 Trnka/Ladenbauer-Orel 1992, 47–51.
20 Trnka/Ladenbauer-Orel 1992, 49.
21 Jünger/Schachtmann 2010, 32–34.
22 Kossian 2007, 37 Anm. 74.
23 Arbeitsbericht 1941, 276.
24 Arbeitsbericht 1940, 581 und Perschke in Vorb.

Die Urgeschichte in Österreich vor und während der NS-Zeit
(Otto H. Urban) – S. 126 ff.

1 Pittioni 1974, 1. Urban 1996, 4. Urban 2002, 23 f.
2 Geehr 1986, 9.
3 Hoernes 1914, 1–3.
4 Kossinna 1912. Grünert 2002.
5 Hoernes, 1914, 1 f.
6 Abel 1924.
7 Menghin, 1923, 2–3.
8 Menghin, 1940) 1–9.
9 Beschluss A. V. Nr. 173/39, Br. N/L des Gaugerichtes Wien vom 8. September 1938 (Kopie im DÖW).
10 Rosar 1971, 32 f. und 58 f.
11 Personalakte Josef Bayer, Archiv der Universität Wien.

12 Geehr 1986, 23.
13 Menghin 1931, 5 f.
14 Pittioni 1974, 3. Urban 1996, 11. Urban 2002, 24.
15 Menghin 1933. Vgl. dazu auch mit einer kritischen Besprechung des Werkes durch das „Amt Rosenberg" Urban 2010, 379–381 und Geehr 1986, 19–23.
16 Urban, 1996, 14–17 (Anhang B1–2) mit Vorlesungsverzeichnis und Zusammenstellung aller Dissertanten.
17 Rosar 1971, 108–116.
18 Geehr 1986, 23 f.
19 Urban 1996, 8, 12 (Anhang A 5).
20 DÖW 2841 mit Abschrift der Zeugenaussage von HBP Miklas vom 30. Januar 1946 (Beweisstück US 884), Seite 21 (Namensschreibung stellenweise verbessert). Allgemein zum „Anschluss" vgl. Botz 1988.
21 v. Galéra 1938, 254.
22 Obwohl dieses Kabinett nur kurz bestanden hat, entspricht ihr rechtliches Zustandekommen jenem der Regierung Dollfuß I und II und Schuschnigg I bis IV. Der Bundeskanzler wurde jeweils mit seinen Bundesministern vom Bundespräsidenten ernannt. Eine Legitimation durch das Parlament war nach der austrofaschistischen Verfassung nicht notwendig.
23 Jakubovitsch 1993, 181–183.
24 Ein entsprechendes Dankesschreiben findet sich in den Unterlagen des „SS-Ahnenerbes"; das Schreiben von Höfler hatte Sievers aber wunschgemäß nicht archiviert.
25 ÖStA, AdR (O2 41/14).
26 BA in Berlin, Personalakt Menghin, BDC REM M 519, Fol. 7762; Pers. Akt und Fragebogen für Treudiensthrenzeichen im ÖStA, AdR. Geehr 1976, 23 f.
27 Personal- und Vorlesungsverzeichnis der Universität Wien, Sommersemester 1944, 53.
28 http://www.lettertothestars.at/uploads/pdf/288291_Weinbach.pdf
29 Beninger 1939, 2–6.
30 BA in Berlin, BDC, Ahnenerbe, Menghin, mit Schreiben A76/p26So. vom 26. März 1940; Mitgliedsausweis-Nr. 607.
31 BA in Berlin, BDC, Ahnenerbe, Willvonseder Februar 1941.
32 Trnka 1992, 47–112.
33 Vgl. Ernst 1995, 187–220.
34 Vgl. Pesditschek 2010, 292 f.
35 Freundliche Mitteilung Marianne Pollak, Bundesdenkmalamt.
36 Moßler 1997, 415 f.
37 Schreiben Stokars an Sievers vom 12. Oktober 1942. BA Berlin BDC Materialien Stokar. Vgl. Halle 2003, 390 f.

38   ÖStA, AdR, Pers. Akt Beninger, Eduard, LGSt Wien, GZ: Vg le Vr 1326/46, Seite 8.
39   Schiller 1802, 3.
40   Mitscha-Märheim 1976, VII–IX.
41   Pittioni 1928, 102.
42   Personalstand der Universität Wien, Studienjahr 1937/1938, o. S.
43   Urban, Much, 26 mit Fußnoten 88.
44   Barb 1957 Anm. 11. Urban, 2002, 26 Anm. 87.
45   Pittioni 1947.

Archäologie in der besetzten Tschechoslowakei
(Uta Halle und Dirk Mahsarski) – S. 134 ff.

1   Kroll 1998, 29–98. Elvert 1999, 224. Kershaw 1998, 244–250. Kershaw 2000, 63 f.
2   Elvert 1999, 224.
3   Elvert 1999, 224.
4   Erlass des Führers und Reichskanzlers über das „Protektorat Böhmen und Mähren" vom 16. März 1939.
5   Kershaw 2000, 87–125. Heinemann 2003, 119–186. Karny 2007, 717.
6   Franz 1938, 342.
7   Kater 1970, 271 ff. Karny 2007. Eickhoff 2009, 132–135. Halle 2009, 56–59. Klápště 2009, 119–123. Klimetzek 2009, insbes. 104–107. Konrád 2009.
8   Eickhoff 2009, 131–132.
9   Weger 2009, 143.
10   Pringle 2006, 123 ff. Eickhoff 2009, 132–135. Mahsarski 2011a, 182 f. und 185 f. Mahsarski 2012a in Vorb.
11   Eickhoff 2009, 134–135.
12   Bohmers 1941a.
13   Bohmers 1941b.
14   Bohmers 1940.
15   Eickhoff 2009, 134.
16   Eickhoff 2009, 136.
17   Eickhoff 2009, 135.
18   Eickhoff 2009, 134.
19   Eickhoff 2009, 135.
20   Eickhoff 2009, 139–140. Eickhoff 2010, 283–284.
21   Bassett 2007, 219.
22   Mahsarski 2011a, 220 ff.
23   Mahsarski 2011a, 222.
24   Kater 1970, 271 ff. Mahsarski 2011a, 279 f.

Archäologen im besetzten Osteuropa
(Dirk Mahsarski und Gunter Schöbel) – S. 140 ff.

1   Kossinna 1919. Heinemann 2003. Mahsarski 2011a, 126–131 und 187 f.
2   Krausnick/Wilhelm 1981. Gruchmann 1995. Kroll 1998. Elvert 1999. Kershaw 1998. Longerich 1998. Kershaw 2000. Heinemann 2003. Piper 2005. Longerich 2006. Zellhuber 2006. Longerich 2008.
3   Aufzeichnungen für den Nachruf auf W. Buttler von K. H. Jacob-Friesen, in: NLA, HStAH, Hann 152, Acc. 53/84, Nr. 2. Halle 2002, 473. Kieseler 2008, 58–61. Mahsarski 2011a 194, 201 f.
4   Kater 1974, 147–155 und 289. Mężyński 2000. Dingell 2003. Rosenkötter 2003. Pringle 2006, 195–209. Mahsarski 2012b.
5   Kater 1974, 292. Halle 2008. Kieseler 2008, 58–61. Schöbel 2009. Mahsarski 2011a, 202–205.
6   Schöbel 2009, 270 f.
7   Halle 2013, 189–204.
8   Zitiert nach Halle 2013, 198.
9   Schöbel 2009, 270–282. Mahsarski 2011a, 235 f.
10   Mahsarski 2011a, 234–238.
11   Mahsarski 2011a, 237–268.
12   Zitiert nach Mahsarski 2011a, 269.
13   Mahsarski 2011a, 269–274.
14   Mahsarski 2011a, 274 f.
15   Mahsarski 2011a, 240–245 und 275–283.

Skandinavien und die „Germanische Leitstelle"
(Dirk Mahsarski) – S. 147 ff.

1   Mahsarski 2011a, 232 f. Mahsarski 2012b.
2   Undatierter Aktenvermerk von Komanns, in: BArch (former BDC), DS, Lehr- und Forschungsamt Ahnenerbe, Plassmann, Joseph Otto (12. 06. 1895).
3   Wegner 1997, 310–316. Mahsarski 2011a, 232 f., 240–246 und 264 f.
4   Zur Person Jankuhn vgl. Mahsarski 2011a und den Beitrag zu den Forschungsinstitutionen in diesem Band.
5   Mahsarski 2011a, 205.
6   Lagebericht von H. Jankuhn an W. Sievers vom 4. Mai 1940, Seite 2 f., in: BArch (ehem. BDC), DS, Lehr- und Forschungsamt Ahnenerbe, Jankuhn, Herbert (08. 08. 1905). Norwegischer Zeichensatz im Original.
7   Lagebericht von H. Jankuhn an W. Sievers vom 4. Mai 1940, Seite 3, in: BArch (ehem. BDC), DS, Lehr- und Forschungsamt Ahnenerbe, Jankuhn, Herbert (08. 08. 1905). Norwegischer Zeichensatz im Original.
8   Mahsarski 2011a, 207 ff.
9   Mahsarski 2011a, 210 f.
10   Mahsarski 2011a, 211.
11   Aktenvermerk von W. Sievers vom 3. Mai 1943, in: BArch (ehem. BDC), DS, Lehr- und Forschungsamt Ahnenerbe, Kersten, Karl (08. 08. 1909). Runen im Original.
12   Mahsarski 2011a, 210 f.
13   Mahsarski 2011a, 209.
14   Mahsarski 2011a, 209 f.
15   Hagen 1985/1986, 269. Rolfsen 2003, 126–128. Mahsarski 2011a, 209 f.
16   Mahsarski 2011a, 211 ff.
17   Fure 2009, 244–261. Mahsarski 2011a, 232 f. Mahsarski 2012b.

Archäologie und Propaganda in Frankreich (1940–1944)
(Jean-Pierre Legendre und Uta Halle) – S. 154 ff.

1   Halle 2003. Halle 2007.
2   Herbert 1996, 295.
3   Demarolle 1990.
4   Bardiès 2003.
5   Keuth 1943 und 1944.
6   Schnitzler/Legendre 2001. Legendre 2005.
7   Klewitz 1974. Nolte 1974.
8   Stemmermann war bis zur Kriegserklärung Professor für Frühgeschichte und Archäologie an der Hochschule für Lehrerbildung in Karlsruhe (Stenzel 1999).
9   Reusch war davor Wissenschaftlicher Assistent im Museum Köln (Goethert 1995).
10   Hermann Keuth war seit Juni 1936 Mitglied der NSDAP und förderndes Mitglied der SS (Personalakte Hermann Keuth, Bundesarchiv Berlin-Lichterfelde, Reichskulturkammer, RS/I 274.); Paul-Hans Stemmermann war Mitglied der NSDAP seit Mai 1937 (Nr. 5260 383), wurde 1938 SS-Bewerber, im Mai 1940 SS-Untersturmführer und im Dezember 1939 zum Leiter der Zelle Heidelberg des Sicherheitsdienstes ernannt (Personalakte Paul-Hans Stemmermann, Bundesarchiv Berlin-Lichterfelde, Rasse- und Siedlungshauptamt der SS, RS/F 5519.); Wilhelm Reusch war seit Mai 1933 Mitglied der NSDAP (Nr. 2 128 393) (Bundesarchiv Berlin-Lichterfelde, Ortskartei der NSDAP, S 0002.).
11   Legendre 2005.
12   Heckenbenner 2001.
13   Stemmermann 1940.
14   Reusch 1943a.
15   Stemmermann 1940.
16   Stemmermann 1940.
17   Reusch 1943a.
18   Stemmermann 1940.
19   Reusch 1943a.
20   Legendre 2001, 2002 und 2007a.
21   Heuss 2000.
22   Personalakte Wolfgang Dehn, Bundesarchiv Berlin-Lichterfelde, Rasse- und Siedlungshauptamt der SS, RS/A 5438.

23 Personalakte Wolfgang Dehn, Bundesarchiv Berlin-Lichterfelde, SS-Ahnenerbe, DS G 0115.
24 Delort 1947.
25 Reusch 1943a.
26 Puls 1942.
27 Legendre 2005.
28 Reusch 1943a. Delort 1947.
29 Reusch 1943a.
30 Reusch 1941. Reusch 1943a.
31 Fehr 2010, 465.
32 Hülle 1942.
33 Zu Hans Möbius vgl. Fehr 2010, 419–421.
34 Gemeint Hülle 1942. Halle 2013.
35 Haevernick am 17. Oktober 1943.
36 Möbius 1944.
37 Delort 1947.
38 Bardiès/Schnitzler/Legendre 2001.
39 Legendre 2007.

Die Fortsetzung der archäologischen Karrieren
(Martijn Eickhoff, Uta Halle, Jean-Pierre Legendre und Otto H. Urban) – S. 164 ff.

1 Stürmer 2002, 441.
2 Amtsblatt des Kontrollrats in Deutschland 1945.
3 Vgl. Berg 2004.
4 Mehrtsen 1980, 65.
5 Levi 1988, 8.
6 Jacob-Friesen 1950.
7 Reichel 2009, 24.
8 Schöbel 2002, 358.
9 Schöbel 2011, 113–114.
10 Schöbel 2011, 113–114.
11 Schöbel 2011, 113–114.
12 Schöbel 2002, 321.
13 Schöbel 2002, 360.
14 Halle 2002, 390.
15 Weger 2011.
16 Brather 2002, 484.
17 Pape 2001, 76.
18 Mahsarski 2011a, 305.
19 Mahsarski 2011a, 300.
20 Mahsarski 2011a, 300–301.
21 Pape 2001, 69 Anm. 28 und 82.
22 Pape 2001, 82. Theune 2001.
23 Riek 1940.
24 Hakelberg 2001, 274.
25 Hakelberg 2001, 274 Anm. 342.
26 Halle 2002.
27 Schreiben Franz Oelmanns vom 2. Oktober 1935 an Werner Buttler. Archiv des Landschaftsverbandes Rheinland 11423.
28 Schreiben Sievers an Sprockhoff vom 17. März 1945. Bundesarchiv Berlin NS 21 819.
29 Krämer 2001, 60.
30 Halle 2002, 452.
31 Goschler 2010, 31.
32 18. März 1946, Voorlopig rapport, betreffende onderzoek i/z Dr. Bohmers; 12. April 1946, Voorlopig tweede rapport, siehe: Akte Bohmers, 382 – Archief Curatoren der Rijksuniversiteit Groningen, Rijksarchief Groningen. Proces Verbaal J. C. A. Bohmers, 10. September 1946, siehe: DOC I 149 NIOD, Amsterdam. Dr. Bohmers, 19. April 1945; Ondervragingsrapport geval no. 0643, 12. Mai 1945; Her-Ondervragings Rapport, 28. Mai 1945; Her-Ondervragings Rapport 28/29. Juni 1945, siehe: Bureau Nationale Veiligheid 1945–1946, 2459, Nationaal Archief, Den Haag.
33 Proces Verbaal J. C. A. Bohmers, 10. September 1946, DOC I 149 NIOD, Amsterdam.
34 Zur Widerstandsgruppe F. Hielscher vgl. Kater 1974, 322 f.
35 28. November 1947, Sprangers an das Bureau Bijzondere Beheren, Nederlands Beheers Instituut, Beheersdossiers 1945–1967, 38933, Nationaal Archief, Den Haag.
36 Eickhoff 2003, 283–284.
37 http://www.nhm-wien.ac.at/jart/prj3/nhm/data/uploads/mitarbeiter_dokumente/berner/Senatsber.pdf http://www.waehringer-friedhof.at/waehringer_juedischer_friedhof.html (beide 16.10.2012), zuletzt Friedmann 2012.
38 Jakubovitsch 1993. Urban 1996. Urban 2002. Urban 2010.

Die rezente extreme Rechte und das Germanentum
(Jan Raabe und Dana Schlegelmilch) – S. 172 ff.

1 Vgl. Wiwjorra 2006a; Wiwjorra 2006b, 157–166.
2 Hein-Kircher 2005, 4.
3 Als Beleg dient hierbei Tacitus' Angabe in *Germania* 2,1, die Germanen seien eingeboren und nicht mit anderen Völkern vermischt; zum Authochtoniebegriff der Antike vgl. Lund 1995.
4 Wiwjorra 2006b, 2.
5 Puschner 2001, 87 (mit Verweis auf die völkische Agitationsschrift „Deutschlands Wiedergeburt" aus dem Jahr 1917, ebd. Anm. 14).
6 Beck/Geuenich/Hakelberg/Steuer 2004. Puschner/Großmann 2009. Zur völkischen Bewegung vgl. Breuer 2008; Puschner 2001; Puschner/Schmitz/Ulbricht 1999.
7 Interview des Fanzines *Germanenblut* mit Skalde, zitiert nach http://forum.thiazi.net/showthread.php?t=158606 (Stand: 13.6.2011).
8 Absurd, Asgardrei, CD 1998. Noie Werte, Sohn aus Heldenland, CD 1996. Nordwind, Walhalla ruft, CD 1995.
9 Frank Rennicke, Frank & frei, CD 2010. Veritas invictus, Schwertzeit, CD 2005. Freikorps, Odins Helden, MCD 1998. Daniel Eggers, Mit Schwert und Schild, CD 1996.
10 Mythos Nord, Rückkehr der Krieger, CD 2006.
11 Noise of Hate, Germanensturm, auf: Bavaria Sturm Vol. 1, CD 2007. Edelweiß, Germanenland, auf: Der Kampf geht weiter, CD 1998. Legion of Thor, Legionen des Thor, auf: Blood – Pride – Pain, CD 2002. Teja, Hammergottes Geschlecht, auf: Deutsche Gedanken, CD 2010. Act of Violence, Gott der Germanen, auf: Veritas, CD 2005.
12 Landser, Lenker der Schlachten, auf: Ran an den Feind, CD 2000.
13 No Remorse, This Time The World, LP 1988.
14 Die Waffen-SS wird auch in Fanzines porträtiert und heroisierend als „germanische Armee" dargestellt, vgl. beispielsweise: Die Waffen-SS – Eine europäische Armee!, in: *Feuer & Sturm* 11 (2002), S. 38.
15 Vgl. Agentur für soziale Perspektiven (Hrsg.), Versteckspiel. Lifestyle, Symbole und Codes von neonazistischen und extrem rechten Gruppen, Berlin [12]2011, 22.
16 Absurd, Asgardrei, CD 1998.
17 Hoyningen-Huene 2003, 292.
18 Online abzurufen unter http://www.asatru.de/nz/index.php?option=com_content&view=article&id=12:das-artbekenntnis-&catid=14:artglaube&Itemid=17 (Stand: 1.10.2012).
19 Online unter http://www.asatru.de/nz/index.php?option=com_content&view=article&id=13:das-sittengesetz-unserer-art-&catid=14:artglaube&Itemid=17 (Stand: 1.10.2012).
20 Vgl. beispielsweise *Nordische Zeitung* 1 (2007), 25; *Nordische Zeitung* 2 (1998), 41; *Nordische Zeitung* 4 (1993), 80.
21 Die heilige Fahne – mehr als der Tod, in: *Landser* 8 (2001), 43.
22 Artur der Engel, Artglaube, in: *Risaer Zündblädl* 7 (2002).
23 H. K., Sozialer Nationalismus/germanisches Heidentum. Ein Vergleich, in: *Herrlich Hermannsland* 2 (2003).
24 Germanisches Kräftemessen in der Region Altmark, in: *Bifröst* 3 (2003).
25 Frühlingsfest, in: *Bifröst* 6 (2004).
26 Germanenbriefe 4 (1998), 12.

Alltägliche Germanenbilder
(Sandra Geringer) – S. 179 ff.

1 Die Archäologin M. Sénécheau (2008) hat sich als erste Wissenschaftlerin intensiv mit Germanendarstellungen in Schulbüchern, Unterrichtsfilmen und der Jugendliteratur befasst, so dass im Folgenden auf einige ihrer Ergebnisse zurückgegriffen werden kann.

2 Sénécheau 2008, 455–456.

3 Landesamt für Denkmalpflege und Archäologie Sachsen-Anhalt; Landesmuseum für Vorgeschichte. http://www.lda-lsa.de/himmelsscheibe_von_nebra/ (17. September 2012).

4 Schulz 2002, 192.

5 Schulz 2002, 196.

6 Die Nutzung der Externsteine als germanische Kultstätte ist eindeutig widerlegt von U. Halle. Halle 2002.

7 Schulz 2002, 197–198.

8 Sénécheau 2006, 523.

9 Sénécheau 2006, 523 und Taf. 6.9, Abb. 2–4.

10 Beispielsweise Schulbuch „Volk und Führer" Klasse 2: Die Germanen. Frankfurt 1940. Kap. X, Nordgermanen entdecken Länder und gründen Staaten. Unterkapitel: Die nordgermanischen Wikinger.

11 Sénécheau 2006, 525.

12 Sénécheau 2006, 778.

13 Sénécheau 2006, 778.

Leitgedanken der Ausstellung – ein imaginärer Rundgang
(Karin Walter) – S. 182 ff.

1 Tacitus, *Germania* IXX 1, Übersetzung: Tassilo Schmitt, Bremen.

2 Fehrle 1944, XI.

3 Vgl. dazu Grünert 2002.

4 Rosenberg 1936, 198.

Quellen- und Literaturverzeichnis

Zitierte Quellen

Hans-Joachim Apffelstedt in seiner Rede zur Eröffnung des Bonner Landesmuseums am 26.4.1936. Hier zit. nach Bouresh 1996, 118.

Amtsblatt des Kontrollrats in Deutschland. Ergänzungsblatt Nr. 1, 13–20. Auszug aus der Amtlichen Verlautbarung über die Konferenz von Potsdam vom 17. Juli bis 2. August 1945. Online verfügbar unter http://www.hdg.de/lemo/html/dokumente/Nachkriegsjahre_vertragPotsdamerAbkommen/index.html.

Aufidius Bassus: Inter albim et rhenum germani omnes Tiberio neroni de diti.

Dokumentationsarchiv des Österreichischen Widerstandes (DÖW) 2841 mit Abschrift der Zeugenaussage von HBP Miklas vom 30.1.1946 (Beweisstück US 884), 21 (Namensschreibung stellenweise verbessert).

Bericht über den Beginn der Arbeiten zur Aufräumung und Neuordnung des Lippischen Landesmuseums vom 26.6.1934. D72 353.

Bericht „Der Reichsführer SS besichtigt in Bensberg bei Köln die erste vorgeschichtliche SS-Grabung, Aufdeckung einer germanischen Verteidigungsburg gegen die Römer." Abgefasst nach dem 2. Juli 1935. Archiv des Landschaftsverbandes Rheinland 11399.

Arbeitsbericht 1940 | Arbeitsbericht des Reichsbundes für Deutsche Vorgeschichte. 2. Jahreshälfte 1940, Mannus – Zeitschrift für Deutsche Vorgeschichte, 32. Jg. (Leipzig 1940), 579–582.

Arbeitsbericht 1941 | o.A., Arbeitsbericht des Reichsbundes für Deutsche Vorgeschichte für die Zeit vom 1. Januar bis 1. Juli 1941, Mannus – Zeitschrift für Deutsche Vorgeschichte, 33. Jg., Heft 2, Leipzig 1941, 275–280.

Möbius 1944 | Hans Möbius: Schlussbericht „Das Referat ‚Vorgeschichte und Archäologie' in der Militärverwaltung Frankreich 1940–1944", in: Bericht der Römisch-Germanischen Kommission 82, 2001, 474–483.

Cäsar | Gaius Julius Caesar: De Bello Gallico.

Cassius Dio | Cassius Dio LIV XX.

Grohne 1931 | Ernst Grohne: Der seltsame Streit um das Erzbischofsgrab im Dom (eingesandt als Entgegnung), in: Bremer Nachrichten 17.11.1931.

Grohne 1937 | Ernst Grohne: Weitere Funde auf der Mahndorfer Düne, vermutl. Bremer Nachrichten vom 12.6.1937.

Grohne 1938 | Ernst Grohne: Bewegtes Formenspiel der „Vossberg-Düne" in den Bremer Nachrichten vom 5./6.6.1938.

Grohne 1939 | Ernst Grohne: Wurtenforschung im Bremer Gebiet, in: Die Kogge. Blätter für Heimat und Volkstum/Unterhaltung/Kunst und Wissen vom 12.2.1939.

Himmler-Rede Ansprache anlässlich der sechsten Reichstagung der Auslandsdeutschen in der Stuttgarter Gewerbehalle am 2. September 1938. Deutsches Rundfunkarchiv Archivnr. 2935550.

Himmler in seiner Ansprache vor der Berliner Polizeiführerschaft in der Krolloper am 7. März 1939. Deutsches Rundfunkarchiv Archivnr. 2955733.

Schreiben Merharts an Jordan vom 11.11.1933. Museum Wewelsburg, Nachlass Jordan 223 Nr. 8.

Schreiben Oelmanns vom 28.6.1934. Archiv des Landschaftsverbandes Rheinland 22929.

Schreiben Rusts an die „Vertrauensmänner" vom 13.2.1939. Landesarchiv NRW Abteilung Ostwestfalen-Lippe L 80 Ia Gr. XXX Tit. 4 Nr. 4.

Schreiben Buttlers an Langsdorff über die Tagung 1935 des Reichsbundes in Bremen vom 2.10.1935. Archiv des Pfahlbaumuseums Unteruhldingen Akte Buttler.

Denkschrift zur Vorgeschichte 1939. Die Quelle ist dokumentiert von Gerd Simon und auf seiner Homepage abrufbar: http://homepage uni-tuebingen.de/gerd.simon/DSVorgesch.pdf (Zugriff: 20.1.2007).

Externsteine 1939 | Die Externsteine und andere germanische Heiligtümer am Osning unter dem Schutze des Reichsführers SS, in: Der Gau Westfalen-Nord. Zur Erinnerung an die Reichsfahrt der Alten Garde im Gau Westfalen-Nord, Detmold 1939, 270–274.

Riek 1940 | Gustav Riek, Bericht „SS-Sonderlager ‚Hinzert'" von Riek vom 26.12.1940. Bundesarchiv Documentcenter Berlin Materialien G. Riek.

Hitler in einer Rede am 5.12.1934 in Karlsruhe. Hier zit. nach Werner Hülle: Vorwort zur 7. Auflage von Gustaf Kossinna: Die deutsche Vorgeschichte, eine hervorragend nationale Wissenschaft, 1941.

Hitler 1936 | Hitlers Rede zur Kulturpolitik auf Reichsparteitag 1936, wiedergegeben in: Völkischer Beobachter 255 vom 11.9.1936, 4–6.

Reichsparteitag der NSDAP in Nürnberg 5.9.1934. Deutsches Rundfunkarchiv Nr. 2590268.

Rosenberg 1932 | Rede vor dem Kampfbund für Deutsche Kultur am 6. September 1932 in der Berliner Philharmonie, Historisches Tonarchiv Nr. 2590041.

Rosenberg, ohne nähere Quellenangabe. Hier zit. nach Nordische Welt 3, Heft 7 1935, 384.

Verzeichnis der Auswärtigen Teilnehmer des Ersten Nordischen Things, in: Archiv der Bremer Landesarchäologie.

Plinius | Plinius: Naturalis historia.

Protokoll des Kreisleiters Wedderwilles über die Sitzung von 5.12.1941 in Detmold. Landesarchiv NRW Abteilung Ostwestfalen-Lippe D 110 BX Nr. 1.

Sonderheft Illustrierter Beobachter 1936

Sueton | Sueton: Augustus.

Tacitus | Tacitus: Germania.

Tacitus | Tacitus: Annalen.

Velleius Paterculus | Velleius Paterculus: Historia Romana.

Literatur vor 1945

Abel 1924 | Othenio Abel: Wien, sein Boden und seine Geschichte. Vorträge gehalten als außerordentlicher volkstümlicher Universitätskurs der Universität Wien, Wien 1924.

Boehm 1936 | Max Hildebert Boehm: ABC der Volkstumskunde. Der Begriffsschatz der deutschen Volkslehre für Jedermann, Potsdam 1936.

Benecke 1938 | Joachim Benecke: Die Steinzeitbauten auf der Mettnau. Das neue Freilichtmuseum des Reichsbundes für Deutsche Vorgeschichte, in: Germanen-Erbe 3, 1938, 245–252.

Beninger 1939 | Eduard Beninger: Vorstellungen über die deutsche Vorgeschichtsforschung an den Volksbildungsstätten, in: Mitteilungen der Anthropologischen Gesellschaft Wien 69, 1939.

Bohmers 1941a | Assien Bohmers: Die Ausgrabung bei Unter-Wisternitz, in: Forschungen und Fortschritte 17/3, 1941, 21–22.

Bohmers 1941b | Assien Bohmers: Reiche Funde eiszeitlicher Bildkunst. Die Ausgrabungen bei Unter-Wisternitz, in: Germanien 2, 1941, 45–57.

Bohmers 1941c | Assien Bohmers: Sediment-Petrologie, ein neues Hilfsmittel zur Datierung urgeschichtlicher Kulturen, in: Germanien 10, 1941, 382–388.

Bork 1932 | Ferdinand Bork: Herman Wirth als Orientalist, in: Fritz Wiegers (Hrsg.): Herman Wirth und die deutsche Wissenschaft, München 1932, 61–69.

Buttler 1938 | Günter Buttler: Einsatz der Jugend für die Heimat. Hitlerjugend übernimmt den Ehrenschutz vorgeschichtlicher Denkmäler, in: Niedersachsen. Monatsschrift für Kultur- und Heimatpflege in Niedersachsen 43, 1938, 377–378.

Buttler 1935 | Werner Buttler: Aus der Arbeit des Kölner Museums für Vor- und Frühgeschichte 1933–1935, in: Nachrichtenblatt für deutsche Vorzeit 11, 1935, 193–197.

Buttler 1936 | Werner Buttler: Die Erdenburg bei Bensberg, Bez. Köln, eine germanische Festung der Spätlatènezeit, in: Germania 20, 1936, 173–184.

Fehrle 1944 | Eugen Fehrle: Germania: lateinisch und deutscher Text gegenübergestellt übersetzt und mit Erläuterungen versehen, München 1944.

Fiehler 1941 | Karl Fiehler: Vorwort, in: Andreas Wörle: Grossdeutschland und die See. Ausstellung in München vom 24. September 1941 bis 31. Januar 1942 im Deutschen Museum, München 1941.

Franz 1938 | Leonhard Franz: Germanen und Slawen in den Sudentenländern, in: Germanien 1938, 341–348.

Galéra 1938 | Siegmar von Galéra: Österreichs Rückkehr ins Deutsche Reich, Leipzig 1938.

Geschwendt 1935 | Fritz Geschwendt: Schulungslager für Vorgeschichte, in: Nachrichtenblatt für Deutsche Vorzeit 11, 1935, 73–74.

Götze, Reinerth, Lechler, 1934 | Alfred Götze; Hans Reinerth; Jörg Lechler: IV. Tagungsbericht. Gesellschaft für Deutsche Vorgeschichte und Reichsbund für deutsche Vorgeschichte, in: Mannus 26, 1934, 171–175.

Grohne 1929 | Ernst Grohne: Bremische Boden- und Baggerfunde, in: Jahresschrift des Focke-Museums Bremen 1929, 44–102.

Grohne 1938 | Ernst Grohne: Wurtenforschungen im Bremer Gebiet, in: Jahresschrift des Focke-Museums Bremen 1938.

Grohne 1939a | Ernst Grohne: Entwicklung der Vorgeschichtspflege in Bremen, in: Ernst Grohne, Beiträge zur Vorgeschichte und Kunstgeschichte des Niederwesergebietes. Jahresschrift des Focke-Museums Bremen 1939, 7–16.

Grohne 1939b | Ernst Grohne: Drei vorgeschichtliche Einzelfunde aus dem Niederwesergebiet, in: Beiträge zur Vorgeschichte und Kunstgeschichte des Niederwesergebietes. Jahresschrift des Focke-Museums Bremen 1939, 17–47.

Grohne 1939c | Ernst Grohne: Das sächsische Urnen- und Gräberfeld auf der Mahndorfer Düne. Vorläufiger Grabungsbericht, in: Beiträge zur Vorgeschichte und Kunstgeschichte des Niederwesergebietes. Jahresschrift des Focke-Museums 1939, 63–96.

Grohne 1940a | Ernst Grohne: Zur Vor- und Frühgeschichte des Bremer Gebietes, in: H. Knittermeyer/D. Steilen (Hrsg.), Bremen. Lebenskreis einer Hansestadt, Bremen 1940, 21–46.

Grohne 1940b | Ernst Grohne: Ein chaukisch-sächsischer Friedhof auf der Düne von Bremen-Mahndorf, in: Germanen-Erbe 5, 1940, 66–71.

Grünberg 1939 | Walter Grünberg: Jahresbericht des Landespflegers für Bodenaltertümer in Sachsen und des Landesmuseums für Vorgeschichte in Dresden für die Zeit vom 1.IV.1937 bis 31.III.1939, in: Nachrichtenblatt für Deutsche Vorzeit 15, 1939, 151–155.

Gummel 1938 | Hans Gummel: Forschungsgeschichte in Deutschland, Berlin 1938.

Hahne 1911 | Hans Hahne: Über die Moorleichen der Provinz Hannover, Leipzig 1911.

Hansen 1932 | Wilhelm Hansen: Vorgeschichte und Rundfunk, in: Nachrichtenblatt für deutsche Vorzeit 8, 1932, 200–203.

Heß von Wichdorff 1909 | Hans Heß von Wichdorff: Über die ersten Anfänge vorgeschichtlicher Erkenntnis im Ausgange des Mittelalters, in: Mannus 1, 1909, 125.

Hoernes 1914 | Moritz Hoernes: Zur Einführung, in: Wiener Prähistorische Zeitschrift 1, 1914, 1–3.

Hülle 1942 | Werner Hülle: Die Steine von Carnac, Leipzig 1942.

Jacob-Friesen 1928 | Karl Hermann Jacob-Friesen: Grundfragen der Urgeschichtsforschung. Stand und Kritik der Forschung über Rassen, Völker und Kulturen in urgeschichtlicher Zeit, Hannover 1928.

Jacob-Friesen 1934 | Karl Hermann Jacob-Friesen: Waren die Riesensteingräber wirklich „germanische Gotteshäuser", in: Die Kunde. 2/1, 1934, 1–6.

Jahn 1930 | Martin Jahn: Wie ist die Vorgeschichtswissenschaft an den deutschen Universitäten vertreten?, in: Nachrichtenblatt für deutsche Vorzeit 6, 1930, H. 9, 150–153.

Janssen 1935 | Hans-Lütjen Janssen: Vor- und frühgeschichtliches Schulungslager in Lärchwalde bei Elbing, in: Nachrichtenblatt für Deutsche Vorzeit 11, 74–76.

Kahrstedt 1935 | Ulrich Kahrstedt: Ausgrabung auf der Vogelsburg, Kr. Northeim, in: Prähistorische Zeitschrift, 1935, 127–165.

Keuth 1943 | Hermann Keuth: Aufgaben der Denkmalpflege in Lothringen, in: Deutsche Kunst und Denkmalpflege 1943, 7–8.

Keuth 1944 | Hermann Keuth: Von den Aufgaben der Denkmalpflege, in: Erbe und Heimat 1, 30–34.

Kiekebusch 1913 | Albert Kiekebusch: Versuch einer Rekonstruktion des vorgeschichtlichen Hauses von Buch, in: Zeitschrift für Ethnologie 45, 1913, 400–404.

Kiekebusch 1923 | Albrecht Kiekebusch: Die Ausgrabung des bronzezeitlichen Dorfes Buch bei Berlin, in: Deutsche Urzeit 1, Berlin 1923.

Kiekebusch 1933 | Albrecht Kiekebusch: Der Germanenzug im Berliner Grunewaldstadion, in: Nachrichtenblatt für deutsche Vorzeit 9, 1933, 39–40.

Köhn-Behrens 1934 | Charlotte Köhn-Behrens: Wer kennt Germanien?, Leipzig 1934.

Kossinna 1911 | Gustaf Kossinna: „Die Herkunft der Germanen. Zur Methode der Siedlungsarchäologie", Würzburg 1911.

Kossinna 1912 | Gustaf Kossinna: Die deutsche Vorgeschichte, eine hervorragend nationale Wissenschaft, in: Mannus-Bibliothek Bd. 9, Würzburg 1912 [2. stark verm. Aufl. 1914; 3. u. 4. bearb. Aufl. Leipzig 1921 u. 1925; postum: 5.–8. Aufl. Leipzig 1933–1941.

Kossinna 1913 | Gustaf Kossinna: Der Goldfund von Messingwerk bei Eberswalde und die goldenen Kultgefäße der Germanen, Leipzig 1913, (Gustaf Kossinna: Der germanische Goldreichtum in der Bronzezeit 1), (Mannus-Bibliothek 12).

Kossinna 1919 | Gustaf Kossinna: Das Weichselland. Ein uralter Heimatboden der Germanen, Danzig 1919.

Krogh 1936 | Christian von Krogh: Das Obervieland – Ein Beitrag zur Rassenkunde der nordwestdeutschen Marschbevölkerung, in: Bremer Wissenschaftlichen Gesellschaft (Hrsg.), Abhandlungen und Vorträge 12/1, Bremen 1938.

Krogh 1940 | Christian von Krogh: Die Skelettfunde des Bremer Gebietes und ihre Bedeutung für die Rassengeschichte Nordwestdeutschlands/Christian von Krogh, in: Bremer Wissenschaftlichen Gesellschaft (Hrsg.), Abhandlungen und Vorträge 13/3, Bremen 1940.

Krüger 1936 | Herbert Krüger: Zur Geschichte der Bohlenwegforschung in Nordwestdeutschland, in: Mannus 28, 1936, 463–495.

Kühn 1932 | Herbert Kühn: Denkschrift zur Hebung der vorgeschichtlichen Forschung in der Rheinprovinz vom 18.11.1932, zitiert nach Bouresh 1996.

Menghin 1923 | Oswald Menghin: Einführung, in: Gustav Kraitschek, Rassenkunde, Urgeschichtliche Volksbücher 1, Wien 1923, 2–3.

Menghin 1933 | Oswald Menghin: Geist und Blut. Grundsätzliches um Rasse, Sprache, Kultur und Volkstum, Wien 1933.

Menghin 1931/40 | Oswald Menghin: Weltgeschichte der Steinzeit, Wien 1931, ²1940.

Mestorf 1907 | Johanna Mestorf: Moorleichen, in: Bericht des Schleswig-Holsteinischen Museums Vaterländischer Altertümer bei der Universität Kiel. 44, Kiel 1907, 14–50.

M[oschkau] 1934 | R[udolf] M[oschkau], Fundpflege im Konzentrationslager Colditz, Die Fundpflege, Mitteilungen zur Vorzeit Sachsens und der Nachbargebiete, 2. Jg. 1. Heft, 1934, 5.

Müller-Brauel 1933 | Hans Müller-Brauel, „Das ‚Väterkunde' Museum zu Bremen," in: Ludwig Roselius (Hrsg.): Erstes Nordisches Thing in der Böttcherstrasse zu Bremen, Bremen 1933, 14–27.

Naumann 1934 | Hans Naumann: Altgermanische Philosophie, in: Ludwig Roselius (Hrsg.) 1934: Zweites Nordisches Thing in der Böttcherstrasse zu Bremen. Rufer des Things, Bremen 1934, 9–21.

Plischke 1932 | Hans Plischke: Herman Wirth und die Ethnologie, in: Fritz Wiegers, (Hrsg.): Herman Wirth und die deutsche Wissenschaft, München 1932, 34–46.

Pittioni 1928 | Richard Pittioni: Prähistorische Funde im politischen Bezirk Hartberg in der Steiermark, in: Wiener Prähistorische Zeitschrift 15, 1928, 102–107.

Plassmann 1936 | Joseph Otto Plassmann: Eröffnung der Pflegstätte für Germanenkunde in Detmold am 5. Oktober 1936, in: Germanien 1936, 328–331.

Puls 1942 | G. Puls: Waffen und Schmuck aus lothringischer Erde, in: Metzer Zeitung vom 15.02.1942.

Reinerth 1932 | Hans Reinerth: Deutsche Vorgeschichte (Nachruf Gustaf Kossinna), in: Nationalsozialistische Monatshefte. Wissenschaftliche Zeitschrift der NSDAP 27, 1932, 259–261.

Reinerth 1940 | Hans Reinerth: Ein Dorf der Großsteingräberleute. Die Ausgrabungen des Reichsamtes für Vorgeschichte am Dümmer, in: Germanen-Erbe 4, 1939, 226–242.

Reusch 1943 | Wilhelm Reusch: Fränkische Funde aus lothringischem Boden. Bericht über den gegenwärtigen Stand der frühgeschichtlichen Spatenforschung in Lothringen, in: Westmärkische Abhandlungen zur Landes- und Volksforschung 5, 1943, 39–58.

Richthofen 1937 | Bolko von Richthofen: Die Vor- und Frühgeschichtsforschung im neuen Deutschland, Berlin 1937.

Roselius 1933a | Ludwig Roselius (Hrsg.): Erstes Nordisches Thing in der Böttcherstrasse zu Bremen, Bremen 1933.

Roselius 1933b | Ludwig Roselius: Begrüßungsansprache zur Eröffnung des Ersten Nordischen Things in der Böttcherstraße zu Bremen am 2. Juni 1933, in: Ludwig Roselius (Hrsg.): Erstes Nordisches Thing in der Böttcherstrasse zu Bremen, Bremen 1933, 7–13.

Roselius 1934 | Ludwig Roselius: Rufer des Things, in: Ludwig Roselius (Hrsg.): Zweites Nordisches Thing in der Böttcherstrasse zu Bremen, Bremen 1934.

Rosenau 1931 | Helen Rosenau: Zur mittelalterlichen Baugeschichte des Bremer Doms, in: Bremisches Jahrbuch A 33, Bremen 1931, 1–36.

Rosenberg 1930 (1943) | Alfred Rosenberg: Mythus des XX. Jahrhunderts, München 1943.

Rosenberg 1935 | Rede ohne Quellenangabe, in: Nordische Welt 3, Heft 7, 1935, 348.

Rosenberg 1936 | Alfred Rosenberg, Germanische Lebenswerte im Weltanschauungskampf. Rede, gehalten auf der 3. Reichstagung für Deutsche Vorgeschichte in Ulm am 18. Oktober 1936, in: Germanen-Erbe 1, 1936, 198–203.

Rosenberg 1938 | Alfred Rosenberg: Germanische Charakterwerte. Rede, gehalten auf der Großkundgebung der 5. Reichstagung für Deutsche Vorgeschichte in Hannover, in: Germanen-Erbe 3, 1938, 322–327.

Rust 1935 | Bernhard Rust: Reichsminister Rust über Neugründung von Museen, in: Nachrichtenblatt für Deutsche Vorzeit 11, 1935, 1.

Schiller 1802 | Friedrich Schiller: Kabale und Liebe: Ein bürgerliches Trauerspiel in fünf Aufzügen, Mannheim 1802.

Schuchhardt 1909 | Carl Schuchhardt: Die Römerschanze bei Potsdam nach den Ausgrabungen von 1908 und 1909, in: Prähistorische Zeitschrift 1, H. 1, 1909, 209–238.

Schuchhardt 1914 | Carl Schuchhardt: Der Goldfund vom Messingwerk bei Eberswalde, Berlin 1914.

Schultz 1932 | Bruno Kurt Schultz: Herman Wirth und die Anthropologie, in: Fritz Wiegers, (Hrsg.): Herman Wirth und die deutsche Wissenschaft, München 1932, 24–33.

Schwabedissen 1943 | Hermann Schwabedissen: „Stand und Aufgaben der Alt- und Mittelsteinzeitforschung im mährischen Raum", in: Festschrift zum 125-jährigen Bestehen des Mährischen Landesmuseums, Brünn 1943, 15–45.

Soldan 1901 | Wilhelm Soldan: Niederlassung aus der Hallstattzeit bei Neuhäusel im Westerwald, in: Annalen des Vereins für Nassauische Altertumskunde und Geschichtsforschung 32, 1901, 1902, 145–189.

Stemmermann 1940 | Paul-Hans Stemmermann: Vorgeschichte in Lothringen, in: Westmärkische Abhandlungen zur Landes- und Volksforschung 4, 1940, 105–125.

Teudt 1929 | Wilhelm Teudt: Germanische Heiligtümer. Beiträge zur Aufdeckung der Vorgeschichte, ausgehend von den Externsteinen, den Lippe-Quellen und der Teutoburg, Jena 1929.

Vacano 1936 | Otfried Wilhelm von Vacano: Ich wecke die Jugend der Welt! Auch ein Beitrag zu Olympia, in: Germanen-Erbe 1, 1936, 183.

Virchow 1869 | Rudolf Virchow: Über Schädelmessungen, in: Allgemeine Zeitschrift für Psychiatrie und psychisch-gerichtliche Medicin 26, 1869, 727–730.

Wiegers 1932a | Fritz Wiegers: Vorwort, in: Fritz Wiegers, (Hrsg.): Herman Wirth und die deutsche Wissenschaft, München 1932, 3–5.

Wiegers 1932b | Fritz Wiegers: Herman Wirth und die Geologie, in: Fritz Wiegers, (Hrsg.): Herman Wirth und die deutsche Wissenschaft, München 1932, 7–15.

Wiegers 1932c | Fritz Wiegers: Herman Wirth und die Vorgeschichte, in: Fritz Wiegers, (Hrsg.): Herman Wirth und die deutsche Wissenschaft, München 1932, 16–23.

Wille 1933 | Hermann Wille: Germanische Gotteshäuser zwischen Weser und Ems, Leipzig 1933.

Wille 1936 | Hermann Wille: Ein Mahnmal der Hitler-Jugend auf Rügen, in: Germanien, Monatshefte für Germanenkunde zur Erkenntnis deutschen Wesens 8/10, 1936, 293–297.

Wirth 1928 | Herman Wirth: Der Aufgang der Menschheit. Untersuchungen zur Geschichte der Religion, Symbolik und Schrift der atlantisch-nordischen Rasse, Jena 1928.

Wirth 1931–1936 | Herman Wirth: Die Heilige Urschrift, Leipzig 1931–1936.

Wirth 1933a | Herman Wirth: Die Ura-Linda-Chronik, Leipzig 1933.

Wirth 1933b | Herman Wirth: Das Felsengrab an den Externsteinen, in: Germanien Heft 5, 1933, 9–15.

Wolff 1932 | Ludwig Wolff: Herman Wirth als Germanist, in: Fritz Wiegers (Hrsg.): Herman Wirth und die deutsche Wissenschaft, München 1932, 47–60.

Zotz 1944 | Lothar F. Zotz: Von den Mammutjägern zu den Wikingern. Ergebnisse und Aufgaben der Vorgeschichtskunde, Leipzig 1944.

Zotz/von Richthofen 1940 | Lothar F. Zotz/Bolko von Richthofen: Ist Böhmen-Mähren die Urheimat der Tschechen?, Leipzig 1940.

Literatur nach 1945

Adam 1977 | Uwe Adam: Hochschule und Nationalsozialismus. Die Universität Tübingen im Dritten Reich, Tübingen 1977.

Agentur 2011 | Agentur für soziale Perspektiven (Hrsg.): Versteckspiel. Lifestyle, Symbole und Codes von neonazistischen und extrem rechten Gruppen, Berlin [12]2011.

Anderl 2005 | Gabriele Anderl (Hrsg.): NS-Kunstraub in Österreich und die Folgen, Innsbruck/Wien/Bozen 2005. Online verfügbar unter http://swbplus.bsz-bw.de/bsz109717902rez.htm.

Andree 2005 | Christian Andree: Rudolf Virchow und Theodor Mommsen, in: Alexander Demandt, Andreas Goltz, Heinrich Schlange-Schöningen (Hrsg.): Theodor Mommsen: Wissenschaft und Politik im 19. Jahrhundert, Berlin 2005, 103–120.

Asskamp 1989 | Rudolf Aßkamp: Haltern, in: 2000 Jahre Römer in Westfalen, Mainz 1989, 21–43.

Barb 1958 | Alphons A. Barb: Geschichte der Altertumsforschung im Burgenland bis zum Jahre 1938, in: Wissenschaftliche Arbeiten aus dem Burgenland 4, 1957, 1–38.

Bardiès 2003 | Isabelle Bardiès: Le professeur Keune, conservateur allemand dans la guerre, in: Dans la frontière au front, un point de vue allmand, campagnes photographiques 1914–1917, Metz 2003, 15–21.

Bassett 2007 | Richard Bassett: Hitlers Meisterspion: Das Rätsel Wilhelm Canaris, Wien/Köln/Weimar 2007.

Baumann 1995 | Eberhard Baumann: Verzeichnis der Schriften, Manuskripte und Vorträge von Herman Felix Wirth Roeper Bosch von 1908 bis 1993, sowie der Schriften für, gegen, zu und über die Person und das Werk von Herman Wirth von 1908 bis 1995, Toppenstedt 1995.

Bausinger 2000 | Hermann Bausinger: Typisch deutsch – Wie deutsch sind die Deutschen?, München 2000.

Beck, Müller-Scheeßel, Trebsche 2002 | Diemut Beck, Nils Müller-Scheeßel, Peter Trebsche: Nachweise von der Römisch-Germanischen Kommission geförderte oder selbst durchgeführte Ausgrabungen und Geländeforschungen, in: Berichte der Römisch-Germanischen Kommission Bd. 82, 2002, 508–529.

Beck et al. 1998 | Heinrich Beck, Heiko Steuer, Dieter Timpe (Hrsg.): Germanen, Germania, germanische Altertumskunde, Berlin 1998.

Beck, Geuenich, Hakelberg, Steuer 2004 | Heinrich Beck, Dieter Geuenich, Dietrich Hakelberg, Heiko Steuer (Hrsg.), Zur Geschichte der Gleichung ‚germanisch – deutsch'. Sprache und Namen, Geschichte und Institutionen (= Reallexikon der Germanischen Altertumskunde, Ergänzungsband 34), Berlin 2004.

Becker u. Rasbach 2006 | Armin Becker, Gabriele Rasbach: Waldgirmes, in: Reallexikon für germanische Altertumskunde 33, 2006, 131–136.

Beilke-Voigt 2010 | Ines Beilke-Voigt: Wilhelm Unverzagt und die Grabungen aus dem Burgwall 1926 bis 1929, in: Ines Beilke-Voigt, Franz Schopper (Hrsg.): Lossow. Alte Forschungen und neue Projekte. Lossower Forschungen 1, Rahden/Westf. 2010, 31–59.

Benz, Graml, Weiss 1997 | Wolfgang Benz, Hermann Graml, Hermann Weiss: Enzyklopädie des Nationalsozialismus, Stuttgart 1997.

Berg 1996 | Christa Berg (Hrsg.): Handbuch der deutschen Bildungsgeschichte, München 1996.

Berg 2004 | Matthias Berg: Wissenschaft, Politik und Krieg. Die Kaiser-Wilhelm-Gesellschaft 1933–1945, 2004 Online verfügbar unter http://hsozkult.geschichte.hu-berlin.de/tagungsberichte/id=477.

Bernbeck 1997 | Reinhard Bernbeck, Theorien in der Archäologie, Tübingen/Basel 1997.

Biel 1985 | Jörg Biel: Der Keltenfürst von Hochdorf, in: Methoden und Ergebnisse der Landesarchäologie, Stuttgart 1985.

Blaich, Weber 2008 | Markus C. Blaich; Jörg Weber: Im Banne des Zeitgeistes – Hermann Schroller und die Ausgrabungen in der Pfalz Werla von 1936 bis 1939, in: Die Kunde, N.F. 59, 2008, 147–188.

Bleckmann 2009 | Bruno Bleckmann: Die Germanen. Von Ariovist bis zu den Wikingern, München 2009.

Böhner 1985 | Kurt Böhner, Ludwig Lindenschmit, in: Neue Deutsche Biographie 14, 1985, 597–599.

Bollmus 1970 | Reinhard Bollmus: Das Amt Rosenberg und seine Gegner: Studien zum Machtkampf im nationalsozialistischen Herrschaftssystem, Stuttgart 1970.

Bollmus 2001 | Reinhard Bollmus: Prähistorische Archäologie und Nationalsozialismus, in: Archäologie in Deutschland 2/2001, 4–6.

Borgstedt 2009 | Angela Borgstedt: Die kompromittierte Gesellschaft. Entnazifizierung und Integration, in: Peter Reichel, Harald Schmid und Peter Steinbach (Hrsg.): Der Nationalsozialismus. Die zweite Geschichte: Überwindung, Deutung, Erinnerung, Bonn 2009, 85–104.

Botz 1988 | Gerhard Botz: Nationalsozialismus in Wien, Machtübernahme und Herrschaftssicherung 1938/39, Buchloe 1988.

Bouresh 1996 | Bettina Bouresh: Die Neuordnung des Rheinischen Landesmuseums Bonn 1930–1939. Zur nationalsozialistischen Kulturpolitik der Rheinprovinz, Bonn 1996.

Brandt 2010 | Bettina Brandt: Germania und ihre Söhne. Repräsentationen von Nation, Geschlecht und Politik in der Moderne (= Historische Semantik. Bd. 10), Göttingen u.a. 2010.

Brather 2001 | Sebastian Brather: Wilhelm Unverzagt und das Bild der Slawen, in: Heiko Steuer (Hrsg.): Eine hervorragend nationale Wissenschaft. Deutsche Prähistoriker zwischen 1900 und 1995. Reallexikon der Germanischen Altertumskunde, Ergbd. 29, Berlin, New York 2001, 475–504.

Breuer 2008 | Stefan Breuer: Die Völkischen in Deutschland. Kaiserreich und Weimarer Republik, Darmstadt 2008.

Broelmann 2010 | Jobst Broelmann: „Großdeutschland und die See": Kontinuität und Diskontinuität eines Themas in zwei Ausstellungen im Deutschen Museum, in: Elisabeth Vaupel und Stefan L. Wolff (Hrsg.): Das Deutsche Museum in der Zeit des Nationalsozialismus – Eine Bestandsaufnahme, Göttingen 2010, 619–651.

Christiansen 1998 | Jörn Christiansen: Zur Geschichte des Museums, in: Focke-Museum. Ein Führer durch die Sammlungen, Bremen 1998, 8–20.

Delort 1947 | Emil Delort: Le cimetière franc d'Ennery, in: Gallia 5, 1947, 351–403.

Del Testa u.a.1990 | Luise Del Testa: Hans Müller-Brauel, Fotografien. Ausstellung zum 50. Todestag Hans Müller-Brauels, 18.10.1990–14.4.1991, Museum Kloser Zeven, Zeven 1990.

Demarolle 1990 | Jeanne-Marie Demarolle: Des Vestiges et des Hommes: un siècle d'archéologie mosellane au sein de la Société d'Histoire et d'Archéologie de la Lorraine, in: Les Cahiers Lorrains, 1990, 237–247.

Dingell 2003 | Jeanne Dingell, Zur Tätigkeit der Haupttreuhandstelle Ost, Treuhandstelle Posen. 1939 bis 1945, Frankfurt am Main 2003.

Eck 2004 | Werner Eck: Köln in römischer Zeit, Köln 2004.

Eckert 2010 | Jörg Eckert: Großsteingräber im Spiegel von Politik und öffentlicher Wahrnehmung am Beispiel der „Kleinenkneter Steine", Ldkr. Oldenburg, in: Ulf Ickerodt; Fred Mahler (Hg): Archäologie und völkisches Gedankengut: Zum Umgang mit dem eigenen Erbe; ein Beitrag zur selbstreflexiven Archäologie 2010, 103–114.

Eckert 2011 | Jörg Eckert: Die „Großen Steine" von Kleinenkneten – die Mär von den Germanischen Kulthallen, in: Egon Schallmayer; Katharina von Kurzynski (Hrsg.): Archäologie und Politik. Archäologische Ausgrabungen der 30er und 40er Jahre des 20. Jahrhunderts im zeitgeschichtlichen Kontext. Fundber. Hessen Beih. 7 (= Glauberg-Forschungen 1), Wiesbaden 2011, 193–206.

Eickhoff 2003 | Martijn Eickhoff, De oorsprong van het ‚eigene'. Nederlands vroegste verleden, archeologie en nationaal-socialisme, Amsterdam 2003.

Eickhoff 2009 | Martijn Eickhoff: Historie „ukradeneho" naleziste. Assien Bohmers a vykopavky SS-Ahnenerbe v Dolnich Vestonicich', in: RegioM, sbornik Regionalniho Muzea v Mikolove, 2009, 129–146.

Elmshäuser 2007 | Konrad Elmshäuser: Geschichte Bremens, München 2007.

Elvert 1999 | Jürgen Elvert: Mitteleuropa!: Deutsche Pläne zur europäischen Neuordnung, 1918–1945, Stuttgart 1999.

Emberland, Fure 2009 | Terje Emberland, Jorunn Sem Fure (Hrsg.): Jakten på Germania: fra nordensvermeri til SS arkeologi, Oslo 2009.

Ernst 1995 | Rudolf Ernst: Pompeji vor den Toren Wiens. Die „Führergrabung" von Carnuntum 1938/40, Hephaistos 13, 1995, 187–220.

Fehr 2004/05 | Hubert Fehr: Prehistoric archaeology and German Ostforschung: the case of the excavations at Zantoch, in: Jacek Lech (Hrsg.): Neighbours: Polish-German relations in archaeology Part I – to 1945, Archaeologia Polona 42, 2004 [2005], 197–228.

Fehr 2010 | Hubert Fehr: Germanen und Romanen im Merowingerreich. Frühgeschichtliche Archäologie zwischen Wissenschaft und Zeitgeschehen, Berlin 2010.

Felgenhauer 1974 | Fritz Felgenhauer: Geschichte der prähistorisch-archäologischen Erforschung von Stillfried, Forschungen in Stillfried 1, Wien 1974, 7–20.

Fetten 2000 | Frank Fetten: Archaeology and anthropology in Germany before 1945, in: Heinrich Härke [ed.]: Archaeology, Ideology and Society: The German Experience, Gesellschaften und Staaten im Epochenwandel 7, Frankfurt a.M. 2000, 140–179.

Fliedl 2005 | Gottfried Fliedl: Die negative Utopie des Museums : Museums- und Ausstellungspolitik in der NS-Zeit 1933–1945, in: Gabriele Anderl (Hrsg.): NS-Kunstraub in Österreich und die Folgen, Innsbruck/Wien/Bozen 2005, 42–58, Online verfügbar unter http://swbplus.bsz-bw.de/bsz109717902rez.htm.

Frenzel 1957 | Rudolf Frenzel: Die volkskundliche Arbeit von Ernst Grohne, in: Heimat u. Volkstum 1957 (Grohne Gedenkschrift), 1957, 17– 22.

Friedmann 2012 | Ina Friedmann: Der Prähistoriker Richard Pittioni (1906–1985) zwischen 1938 und 1945 unter Einbeziehung der Jahre des Austrofaschismus und der beginnenden Zweiten Republik, unveröffentlichte Diplomarbeit, Universität Wien 2012.

Frodl-Kraft 1997 | Eva Frodl-Kraft: Gefährdetes Erbe: Österreichs Denkmalschutz und Denkmalpflege 1918–1945 im Prisma der Zeitgeschichte, Wien/Köln/Weimar 1997.

Fuchs 2003 | Brigitte Fuchs: „Rasse", „Volk", Geschlecht. Anthropologische Diskurse in Österreich 1850–1960. Anthropolgische Diskurse in Österreich 1850–1960, Frankfurt/New York 2003.

Fuhrmeister 2010 | Christian Fuhrmeister: Völkische Memorialarchitektur im Nationalsozialismus, in: Ickerodt, U. u. F. Mahler (Hrsg.) 2010a: Archäologie und völkisches Gedankengut: Zum Umgang mit dem eigenen Erbe. Ein Beitrag zur Selbstreflexiven Archäologie. (= 1. Uelzener Gespräch), Frankfurt a.M./Berlin/Bern u.a. 2010, 115–130.

Geehr 1986 | Richard S. Geehr: Oswald Menghin, ein Vertreter der katholischen Nationalen, in: Isabella Ackerl, Rudolf Neck (Hrsg.), Geistiges Leben im Österreich der Ersten Republik (Wissenschaftliche Kommission zur Erforschung der Geschichte der Republik Österreich 10), 1986, 9–24.

Giersch 1985 | Reinhard Giersch, Kampfbund für deutsche Kultur, in: Dieter Fricke (Hrsg.), Lexikon zur Parteiengeschichte. Die bürgerlichen und kleinbürgerlichen Parteien und Verbände in Deutschland (1789–1945). Bd. 3, Köln 1985.

Goethert 1995 | Karin Goethert: In memoriam Wilhelm Reusch, in: Trierer Zeitschrift, 58, 1995, 469–471.

Goschler u. Graf 2010 | Constantin Goschler, Rüdiger Graf: Europäische Zeitgeschichte seit 1945, Berlin 2010.

Grieger 2010 | Manfred Grieger: Industrie und NS-Zwangsarbeitssystem. Eine Zwischenbilanz, in: Dittmar Dahlmann; Albert S. Kotowski; Norbert Schlossmacher; Joachim Scholtyseck (Hrsg.): Zwangsarbeiterforschung in Deutschland. Das Beispiel Bonn im Vergleich und im Kontext neuerer Untersuchungen, Essen 2010, 87–99.

Griepentrog 1991 | Martin Griepentrog: „Frischer Wind" in der musealen „Leichenkammer". Zur Modernisierung kulturhistorischer Museen von der Jahrhundertwende bis zum Nationalsozialismus, in: Geschichte in Wissenschaft und Unterricht 1991, 153–173.

Grohne 1953 | Ernst Grohne: Mahndorf. Frühgeschichte des Bremischen Raums, Bremen 1953.

Grote 2006 | Klaus Grote: Das Römerlager im Werratal bei Hedemünden (Ldkr. Göttingen). Ein neuentdeckter Stützpunkt der augusteischen Okkupationsvorstöße im rechtsrheinischen Germanien. in: Germania 84, 2006, 27–59.

Gruchmann 1995 | Lothar Gruchmann: Der Zweite Weltkrieg: Kriegführung und Politik, Darmstadt 1994.

Grünert 2002a | Heinz Grünert: Gustaf Kossinna (1858–1931). Vom Germanisten zum Prähistoriker. Ein Wissenschaftler im Kaiserreich und in der Weimarer Republik, Vorgeschichtliche Forschungen, Band 22, Rahden/Westfalen 2002.

Grünert 2002b | Heinz Grünert: Gustaf Kossinna. Ein Wegbereiter der nationalsozialistischen Ideologie, in: Achim Leube (Hrsg.): Prähistorie und Nationalsozialismus: Die mittel- und osteuropäische Ur- und Frühgeschichtsforschung in den Jahren 1933–1945, Heidelberg 2002, 307–320.

Haag 1980 | John Haag: Marginal Men and the Dream of the Reich: Eight Austrian National-Catholic Intellectuals 1918–1938, in: Who were the Fascists, Bergen/Oslo/Tromsö 1980, 239–248.

Hagen 1985/86 | Anders Hagen: Arkeologi og politikk, in: Viking 49, 1985/86, 269–278.

Hahn, Müller-Beck, Taute 1973 | Joachim Hahn; Hansjürgen Müller-Beck; Wolfgang Taute: Eiszeithöhlen im Lonetal. Archäologie einer Landschaft auf der Schwäbischen Alb, Stuttgart 1973.

Hakelberg 2001 | Dietrich Hakelberg: Deutsche Vorgeschichte als Geschichtswissenschaft. Der Heidelberger Prähistoriker Ernst Wahle im Kontext seiner Zeit, in: Heiko Steuer (Hrsg.), Eine hervorragend nationale Wissenschaft. Deutsche Prähistoriker zwischen 1900 und 1995, Berlin/New York 2001, 199–310.

Hakelberg 2003 | Dietrich Hakelberg: Nationalismus einer Elite. „Heidnisches Teutschland" und „vaterländische Altertumskunde" in der ersten Hälfte des 19. Jahrhunderts, in: Elisabeth Vogel (Hrsg.): Zwischen Ausgrenzung und Hybridisierung : zur Konstruktion von Identitäten aus kulturwissenschaftlicher Perspektive, Würzburg 2003, 15–35.

Halle 1994 | Vom „irden Geschirre" zum „kriegswichtigen" Produkt: Die Nutzung von Bodenschätzen in Hillentrup zwischen dem 17. Und 19. Jahrhundert, in: Dankwart von Reden/Roland Linde (Hrsg.), Hillentrup. Kirchdorf und Bauerschaft, Hillentrup 1994, 243–275.

Halle 1998 | Uta Halle: Detmold und die deutsche Vorgeschichtsforschung, in: Nationalsozialismus in Detmold. Dokumentation eines stadtgeschichtlichen Projekts, Bielefeld 1998, 528–555.

Halle 2002 | Uta Halle: Die Externsteine sind bis auf weiteres germanisch! Prähistorische Archäologie im Dritten Reich. Bielefeld: Verl. für Regionalgeschichte (Sonderveröffentlichungen des Naturwissenschaftlichen und Historischen Vereins für das Land Lippe, 68), Bielefeld 2002.

Halle 2003 | Uta Halle: Archäologie und Westforschung, in: Burkhard Dietz, Helmut Gabel, Ulrich Tiedau (Hrsg.): Griff nach Westen. Die „Westforschung" der völkisch-nationalen Wissenschaft zum nordwesteuropäischen Raum, 1919–1960, Münster u.a. 2003, 383–406.

Halle 2006 | Uta Halle, Die „Jugend" des Faches an den deutschen Universitäten – „Förderung zur wissenschaftlichen Pflege der Heimatkunde" oder „Gebot vorausschauender Nationalpolitik", in: Johan Callmer, u.a. (Hrsg.): Die Anfänge der ur- und frühgeschichtlichen Archäologie als akademisches Fach (1890–1930) im europäischen Vergleich. Internationale Tagung an der Humboldt-Universität zu Berlin vom 13.–16. März 2003, Rahden 2006, 73–80.

Halle 2007 | Uta Halle: Go West. German archaeology during the Third Reich (Netherland and Belgium) Vers l'Ouest. Les archéologes allemands sous le IIIe Reich aux Pays-Bas et en Belgique, in: Jean-Pierre Legendre, Laurent Olivier und Bernadette Schnitzler (Hrsg.): L'archéologie nationale-socialiste dans les pays occupés à l'Ouest du Reich. Actes de la table ronde internationale „Blut und Boden" [tenue à Lyon (Rhône) dans le cadre du Xe congrès de la European Association of Archaeologists (EAA), les 8 et 9 septembre 2004], Gollion 2007, 303–112.

Halle 2007 | Uta Halle: Die „alte Pfalz Kaiser Ottos" in Magdeburg. Die Ergebnisse einer „Ausgrabung" im Bundesarchiv zur Vorgeschichte der Domplatzgrabungen in Magdeburg (1938), in: Gerson H. Jeute; Jens Schneeweiß; Claudia Theune (Hrsg.): aedificatio terrae. Beiträge zur Umwelt- und Siedlungsarchäologie Mitteleuropas. Festschrift für Eike Gringmuth-Dallmer zum 65. Geburtstag. Rahden, Westf. 2007, 165–172.

Halle 2008 | Uta Halle: Ur- und Frühgeschichte, in: Jürgen Elvert; Jürgen Nielsen-Sikora (Hrsg.): Kulturwissenschaften und Nationalsozialismus, Stuttgart 2008, 109–166.

Halle 2009 | Uta Halle: Deutsche Ost-, deutsche Westforschung: Ein Vergleich, in: Judith Schachtmann; Michael Strobel; Thomas Widera (Hrsg.): Politik und Wissenschaft in der prähistorischen Archäologie. Perspektiven aus Sachsen, Böhmen und Schlesien, Berichte und Studien des Hannah-Arendt-Institut für Totalitarismusforschung e.V., Band 56, Göttingen 2009, 53–68.

Halle 2011a | Uta Halle: Archäologische Forschung in Bremen und umzu, in: Bremen und umzu – Ausflugsziele auf der Düne, Geest und in der Marsch. Ausflüge zu Archäologie,

Geschichte und Kultur in Deutschland, 53, 2011, 25–33.

Halle 2011b | Uta Halle: „Kulturwerte unter Sand" – Die Ausgrabungen 1936 –1939 in Bremen-Mahndorf, in: Egon Schallmayer; Katharina von Kurzynski (Hrsg.): Archäologie und Politik. Archäologische Ausgrabungen der 30er und 40er Jahre des 20. Jahrhunderts im zeitgeschichtlichen Kontext. Fundber. Hessen Beih. 7 = Glauberg-Forschungen 1, Wiesbaden 2011, 181–192.

Halle 2013 | Uta Halle: Frauen in der Ur- und Frühgeschichtsforschung zwischen 1933 und 1945 – zwei Karrieren, in: Jana Esther Fries, Ulrike Rambuscheck (Hrsg.): Pionierinnen der Archäologie (= Frauen-Forschung-Archäologie Bd. 10), Münster 2013, 171–217.

Hamann 1996 | Brigitte Hamann: Hitlers Wien. Lehrjahre eines Diktators, München 1996.

Hanisch 1997 | Ernst Hanisch: Gau der guten Nerven: die nationalsozialistische Herrschaft in Salzburg 1938–1945, Salzburg/München 1997.

Hartog 2002 | Ari Hartog: Zur Ideengeschichte der Böttcherstraße bis 1945, in: Tallasch, H. & Aschenbeck, N. (Hrsg.) Projekt Böttcherstraße. [… zur Ausstellung „Marke und Mäzen" im Paula-Modersohn-Becker-Museum], Oldenburg 2002, 341–357.

Hassmann 2002 | Henning Hassmann: Archäologie und Jugend im „Dritten Reich". Ur- und Frühgeschichte als Mittel der politisch-ideologischen Indoktrination von Kindern und Jugendlichen, in: Achim Leube/Morten Hegewisch (Hrsg.): Prähistorie und Nationalsozialismus. Die mittel- und osteuropäische Ur- und Frühgeschichtsforschung in den Jahren 1933–1945, Heidelberg 2002, 107–146.

Heckenbrenner 2001 | Dominique Heckenbenner: Les fouilles des nécropoles de Sarraltroff (Weiherwald) et de Dolving (Bergwald), in: L'archéologie en Alsace et en Moselle au temps de l'annexion : 1940–1944, Strasbourgh/Metz 2001, 78–80.

Hein-Kircher 2005 | Heidi Hein-Kircher: Historische Mythosforschung, in: Digitales Handbuch zur Geschichte und Kultur Russlands und Osteuropas. Themen und Methoden, Online 2005, 1–35. Abzurufen unter http://www.vifaost.de/index.php?id=125&type=0&jumpurl=http%3A%2F%2Fepub.ub.uni-muenchen.de%2Farchive%2F00000639%2F01%2Fhein-mythosforschung.pdf (Stand 1.10.2012).

Heinemann 2003 | Isabell Heinemann: „Rasse, Siedlung, deutsches Blut." Das Rasse- und Siedlungshauptamt der SS und die rassenpolitische Neuordnung Europas, Göttingen 2003.

Herbert 1985 | Ulrich Herbert: Fremdarbeiter. Politik und Praxis des „Ausländer-Einsatzes" in der Kriegswirtschaft des Dritten Reiches, Berlin/Bonn 1985.

Herbert 1996 | Ulrich Herbert: Best. Biographische Studien über Radikalismus, Weltanschauung und Vernunft. 1903–1989, ³Bonn 1996.

Herbert 2003 | Ulrich Herbert: Geschichte der Ausländerpolitik in Deutschland: Saisonarbeiter, Zwangsarbeiter, Gastarbeiter, Flüchtlinge, Bonn 2003.

Heske 2005 | Immo Heske: „Inszeniertes Germanentum" – Das archäologische Museum „Haus der Vorzeit" in Braunschweig von 1937 bis 1944, in: Archäologisches Nachrichtenblatt 10, 2005, 482–493.

Heuss 2000 | Anja Heuss: Kunst- und Kulturgutraub. Eine vergleichende Studie zur Besatzungspolitik der Nationalsozialisten in Frankreich und der Sowjetunion, Heidelberg 2000.

Hoffmann 2005 | Kerstin Hoffmann: Ur- und Frühgeschichte – eine unpolitische Wissenschaft? Die urgeschichtliche Abteilung des Landesmuseums Hannover in der NS-Zeit, in: Nachrichten aus Niedersachsens Urgeschichte 74, 2005, 109–249.

Hohenschwert 1985 | Friedrich Hohenschwert: Grotenburg mit Großem und Kleinem Hünenring, in: Nordwestdeutscher und West- und Süddeutscher Verband für Altertumsforschung (Hrsg.) Der Kreis Lippe, Führer zu archäologischen Denkmälern in Deutschland Bd. 11, Stuttgart 1985, 140–143.

Holzbauer 2005 | Robert Holzbauer: NS-Kunstraub in Österreich. Von 1938 bis heute, in: Dietmar Pauger: Art goes Law, 2005, 233–254.

Hoyningen-Huene 2003 | Stefan von Hoyningen-Huene, Religiosität bei rechtsextrem orientierten Jugendlichen, Münster/Hamburg/London 2003.

Hutter 2009 | Peter Hutter: Tuisco und Arminius, in: Landesverband Lippe (Hrsg.): 2000 Jahre Varusschlacht – Mythos, Stuttgart 2009, 164–171.

Inegrao 2012 | Christian Inegrao: Hitlers Elite. Die Wegbereiter des nationalsozialistischen Massenmords, Berlin 2012.

Jacob-Friesen 1950 | Karl Hermann Jacob-Friesen: Wissenschaft und Weltanschauung in der Urgeschichtsforschung, in: Die Kunde NF 1, 1950, 1–5.

Jakubovitsch 1993 | Hermann Jakubovitsch: Die Forschungsgeschichte des Faches Ur- und Frühgeschichte der Universität Wien und Innsbruck im Überblick, unveröffentlichte Dissertation, Universität Wien 1993.

Jakubowski-Tiessen 2004 | Manfred Jakubowski-Tiessen (Hrsg.): Religion zwischen Kunst und Politik: Aspekte der Säkularisierung im 19. Jahrhundert, Göttingen 2004.

Jensma 2004 | Goffe Jensma: De gemaskerde god. François Haverschmidt en het Oera Linda-boek. Zutphen u, Groningen 2004.

Jünger/Schachtmann 2010 | Konstanze Jünger und Judith Schachtmann, „Eine 3000 Jahre alte Stadt" – Die Ausgrabungen auf der Heidenschanze von Dresden-Coschütz und ihre Darstellung in der Öffentlichkeit, in: Regina Smolnik (Hrsg.): Ausgrabungen in Sachsen 2, Dresden 2010, 27–35.

Kaienburg 2010 | Hermann Kaienburg: Resümee: Die Veränderung der Existenzbedingungen in den Konzentrationslagern. In: Kaienburg, Hermann (Hrsg.): Nationalsozialistische Konzentrationslager 1933–1945: Die Veränderung der Existenzbedingungen, Berlin 2010, 163–184.

Karny 2007 | Miroslav Karny, Protektorat Böhmen und Mähren, in: Benz/Graml/Weiß (Hrsg.), Enzyklopädie des Nationalsozialismus, München 2007, 717.

Kater 1974 | Michael H. Kater: Das „Ahnenerbe" der SS 1935–1945. Ein Beitrag zur Kulturpolitik des Dritten Reiches, Stuttgart 1974.

Kater 2005 | Michael H. Kater: Hitler-Jugend, Darmstadt 2005.

Keefer 1992 | Erwin Keefer: Hans Reinerth in: Keefer, Erwin (Hrsg.), Die Suche nach der Vergangenheit. 120 Jahre Archäologie am Federsee, Stuttgart 1992, 41–48.

Kelm u. Vennewald 2012 | Zur Vermittlung von Ideologien in der Zeit des Nationalsozialismus am Beispiel des Museums für Dithmarscher Vorgeschichte in Heide, in: Dithmarschen. Landeskunde – Kultur – Natur Heft 2, 2012, 24–30

Kershaw 1998 | Ian Kershaw: Hitler. 1889–1936 Hubris, London 1998.

Kershaw 2000 | Ian Kershaw: Hitler. 1936–1945 Nemesis, London 2000.

Klápště 2009 | Jan Klápště, Die Archäologie Böhmens im geschichtspolitischen Diskurs zwischen 1918 und 1989, in: Schachtmann, Judith; Strobel, Michael; Widera, Thomas (Hrsg.): Politik und Wissenschaft in der prähistorischen Archäologie. Perspektiven aus Sachsen, Böhmen und Schlesien, Berichte und Studien/Hannah-Arendt-Institut für Totalitarismusforschung e.V., Band 56, Göttingen 2009, 109–123.

Klee 2007 | Ernst Klee: Das Personenlexikon zum Dritten Reich. Wer war was vor und nach 1945?, Frankfurt a.M. 2007.

Kieseler 2008 | Andreas Kieseler: Ernst Petersen (1905–1944). Ein Beitrag zur Erforschung der ur- und frühgeschichtlichen Archäologie in der Zeit des Nationalsozialismus, in: Felix Biermann, Ulrich Müller und Thomas Terberger [Hrsg.]: „Die Dinge beobachten ..." Archäologische und historische Forschungen zur frühen Geschichte Mittel- und Nordeuropas, Festschrift für Günter Mangelsdorf zum 60. Geburtstag, Archäologie und Geschichte im Ostseeraum, Band 2, Rahden/Westfalen, 2008.

Kirsten 1985 | Christa Kirsten (Hrsg.): Die Altertumswissenschaften an der Berliner Akademie. Wahlvorschläge zur Aufnahme von Mitgliedern von F. A. Wolf bis zu G. Rodenwaldt 1799–1932, in: Studien zur Geschichte der Akademie der Wissenschaften der DDR 5, Berlin 1985, 155–157.

Klewitz 1974 | Martin Klewitz, Hermann Keuth. Nachruf, in: Bericht der staatlichen Denkmalpflege im Saarland 21, 1974.

Klimetzek 2009 | Volker Klimetzek, Lothar Zotz im Spiegel seiner Veröffentlichungen, in: Schachtmann, Judith; Strobel, Michael; Widera, Thomas (Hrsg.): Politik und Wissenschaft in der prähistorischen Archäologie. Perspektiven aus Sachsen, Böhmen und Schlesien, Berichte und Studien/Hannah-Arendt-Institut für Totalitarismusforschung e.V., Band 56, Göttingen 2009, 99–107.

Kluger, Apel, Klöcker 1940/2000 | Alfons Kluger, Hans Jürgen Apel, Michael Klöcker: Die Volksschule im NS-Staat. Nachdruck des Handbuches „Die deutsche Volksschule im Grossdeutschen Reich: Handbuch der Gesetze, Verordnungen und Richtlinien für Erziehung und Unterricht in Volksschulen nebst den einschlägigen Bestimmungen über Hitler-Jugend und Nationalpolitische Erziehungsanstalten" von A. Kluger, Breslau 1940, 2000.

Koch-Stetter, Lorenzen 2001 | Dora Koch-Stetter; Heidrun Lorenzen: Wege nach Ahrenshoop, Berlin 2001.

Köster 2009 | Klaus Köster: Katalogbeiträge, in: Landesverband Lippe (Hrsg.): 2000 Jahre Varusschlacht – Mythos, Stuttgart 2009, 344.

Kohler 2011 | Christian Kohler: Ein ruhiges Fortbestehen? Das Germanische Nationalmuseum im „Dritten Reich", Berlin 2011.

Konrád 2009 | Ota Konrád: „Denn die Uneignung der slawischen Völkergruppe bedarf keines Beweises mehr": Die „sudetendeutsche Wissenschaft" und ihre Einbindung in die zeitgenössischen Diskurse 1918–1945, in: Judith Schachtmann; Michael Strobel; Thomas Widera (Hrsg.): Politik und Wissenschaft in der prähistorischen Archäologie. Perspektiven aus Sachsen, Böhmen und Schlesien, Berichte und Studien/Hannah-Arendt-Institut für Totalitarismusforschung e.V., Band 56, Göttingen 2009, 69–97.

Kossian 2011 | Rainer Kossian: Hunte 1 – Ein mittel- bis spätneolithischer und frühbronzezeitlicher Siedlungsplatz am Dümmer, Ldkr. Diepholz (Niedersachsen). Die Ergebnisse der Ausgrabungen des Reichsamtes für Vorgeschichte in den Jahren 1938 und 1940, Kerpen/Loogh 2007.

Kraas 2004 | Andreas Kraas: Lehrerlager 1932–1945: politische Funktion und pädagogische Gestaltung, Kempten 2004.

Krämer 2001 | Werner Krämer: Gerhard Bersu ein deutscher Prähistoriker (1889–1964), in: Bericht der Römisch-Germanischen Kommission Bd. 82, 2001: 100 Jahre Römisch-Germanische Kommission, Mainz 2002, 5–101.

Krausnick u. Wilhelm 1981 | Helmut Krausnick, Hans-Heinrich Wilhelm (Hrsg.): Die Truppe des Weltanschauungskrieges. Die Einsatzgruppen der Sicherheitspolizei und des SD 1938–1942, Quellen und Darstellungen zur Zeitgeschichte Band 22, Stuttgart 1981.

Kroll 1998 | Frank-Lothar Kroll: Utopie als Ideologie. Geschichtsdenken und politisches Handeln im Dritten Reich, Paderborn/München/Wien/Zürich 1998.

Kühn 1976 | Herbert Kühn: Geschichte der Vorgeschichtsforschung, Berlin/New York 1976.

Large u. Siber 2002 | David Clay Large, Karl Heinz Siber: Berlin. Biographie einer Stadt, München 2002.

Legendre, 2001 | Jean-Pierre Legendre: Sites fouillés et thèmes de recherches en Moselle: les fouilles d'Ennery, 1941 et de Saint-Pierre aux-Nonnains, 1942, in: Bardiès, Legendre, Schnitzler, Jean-Pierre Legendre: L'organisation et le fonctionnement de l'archéologie en Moselle pendant la seconde Annexion, 1940–1944: Le Landesdenkmalamt Metz et l'Abteilung Vor- und Frühgeschichte, in: Archaeologica Mosellana 6, 439–487.

Legendre 2007 | Jean-Pierre Legendre; Laurent Olivier; Bernadette Schnitzler (Hrsg.), 2007: L'archéologie nationale-socialiste dans les pays occupés à l'Ouest du Reich. Actes de la table ronde internationale „Blut und Boden" [tenue à Lyon (Rhône) dans le cadre du Xe congrès de la European Association of Archaeologists (EAA), les 8 et 9 septembre 2004]. Gollion: Infolio Edition.

Lehmann 2012 | Stefan Lehmann: Hans Schleif (1902–1945). In: Gunnar Brands, Martin Maischberger (Hrsg.): Lebensbilder: Klassische Archäologen und der Nationalsozialismus, Leidorf/Rahden 2012, 207–222.

Lehmann u. Mahsarski in Vorb. | Svea Lehmann, Dirk Mahsarski: Richard von Hoff und die Archäologie.

Lerchenmüller u. Simon 1999 | Joachim Lerchenmueller, Gerd Simon: Maskenwechsel. Wie der SS-Hauptsturmführer Schneider zum BRD-Hochschulrektor Schwerte wurde, Tübingen 1999.

Leube 2002 | Achim Leube, Morten Hegewisch (Hrsg.): Prähistorie und Nationalsozialismus. Die mittel- und osteuropäische Ur- und Frühgeschichtsforschung in den Jahren 1933–1945, Heidelberg 2002.

Leube 2004 | Achim Leube: Deutsche Prähistoriker im besetzten Polen, in: Parerga Praehistorica. Jubiläumsschrift zur Prähistorischen Archäologie. 15 Jahre UPA. Universitätsforschungen zur Prähistorischen Archäologie Bd. 100, Bonn 2004, 287–347.

Leube 2010 | Achim Leube: Prähistorie zwischen Kaiserreich und wiedervereinigtem Deutschland. 100 Jahre Ur- und Frühgeschichte an der Berliner Universität Unter den Linden. Studien zur Archäologie Europas 10, Bonn 2010.

Levi 1988 | Primo Levi: Ist das der Mensch?, München 1988.

Löw 2007 | Luitgart Löw: Herman Wirth and the History of Primeval Thought, in: Legendre, Olivier & Schnitzler, 2007, 366–378.

Löw 2009 | Luitgart Löw: På oppdrag for Himmler – Herman Wirths ekspedisjoner til Skandinavias hellerestninger, in: Emberland, T. & Fure, J. S. (Hrsg.) 2009: Jakten på Germania: fra nordensvermeri til SS arkeologi, Oslo 2009, 180–201.

Loitfellner 2006 | Sabine Loitfellner: NS-Kunstraub und Restitution in Österreich. Institutionen, Akteure, Nutznießer, in: Raub und Rückgabe, Wien 2006, 13–25.

Longerich 1998 | Peter Longerich: Politik der Vernichtung. Eine Gesamtdarstellung der nationalsozialistischen Judenverfolgung, München 1998.

Longerich 2006 | Peter Longerich: „Davon haben wir nichts gewusst". Die Deutschen und die Judenverfolgung 1933–1945, München 2006.

Longerich 2008 | Peter Longerich: Heinrich Himmler. Biographie, München 2008.

Losemann 1977 | Volker Losemann: Nationalsozialismus und Antike. Studien zur Entwicklung des Faches Alte Geschichte 1933–1945, Hamburg 1977.

Luckhardt 1995 | Jochen Luckhardt: Grabmal und Totengedächtnis Heinrich des Löwen, in: Jochen Luckhardt und Franz Niehoff (Hrsg.): Heinrich der Löwe und seine Zeit, München 1995, 283–291.

Lund 1995 | Alan Lund: Germanenideologie im Nationalsozialismus. Zur Rezeption der „Germania" des Tacitus im „Dritten Reich", Heidelberg 1995.

Mahsarski 2001 | Dirk Mahsarski: Gerhard Heberer: Mitläufer oder Avantgardist der ‚Neuen Ordnung'?, in: Immo Heske (Hrsg.): „NIK – Nachrichten und Informationen zur Kultur", Heft 6, 2001, 34–52.

Mahsarski 2011a | Dirk Mahsarski: Herbert Jankuhn, 1905–1990. Ein deutscher Prähistoriker zwischen nationalsozialistischer Ideologie und wissenschaftlicher Objektivität, Rahden/Westf. 2011.

Mahsarski 2011b | Dirk Mahsarski: Prähistorische Archäologie als politische Großveranstaltung. Archäologische Jahrestagungen der 1930er im Spannungsfeld von Wissenschaft, Verbandspolitik, Macht und Propaganda. Archäologische Informationen 34/1, 2011, 97–112.

Mahsarski 2012 | Dirk Mahsarski: Das Ahnenerbe der SS und die Archäologen – Die Prähistorische Archäologie zwischen wissenschaftlichen Großprojekten, NS-Ideologie und religiöser Neustiftung. In: Ickerodt und Mahler 2012 (Dritte Uelzener Gespräche).

Mahsarski 2013a | Dirk Mahsarski: Das Ahnenerbe der SS und die Archäologen – Die Prähistorische Archäologie zwischen wissenschaftlichen Großprojekten, NS-Ideologie und religiöser Neustiftung, in: Ulf Ickerodt und Fred Mahler 2013 (Dritte Uelzener Gespräche).

Mahsarski 2013b | Dirk Mahsarski: The Ahnenerbe of the SS, 1935–1945. A think tank for Germanic supremacy.

Mahsarski 2013c | Dirk Mahsarski: „Wir werden uns dieser Aufgabe mit derselben Zähigkeit widmen, mit der sich die Schutzstaffel allen anderen Aufgaben bisher gewidmet hat.' Die Förderung der Prähistorischen Archäologie durch die SS von 1933 bis 1945" in: Dirk Mahsarski, Karin Reichenbach [Hrsg.]: „Die Spur des Geldes. Mäzene, Förderer und Förderstrukturen der Prähistorischen Archäologie", 2013.

Mahsarski in Vorb. | Dirk Mahsarski: Archäologie als Instrument der politischen Schulung im Nordwesten.

Mahsarski u. Perschke in Vorb. | Dirk Mahsarski, Reena Perschke: Friedrich Walburg.

Mahsarski u. Schütze in Vorb. | Dirk Mahsarski, Sabrina Schütze: Das Focke-Museum und das Museum „Väterkunde". Zur Genese und Präsentation archäologischer Sammlungen in Bremen in der Weimarer Republik und im Nationalsozialismus.

Malitz 1983 | Jürgen Malitz: Die Historien des Poseidonios, München 1983.

Mecking in Vorb. | Angelika Mecking: Die Erdenburg bei Bensberg. Erste Ausgrabung der Schutzstaffel zwischen archäologischer Forschung und Nationalsozialismus, in: Jürgen Kunow (Hrsg.) Tagungsband zur Tagung „Archäologie und Bodendenkmalpflege in der Rheinprovinz 1920–1945. Personen-Institutionen-Netzwerke" (In Vorb.).

Mehrtens 1980 | Herbert Mehrtens; Steffen Richter (Hrsg.): Naturwissenschaft, Technik und NS-Ideologie. Beiträge Wissenschaftsgeschichte des Dritten Reiches, Frankfurt a.M. 1980.

Mellies 2009 | Dirk Mellies: Politische Feiern am Hermannsdenkmal nach 1875, in: Landesverband Lippe (Hrsg.): 2000 Jahre Varusschlacht – Mythos, Stuttgart 2009, 263–272.

Menghin 2005 | Wilfried Menghin (Hrsg): Das Berliner Museum für Vor- und Frühgeschichte : Festschrift zum 175-jährigen Bestehen, Berlin 2005.

Mertens 2004 | Dieter Mertens: Die Instrumentalisierung der „Germania" des Tacitus durch die deutschen Humanisten, in: Heinrich Beck, Dieter Geuenich, Dietrich Hakelberg, Heiko Steuer (Hrsg.), Zur Geschichte der Gleichung ‚germanisch – deutsch'. Sprache und Namen, Geschichte und Institutionen (= Reallexikon der Germanischen Altertumskunde, Ergänzungsband 34), Berlin 2004, 37–102.

Mezyński 2000 | Andrzej Mezyński, Kommando Paulsen. Organisierter Kunstraub in Polen, 1942–45, Köln 2000.

Mitscha-Märheim 1976 | Herbert Mitscha-Märheim (Hrsg.): Zueignung, in: Festschrift Richard Pittioni zum siebzigsten Geburtstag. Archaeologia Austriaca, Beiheft 13, Bd.1, Wien 1976.

Monyk 2006 | Elisabeth Monyk: Zwischen Barbarenklischee und Germanenmythos: Eine Analyse österreichischer Gesichtslehrbücher zwischen 1891–1945, Essen 2006.

Mommsen 1983 | Hans Mommsen: Die Realisierung des Utopischen: Die Endlösung der Judenfrage im „Dritten Reich", in: Geschichte und Gesellschaft 9, 1983, 381–420.

Morawski 2001 | Detlef Morawski: „Stummheit zum Reden bringen". Ernst Grohne und sein Werk. Mitteilungen der Arbeitsgemeinschaft für Archäologie des Mittelalters und der Neuzeit 12, 2001, 61–63.

Mork 2004 | Werner Mork, 2004: Propaganda und Uniformierung im Dritten Reich (Kollektives Gedächtnis). Online verfügbar unter http://www.dhm.de/lemo/forum/kollektives_gedaechtnis/329/index.html, zuletzt geprüft am 15.08.2012.

Moßler 1948 | Gertrude Moßler, Der Südostwall im Lichte archäologischer Bodenforschung. Burgenländische Heimatblätter 10, 1948.

Müller 2003 | Heribert Müller, „von welschem Zwang und welschen Ketten des Reiches Westmark zu erretten" Burgund und der Neusser Krieg 1474/75 im Spiegel der deutschen Geschichtsschreibung von der Weimarer Zeit bis in die frühe Bundesrepublik, in: Burkhard Dietz, Helmut Gabel, Ulrich Tiedau (Hrsg.): Griff nach Westen. Die „Westforschung" der völkisch-nationalen Wissenschaft zum nordwesteuropäischen Raum, 1919–1960, Münster u.a. 2003, 137–184.

Müller-Beck 2011 | Hansjürgen Müller-Beck: Lon(e)talforschung von 1931–1941. Wissenschaftliches Projekt – Projekt des NSD-Dozentenbundes an der Wissenschaftlichen Akademie in Tübingen – ab 1935 unter der Schirmherrschaft des Reichsführers SS Heinrich Himmler, in: Egon Schallmayer und Katharina von Kurzynski (Hrsg.): Archäologie und Politik. Archäologische Ausgrabungen der 30er und 40er Jahre des 20. Jahrhunderts im zeitgeschichtlichen Kontext. Wiesbaden 2011 (Fundberichte aus Hessen Beiheft, 7), 121–140.

Mulot 1996 | Sybille Mulot: Wodin, Tunis, und Inka. Die Ura-Linda-Chronik, in: Karl Corino: Gefälscht! Betrug in Politik, Literatur, Wissenschaft, Kunst und Musik; [33 Fälle, die die Welt bewegten, von der Antike bis zur Gegenwart] Universalgeschichte des Fälschens, Frankfurt a.M. 1996, 263–275.

Nagel 2012 | Anne Christine Nagel: Hitlers Bildungsreformer. Das Reichsministerium für Wissenschaft, Erziehung und Volksbildung 1934–1945, Frankfurt a.M. 2012.

Narr 1958 | Karl J. Narr: Zum wissenschaftlichen Werk Oswald Menghins, in: Festgabe für Oswald Menghin zum 70. Geburtstag. Der Schlern 32, Bozen 1958, 77–80.

Nolte 1974 | Erich Nolte: Hermann Keuth (1888–1974), in: Zeitschrift für die Geschichte der Saargegend 1974, 14–16.

Panfil 2011 | Rafal Panfil: History of archaeological research carried out by Elbinger Archaeological Society (Elbinger Altertumsgesellschaft) since 1874 till 1945, in: Elblaskie Studia Muzealne 2, 67–109.

Pape 2001 | Wolfgang Pape, Zehn Prähistoriker aus Deutschland, in: Heiko Steuer [Hrsg.]: Eine hervorragend nationale Wissenschaft: Deutsche Prähistoriker zwischen 1900 und 1995, Ergänzungsbände zum Reallexikon der Germanischen Altertumskunde, Band 29, Berlin 2001, 1–54.

Pape 2002a | Wolfgang Pape: Zur Entwicklung des Faches Ur- und Frühgeschichte in Deutschland bis 1945, in: A. Leube (Hrsg.) in Zusammenarbeit mit M. Hegewisch, Prähistorie und Nationalsozialismus. Die mittel- und osteuropäische Ur- und Frühgeschichtsforschung in den Jahren 1933–1945, Heidelberg 2002, 163–226.

Pape 2002b | Wolfgang Pape: Ur- und Frühgeschichte, in: Frank-Rutger Hausmann (Hrsg.): Die Rolle der Geisteswissenschaften im Dritten Reich 1933–1945, München 2002, 329–359.

Pawlowsky, Wendelin 2006 | Verena Pawlowsky; Harald Wendelin: Enteignete Kunst. Raub und Rückgabe. Österreich von 1938 bis heute, Wien 2006.

Perscke in Vorb. | Reena Perschke, Der Bunker im Tumulus – Kriegsarchäologie im Spannungsfeld von Wehrmacht, SS-Ahnenerbe und Dienststelle Rosenberg.

Pesditschek 2010 | Martina Pesditschek: Wien war anders – Das Fach alte Geschichte und Altertumskunde, in: Mitchell G. Ash, W. Nieß, R. Pils (Hrsg.), Geisteswissenschaften im Nationalsozialismus, Göttingen 2010, 287–316.

Peters 2009 | Anja Peters: Tagungsbericht Elitenbildung, Schulung und NS-Lagergesellschaft. 04.06.2009–06.06.2009, Alt Rehse, (H-Soz-u-Kult). Online verfügbar unter http://hsozkult.geschichte.hu-berlin.de/tagungsberichte/id=2683, zuletzt aktualisiert am 14.07.2009, zuletzt geprüft am 30.08.2012.

Pietzner 2009 | Katrin Pietzner: Limes, in: Reallexikon für Antike und Christentum 23, 2009, 163–207.

Piper 2005 | Ernst Piper: Alfred Rosenberg, Hitlers Chefideologe, München 2005.

Pittioni 1947 | Richard Pittioni: Der Bergfürst, Wien 1947.

Pittioni 1974 | Pittioni, 1974, 1 Oswald Menghin 1888–1973, in: ArchA 55, 1974, 1–5.

Pohl 2004 | Walter Pohl: Die Germanen. Enzyklopädie deutscher Geschichte 57, München ²2004.

Pringle 2006 | Heather Pringle: The Master plan. Himmler's scholars and the Holocaust, London 2006.

Puschner, Schmitz, Ulbricht 1999 | Uwe Puschner/Walter Schmitz/Justus H. Ulbricht (Hrsg.): Handbuch zur ‚Völkischen Bewegung' 1871–1918, München 1999.

Puschner 2001a | Uwe Puschner, Die völkische Bewegung im wilhelminischen Kaiserreich. Sprache – Rasse – Religion, Darmstadt 2001.

Puschner 2001b | Uwe Puschner: Die Germanenideologie im Kontext völkischer Weltanschauung, in: Göttinger Forum für Altertumswissenschaft 4, 2001, 85–97. Online abzurufen unter http://www.gfa.d-r.de/4-01/puschner.pdf (Stand: 1.10.2012).

Puschner 2002 | Uwe Puschner: Grundzüge völkischer Rassenideologie, in: Achim Leube (Hrsg.): Prähistorie und Nationalsozialismus. Die mittel- und osteuropäische Ur- und Frühgeschichtsforschung in den Jahren 1933–1945, Heidelberg 2002, Leube 2002, 49–72.

Puschner 2006 | Uwe Puschner: Weltanschauung und Religion, Religion und Weltanschauung. Ideologie und Formen völkischer Religion, in: zeitenblicke 5, 2006, Nr. 1, online abrufbar unter www.zeitenblicke.de/2006/1/7Puschner/index.html.

Puschner, Großmann 2009 | Uwe Puschner/Ulrich G. Großmann (Hrsg.): Völkisch und national. Zur Aktualität alter Denkmuster im 21. Jahrhundert, Darmstadt 2009.

Pusman 2008 | Karl Pusman: Die „Wissenschaft von Menschen" auf Wiener Boden (1870–1959). Die Anthropologische Gesellschaft in Wien und die anthropologischen Disziplinen im Fokus von Wissenschaftsgeschichte, Wissenschafts- und Verdrängungspolitik, Münster 2008.

Reichel 2009 | Peter Reichel: Der Nationalsozialismus vor Gericht, in: Peter Reichel, Harald Schmid und Peter Steinbach (Hrsg.): Der Nationalsozialismus. Die zweite Geschichte : Überwindung, Deutung, Erinnerung, Bonn 2009, 22–61.

Reichel, Schmid, Steinbach 2009 | Peter Reichel; Harald Schmid; Peter Steinbach (Hrsg.): Der Nationalsozialismus. Die zweite Geschichte: Überwindung, Deutung, Erinnerung, Bonn 2009.

Reulecke u. Stambolis 2009 | Jürgen Reulecke; Barbara Stambolis (Hrsg.): 100 Jahre Jugendherbergen 1909–2009. Anfänge, Wandlungen, Rück- und Ausblicke, Essen 2009.

Rolfsen 2003 | Perry Rolfsen: Snartemosverdet – kopier og NS-propaganda, in: Perry Rolfsen, Frans-Arne Stylegar (Hrsg.): Snartemofunnene i nytt lys, Schriften des Kulturhistorischen Museums der Universität Oslo, Band 2, Oslo 2003, 81–131.

Rosar 1971 | Wolfgang Rosar: Deutsche Gemeinschaft, Seyss-Inquart und der Anschluß, Wien 1971.

Rosenkötter 2003 | Bernhard Rosenkötter: Treuhandpolitik. Die ‚Haupttreuhandstelle Ost' und der Raub polnischer Vermögen 1939–1945, Essen 2003.

Roth 1990 | Martin Roth: Heimatmuseum. Zur Geschichte einer deutschen Institution, Berlin 1990.

Rothenhöfer u. Hanel 2005 | Peter Rothenhöfer, Norbert Hanel: Germanisches Blei für Rom. Zur Rolle des römischen Bergbaus im rechtsrheinischen Germanien im frühen Prinzipat, in: Germania 83, 2005, 53–65.

Rusinek 2000 | Bernd-A. Rusinek: „Wald und Baum in der arisch-germanischen Geistes- und Kulturgeschichte". Ein Forschungsprojekt des „Ahnenerbe" der SS 1937–1945, in: Albrecht Lehmann u. Klaus Schriewer (Hrsg.): Der Wald – Der deutscher Mythos? Perspektiven eines Kulturthemas, Berlin/Hamburg 2000, 267–363.

Schachtmann/Widera in Vorb. | Judith Schachtmann und Thomas Widera, Überlegungen zur Zwangsarbeit in der Prähistorischen Archäologie zwischen 1933 und 1945.

Schäfer 2003 | Martina Schäfer: Rechts, Links, Geradeaus? Zum Sprachduktus deutscher Prähistoriker zwischen 1935 und 1965, Leipziger online-Beiträge Nr. 1, Leipzig 2003, 6, www.uni-leipzig.de/~ufg/reihe/files/schaefer.pdf.

Schäferjohann-Bursian 2007 | Iris Schäferjohann-Bursian: Wilhelm Teudt im Detmold der 1920er Jahre: seine Suche nach Orientierung, in: Hermann Niebuhr u. Andreas Ruppert (Hrsg.) 2007: Krieg – Revolution – Republik. Detmold 1914–1933, Bielefeld 2007, 415–458.

Schallmayer 2006 | Egon Schallmayer: Der römische Limes. Geschichte einer Grenze, München 2006.

Scharte 2010 | Sebastian Scharte: Preußisch, deutsch, belgisch: Nationale Erfahrung und Identität: Leben an der deutsch-belgischen Grenze im 19. Jahrhundert, Münster/München/Berlin 2010.

Schimpff 1990 | Volker Schimpff: Der Beginn der archäologischen Forschung in Norddeutschland: Zum Wirken von Nikolaus Marschalk Thurius in Mecklenburg, in: Rostocker Wissenschaftshistorische Manuskripte 18, Rostock 1990, 70–73.

Schlegelmilch 2006 | Dana Schlegelmilch: Der Marburger Prähistoriker Gero von Merhart von Bernegg (1886–1959) im Dritten Reich, ungedruckte Magisterarbeit an der Universität Marburg 2006.

Schmerbach 2008 | Folker Schmerbach: Das „Gemeinschaftslager Hanns Kerrl" für Referendare in Jüterbog, Tübingen 2008.

Schmeyers 2004 | Jens Schmeyers: Die Stedinger Bauernkriege, Lemwerder 2004.

Schmidle 2006 | Elisabeth Schmidle 2006: Schandmal oder Mahnmal? Vom Umgang mit dem architektonischen Erbe der NS-Diktatur. Der Bürger im Staat. 56. 2006, 184–190, online abrufbar: http://www.buergerimstaat.de/3_06/diktatur.pdf.

Schmidt 2002 | Martin Schmidt: Die Rolle der musealen Vermittlung in der nationalsozialistischen Bildungspolitik. Die Freilichtmuseen deutscher Vorzeit am Beispiel von Oerlinghausen, in: Achim Leube/Morten Hegewisch (Hrsg.), Prähistorie und Nationalsozialismus. Die mittel- und osteuropäische Ur- und Frühgeschichtsforschung in den Jahren 1933–1945, Heidelberg 2002, 147–162.

Schmidt 1974 | Tilmann Schmidt: Die Grablege Heinrich des Löwen im Dom zu Braunschweig, in: Braunschweiger Jahrbuch 55, 1974, 9–45.

Schnitzler/Legendre 2001 | Bernadette Schnitzler, Jean-Pierre Legendre: L'archéologie en Alsace et en Moselle au temps de l'annexion: 1940–1944, Strasbourg/Metz 2001.

Schöbel 2002 | Gunter Schöbel: Hans Reinerth. Forscher – NS-Funktionär – Museumsleiter, in: Achim Leube (Hrsg.), Prähistorie und Nationalsozialismus. Die mittel- und osteuropäische Ur- und Frühgeschichtsforschung in den Jahren 1933–1945, Heidelberg 2002, 321–396.

Schöbel 2007 | Gunter Schöbel: Hans Reinerth: From archaeologist to Reichsamtsleiter (1918–1945), in: Jean-Pierre Legendre; Laurent Olivier; Bernadette Schnitzler (Hrsg.): L'archéologie nationale-socialiste dans les pays occupés à l'Ouest du Reich. Actes de la table ronde internationale „Blut und Boden" [tenue à Lyon (Rhône) dans le cadre du Xe congrès de la European Association of Archaeologists (EAA), les 8 et 9 septembre 2004], Gollion 2007, 45–60.

Schöbel 2009 | Gunter Schöbel: Die Ostinitiativen Hans Reinerths, in: Judith Schachtmann, Michael Strobel, Thomas Widera [Hrsg]: „Politik und Wissenschaft in der Prähistorischen Archäologie. Perspektiven aus Sachsen, Böhmen und Schlesien", Berichte und Studien Nr. 56 herausgegeben vom Hannah-Arendt-Institut für Totalitarismusforschung e.V, Göttingen 2009, 267–283.

Schöbel 2011 | Gunter Schöbel: Von der Steinzeitsiedlung zum Fürstengrabhügel – herausragende archäologische Forschungen der 1920er und 1930er Jahre am Federsee und an der Heuneburg in Südwestdeutschland, in: Egon Schallmayer, Katharina von Kurzynski (Hrsg.): Glauberg 2011, Archäologie und Politik. Archäologische Ausgrabungen der 30er und 40er Jahre des 20. Jahrhunderts im zeitgeschichtlichen Kontext, Wiesbaden 2011, 75–120.

Schöbel in Vorb. | Gunter Schöbel: Einflussnahme auf die Rheinprovinz durch den „Beauftragten des Führers für die Überwachung der gesamten geistigen und weltanschaulichen Schulung und Erziehung der NSDAP" Amt Rosenberg, in: Archäologie und Bodendenkmalpflege in der Rheinprovinz 1920–1945, Personen –Institutionen – Netzwerke.

Schöning 2012 | Julia Schoning: Die Germanenkunde Wilhelm Teudts. Methodik und Zielsetzung einer ideologisch motivierten Laienwissenschaft, in: Lippische Mitteilungen aus Geschichte und Landeskunde 81, 2012, 242–257.

Schreiber 2008 | Maximilian Schreiber: Walther Wüst. Dekan und Rektor der Universität München 1935–1945, München 2008.

Schwantes 1940/2000 | Gustav Schwantes: Rückblick auf Johanna Mestorf aus dem Jahre 1940, in: Dagmar Unverhau (Hrsg.), „Hochachtungsvoll Ihrer Autorität ergebenster Gustav Schwantes". Schriften des Archäologischen Landesmuseums 5, Neumünster 2000, 171–188.

Schütze 2012 | Sabrina Schütze: Ludwig Roselius als Förderer der Vorgeschichte, in: Dirk Mahsarski, Karin Reichenbach (Hrsg.): „Die Spur des Geldes. Mäzene, Förderer und Förderstrukturen der Prähistorischen Archäologie". Erscheint 2013.

Schulz 2002 | Mathias Schulz: Der Kult der Sternenmagier, in: DER SPIEGEL 48/2002, 192–206. Titelbild: Der Sternenkult der Ur-Germanen. Die Entdeckung einer versunkenen Hochkultur.

Sénécheau 2008 | Miriam Sénécheau: Archäologie im Schulbuch. Themen der Ur- und Frühgeschichte im Spannungsfeld zwischen Lehrplanforderungen, Fachdiskussion und populären Geschichtsvorstellungen. 1 Text, Freiburg im Breisgau 2008, online abrufbar: http://www.freidok.uni-freiburg.de/volltexte/6142/.

Simon 2005a | Gerd Simon: Chronologie zur Ura-Linda-Chronik, Tübingen 2005, online abrufbar: http//homepages.uni-tuebingen.de/gerd.simon/ULChr.pdf.

Simon 2005b | Gerd Simon: Himmlers Bibel und die öffentlichkeitswirksamste Podiumsdiskussion in der Geschichte der Germanistik, Tübingen 2005, online abrufbar: http//homepages.uni-tuebingen.de/gerd.simon/himmlerbibel.pdf.

Spoerer 2001 | Mark Spoerer: Zwangsarbeit unter dem Hakenkreuz. Ausländische Zivilarbeiter, Kriegsgefangene und Häftlinge im Deutschen Reich und im besetzten Europa 1939–1945, Stuttgart 2001.

Stein 1962 | Rudolf Stein: Hundert Jahre Heimat und Denkmalpflege in Bremen, in: Bremisches Jahrbuch 48 (Festschrift zum 100jährigen Bestehen der Historischen Gesellschaft zu Bremen) 1962, 98–122.

Stern 1992 | Thomas Stern: „Zu neuen Ufern…" Grabungstechnik und Aufbruchstimmung der Archäologie am Federsee 1919–1930, in: Erwin Keefer (Hrsg.), Die Suche nach der Vergangenheit. 120 Jahre Archäologie am Federsee, Stuttgart 1992, 49–53.

Stern 2002 | Thomas Stern: Der propagandistische Klang stummer Zeugen deutscher Vorzeit, in: Hans-Peter Kuhnen (Hrsg.): Propaganda. Macht. Geschichte. Archäologie an Rhein und Mosel im Dienst des Nationalsozialismus, Trier 2002, 213–232.

Stern 2003 | Tom Stern: Germanen gegen Pharaonen, in: Kurt Denzer (Hrsg.): Funde, Filme, falsche Freunde. Der Archäologiefilm im Dienst von Profit und Propaganda, Kiel 2003, 96–108.

Steuer 2001 | Heiko Steuer: Herbert Jankuhn und seine Darstellungen zur Germanen- und Wikingerzeit, in: Heiko Steuer (Hrsg.): Eine hervorragend nationale Wissenschaft. Deutsche Prähistoriker zwischen 1900 und 1945, Berlin/New York 2001, 417–474.

Strauß 1993 | Ulrike Strauß: Neues zu Grabungen in der Gruft Heinrich des Löwen im Dom zu Braunschweig, in: Braunschweiger Jahrbuch 74, 1993, 147–164.

Strobel 2000 | Michael Strobel: Zur Geschichte der Archäologischen Denkmalpflege in Deutschland – Aspekte ihrer Entwicklung. Die Bodendenkmalpflege zur Zeit des Nationalsozialismus, in: Archäologisches Nachrichtenblatt 5, 2000, 223–232.

Strobel 2002 | Michael Strobel: Die Ausgrabungen des Reichsbundes für Deutsche Vorgeschichte. Das Beispiel der Schussenrieder Siedlung Taubried I und die württembergische Vorgeschichtsforschung zwischen 1933 und 1945, in: Achim Leube/Morten Hegewisch (Hrsg.): Prähistorie und Nationalsozialismus. Die mittel- und osteuropäische Ur- und Frühgeschichtsforschung in den Jahren 1933–1945, Heidelberg 2002, 277–288.

Strobel 2010 | Michael Strobel, Das urgeschichtliche Institut der Universität Tübingen zwischen 1933 und 1945, in: Urban Wiesing/Klaus-Rainer Prinzinger/Bernd Grün/Horst Junninger/Susanne Michel (Hrsg.), Die Universität Tübingen im Nationalsozialismus, Stuttgart 2010.

Stürmer 2002 | Hans Schleif – Eine Karriere zwischen Archäologischem Institut und Ahnenerbe e.V., in: Achim Leube (Hrsg.), Prähistorie und Nationalsozialismus. Die Mittel- und Osteuropäische Ur- und Frühgeschichtsforschung in den Jahren 1933–1945, Heidelberg 2002, 429–449.

Tacke 1995 | Charlotte Tacke: Denkmal im sozialen Raum. Nationale Symbole in Deutschland und Frankreich im 19. Jahrhundert, Göttingen 1995.

Thamer 1998 | Hans-Ulrich Thamer: Verführung und Gewalt, München 1998.

Theune 2001 | Gero von Merhart und die archäologische Forschung zur vorrömischen Eisenzeit, in: Heiko Steuer (Hrsg.): Eine hervorragend nationale Wissenschaft. Deutsche Prähistoriker zwischen 1900 und 1995. RGA Ergänzungsbd. 29, Berlin 2001, 151–171.

Timpe 1995 | Dieter Timpe: Romano-Germanica. Gesammelte Schriften zur Germania des Tacitus, Stuttgart 1995.

Timpe 1994/2006 | Dieter Timpe: Kimberntradition und Kimbernmythos, urspgl. 1994, in: D. Timpe, Römisch-germanische Begegnung in der späten Republik und frühen Kaiserzeit. Voraussetzungen – Konfrontationen – Wirkungen. Gesammelte Studien, Leipzig 2006, 63–113.

Timpe 2005/2006 | Dieter Timpe: Tacitus und der Bataveraufstand, urspgl. 2005, in: D. Timpe, Römisch-germanische Begegnung in der späten Republik und frühen Kaiserzeit. Voraussetzungen – Konfrontationen – Wirkungen. Gesammelte Studien, Leipzig 2006, 318–357.

Timpe 2012 | Dieter Timpe: Die „Varusschlacht" in ihren Kontexten. Eine kritische Nachlese zum Bimillenium 2009, in: Historische Zeitschrift 292, 2012, 593–652.

Trigger 2006 | Bruce G. Trigger, A history of archaeological thought, 2nd edition, Cambridge University Press, Cambridge 2006.

Trnka und Ladenbauer-Orel 1992 | Gerhard Trnka und Hedwig Ladenbauer-Orel: Das urnenfelderzeitliche Gräberfeld von Gusen in Oberösterreich, Archaeologia Austriaca, Beiträge zur Paläanthropologie, Ur- und Frühgeschichte Österreichs, Bd. 76, Wien 1992. 47–112.

Unruh 2002 | Frank Unruh: „Verstopfung schlimmster Art". Bilanz im Rheinischen Landesmuseum Trier und Realisierung archäologischer Ausstellungen im „Dritten Reich", in: Hans-Peter Kuhnen (Hrsg.): Propaganda. Macht. Geschichte. Archäologie an Rhein und Mosel im Dienst des Nationalsozialismus, Trier 2002, 139–150.

Urban 1996 | Otto H. Urban: „Er war der Mann zwischen den Fronten", Oswald Menghin und das Urgeschichtliche Institut der Universität Wien während der Nazizeit, in: Archaeologia Austriaca 80, 1996, 1–24.

Urban 2002 | Otto H. Urban: „…und der deutschnationale Antisemit Dr. Matthäus Much" – der Nestor der Urgeschichte Österreichs? Mit einem Anhang zur Urgeschichte in Wien während der NS-Zeit, 2. Teil, in: Archaeologia Austriaca 86, 2002, 7–43.

Urban 2010 | Otto H. Urban: Die Urgeschichte an der Universität vor, während und nach der NS-Zeit, in: Mitchell G. Ash, W. Nieß, R. Pils (Hrsg.), Geisteswissenschaften im Nationalsozialismus. Das Beispiel der Universität Wien, Göttingen 2010, 371–396.

Vahrenkamp 2001 | Richard Vahrenkamp: Der Autobahnbau 1933–1943 und das hessische Autobahnnetz, in: Working Papers in the History of Mobility No. 3/2001, 36, online abrufbar: http://www.ibwl.uni-kassel.de/vahrenkamp/history_mobility/arbeitspapiere/WP3_Autobahn_1933.pdf (Zugriff: 3.5.2007).

Veit 2000 | Ulrich Veit, Gustaf Kossinna and his concept of a national archaeology, in: Heinrich Härke [ed.]: „Archaeology, Ideology and Society: The German Experience", Gesellschaften und Staaten im Epochenwandel, Bd. 7, Frankfurt a.M. 2000, 40–64.

Vetter 2002 | Nicola Vetter: Ludwig Roselius: Ein Pionier der deutschen Öffentlichkeitsarbeit, Bremen 2002.

Wanzek 2001 | Burger Wanzek: Die bronzezeitliche Siedlung in Berlin-Buch. Geschichte einer Ausgrabung und Ausstellung. Teil 1: Forschungsgeschichte. Berliner Beiträge zur Vor- und Frühgeschichte Neue Folge 10, Berlin 2001.

Wegeler 1996 | Cornelia Wegeler: Wir sagen ab der internationalen Gelehrtenrepublik. Altertumswissenschaft und Nationalsozialismus. Das Göttinger Institut für Altertumskunde 1921–1962, Wien 1996.

Weger 2009 | Tobias Weger: Bolko Freiherr von Richthofen und Helmut Preidel. Eine doppelte Fallstudie zur Rolle von Prähistorikern und Archäologen in den Vertriebenenorganisationen nach 1945, in: Judith Schachtmann, Michael Strobel, Thomas Widera (Hrsg.): Politik und Wissenschaft in der prähistorischen Archäologie. Perspektiven aus Sachsen, Böhmen und Schlesien. Berichte und Studien Nr. 56, herausgegeben vom Hannah-Arendt-Institut für Totalitarismusforschung, Göttingen 2009, 125–138.

Wegner 1997 | Bernd Wegner: Hitlers politische Soldaten: Die Waffen-SS 1933–1945: Studien zu Leitbild, Struktur und Funktion einer nationalsozialistischen Elite, Paderborn 1997.

Weingart, Kroll, Bayertz 1992 | Peter Weingart, Jürgen Kroll, Kurt Bayertz: Rasse, Blut und Gene. Geschichte der Eugenik und Rassenhygiene in Deutschland, Frankfurt am Main 1992.

Wendland 1999 | Ulrike Wendland: Biographisches Lexikon deutschsprachiger Kunsthistoriker im Exil, in: Leben und Werk der im Nationalsozialismus verfolgten und vertriebenen Wissenschaftler 2, München 1999, 563–566.

Wenzel 2009 | Mario Wenzel: Die NSDAP, ihre Gliederung und angeschlossene Verbände. Ein Überblick, in: Wolfgang Benz (Hrsg.): Wie wurde man Parteigenosse? Die NSDAP und ihre Mitglieder, Frankfurt am Main 2009, 19–38.

Wiwie 2010 | Marcel Wiwie: Das politische Schul- und Erziehungswesen im 3. Reich. Ein Überblick über nationalsozialistische Erziehungsorganisationen, Akademien und Ausleseschulen, book on demand 2010.

Wiwjorra 1995 | Ingo Wiwjorra: Herman Wirth – Ein Ideologe zwischen „Ahnenerbe" und Atlantis, in: Barbara Dankworth u.a. (Hrsg.), Historische Rassismusforschung. Ideologen – Täter – Opfer (Edition Philosophie und Sozialwissenschaften 30), Hamburg/Berlin 1995, 91–110.

Wiwjorra 2002 | Ingo Wiwjorra: „Ex oriente lux" – „Ex septentrione lux". Über den Widerstreit zweier Identitätsmythen, in: Achim Leube, Morten Hegewisch (Hrsg.): Prähistorie und Nationalsozialismus. Die mittel- und osteuropäische Ur- und Frühgeschichtsforschung in den Jahren 1933–1945, Heidelberg 2002, 73–106.

Wiwjorra 2004 | Ingo Wiwjorra: Germanenmythos und Vorgeschichtsforschung im 19. Jahrhundert, in: Michael Geyer u. Hartmut Lehmann (Hrsg.): Religion und Nation – Nation und Religion. Beiträge zu einer unbewältigten Geschichte, Göttingen 2004, 367–385.

Wiwjorra 2006a | Ingo Wiwjorra: Der Germanenmythos. Konstruktion einer Weltanschauung in der Altertumsforschung des 19. Jahrhunderts, Darmstadt 2006.

Wiwjorra 2006b | Ingo Wiwjorra: Der völkische Germanenmythos als Konsequenz deutscher Altertumsforschung des 19. Jahrhunderts, in: Heidi Hein-Kircher u. Hans Henning Hahn (Hrsg.), Politische Mythen im 19. und 20. Jahrhundert in Mittel- und Osteuropa (= Tagungen zur Ostmitteleuropa-Forschung 24), Marburg 2006, 157–166. Als überarbeitete Fassung online abzurufen unter: http://www.archaeologie-online.de/magazin/thema/varusschlacht/germanenmythos/seite-1 (Stand: 1.10.2012).

Wolters 2008 | Reinhard Wolters: Die Schlacht im Teutoburger Wald. Arminius, Varus und das römische Germanien, München 2008.

Zechner 2009 | Johannes Zechner: ‚Die grünen Wurzeln unseres Volkes': Zur ideologischen Karriere des ‚deutschen Waldes', in: Uwe Puschner; G. Ulrich Großmann (Hrsg.): Völkisch und national. Zur Aktualität alter Denkmuster im 21. Jahrhundert, Darmstadt 2009, 179–194.

Zellhuber 2006 | Andreas Zellhuber: „‚Unsere Verwaltung treibt einer Katastrophe zu …' Das Reichsministerium für die besetzten Ostgebiete und die deutsche Besatzungsherrschaft in der Sowjetunion 1941–1945", Schriften der Philosophischen Fakultät der Universität Augsburg, Historisch-sozialwissenschaftliche Reihe, Nr. 71, München 2006.

Zwangsarbeit 2010 | Zwangsarbeit. Die Deutschen, die Zwangsarbeiter und der Krieg. Begleitband zur Ausstellung, hg. von Volkhard Knigge, Rikola-Gunnar Lüttgenau und Jens-Christian Wagner im Auftrag der Stiftung Gedenkstätten Buchenwald und Mittelbau-Dora, Weimar 2010.

Internetquellen

Entwicklungsgeschichte der Schwalmschule von 1909 bis 1984. Online verfügbar unter http://www.schwalmgymnasium.de/filead min/user_upload/sg/Publikationen/sgge‘ schichte.pdf.

Reinhard 2009 | Ernst Moritz Arndt – Namenspatron der Universität Greifswald, online abrufbar. http://www.phil.uni-greifswald.de/philologien/ifp/romanistik/ernst-moritz-arndt-debatte.html.

Matthias Streicher: Kurt Weinbach. http://www.lettertothestars.at/uploads/pdf/288291_Weinbach.pdf.

Interview des Fanzines „Germanenblut" mit Skalde, zit. nach http://forum.thiazi.net/showthread.php?t=158606 (Stand: 13.6.2011).

Das Artbekenntnis, online abzurufen unter http://www.asatru.de/nz/index.php?option=com_content&view=article&id=12:das-artbekenntnis-&catid=14:artglaube&Itemid=17 (Stand: 1.10.2012).

Wir bedanken uns herzlich

bei unseren Förderern

VolkswagenStiftung

Kulturstiftung des Bundes

Die Sparkasse Bremen AG

Verein von Freunden
des Focke-Museums e.V.

Nicolaus H. Schilling-Stiftung

WfB –
Wirtschaftsförderung Bremen GmbH

bei unseren Medienpartnern

Deutschlandradio Kultur

Nordwestradio

Weser Kurier/Bremer Tageszeitungen AG

bei unseren Kooperationspartnern

ADFC Allgemeiner Fahrrad-Club e.V.

Citipost

Deutsches Jugendherbergswerk Bremen

Kino City 46

Kunsthalle Bremen

Kunstsammlungen Böttcherstraße

Landesarchäologie Bremen

Psychoanalytische Vereinigung Bremen

Universität Bremen

Volkshochschule Bremen

Wittheit zu Bremen

Für ideelle und materielle Unterstützung bedanken wir uns herzlich bei

Pago Balke, Stefan Bellinger, Werner Bohleber, Jens Böhrnsen, Uwe Bölts, Georg von Bomhard, Guido Brune, Thomas Brunotte, Stefan Burghardt, Joachim Döpp, Martijn Eickhoff, Carmen Emigholz, Susanne Gerlach, Dietrich Grashoff, Anna Greve, André Grobien, Susanne Grunwald, Ulrich Hackmack, Mathias Hansen, Hans Dieter Heimendahl, Elke Heussler, Klaus Hübotter, Kirsten John-Stucke, Jens Joost-Krüger, Johannes Kahrs, Wolf-Dieter Kaßner, Hans Kloft, Alexander Koch, Jörg Dieter Kogel, David Koopmann, Julia Kracht-Schünemann, Birgit Krull, Wilhelm Krull, Klaus-Peter Land, Frank Laukötter, Jean-Pierre Legendre, Peter Lohmann, Luitgard Löw, Maike Lucas, Peter Lüchinger, Andreas Mackeben, Bianca Mahsarski, Torsten Maß, Dieter Meyer, Henning Meyer, Ralph Meyer im Hagen, Tim Nesemann, Bernd Neumann, Lutz Nitsche, Reena Perschke, Jan Raabe, Christoph Rhein, Thorsten Richter, Thomas Rohwer-Kahlmann, Judith Schachtmann, Dana Schlegelmilch, Theo Schlüter, Karl-Heinz Schmid, Tassilo Schmitt, Stefanie von Schnurbein, Gunter Schöbel, Eva Schöck-Quinteros, Sabina Schoefer, Sabrina Schütze, Helge Schweers, Carsten Sieling, Peter Siemering, Klaus Sondergeld, Iris Spieß, Stefan Storch, Michael Strobel, Otto H. Urban, Angelika Vogel, Hortensia Völckers, Hans-Joachim von Wachter, Christian Weber, Carsten Werner, Adelheid Wessler, Thomas Widera, Ingo Wiwjorra

Wir danken den Leihgebern der Ausstellung

NIOD (Instituut voor Oorlogs-, Holocaust- en Genocidestudies), (Niederländisches Institut für Kriegsdokumentation, Amsterdam)

Centre Guillaume le Conquérant, Bayeux (Frankreich)

Bildagentur für Kunst, Kultur und Geschichte, Berlin

Bundesarchiv Berlin

Charité – Universitätsmedizin Berlin, Campus Mitte, Centrum für Anatomie

Staatliche Museen zu Berlin. Stiftung Preußischer Kulturbesitz. Kunstbibliothek

Staatliche Museen zu Berlin. Stiftung Preußischer Kulturbesitz. Museum für Vor- und Frühgeschichte

Staatliche Museen zu Berlin. Stiftung Preußischer Kulturbesitz. Pergamonmuseum

Universitätsbibliothek der Humboldt-Universität zu Berlin

Argumente und Kultur gegen Rechts e. V., Bielefeld

Herzog Anton Ulrich-Museum Kunstmuseum des Landes Niedersachsen, Braunschweig

Braunschweigsches Landesmuseum, Niedersächsische Landesmuseen

Böttcherstraße GmbH, Archiv, Bremen

Kunsthalle Bremen

Landesarchäologie Bremen

Schulmuseum Bremen e. V.

Staats- und Universitätsbibliothek Bremen

Staatsarchiv Bremen

Übersemuseum Bremen

Prof. Julia van Wilpe Bremen

Mährisches Landesmuseum, Brünn (Tschechien)

Kreismuseum Wewelsburg, Büren

Verlag Philipp von Zabern, Darmstadt

Lippische Landesbibliothek Detmold

Lippisches Landesmuseum Detmold

Wilfred Mellies, Detmold

Staatsarchiv Detmold

Westfälisches Freilichtmuseum Detmold

Museum in der Adler-Apotheke Eberswalde

Seminar für Ur- und Frühgeschichte, Georg-August-Universität Göttingen

Spiegel-Verlag, Hamburg

Hans-Günter Löwe Hamburg

Hamburger Schulmuseum

Staatsarchiv Hamburg

Stiftung Historische Museen Hamburg, Archäologisches Museum Hamburg/Helms-Museum

Niedersächsisches Landesmuseum Hannover

Weihnachtshaus, Husum, Sammlung Alix Paulsen

Lesezeichenmuseum, Hans Peter Scheffer, Ilvesheim

Bundesarchiv Koblenz

Römisch-Germanisches Museum Köln

Theaterwissenschaftliche Sammlung. Universität zu Köln

Museum of Danish Resistance 1940-45, Kopenhagen (Dänemark)

Designmuseum Danmark, Kopenhagen (Dänemark)

Stadt Lauscha, Museum für Glaskunst

Rijksmuseum van Oudheden, Leiden (Niederlande)

Landesarchiv Baden-Württemberg, Staatsarchiv Ludwigsburg

Musée national d'histoire et d'art, Luxemburg

Römisch-Germanisches Zentralmuseum Mainz. Forschungsinstitut für Vor- und Frühgeschichte

Generaldirektion Kulturelles Erbe Rheinland-Pfalz. Landesmuseum Mainz

Vorgeschichtliches Seminar der Philipps-Universität Marburg

DIZ, Dokumentations- und Informationszentrum München GmbH

Stadtmuseum München

Tuch + Technik, Textilmuseum Neumünster

Wachholtz Verlag GmbH, Neumünster

Norwegische Nationalbibliothek Oslo

Kulturhistorisk Museum, Universitetet I Oslo, Oldsaksamling

Niedersächsisches Landesarchiv, Staatsarchiv Osnabrück

Bundesarchiv Potsdam

Schleswig-Holsteinisches Landesmuseum Schloss Gottorf, Schleswig

Deutsches Klingenmuseum, Solingen

Stadtarchiv Ulm

Ulmer Museum

Archiv Pfahlbaumuseum Unteruhldingen, APM

National Archives, Washington/Photo Response Studio (USA)

Bundesministerium für Inneres, Republik Österreich/Fotoarchiv der KZ-Gedenkstätte Mauthausen, Wien (Österreich)

Nordwestdeutsches Schulmuseum, Zetel

Wir danken dem Wissenschaftlichen Beirat der Ausstellung

Martijn Eickhoff
Instituut voor Oorlogs-, Holocaust- en Genocidestudies,
Amsterdam & Radboud Universiteit Nijmegen, Nijmegen

Klaus Hesse
Stiftung Topographie des Terrors, Berlin

Doris Kaufmann
Universität Bremen/Institut für Geschichtswissenschaft, Bremen

Katharina von Kurzynski
Archäologisches Zentraldepot / Fundarchiv Hessen
Landesamt für Denkmalpflege Hessen, Wiesbaden

Rikola-Gunnar Lüttgenau
Stiftung Gedenkstätten Buchenwald und Mittelbau Dora, Weimar

Otto Urban
Universität Wien/Institut für Ur- und Frühgeschichte, Wien

Beteiligte Personen

AUSSTELLUNG

Gesamtleitung
Frauke von der Haar

Forschungsprojekt
Uta Halle, Dirk Mahsarski

Ausstellungskonzept
Sandra Geringer, Frauke von der Haar,
Uta Halle, Dirk Mahsarski, Karin Walter

Projektleitung
Karin Walter

Wissenschaftliche Mitarbeiter
Sandra Geringer, Frauke von der Haar,
Uta Halle, Dirk Mahsarski, Karin Walter

Studentische Hilfskräfte und Praktikanten
Benedikt Funke, Nele Hielscher, Florian Junk, Gianna Lange, Svea Lehmann, Annika Schöning, Sabrina Schütze, Bruno Wiedermann

Texte
Sandra Geringer, Uta Halle,
Dirk Mahsarski, Karin Walter

Bild- und Objektrecherche
Sandra Geringer, Dirk Mahsarski,
Karin Walter

Gestaltung
Space4 – Henning Meyer, Christof Rhein

Marketing
Anne-Katrin Axt, Norbert Kölle

Presse- und Öffentlichkeitsarbeit
Anne-Katrin Axt,
text + pr – Nina Heinrich, Christina Müller,
Angelika Vogel

Grafik
Vakat – Georg von Bomhard

Leihverkehr
Karin Walter

Fotografie
Sigrid Sternebeck

Technische Leitung
Silke Nienstedt, Anke Otto

Restaurierung und konservatorische Betreuung
Silke Nienstedt, Anke Otto,
Olaf Ruprecht, Tanja Töbe

Aufbau
Holger Neumann, Fred Raasch,
Alexander Bosch, Bettina Röder

Multimedia
Gerald Notbom

Audioguide
Raymonde Decker, Karin Walter,
Bruno Wiedermann, Theiss-Verlag

Übersetzungen
Latein: Tassilo Schmitt, Universität Bremen
Englisch: Universally Speaking

Veranstaltungsprogramm
Frauke von der Haar

Museumspädagogik
Heinz-Gerd Hofschen

Museumspädagogisches Führungsteam
Jens Buttgereit, Raymonde Decker,
Eva Fischer, Claudia Lehmann,
Judith Niehuis, Angela Piplak, Marlott Platz, Frauke Reinke-Wöhl, Urs Roeber,
Helmi Siebert-Reible, Gabriele Stubbe

Organisation der Führungstermine
Maike Streeb

Kaufmännische Geschäftsführung
Norbert Kölle

Verwaltung
Karin Böttcher, Dörte Spatz

Sekretariat
Dita Haddinga

Service und Sicherheitstechnik
Iris Haupt, Sabine Lampa, Gerald Notbom

Aufsicht
Andree Bormann, Ria Bunse, Renate Dally, Marlies Gutsche, Mike Klein, Holger Kück, Aleksey Lenz, Heidelore Lugert, Jens Schnitker, Ronald Schulz, Eberhard Woop

Reinigung
Esengül Bakici, Christine Domagala, Rita Fehsenfeld, Ingrid Hajek, Angelika Krüger, Adalet Ucarkus, Gabriele Weßler

Museumsshop
Renate Bahns, Margret Evermann, Margarete Ewert, Renate Elbrechtz, Johanna Jaeckel, Helga Kats, Truxi Knierim, Karin Lünsmann, Ute Nehl, Irene Neugebauer, Lore Pause, Birgit Spindler, Ulrike Tiede-Foucar, Helga Zimmermann

KATALOG

Herausgeber
Focke-Museum
unter Mitarbeit von Sandra Geringer,
Frauke von der Haar, Uta Halle,
Dirk Mahsarski und Karin Walter

Konzeption
Uta Halle, Dirk Mahsarski

Redaktion
Uta Halle, Dirk Mahsarski

Lektorat
Isabelle Zeder (Verlagsbüro Wais & Partner)

Bildredaktion
Sandra Geringer, Uta Halle,
Dirk Mahsarski

Übersetzungen
Latein: Tassilo Schmitt, Universität Bremen

Karten und Grafiken
Space4 – Christof Rhein, Angelika Vogel

Abbildungsnachweis

Wir haben uns bemüht, alle Nutzungs- und Veröffentlichungsrechte zu den Abbildungen zu erhalten. Sollten Rechteinhaber hier nicht aufgeführt sein, so sind wir für entsprechende Hinweise dankbar und selbstverständlich darum bemüht, die Inhaber der betreffenden Bildrechte in künftigen Ausgaben namentlich zu nennen.

Umschlag, Vorderseite: Rijksmuseum van Oudheden, Leiden, Niederlande
Umschlagentwurf: Vakat Designagentur, G. von Bomhard

5 Focke-Museum, Foto: S. Sternebeck. – 8 Landesarchäologie Bremen. – 10 Focke-Museum, Foto: S. Sternebeck. – 15 Verlag Philipp von Zabern, Darmstadt / Generaldirektion Kulturelles Erbe Rheinland-Pfalz. Landesmuseum Mainz. – 18/19 A. Vogel, Space4, Stuttgart. – 21 Privatbesitz. – 25 Staats- und Universitätsbibliothek Bremen. Foto: S. Sternebeck. – 28 Künstler: Hanns Fechner 1891, Foto: Focke-Museum, S. Sternebeck. – 29 Wilfried Mellies, Detmold, Foto: U. Halle. – 30 oben Wilfried Mellies, Detmold, Foto: U. Halle. – 30 unten Focke-Museum, Foto: S. Sternebeck. – 32 Universitätsbibliothek der Humboldt-Universität zu Berlin. – 33 Archiv des Pfahlbaumuseums Unteruhldingen, APM. – 35 Museum für Vor- und Frühgeschichte, Berlin. Foto: E. Postel. – 38 oben Museum für Vor- und Frühgeschichte, Berlin. – 38 unten Museum für Vor- und Frühgeschichte, Berlin. – 43 Privatbesitz. – 45 U. Halle, Foto: S. Sternebeck. – 46 links Aus: *Germanen-Erbe*, Februar 1937, Foto: S. Sternebeck. – 46 rechts Staatsarchiv Detmold, D75 Nr. 4020. – 47 Staatsarchiv Bremen, 3-B.13.[165]. – 48 Aus: *Archäologisches Nachrichtenblatt* 1934, Foto: S. Sternebeck. – 49 Bundesarchiv Koblenz, Bildnr. 146III-373. – 51 Archiv des Pfahlbaumuseums Unteruhldingen, APM – 53 Staatsarchiv Detmold. – 54 Bundesarchiv, BArch (ehem. BDC), RS, RuSHA, Wille, Hermann (21.03.1881). – 55 J. van Wilpe, Foto: S. Sternebeck. – 58 Staatsarchiv Detmold, STA DT L 80I a XXX Tit. 4 Nr. 8. – 59 Archiv des Pfahlbaumuseums Unteruhldingen, APM. – 60 Aus: *Germanen-Erbe* 1939, Foto: U. Halle – 62 A. Vogel, Space4, Stuttgart. – 64 Privatbesitz. – 65 Aus: *Illustrierter Beobachter*, Adolf Hitler – ein Mann und sein Volk. Sonderheft 1936. Foto: S. Sternebeck. – 66 Braunschweigisches Landesmuseum. – 67 oben Archiv des Pfahlbaumuseums Unteruhldingen, APM, Foto: Alwin Schomaker. – 67 unten Aus: *Germanen-Erbe* 8, 1939 Foto: S. Sternebeck. – 68 Ulmer Museum. – 69 Ulmer Museum. – 70 Privatbesitz. – 71 Archiv des Pfahlbaumuseums Unteruhldingen, APM, Foto: S. Lauterwasser. – 72 Kreismuseum Wewelsburg, Inv. Nr. 16441 / Wachholtz Verlag GmbH, Neumünster. – 75 Staatsarchiv Bremen, 4,111 Pers. – 1868. – 76 E. Grohne; Ergänzung S. Geringer, Bearbeitung E. Schindler. – 77 Landesarchäologie Bremen, Foto: S. Sternebeck. – 78 Landesarchäologie Bremen, Foto: S. Geringer. – 83 Tuch + Technik Textilmuseum Neumünster. – 86 oben Tuch + Technik Textilmuseum Neumünster. – 86 unten Niedersächsisches Landesmuseum, Hannover. – 87 links Focke-Museum, S. Sternebeck. – 87 rechts Focke-Museum, S. Sternebeck. – 88 links Tuch + Technik Textilmuseum Neumünster. – 88 rechts Tuch + Technik Textilmuseum Neumünster. – 89 Aus: *Germanen-Erbe*, November 1936, Foto: S. Sternebeck. – 90 oben Aus: *Germanen-Erbe* März 1939, Foto: S. Sternebeck. – 91 S. Geringer, Foto: S. Sternebeck. – 92 Aus: *Germanen-Erbe*, Juni 1936. Foto: S. Sternebeck. – 93 oben Landesarchäologie Bremen, Foto: S. Sternebeck. – 93 unten Landesarchäologie Bremen, Foto: S. Sternebeck. – 95 Archiv Böttcherstraße Bremen. – 96 Braunschweigisches Landesmuseum, Foto I. Simon. – 97 Archiv Böttcherstraße Bremen. – 98 Archiv Böttcherstraße Bremen. – 100 oben Focke-Museum, Foto: S. Geringer. – 100 unten Focke-Museum, Foto: S. Sternebeck. – 103 Staatsarchiv Detmold. – 104 Aus: *Germanen-Erbe*, September 1939. Foto: S. Sternebeck. – 105 Staatsarchiv Ludwigsburg, StAL PL 516 Bü 155. – 106 DIZ, Dokumentations- und Informationszentrum München GmbH. – 108 Landesmuseum Hannover, Foto: T. Töbe. – 109 Schulbuch: Volkwerden der Deutschen, 1942. Schulmuseum Hamburg, Foto: S. Sternebeck. – 110 Focke-Museum. Künstler: Franz Jung-Ilsenheim. Foto: S. Sternebeck. – 111 Focke-Museum. Künstler: Wilhelm Petersen. Foto: S. Sternebeck. – 112 Nordwestdeutsches Schulmuseum, Zetel. Künstler: Fritz Koch-Gotha. Foto: S. Sternebeck. – 113 Archäologisches Freilichtmuseum, Oerlinghausen. – 114 oben Focke-Museum, Foto: S. Sternebeck. – 114 unten Aus: *Germanien*, Dezember 1936, Foto: S. Sternebeck. – 115 Aus: *Junge Welt*, Juni 1940, Foto: S. Sternebeck. – 116 links D. Mahsarski, Foto S. Sternebeck. – 116 rechts Hans-Günter Löwe, Hamburg, Foto S. Sternebeck. – 117 beide Aus: *Germanen-Erbe*, Juli 1936. Foto: S. Sternebeck. – 119 Rijksmuseum van Oudheden, Leiden, Niederlande. – 121 A. Leube, Berlin. – 122–123 Bundesministerium für Inneres, Republik Österreich/Fotoarchiv der KZ-Gedenkstätte Mauthausen. – 125 beide Landesamt für Archäologie Sachsen, Dresden. – 127 O. H. Urban, Wien. – 129 links O. H. Urban, Wien. – 129 rechts Aus: *Germanen-Erbe*, Mai 1938, Foto: S. Sternebeck. – 130 oben O. H. Urban, Wien. – 130 unten Prähistorische Abteilung, Naturhistorisches Museum Wien. – 131 H. Ladenbauer-Orel. – 132 Photo Simonis. – 135 Aus: *Germanien*, November 1938, Foto: S. Sternebeck. – 136 Mährisches Landesmuseum Brünn. – 141 Aus: *Germanien*, Dezember 1942, Foto: S. Sternebeck. – 143–144 Archiv des Pfahlbaumuseums Unteruhldingen, APM. – 145 Römisch-Germanisches Museum Köln, A. Thünker, DGPh. – 146 Bundesarchiv, BArch (ehem. BDC), SSO, Janhuhn, Herbert, 08.08.1905. – 148–149 Museum of Danish Resistance 1940–1945, Kopenhagen. – 150 Kulturhistorisk Museum, Universitetet I Oslo, Oldsaksamling. – 152 Kulturhistorisk Museum, Universitetet I Oslo, Oldsaksamling. Fotos: Eirik Irgens Johnsen; Åse Kari Hammer. – 156–157 Direction Régionale des affaires culturelles de Lorraine. – 158 Künstler: Heinz Küsthardt, Foto: S. Sternebeck. – 161 Privatbesitz. – 163 Privatbesitz, Foto: S. Sternebeck. – 165 Archiv des Pfahlbaumuseums Unteruhldingen, APM, Foto: S. Lauterwasser. – 166 Aus: *Neue Zeitung*, 14. Juni 1949, Archiv des Pfahlbaumuseums Unteruhldingen, APM. – 168 Privatbesitz. – 171 Foto: S. Sternebeck. – 173 Privatbesitz. – 174–178 Argumente und Kultur gegen Rechts e.V., Bielefeld. – 179 Spiegel-Verlag, Hamburg. – 180–181 Foto: S. Sternebeck. – 184–189 Ch. Rhein, Space4, Stuttgart.

Abbildungen in der Titelei
S. 5: Replik der Scheibenfibel aus Bremen-Mahndorf
S. 8: Ausgrabung 1936 auf der Düne in Bremen-Mahndorf
S. 10: Urne mit Hakenkreuzverzierungen aus Bremen-Mahndorf

Kapiteltrenner
S. 15: Aquarell der Gebrüder Lindenschmit von einem Grab in Selzen
S. 43: Ausgrabung 1934 an den Externsteinen
S. 83: Sonderausstellung „Germanische Trachten" 1936 im Himmelsaal in der Bremer Böttcherstraße
S. 119: Ausgrabung 1943 in Solonje/Ukraine
S. 163: Aufdruck auf einem T-Shirt